A LIBRARY OF
DOCTORAL DISSERTATIONS
IN SOCIAL SCIENCES IN CHINA

中国社会科学博士论文文库

鲁迅与中国士人传统

田 刚 著
导师 孔范今

中国社会科学出版社

图书在版编目(CIP)数据

鲁迅与中国士人传统/田刚著.—北京:中国社会科学出版社,2005.1
(2013.6 重印)
(中国社会科学博士论文文库)
ISBN 978-7-5004-4839-6

Ⅰ.①鲁… Ⅱ.①田… Ⅲ.①鲁迅(1881~1936)—人物研究②名人—人物研究—中国—古代 Ⅳ.①K825.6②K820.2

中国版本图书馆 CIP 数据核字(2004)第 128760 号

出 版 人	赵剑英
责任编辑	任风彦
责任校对	修广平
责任印制	李 建

出　　版	中国社会科学出版社
社　　址	北京鼓楼西大街甲 158 号(邮编 100720)
网　　址	http://www.csspw.cn
	中文域名:中国社科网　010-64070619
发 行 部	010-84083685
门 市 部	010-84029450
经　　销	新华书店及其他书店
印　　刷	北京市大兴区新魏印刷厂
装　　订	廊坊市广阳区广增装订厂
版　　次	2005 年 1 月第 1 版
印　　次	2013 年 6 月第 3 次印刷

开　本	880×1230　1/32
印　张	14
插　页	2
字　数	348 千字
定　价	31.00 元

凡购买中国社会科学出版社图书,如有质量问题请与本社联系调换
电话:010-64009791
版权所有　侵权必究

作者简介

田刚 1962 年生于河南省偃师县。1985 年山东大学中文系本科毕业。1989—1990 年间曾在上海华东师大中文系，修完中国现当代文学的硕士课程。2000 年考入山东大学文学院，2003 年毕业，获文学博士学位。曾任教于陕西师范大学、青岛大学。现为陕西师范大学文学院副教授。主要研究专业为 20 世纪中国文学，专长于鲁迅研究、诗学批评及中国现当代文学思潮的研究。《鲁迅与中国士人传统》为其博士学位论文。

内 容 提 要

《鲁迅与中国士人传统》一书，根据容格的"心理原型"理论，论述了鲁迅与中国士人精神传统的深层联系，认为鲁迅出于文化启蒙的历史目的，在整体上对于传统的士人精神是持否定和批判态度的，但在有意无意之间，他对于中国士人人格的另一类型——"狂士"表现出了由衷的敬慕和礼赞。而与鲁迅构成深层精神呼应的"狂士"，乃是中国历史上最伟大的三个"思想解放"时期的士人。他们是先秦时代的庄子、屈原，魏晋时代的孔融、嵇康，还有清末民初的国学大师章太炎。鲁迅与他们之间，已经连接成了一个源远流长的精神谱系——"狂人谱系"。充分、扎实的史料，可信的发现和论证，以及优美、畅达的散文笔触，形成了本书浓郁的学术气息和文学色彩。它不仅将带你深入到鲁迅这一文化巨人深邃博大的精神世界，而且也会使你领略到中国历史上那些奇肝侠胆的"狂士"的风采。

《中国社会科学博士论文文库》
编辑委员会

主　　任：李铁映
副 主 任：汝　信　江蓝生　陈佳贵
委　　员：（按姓氏笔画为序）
　　　　　王洛林　王家福　王缉思
　　　　　冯广裕　任继愈　江蓝生
　　　　　汝　信　刘庆柱　刘树成
　　　　　李茂生　李铁映　杨　义
　　　　　何秉孟　邹东涛　余永定
　　　　　沈家煊　张树相　陈佳贵
　　　　　陈祖武　武　寅　郝时远
　　　　　信春鹰　黄宝生　黄浩涛
总 编 辑：赵剑英
学术秘书：冯广裕

陕西师范大学出版基金资助出版

总　序

在胡绳同志倡导和主持下，中国社会科学院组成编委会，从全国每年毕业并通过答辩的社会科学博士论文中遴选优秀者纳入《中国社会科学博士论文文库》，由中国社会科学出版社正式出版，这项工作已持续了12年。这12年所出版的论文，代表了这一时期中国社会科学各学科博士学位论文水平，较好地实现了本文库编辑出版的初衷。

编辑出版博士文库，既是培养社会科学各学科学术带头人的有效举措，又是一种重要的文化积累，很有意义。在到中国社会科学院之前，我就曾饶有兴趣地看过文库中的部分论文，到社科院以后，也一直关注和支持文库的出版。新旧世纪之交，原编委会主任胡绳同志仙逝，社科院希望我主持文库编委会的工作，我同意了。社会科学博士都是青年社会科学研究人员，青年是国家的未来，青年社科学者是我们社会科学的未来，我们有责任支持他们更快地成长。

每一个时代总有属于它们自己的问题，"问题就是时代的声音"（马克思语）。坚持理论联系实际，注意研究带全局性的战略问题，是我们党的优良传统。我希望包括博士在内的青年社会科学工作者继承和发扬这一优良传统，密切关注、深入研究 21 世纪初中国面临的重大时代问题。离开了时代性，脱离了社会潮流，社会科学研究的价值就要受到影响。我是鼓励青年人成名成家的，这是党的需要，国家的需要，人民的需要。但问题在于，什么是名呢？名，就是他的价值得到了社会的承认。如果没有得到社会、人民的承认，他的价值又表现在哪里呢？所以说，价值就在于对社会重大问题的回答和解决。一旦回答了时代性的重大问题，就必然会对社会产生巨大而深刻的影响，你也因此而实现了你的价值。在这方面年轻的博士有很大的优势：精力旺盛，思想敏捷，勤于学习，勇于创新。但青年学者要多向老一辈学者学习，博士尤其要很好地向导师学习，在导师的指导下，发挥自己的优势，研究重大问题，就有可能出好的成果，实现自己的价值。过去 12 年入选文库的论文，也说明了这一点。

什么是当前时代的重大问题呢？纵观当今世界，无外乎两种社会制度，一种是资本主义制度，一种是社会主义制度。所有的世界观问题、政治问题、理论问题都离不开对这两大制度的基本看法。对于社会主义，马克思主义者和资本主义世界的学者都有很多的研究和论述；对于资本主义，马克思主义者和资本主义世界的学者也有过很多研究和论述。面对这些众说纷纭的思潮和学说，我们应该如何认识？从基本倾向看，资本主义国家的学者、政治家论证的是资本主义的合理性和长期存在的"必然性"；中国的马克思主义者，中国的社会科学工作者，当然要向世界、向社会讲清楚，中国坚持走自己的路一定能实现现代化，中华民族一定能通过社会主义来实现全面的振兴。中国的问题只能由中国人用自己的理论来解决，让外国人来解决中国的问题，是行不通的。也许有的同志会说，马克思主义也是外来的。但是，要知道，马克思主义只是在中国化了以后才解决中国的问题的。如果没有马克思主义的普遍原理与中国革命和建设的实际相结合而形成的毛泽东思想、邓小平理论，马克思主义同样不能解决中国的问题。教条主义是不行的，东教条不行，西教条也不行，什么教条都不行。把学问、理论当教条，本身就是反科学的。

在21世纪，人类所面对的最重大的问题仍然是两大制度问题：这两大制度的前途、命运如何？资本主义会如何变化？社会主义怎么发展？中国特色的社会主义怎么发展？中国学者无论是研究资本主义，还是研究社会主义，最终总是要落脚到解决中国的现实与未来问题。我看中国的未来就是如何保持长期的稳定和发展。只要能长期稳定，就能长期发展；只要能长期发展，中国的社会主义现代化就能实现。

什么是21世纪的重大理论问题？我看还是马克思主义的发展问题。我们的理论是为中国的发展服务的，决不是相反。解决中国问题的关键，取决于我们能否更好地坚持和发展马克思主义，特别是发展马克思主义。不能发展马克思主义也就不能坚持马克思主义。一切不发展的、僵化的东西都是坚持不住的，也不可能坚持住。坚持马克思主义，就是要随着实践，随着社会、经济各方面的发展，不断地发展马克思主义。马克思主义没有穷尽真理，也没有包揽一切答案。它所提供给我们的，更多的是认识世界、改造世界的世界观、方法论、价值观，是立场，是方法。我们必须学会运用科学的世界观来认识社会的发展,在实践中不断地丰富和发展马克思主义,只有发展马克思主义才能真正坚持马克思主义。我们年轻的社会科学博士们要以坚持和发展马克思主义为己任,在这方面多出精品力作。我们将优先出版这种成果。

2001年8月8日于北戴河

目 录

序 …………………………………… 孔范今（1）

导论 ……………………………………………（1）

第一章　中国士人的精神传统 ………………（16）
一　"王官失守"：中国士人阶层的产生 ………（17）
二　"士志于道"：中国士人的价值理想 ………（25）
三　"为王先驱"：中国士人的生存方式 ………（33）
四　"执两用中"：中国士人的人格类型 ………（44）
五　"科举废除"：中国士人阶层的解体 ………（54）

第二章　鲁迅与中国知识阶级 ………………（66）
一　"科场案"：从"周树人"到"鲁迅" ………（67）
二　"知识阶级分子中最末的一个"：士人文化的
　　批判 …………………………………………（80）
三　"改造国民精神"：千古"士"气的复活 ……（90）
四　"庙堂与山林"：对"仕隐"人格的拒绝 ……（101）
五　"抗世违世情"："狂人"谱系的续写 ………（111）

1

第三章　鲁迅与庄子 …… (123)
　　一　庄子与中国隐士文化 …… (125)
　　二　"苏古掇新"：早年鲁迅 …… (142)
　　三　"抉心自食"：中年鲁迅 …… (166)
　　四　"老归大泽菰蒲尽"：晚年鲁迅 …… (183)

第四章　鲁迅与屈原 …… (206)
　　一　鲁迅与"屈骚" …… (208)
　　二　《伤逝》："自叙和托讽的杰作" …… (218)
　　三　《野草》："无韵之离骚" …… (228)
　　四　旧体诗："九畹贞风慰独醒" …… (240)

第五章　鲁迅与孔融 …… (253)
　　一　孔融与汉末"清流" …… (255)
　　二　"严气正性"："名士"气质之一 …… (262)
　　三　"志大才疏"："名士"气质之二 …… (272)
　　四　"玩世不恭"："名士"气质之三 …… (281)

第六章　鲁迅与嵇康 …… (291)
　　一　嵇康的"魏晋风度及文章" …… (292)
　　二　《嵇康集》："苦闷的象征" …… (303)
　　三　《广陵散》：政治性的"托讽" …… (312)
　　四　《忧愤诗》："兄弟失和"的哀鸣 …… (321)
　　五　《与山巨源绝交书》：战斗的篇章 …… (330)

第七章　鲁迅与章太炎 …… (341)
　　一　章太炎"七被追捕，三入牢狱"考述 …… (342)
　　二　章太炎与鲁迅交游考 …… (360)

  三 章太炎与鲁迅早期思想 …………………… (378)
  四 章太炎与鲁迅文学创作 …………………… (395)

结语 ……………………………………………… (410)

主要参考文献 ……………………………………… (412)
后记 ………………………………………………… (425)
英文目录 …………………………………………… (429)

序

  我感觉,田刚是一个具有诗性气质的人,对学术的热爱与坚执几近于痴迷。他要想做个什么课题,那是一定会究根穷底抓住不放的,即使是难度再大也决不会放手。对他而言,困难似乎非但不会成为挫损其心志的坚障,常常反倒成了他激发热情的酵素。三年多以前他给我谈,他要做"鲁迅与中国士人传统"这个题目,表示一定要做好。他对我说,这个题目很有价值,但难度也很大,既需要贯通古今的文化涵养的支持,也必须有对自身价值观念和思维模式的深刻而全面的调整。他说,他知道,但他放不下这个问题,他会做好的。现在,摆在读者面前的这部专著,就是他历时三载,宵衣旰食,结撰而成的于这一课题研究的第一个系统性成果。我不敢说它已达到了什么样的高度,但有一点我却是确信无疑的,那就是它在重建学术理路、对鲁迅与士人传统关系研究的创辟性阐释与学术建构,以及对超越这一课题研究之外的启示等方面所取得的成效,都将是读者在读后能够感知到的。

  记得有一位西方文化学者通过实地考察得出过这样一个结论:任何外来的异质性文化,无论它采取多么激烈的方式,都难以改变一个民族的文化根性。五四时期,中国先觉的知识分子出于彻底改变古老中国因循历史的深在目的,闳中肆外,对被认准的中国历史所以陈陈相因之症结的传统文化,以决绝的态度进行了猛烈的抨击。作为一代新的历史主体，他们是以传统文化叛逆者的身份特征亮相于历史舞台的。这是历史的事实，而且应该是一段不容做历史价值否定的悲壮史实，对它在中国历史和中国文化现代转型中所起到的无可替代的作用应给予积极的肯定。但这只是问题的一个方面，且不说中国传统文化的根性并不可能被置换，就是这些历史弄潮者本身也无法斩断与这一民族文化根性的血脉联系。人们应该明白，这些新型历史主体的历史态度或曰文化态度，并不能等同于他们的文化涵养和内在文化精神结构。试想，当时他们的判断，是中国的"士人"，为解决中国的问题，在中国的具体环境中所做的事，哪一点上能脱离开"中国"？别看他们和本土传统文化之间表现得那么誓不两立，岂不知他们本身即是传统文化精神先期孕育的结果，甚至连他们这种激烈反叛的目的本身，又何尝不是传统知识分子人格精神长期育导和激发的结果。明乎此即可以知道，不能依据历史对象在特定历史情势中所作出的"合理的片面性"选择，而对其作为一个历史对象的文化精神结构的丰富性也作出简单化的理解和处理。不然的话，不仅看不到他们在自觉价值取向与深层心理驱动力之间逆向构成的复杂性，更会影响到研究者学术观念和思维模式形成的科学性与否。

　　田刚在研究鲁迅与中国士人传统的关系时，对这个关系问题有极高的警觉。我以为这个研究成果的成功，首先就是因为他有了这个觉悟，才使他与传统性研究中近乎绝对的"断裂"论之间划出了一道界限，由此而得以能够从容地对这一复杂对象作出更为冷静且更为接近对象实际的系统考察和合理阐释。作为该专著的认识基础，作者对这一理解做出了颇具说服力的解析与说明，新鲜的理论内涵和对新文学史观的尝试性崭露，都给人以诸多启迪。

　　当然困难还不单单限于重新把握对象时的观念如何，从研究过程的具体展开来看，困难更多地还是在于由这一课题的特殊性所规定的大跨度的历史梳理和更为陌生的知识障碍。从先秦至魏晋以至于近代，要从难以预计为限的典籍解读中理清错综复杂的士文化衍生变化的承传关系，要紧的是还要从中触摸和捕捉其贯通古今的活的精神，找准与鲁迅精神特质的接点，做起来也谈何容易！这几年现代文学研究领域终于有将古今打通来做的呼声和尝试，但罕见有十分成功者。不是这一主张不对，而是相应的知识储备不足，甚至可以说是十分匮乏。客观地讲，田刚此前有过一定的知识准备，他对这一课题的兴趣也正由此而来，但真做起来，立即就发现相对于这个题目来说，那点准备简直就单薄得可怜。在长达一年半还多的时间内，他几乎是像个书虫一样埋头读"经"，以致使修习历史和古代文化专业的学友们倍感惊讶。但也正是这种异常艰苦而扎实的努力，才确保他终于修成了"正果"。充分、扎实的史料，可信的发现和论证，都能与其宏阔的学术视野和跳跃而畅达的思路较好地结合起来，也真是难为了他呀。就具体问题来说，田刚尽管对古代"士"的分化发展做了清晰的梳理，但并没有对"儒士"、"隐士"对鲁迅的影响作专门探讨，而是专就"狂士"精神传统与鲁迅的关系层层具论，从鲁迅内在精神特质与其自觉表述一致性来看，抓住这一点重点考察辨析，还是深得其要领的。而且，他还特别筛选出不同时期的几个代表人物做个案解析，点线结合，相得益彰，则更是增加了一些说理的份量和学术的价值。

我想，田刚还有将这一题目继续做下去的必要。因为，就这一题目所含纳的内容来说，还有"儒士"、"隐士"传统与鲁迅的关系需要展开来看一看究竟是如何。虽然在鲁迅的自觉态度中反映出来的多是厌恶，但那时期新文化先驱者在为其张扬的与传统文化批判性对话的"显性"方式之外，在其非自觉领域事实上还存在着一种与上述方式逆向的隐性的"潜对话"方式，其深在影响尽管被视为"毒气"、"鬼气",但不仅实际存在,而且是挥之不去的。如"儒士"之介入传统之于鲁迅、"隐士"之逃避传统之于周作人,都属显而易见的例子。田刚在这部著作中对此明确的感悟,这大约是其继续做下去的一个起点。我们不能要求田刚在一部书中对相关的所有问题都作出研究,但却有理由希望他继续做下去,且相信他能做好。

孔范今

2004年11月9日

导　论

在鲁迅研究中，一直存在着一个困扰我们的最大问题：如何看待鲁迅与中国传统文化的关系。我们知道，一方面，鲁迅曾被民众誉为"民族魂"，中国革命的领袖毛泽东更是把他称为"空前的民族英雄"[①]；另一方面，作为"五四"新文化的代表和精神的象征，鲁迅又是以其彻底地否定和批判中国文化传统的形象而为我们所知的。确实的，在中国历史上，虽也曾出现过一些反对正统的特立独行之士，如嵇康、李贽、章太炎等，但从来没有像鲁迅那样对于中国文化加以如此彻底地否定和批判。即使在"五四"新文学运动的思想先驱者中，鲁迅"全盘反传统"所起到的作用也是无可比拟的。他不仅在理论的、辩难的层面上深刻地揭示了传统中国文化的"吃人"本质，那样猛烈地向传统观念发起了总攻击，进行了总清算，更重要的是，他还把自己对于传统文化的负面因素及其对人性的腐蚀和摧残的感受，付诸于富有感染力的形象塑造和生动具体的描绘之中。凡是读过他的作品的中国读者，很少有不被强烈地感染并对自己的文化传统及其人格塑造加以深刻反省的。鲁迅重新提笔后的第一篇作品《狂人日记》，就以惊世骇俗的"吃人"来概括传统观念的核心——传

[①] 《新民主主义论》，《毛泽东选集》第 2 卷，人民出版社 1991 年版，第 698 页。

统礼教。在他的笔下,"所谓中国文明者,其实不过是安排给阔人享用的人肉的筵宴。所谓中国者,其实不过是安排这人肉的筵宴的厨房"①。鲁迅对传统文化的批判和攻击,到 20 年代那场"青年必读书"事件中达到了高潮。1925 年 1 月,《京报副刊》登出启事,征求"青年必读书"的书目。鲁迅的答复竟是:"从来没有留心过,所以现在说不出",而在"附注"中,他提出了"要少——或者竟不——看中国书,多看外国书"的主张,认为"中国书虽有劝人入世的话,也多是僵尸的乐观,外国书即使是颓唐和厌世的,但却是活人的颓唐和厌世"②,其对中国文化的决绝态度真可谓是无以复加了。

即使是到了晚年,也就是他有了阶级分析观点后,鲁迅对于传统中国文化的全盘否定和批判态度,似乎也没有丝毫改变。1927 年,他曾这样概括中国文化:"中国的文化,都是侍奉主子的文化,是用很多的人的痛苦换来的。无论中国人,外国人,凡是称赞中国文化的,都只是以主子自居的一部份。"因此,"保存旧文化,是要中国人永远做侍奉主子的材料,苦下去,苦下去"③。1933 年,当施蛰存向当时的青年推荐读《庄子》和《文选》,以丰富自己作文中的词汇时,鲁迅却表现出了异乎寻常的反感,认为:"在古书中找活字,是欺人之谈"④。随后,他又推出惊人之论,说,文言文和方块字作为知识阶级的特权,都应属于被废弃者之列。"中国人要在这世界上生存,那些识得《十三经》的名目的学者,'灯红'会对'酒绿'的文人,并无用处,却全靠大家的切实的智力,是明明白白的。那么,倘要生存,首

---

① 《坟·灯下漫笔》,《鲁迅全集》第 1 卷,人民文学出版社 1981 年版,第 216 页。
② 《华盖集·青年必读书》,《鲁迅全集》第 3 卷,第 12 页。
③ 《集外集拾遗·老调子已经唱完》,《鲁迅全集》第 7 卷,第 307—313 页。
④ 《书信·331105·致姚克》,《鲁迅全集》第 12 卷,第 255 页。

先就必须除去阻碍传布智力的结核:非语文和方块字。如果不想大家来给旧文字做牺牲,就得牺牲掉旧文字"①。晚年还在与友人的信中表示:"近几时我想看看古书,再来做点什么书,把那些坏种的祖坟刨一下②",其中那种"余恨未消"的情绪,溢于言表。可以说,一直到死,鲁迅与中国传统文化之间这种紧张关系都没有丝毫松弛和减弱。

鲁迅为什么对于传统中国文化表现出如此决绝的否定态度呢?像鲁迅这样一个对于中国文化进行"刨根掘坟"批判和否定的激进之士,为什么还要被公众誉为"民族魂"呢?对此,我们还要从中国近代历史发展的悖论性结构中去寻找答案。

中国近代社会文化的现代化转型,是在中华民族生存危机的大背景下进行的。为了实现中华民族生存发展的历史目标,启蒙和救亡则成了实现这一历史总目标的两种基本方式和手段。所谓启蒙,就是以西方文化批判封建主义传统文化的历史行为,其以唤醒民众的觉悟、追求自我发展与实现普遍幸福等为历史目标;所谓救亡,指的是中华民族变革生存与发展的现实斗争,其主要是通过社会变革与精神力量的凝聚,推翻外来侵略,争取民族独立,暴力革命和政治革命是它采取的具体实现方式。作为实现历史目的两种方式和手段,尽管这两个方面在深层历史目的上并无二致,都是为了历史的更新发展,促进独立富强的民族国家的诞生,但它们在对历史的认识和具体价值取向上却是背道而驰的。因此,当它们以必不可少的前提进入历史的进程时,就已经对几乎所有的参与者赋予了悖论性的心理内涵——情感价值取向与理性价值取向的冲突。美国汉学家列文森(Jeseph R. Levenson)是这样描述中国近代知识分子的这种痛苦的心境的:

---

① 《且介亭杂文·中国语文的新生》,《鲁迅全集》第6卷,第115页。
② 《书信·350104·致萧军、萧红》,《鲁迅全集》第13卷,第4页。

每个人对历史都有一种感情上的义务,对价值有一种理智上的义务,并且每个人都力求使这两种义务相一致。一个稳定的社会,是一个大家在普通原则上选择他们所继承的独特文化的社会。在很长一段时间里,中华帝国就是这样一个社会。中国人热爱他们的文明,不仅因为他们生在这种文明之中,而且因为他们认为它是美好的。然而,在19世纪,历史和价值在许多中国人心灵中被撕裂。①

这就是说,由于认同西方的价值,这就在理智上自然疏远了本国的文化传统;但因为受历史制约,在感情上仍然与本国传统相联系。中国近代的知识分子,无论是坚持启蒙立场还是坚持救亡立场的人,大都陷入到这种历史与价值、情感与理智的冲突的旋涡之中而难以自拔。

上述列文森的价值与情感"冲突说",从近代以来中西文化冲撞角度来分析中国近代知识分子的文化矛盾心理,这确实为我们理解鲁迅的反传统思想打开了一个崭新的思路。如此看来,鲁迅对于传统中国文化的否定性批判显然属于其自觉领域内的价值判断了。在这样的价值视野内,鲁迅对于传统中国文化的认识,不是从中国文化的形成过程进行分析,而是从中国文化的整体功能来考察的。"传统文化"已不是包含着中华民族几千年生存内涵的丰富的历史经验,而是在具体历史时空内社会政治的历史。这种历史往往与以往的文化观念和历史经验纠缠在一起,表现为现实的种种丑恶形态,并进而成为历史进化的障碍物。因此,鲁迅所进行的文化批判,与其说是对于传统的攻击,倒不如说是对

---

① 列文森:《梁启超与中国近代思想》,四川人民出版社1986年版,第3—4页。

于现实的否定和干预。他看重的是这一文化传统对现实进程和现实人生的实际心理状态的影响，以凸显传统文化与现代生活的不适应性。

鲁迅攻击传统文化最为频繁和激烈的时期是1925年左右。当时，"五四"新文化运动正处于"退潮"期，社会上出现了一股与"五四"启蒙主题相疏离的复古思潮。曾经在新文化运动中风云一时的胡适等人极力主张"踱进研究室"、"整理国故"，胡适、梁启超等人并给青年学生开了一大篇"最低限度"的国学必读书目。鲁迅上述的激烈文化批判，正是由此而发。因此，鲁迅后来总结说："说到中国的改革，第一著自然是扫荡废物，以造成一个使新生命得能诞生的机运。五四运动，本也是这机运的开端罢，可惜来摧折它的很不少"[①]。在鲁迅看来，当时新文化要从旧文化巨大惯性的引力场中脱颖而出，没有全面的、激烈的甚至是偏激的态度是无济于事的："旧社会的根柢是非常坚固的，新运动非有更大的力不能动摇它什么。并且旧社会还有它使新势力妥协的好办法，但它自己是决不妥协的。在中国也有过许多新的运动了，却每次都是新的敌不过旧的，那原因大抵是在新的一面没有坚决的广大的目的，要求很小，容易满足"[②]。后来，在《无声的中国》一文中，鲁迅也曾用"开窗"和"拆屋顶"为例，来说明改革需要一种特别"极端"的做法的理由：

中国人性情是总喜欢调和，折中的。譬如你说，这屋子太暗，须在这里开一个窗，大家一定不允许的。但如果你主张拆掉屋顶，他们就会来调和，愿意开窗了。没有更激烈的主张，他们总连平和的改革也不肯行。那时白话文之得以通

---

① 《译文序跋集·〈出了象牙之塔〉后记》，《鲁迅全集》，第244页。
② 《二心集·对于左翼作家联盟的意见》，《鲁迅全集》第4卷，第235页。

行,就因为有废掉中国字而用罗马字母的议论的缘故。①

但鲁迅不像胡适,他不是把对中国文化的整体否定视为一种"取法乎上,仅得其中,取法乎中,仅得其下"的历史策略,而是当作一种推动历史前进的原则而加以强调的。在鲁迅看来,中国文化太过于"硬化"了,因此对于"体质和精神都已硬化了的人民"和"硬化的社会",必须使用"强酸剂"和"大的鞭子"②。由此可见,鲁迅上述这种对于传统中国文化的否定性批判态度,实在是一种执着于现实改革的历史行为。其对于传统中国文化的价值判定,也只能是一种历史的价值范畴,而不能当作一种永恒的先验的价值律令而到处推广。

但列文森的解释仍不免有着西方价值"中心论"之嫌。无可否认的是,没有西方文化的参照和影响,鲁迅的反传统思想及其行动能否出现或能否如此奏效则是不可想象的。但列文森把鲁迅反传统之举的动因一概归之于西方价值的刺激则是不免失之笼统和简单了。实际上,鲁迅与传统中国文化的关系,其深厚与复杂,绝不是仅仅用感情化的历史联系就可以概括得了的。从中国传统文化的视角来看,鲁迅的反传统之举为什么不可以是传统中国知识分子"以天下为己任"的忧患意识的产物?这就是说,鲁迅反传统的历史行为也不仅仅来自于西方价值的刺激这一因素,我认为这与鲁迅内心深处那源远流长的心理原型有关。这个心理原型就是鲁迅所深深浸染其中的中国士人的精神传统。

荣格在分析一个人的心理原型——"集体无意识"时说:

一个孩子虽然不是生下来就有意识,但他的心灵也并不

---

① 《三闲集·无声的中国》,《鲁迅全集》第4卷,第13—14页。
② 《二心集·习惯与改革》,《鲁迅全集》第4卷,第223页。

是一块"白板"。小孩生来都有大脑,英国孩子大脑的工作方式不同于澳大利亚的黑孩子,而是以一种现代英国人的方式工作的。大脑生来就有确定的结构,其工作方式虽是现代的,但却有着自己的历史。大脑是在数百万年的过程中建构起来的,它代表了这个历史的成果。很自然,正如身体一样,它也携带着这个历史的痕迹,如果你能摸索到心灵的基本构造,你自然就会窥见远古心灵的痕迹。①

同样,鲁迅也携带着"历史的痕迹"。这个"历史的痕迹"深藏在他的心灵深处,从而成为一种"集体无意识"的力量,有意无意地支配着他的思想和行动。在这个"历史的痕迹"中,中国传统知识分子的价值理想无疑在其中占据着比较重要的地位。中国文化从春秋战国开始,经过以孔子为代表的"诸子百家"的卓越性的文化创构,已经实现了某种"哲学的突破"(帕森斯语)。在这个被德国哲学家雅斯贝尔斯称之为历史的"轴心期"伟大时代之后,中国人就有了进行历史自我理解的普遍框架。直至近代,"人类一直靠轴心时代所产生的思考和创造的一切而生存,每一次新的飞跃都回顾这一时期,并被它重燃火焰,自那以后,情况就是这样,轴心期潜力的苏醒和对轴心期潜力的回归,或者说复兴,总是提供了精神的动力"②。实际上,春秋战国的诸子百家对于人类的自我理解,主要是通过对于"士"这一新兴阶层的理解而实现的。孔子"士志于道"的价值期许以及他给予"士君子"的种种道德规范则是这个思想"轴心"的基因式因素。后来经过孟子、荀子、老子、庄子等诸子百家的强化,遂形成了那极具弥散性的思想内核——士人精神。这种以

---

① 《分析心理学的理论与实践》,三联书店1991年版,第41页。
② [德]雅斯贝尔斯:《历史的起源与目标》,华夏出版社1989年版,第8页。

"内圣外王"为思想模式的人生规范,这种以"介入"人间事务或者说就是介入政治生活为主要目的价值理想,经过几千年来的制度强化或心理遗传,已经在任何一个沉浸其中的士人心灵深处,尤其是在其"集体无意识"的深处,形成了一种"原型"性的心理力量。

作为中国的"最后一个士大夫"[①],鲁迅也不能不受到这一传统的精神价值的濡染和熏陶。他的反传统的历史行为,也受到了这一传统原型的心理因素的激发和促动。这正如孔范今先生所言:

> (鲁迅)在对传统文化的批判中,潜在于文化心理深层结构中的传统文化精神,尤其是中国知识分子的那种文化人格精神,不是作为对传统文化的一种态度,而只是作为一种内在心理力量或精神力量而作用于自觉意识的层次的,因而倒是奇妙地变成了推动参与批判活动的内在心理动力,成了使自己都无法抗拒的心理内驱力。[②]

实际上,鲁迅对于启蒙事业的那种责任承当及他在这种承当中所表现出的道德力量,是与他身上所天然具有的传统士大夫那种"弘道"、"济民"的责任承当有着深刻的精神呼应的。那种"以天下为己任"的道德情怀,那种"先天下之忧而忧,后天下之乐而乐"的忧患意识,还有那种对正统思想进行批判的叛逆精神等等,我们都能从其中找到历史性的原型存在。而一旦这种文化精神作为一种内在心理力量或精神力量而作用于自觉意识的

---

① 许广平:《元旦忆感》,《许广平文集》第2卷,江苏文艺出版社1998年版,第150页。

② 《鲁迅批孔:历史价值范畴里的符号选择》,《悖论与选择》,明天出版社1992年版,第46页。

层次时，它往往会变成一种推动参与批判活动的内在的心理动力，一种使鲁迅自己都无法抗拒的心理内驱力。只是这种文化精神在鲁迅那里被表现得更为隐蔽、更为深层、更为无意识，所以才不容易被一般人所觉察罢了。

这样，在鲁迅对传统文化的批判中，在自觉领域内的价值判断和在深层文化心理中对传统文化精神的非自觉认同之间，就形成了一种逆向的结构状态。这里，一方面是在自觉领域内的价值判断，其对传统文化采取的是彻底批判和否定的态度，其价值支点是着眼于现实改革的历史评价；另一方面却是在深层文化心理中对传统文化精神的非自觉认同，这种心理趋向来自于鲁迅心理深处的那种"集体无意识"的力量。对此，林毓生先生分析说："在明显的、辩难的意识层次上，鲁迅对传统的攻击超过了口号的呐喊，达到了对传统中国文化黑暗面与中国人性格症结的犀利而深入的了解；而在隐示的、未明言的意识层次上，他能认知一些尚存的传统道德价值的实质意义"[①]。本来，这两种逆向存在的因素，在心理意识也并不是同一层次中的构成物，并不共存于同一层次之中，所以两者的接触在新文化运动中非但不会冲撞，反而在鲁迅那里形成了一种特异的历史景观。但鲁迅似乎并不这样看，他的坚定执着的价值理性使他发现那种隐示的"传统"的精神老是时不时地侵扰他，并对他的历史行动构成了某种腐蚀的作用，因此他称之为"鬼气"和"毒气"[②]。鲁迅的这个"发现"使他颇感沮丧，这当然在他的灵魂深处引起了复杂而强烈的冲突。鲁迅作品所表现出的那种深刻性与震撼力，就来自于他这种处于历史的"中间物"之中的精神困扰。

在鲁迅与传统的中国文化的关系中，传统文化对鲁迅的

[①] 《中国传统的创造性转化》，三联书店1988年版，第157页。
[②] 《书信·240924·致李秉中》，《鲁迅全集》第11卷，第430页。

影响除了表现为上述所言的原型性的深层的心理力量外,有时它还外化为一种显在的价值选择而参与到他所从事的文化启蒙的历史行动中。我们知道,鲁迅心理深层的那种传统中国士人的"集体无意识",只是作为一种"原型性"的文化精神,一种深在的心理内驱力而作用于人的历史行为之中的。但这种内驱力,并不是老处于某种"地下工作"的状态,在许多情况下,尤其是在这种深层的心理内驱力与心理主体所参与的历史行动表现为目的一致的情况下,它就会冲出理性设定的阈限而参与到心理主体所从事的历史行动之中。就鲁迅而言,这种冲出其价值理性阈限的传统心理因素,就是我们经常所说的鲁迅所继承的中国传统文化的"优秀遗产"。对此,冯雪峰先生曾在其著名的《鲁迅论》一文中把它提炼为"中国民族的战斗的传统的精神"。这具体表现为:一是孔墨的"知其不可为而为之"的精神传统;二是宋末、明季的"士大夫"阶级为民族而壮烈牺牲的正义的传统;三是中国历史上的乱世时代对社会的大胆叛逆的传统;四是中国文学史上具有伟大的生活热情和人类爱的大诗人们的精神传统[①]。但冯雪峰的分析,仍然没有越出我们前面所言的"中国知识分子的那种文化人格精神"这一范畴。这就是说,鲁迅并不是我们所想象的那样绝对地排斥"传统",他的"反传统"只是作为一种变革现实的历史原则而予以施行的。一旦中国的文化传统与他所从事的历史行动的目的趋于一致,他也会毫不犹豫地采取"拿来主义"的方针,大胆地拿来,为我所用。余英时先生就曾以鲁迅所凭借的"魏晋文章"中的逆端思想传统为例,认为"五四"时期"当时在思想界有影响力的人物,在他们反传统、反礼教之际首先便有意或无意地回到传统中非正统或反正统

---

① 《鲁迅论》,《雪峰文集》第4卷,人民文学出版社1985年版,第7—8页。

的源头上去寻找根据"①。在这样的情况下,"传统"已不是他在历史的价值尺度下的负面因素了,反而成了某种推动历史前进的积极因素而与他所奉行的历史价值合而为一了。由此可见,鲁迅与传统文化的关系,绝不是像列文森所谓的仅仅是"情感"意义上的,其实际情形似乎要复杂得多;而鲁迅之被称为"民族魂",则更不是如列文森所言,只是鲁迅在"情感"上无法割舍传统的结果,而是因为他在中华民族危难之际,在文化上为历史的变革杀开一条"血路",开创了一个历史的新局面时所表现出的道德情怀和卓越战绩。

正是基于上述所论,本书选择了"鲁迅与中国士人传统"这一论题。关于这一论题,早在1936年冯雪峰就有所注意,他在《关于鲁迅在文学上的地位》一文中,就提出了鲁迅与传统中国文学的深刻联系:

> 中国旧有的好的文学传统及丰富的中国历史演变的教训,也深刻地影响着鲁迅的文学与思想。他的文学事业,有着明显的深刻的中国特色,特别是他的散文的形式与气质。其次,在文学者的人格与人事关系的一点上,鲁迅是和中国文学史上的壮烈不屈的这些大诗人,都是有着伟大的人格和深刻的社会热情的人,鲁迅在思想上当然是新的,不同的,但作为一个中国文学者,在对于社会的热情,极其不屈不挠的精神,显示了中国民族与文化的可尊敬的一方面,鲁迅是继承了他们的一脉的。②

冯雪峰的这篇文章,鲁迅亲自过目并修改过。冯雪峰还在该

---

① 《中国思想传统的现代诠释》,江苏人民出版社1995年版,第347页。
② 《雪峰文集》第4卷,人民文学出版社1985年版,第24—25页。

文《附记》里特别说明道："关于在后面说他在中国文学史上和屈原、杜甫等的精神上的传统的一点"，鲁迅是"同意的"。冯雪峰能在中国文学的历史长河中，重新疏理出鲁迅在中国文学史上承上启下的意义，其开拓性的价值则是无可置疑的。后来，他又在《鲁迅论》、《鲁迅先生计划而未完成的著作》、《回忆鲁迅》等文中对此进行了更为深入的探讨。但冯雪峰主要是从现实政治的需要出发来追及鲁迅与传统中国文化的联系的，如他在《鲁迅论》一文中就把鲁迅所继承的"传统"概括为"中国民族的战斗的传统的精神"，其现实政治的色彩是显而易见的。这就钝化并遮蔽了鲁迅与传统文化联系的丰富性与复杂性，尤其是未能切入到鲁迅的思想与创作与传统文学联系的个性特点中。

到了上世纪40年代末，侯外庐先生又从中国思想史的视角看出了鲁迅与那些传统的叛逆的思想家的精神性的联系。他认为鲁迅"直接继承发展了章太炎思想的传统，更以章氏为桥梁，把诸子异端思想以至魏晋'非汤武而薄周孔'的嵇康、鲍敬言思想，融化于他的前期文学中。此所谓异端思想在中国历史上亦有分野的，有一部分唯物论者如墨子、王充、范缜，有一部分唯心论者如老庄、仲长统、嵇康等。章太炎就把握住唯心论异端派，如《齐物论释》，如《五朝文》，使庄学与魏晋学附加了近代色彩"[①]。侯先生此论无疑是慧眼独具的，但可惜他未能展开说明。到了50年代，王瑶先生以"鲁迅与中国文学传统"为研究的切入口，继续着"鲁迅与传统文化"这一研究思路而把这一领域向前推进了一大步。他的《鲁迅与中国文学》、《论鲁迅作品与中国古典文学的历史联系》等[②]，对于鲁迅与庄子、屈

[①]《鲁迅三题》，原载香港《文汇报》1948年9月22日，收入《中国近代启蒙思想史》，人民出版社1993年版，第402页。

[②]《鲁迅与中国文学》，上海平民出版社1952年版；《论鲁迅作品与中国古典文学的历史联系》，载《文艺报》1956年第十九、二十号。

原,以及"魏晋风度与文章",还有古典小说、抒情诗等的联系的探讨,至今对于我们的探讨都有重要的启发作用。但遗憾的是,王瑶的这一研究未能进一步展开和深入便被迫中断了。

人们都会把王瑶先生中断"鲁迅与传统文化"的研究归之于解放以来弥漫于中国的政治意识形态的掣时作用,其实,其根本原因还是来自于人们心理深处顽固的"五四"文化的认识模式。本来,鲁迅他们在"五四"时期对于传统中国文化的否定性的批判,只是一种为救亡的历史目的而采取的历史行为。尽管鲁迅自己对此有着高度的警觉性,时常提醒青年人不要模糊了历史批判与学术行为的界限。但令人遗憾的是,这种仅仅属于文化领域里的历史行为,竟被后来的政治和精神领袖毛泽东纳入并整合到了自己的《新民主主义论》之中,并用以指导正如火如荼进行着的反帝反封建的政治运动。但自从鲁迅的文化批判被确定为最正确的"中华民族新文化的方向"后,这种本来还属于知识系统的文化启蒙行为,就转化为泛政治化的意识形态。知识系统与信仰系统在启蒙思想中的严重失衡,知识分子意识形态指向的过于自觉,遂使得鲁迅所代表的"五四"文化批判上升为一种"精神"原则被人们所信奉和坚持。这样,随着鲁迅的被神话并逐步走向神坛,这种文化策略遂发展、转化成为一种普遍永恒的先验原则而被人们推向极端。结果,以儒家为代表的中国传统文化则被冠之于诸如"封建的、落后的、反动的"等等恶谥而任人唾弃,而鲁迅的"反传统"精神,也被许多启蒙知识分子所坚持,成为上世纪80年代初期新启蒙运动的精神之旗。尽管80年代后,这一文化策略与政治意识形态的强行捆绑被松动许多,涂饰于鲁迅身上的意识形态油彩也基本剥落,但文化观念上的历史性"偏执",至今仍然是许多鲁迅研究者对待传统文化的基本原则。他们往往以启蒙主义立场的排他性,否定其他价值范畴里的文化、艺术主张和流派,但对其近期的积极效应和远期的学术合理性一概视而不见。尽管这种对启蒙主义历史责任的主动承当和角色选择,在推动历史发展方面有其积极的作用,无疑是中国现代知识分子优秀的精神传统,但这种济世致用的历史责任意识一旦陷入政治功利性的漩流之中,其不但会妨碍对学术真理性的探求,而且其自身所试图达致的历史目的也会发生变形。远的不说,上一世纪的"文化大革命"对鲁迅精神的极致发挥乃至"滥用"就是一个明证。

现在,着眼于历史批判价值的"五四"文化观念在鲁迅研究中仍然占据着统治性的地位,这可能是鲁迅自身作为文化启蒙先驱者的历史角色决定的。这正如张中晓先生所说:"无论从思想、文学的眼光来观察鲁迅,都不足以证明他的伟大。鲁迅的伟大,是因为他是一个战斗者,是道德存在,是激动人心的力量"[①]。因此,这种研究视角也会永远地被当作"鲁迅的精神传统"而被继承下去。但近年来,也出现了探讨鲁迅与传统中国文化关系的最新趋向。这种趋向能够超越以往研究者所深陷于其中的"五四"文化模式,以科学、冷静的态度来研究鲁迅所面对的传统中国文化,从而取得了突破性的研究成果,如陈平原先生对于鲁迅与中国学术史的研究,陈方竟先生对于鲁迅与浙东文化的研究,萧同庆先生对于鲁迅与中国传统的"狂人谱系"的研究等等。但时至今日,对于曾经给鲁迅人生选择和历史文化批判以重大影响的中国传统士人的精神传统,仍然没有引起鲁迅研究界的足够重视。大多数的研究者至今仍然还被遮蔽在鲁迅对传统中国文化进行无情批判的思想视野中,视传统中国文化为罪恶的渊薮,而对于中国传统文化的最主要的创造者和承载者——士人阶层就更为忽视了。因此,敞亮这块被鲁迅的价值理性所遮蔽的领地,复活潜存于鲁迅心灵深处的那种中国知识分子的文化人

---

① 《无梦楼随笔》,上海远东出版公司1996年版,第76页。

格精神,并考察这种文化精神是如何被鲁迅"激活"和"关系重构",并熔铸到他那特立独行的人格及其富有独创性的作品之中去的,则是本书试图达成的主要目的。

第 一 章
中国士人的精神传统

在中国社会漫长的历史演变中,"士"这一阶层或群体,具有特别重要的地位。他们不仅是中国文化的创造者和承担者,而且还是中国传统社会的操纵者和管理者。就其文化功能而言,中国传统文化体系中价值系统、知识系统和意识形态这三个次生系统,是与士人这一群体的主体性活动密不可分的;就其社会和政治功能而言,中国士人这一阶层虽不能说都是中国这个封建帝国的统治阶级,但鉴于士人所拥有的专业知识和智能因素以及"内圣外王"的价值关怀,他们是中国古代社会最合适、最理想的管理者,因此,有学者认为中国古代社会的独特政治形态,自汉代以后,也可以说特别地表现为一种"士大夫政治"①。从春秋、战国时期"士"阶层的诞生,此后有两汉之儒生、中古之士族,直到唐、宋、明、清由科举入仕的文人官僚,尽管其面貌因时代而不断发生着变异,但这一阶层的基本特征,却保持了可观的连续性,形成了独有的士人精神文化传统。探讨并总结这一不绝如缕的士人精神传统,是研究"鲁迅与中国士人传统"的最初一步。

---

① 阎步克:《士大夫政治演生史稿》,北京大学出版社 1996 年版,第 1 页。

一 "王官失守":中国士人阶层的产生

一般人都习惯于把传统中国社会的"知识分子"或"智识阶级"泛称为"士"或"士大夫",但严格讲来,这是不确切的。据刘泽华《士人与社会》一书的统计,在战国文献中,以"士"为中心组成的称谓和专用名词,约有百余种,计有武士、文士、吏士、技艺之士、商贾之士、方术之士等七大类职业,但其中也只有"文士"和"方术士"基本上属于知识分子阶层[①]。其实,"士"作为一个阶层或群体最早出现在商、周时代,但这一时期的"士"只是商、周社会等级制中的一个等级,还不是真正意义上的独立"知识分子"或"智识阶级"。这是因为商周时期的"士"虽然以自己的脑力劳动在天子、诸侯、大夫各种行政机构中任职,但他们所拥有的业务知识只是局限在自己的专业知识范围,还没有以知识和智能与社会进行劳动交换,他们所具备的专业知识被称作"职事知识"。"士"作为"职事知识"的主体,还没有自主性。在中国历史上,从"职事知识"到知识进一步独立化及知识分子的出现,经过了一个漫长的历史演变过程。直到春秋中后期,以孔子的出现为标志,才出现了真正意义上的中国古代的知识分子,即士人。他们以生产知识为业,以知识和智能与社会进行劳动交换。独立知识分子的出现绝不是对"职事知识"的否定,也不是独立知识分子不再兼任社会职事,而只是表明知识的社会化达到了一个新的阶段,表明能够以知识作为产品参加社会交换。

在先秦典籍中,"士"的称谓有多重涵义。但其基本含义还是成年男子,并以与"女"有别。《诗·郑风·女曰鸡鸣》:"女

---

① 刘泽华:《士人与社会》,天津人民出版社1988年版,第21页。

曰鸡鸣，士曰昧旦"，《诗·召南·野有死麕》："有女怀春，吉士诱之"。由于"士"是成年男子，在早期的初民社会其当然还有"执干戈以卫社稷"的义务，所以"士"又经常特指甲士、军士或武士，因此顾颉刚先生才在《武士与文士之蜕化》中认为"吾国古代之士，皆武士也[①]"。到了商周时代，随着军事征服和社会共同体的扩大，经过漫长的社会分化，"士"作为武士集团逐渐演化为承担民政和行政的官员，成为当时社会等级制中的一个等级，而最早的"士"的概念，就见于商周时代。《尚书》和《诗经》中已有"众士"、"庶士"、"多士"、"列士"、"卿士"等名称。"士"在这一时期的文献中，至少包含有以下诸义："为一切成年男子之称；为氏族正式男性成员之称；为统治部族成员之称；为封建贵族阶级之称；为受命居官的贵族官员之称；为贵族官员的最低等级之称。不难看到，'士'这一称谓的如上涵义繁衍，与社会群体分化的一种重要形式——身份性等级分层，显示了某种相关性。这种等级分层的过程，使得作为'男子之大号'的'士'这一称谓，繁衍出众多的不同涵义，它们在不同场合指称按等级高下排列的不同群体"[②]。

西周、春秋时代，实行宗法分封制，"士"遂成为分封制的一个等级。当时，天子、诸侯和卿大夫，都要把自己的庶子、幼子或宗族兄弟，以另立小宗支庶的办法逐层分封出去，形成了天子——诸侯——卿大夫——士四级宗法土地贵族系列，"士"处于这一宗法贵族系列的最末一等。如《左传·昭公七年》："天有十日，人有十等，……故王臣公，公臣大夫，大夫臣士，士臣皂……"说的就是"士"的政治地位在大夫之下，皂之上。《国

[①] 顾氏认识到了"士"由武士推变而来，这是对的，但他认为古代只有武士，至孔子之后，才渐渐有武士的兴起，则大可商榷。见顾颉刚：《史林杂识初编》，中华书局1963年版，第85—91页。

[②] 阎步克：《士大夫政治演生史稿》，北京大学出版社1996年版，第44页。

语·晋语四》:"公食贡,大夫食邑,士食田,庶人食力,……"此言"士"的经济地位在庶人之上。由此可见,就政治和经济地位来看,"士"是贵族阶级中的较低阶层,他们凭借自己的脑力劳动在天子、诸侯、大夫各种行政机构中任职,并具备了相应的"职事知识"。《说文解字》训"士"曰:

> 士,事也。数始于一,终于十,从十一。孔子曰:推十合一为士。段玉裁注曰:引申之,凡能事其事者称士。《白虎通》曰:士者事也,任事之称也。故《传》曰:通古今、辨然否,谓之士。[①]

许慎以"事"训"士",反映的是汉代学者对于三代时期的"士"之职能的一种理解。鉴于汉代去古未远,其自然是于古有据。为了使"士"能胜任其职,西周统治者对士人阶层的教育和选拔十分重视。据《礼记·王制》和《周礼·地官·司徒》载,"士"在学校受教育的内容,有礼、乐、射、御、书、数,即所谓"六艺",因此,西周的"士"就成了彼时文化的主要传承者,同时又是宗法制的主要维护者。对此,章太炎先生具体描述道:

> 古之学者,多出王官。世卿用事之时,百姓当家,则务农、商、畜、牧,无所谓学问也。其欲学者,不得不给事官府为之胥徒,或乃供洒扫为仆役焉。故《曲礼》云:"宦学事师"。"学"字本或作御。所谓宦者,谓为其宦寺也。所谓御者,谓为其仆御也。故事师者,以洒扫进退为职,而后车从者,才比于执鞭拊马之徒。观春秋时,世卿皆称夫子。

[①] 段玉裁:《说文解字注》,上海古籍出版社1981年版,第20页。

夫子者，犹今言老爷耳。孔子为鲁大夫，故其徒尊曰"夫子"，犹是主仆相对之称也。《说文》云："仕，学也。""仕"何以得训为"学"？所谓宦于大夫，犹今之学习行走尔。是故非仕无学，非学无仕，二者是一而非二也。①

这里，"王官"，指"王者之官"即"官府"；"百姓"，是古代贵族的总称；"宦寺"也称"寺人"，指的是古代在宫廷中服侍王公诸侯的小臣；"后车"谓侍从者所乘的车。章氏又云："周之故言，仕、学为一训。《说文》：'仕，学也'。何者？礼不下庶人，非宦于大夫，无所师"②。可见，士人之"学"，在乎"任事"，"任事"则必须"通古今，辨然（否）"，以此来掌握基本的生存技能，这种技能就是"职事知识"。

西周自周夷王便开始走向衰微，经厉、宣、幽诸王，由于严允、西戎等外族的侵扰，再加上自然灾害与统治者的腐败无能，至平王时王朝已经无法维持，终于由镐京而迁都洛邑。东周——春秋战国的五百年间是中国政治文化发生巨大变化的时期，这一变化的根本之点是宗法制度的破坏以及由此而来的社会价值观的转变。这种社会政治文化的巨变，带来的是一个新的士人阶层的产生。

关于"士人"阶层的兴起，可从春秋战国时期的"社会变迁"和"学术思想的变化"两个层面进行说明：前者指的是"封建"秩序的解体而导致的"四民杂处"的社会变局，后者指的是文化秩序的"礼崩乐坏"而出现的"王官失守"的文化变局。

---

① 《章太炎选集·论诸子学》，上海人民出版社1981年版，第358页。
② 章太炎：《检论·正颜》，《章太炎全集》第3卷，上海人民出版社1984年版，第471页。

整个春秋时代，是"士"作为一个社会等级逐步解体，其社会角色发生本质性变化的时期。在春秋以前，"士"作为一个贵族阶层被纳入到一个严密的社会等级秩序里。在封建体制的保障下，他们既可以在凭借自己的智力和技能入仕为官，也可以置身行伍，执干戈而卫社稷。他们在政治上有稳固的地位，在经济上也有可靠的收入。但春秋以降，首先战争规模的扩大和作战方式的改变，使武士不再局限于由贵族和"士"担任，大批庶民、"野人"开始成为军队的主力，从武不再是士人向往的特权与职业；其次是社会的剧烈动荡和权力频繁的更新分配使得"士"这个阶层成了春秋社会上与下交流、转换的一个中间地带。一方面许多贵族下降为"士"，另一方面大量的庶人也可以因军功或其他成就上升为"士"。对此，唐兰先生总结说："'士人'在春秋时期是介于贵族与平民之间的。他们有的是出身于贵族家庭的，有的则是从平民中上升的。他们可以上升为卿大夫，也可以'降在皂隶'。他们有的则是属于王公，有的属于卿大夫，就是所谓私家"①。这样到了春秋末叶，士庶的界限已经很难截然划分，"士庶人"、"士民"以及"士大夫"这样的词组也大量地出现在此一时期的典籍之中②。"士"的数量也急剧增加，竟至于发展成为春秋战国时期左右当时政局的一支重要力量。

"士"、"庶"界限的模糊以及士人数量的增加带来的是春秋战国时期"四民杂处"的社会局面。《春秋穀梁传》成公元年条云："上古有四民：有士民、有商民、有农民、有工民"③。《管

---

① 唐兰：《春秋战国是封建割据时代》，《中华文史论丛》第3辑（1963年），第28—29页。

② 刘泽华：《士人与社会》，第115页；余英时：《士与中国文化》，上海人民出版社1987年版，第86页。

③ 《春秋穀梁传注疏》，第53页，《十三经注疏》13卷，第2417页，中华书局1980年影印本。

子·小匡》云："士、农、工、商四民者，国之石（案：石，同'硕'，大也）民也，不可使杂处——杂处则其言咙（注：咙，乱貌），其事易（注：易，变也）"。此既言士人与农、工、商等三民一样，在政治经济地位上同属于"民"的范围，又说明他们是"民"中的一个特殊的阶层。关于"四民"社会，顾炎武有高度的概括：

> 士、农、工、商谓之四民，其说始于《管子》。三代之时，民之秀者乃收之乡序，升之司徒谓之士，故千百之中不得一焉。大宰以九职任万民，五曰百工，饬化八材，计亦无多人尔。武王作《酒诰》之书曰："妹土嗣尔股肱，纯其艺黍稷，奔走事厥考厥长"。此谓农也，"肇牵车牛，远服贾，用孝养父母"。此谓商也。又曰："庶士有正，越庶伯君子，其尔典听朕教"。则谓之士者大抵皆有职之人矣，恶有所谓群萃而州处，四民各自为乡之法哉！春秋以后，游士日多。《齐语》言桓公为游士八十人，奉以车马衣裘，多其资币，使周游四方，以号召天下之贤士，而战国之君遂以士为轻重，文者为儒，武者为侠。呜呼！游士兴而先王之法坏矣！[①]

本来，在西周森严的封建系统中，社会的流动性极小，"士"的身份是相当固定的。即使有"民之秀者"被"收之庠序"接受培训，最后"升之司徒谓之士"，因此顾氏认为这是极为罕见的："故千百之中不得一焉"，同时他更明白地指出，"士"成为四民之首，是战国游士既兴以后之事。顾氏此段话实际上是描述了传统中国士人从三代之时到春秋以后的社会角色的

[①] 《日知录集释·周末风俗·士何事》，上海古籍出版社1985年版，第578—579页。

蜕变过程：三代时他们还是"大抵皆有职之人"，到了春秋以后，则变成了"士无定主"的游士了。

"四民社会"的出现还只是春秋战国时期新的士人阶层产生的社会背景，但知识阶层的兴起最终还是要在其学术思想内部实现本质性的"突破"而达成的。余英时先生根据《庄子·天下》篇中"道术将为天下裂"以及汉代刘歆关于"九流出于王官"的观点，认为战国古代知识阶层的兴起是通过一种被美国社会学巨子帕森斯（T. Parsons）称为"哲学的突破"（Philosophic breakthrough）而实现的。这种思想文化上的"哲学的突破"发生在春秋战国时期，其主要是针对古代诗、书、礼、乐所谓的"王官之学"而来的。[①] 他认为"王官之学"的最大特点就是章学诚所说的"官师合一"，王室的官吏专门管理一业，既是官同时又是那门学术的传授者。官师守其典章，个别的"士"是不能据之为私有，更不能各就己见对礼乐传统加以发挥。但到了春秋时期，随着"礼崩乐坏"的社会危机到来，这种"官师合一"和"政教一体"的政治格局被打破了。对此，章学诚描述道：

> 盖官师治教合，而天下聪明范于一，故即器存道，而人心无越思。官师治教分，而聪明才智，不入于范围，则一阴一阳，入于受性之偏，而各以所见为固然，亦势也。夫礼司乐职，各守专官，虽有离娄之明，师旷之聪，不能不赴范而就律也。今云官守失传，而吾以道德明其教，则人人皆自以为道德矣。故夫子述而不作，而表章六艺，以存周公旧典也，不敢舍器而言道也。而诸子纷纷，则已言道矣。[②]

[①] 余英时：《士与中国文化》，第29页。
[②] 叶瑛：《文史通义校注》，《文史通义·原道中》，中华书局1994年版，第132—133页。

《周易·系辞》云:"形而上者谓之道,形而下者谓之器","道"与"器"分别代表了一个社会的文化系统和社会系统。西周王朝的社会格局是"即道存器",文化系统和社会系统是一体的,因此拥有"职事知识"的士人的自由度是极为有限的。春秋末年之后,官师既分,道器相离,王朝的文化系统和政治系统逐渐分化而具体相对独立性。士人们自觉地承当起了"弘道"的重任,成为社会精神文化的创造者和弘扬者。而礼乐文化也就是这样被士人们带到民间加以保存并传布,诸子百家随之而起。

诸子中最先兴起的是儒、墨两家。《韩非子·显学》云:"世之显学,儒墨也。孔子、墨子俱道尧舜,而取舍不同,皆自谓真尧舜";《孟子·滕文公下》:"世衰道微,诸侯放恣,处士横议,杨朱、墨翟之言盈天下。天下之言不归杨,则归墨"。孔子是这一时期"哲学的突破"的关键人物。他是当时博文知礼的专家,《左传》昭公七年条即载有孟僖子临终时嘱咐其儿子南宫敬叔"师事仲尼"并向他"学礼"的史实。孔子奉行"有教无类"的原则,他以兴办"私学"的形式,将以往被古代贵族所垄断的诗、书、礼、乐传统传播到民间。孔子的意义在于,他一方面"述而不作",承继了三代以来的诗、书、礼、乐传统,而另一方面则赋予诗、书、礼、乐以新的精神与意义。他对于"王官之学"的突破,就是从后者而言的。墨子最初也是习诗、书、礼、乐的,但后来竟成为礼乐的批判者。就其批判礼乐而言,墨子的突破自然远较孔子为激烈。而作为道家代表的《老子》一书,虽有激烈的反礼思想,但其书晚于孔墨。而传说中孔子问礼于老聃之老子,则仍是一王官学之保守者,其余战国诸家也都是"凿"王官之学之"窍"而各有其"突破"的。这种"哲学的突破"的结果,就是独立的中国士人阶层的出现。

二 "士志于道":中国士人的价值理想

士人阶层产生后,其首先面临的是如何"立身处世"的问题。在西周社会,"士"作为封建等级制中的一个层次,不但要受到其固定的职业的限制,而且还要受到氏族宗法制的桎梏。他们有固定的职业,稳定的收入和特别的社会保障①。在经过了春秋末年的社会大动荡之后,这一切都改变了——"士人"们被抛出了体制之外,变成了无根无柢的"游士",他们有了流动的自由、职业选择的自由和思想的自由。但是自由的代价却是价值的紊乱和安全感的丧失,"士"的大量失业使得有一部分士人竟至于堕落到"贪利"和"慕势"的地步,因此,作为刚刚出现于历史舞台上的士人阶层,其言谈行止,进退去就的规范以及安身立命的道德合法性论证就成了当时亟待解决的时代课题。

孔子便回应了这一时代的要求,提出了"士志于道"这一重要命题。这正如余英时先生所言:"中国知识阶层刚刚出现在历史舞台上的时候,孔子便已努力给它贯注一种理想主义的精神,要求它的每一个分子——士——都能超越他自己个体的和群体的利害得失,而发展对整个社会的深厚关怀。这是一种近乎宗教信仰的精神"②。后来的孟子和荀子分别从"内圣"和"外王"两个向度分别发挥了孔子士"志于道"的价值理想,这就使中国士人以"道"自任的意识更加深入人心。鉴于孔子在中国文化的"哲学的突破"中的关键作用,以及他的思想后来在中国文化中所担当的"轴心"的角色,所以他对中国士人这一阶层的性格和精神气质形成的影响是不容忽视的。余英时先生在

---

① 刘泽华:《士与社会——先秦卷》,第36页。
② 余英时:《士与中国文化》,第101页。

《士与中国文化》一书中主要论述的是儒、墨两家的"士人观"，但对道家对中国士人性格的影响却几乎没有涉及。尽管在中国文化的"哲学的突破"中，最先出现的是儒、墨两家。但墨家后来成为"绝学"，对中国文化的影响渐弱，其精神对于中国知识分子的性格塑造只表现在个别士人如颜元、章太炎等身上，因此本书不拟涉及。而在先秦诸子中，对中国士人的性格和气质发生重要影响的主要还是儒、道两家。儒家自不必说，道家作为的"道法自然"的哲学，是针对儒家的"礼乐教化"而起的后期流派[1]。道家思想一方面是对孔儒的反动甚至批判，但就道家思想对于中国士人性格和精神气质的影响而言，在许多方面还是对孔儒的继承和补充[2]。因此，本书关于中国士人精神气质的论述，就首先从孔子开始。

作为士人阶层这一"集体主体"（戈德曼语）的思想代表，孔子的"士志于道"是其为新兴的士人阶层所赋予的价值规范和人生信念[3]。"道"的本义就是道路，许慎《说文解字》云："道，所行道也，一达谓之道"。春秋时，这个概念被引申为人或自然所遵循的法则，如稍早于孔子的郑国大夫子产说："天道

---

[1] 道家学派虽然后起，但并不意味着道家思想也是后来的。根据目前多数的专家意见，道家思想在春秋时期已具雏形，传说中春秋末年那位孔子曾问过礼的道家始祖老聃，就是后来形成的道家学派的一个先驱者。关于道家的始祖老子及其《老子》一书，众说纷纭，争论颇多。据司马迁《史记》，作为道家的始祖"老子"一共有三：一为老聃，二为老莱子，三为太史儋。但据罗根泽《诸子考索·老子及老子书的问题》考证，《老子》并不是后来作《道德经》的那个"老子"——太史儋。见任继愈：《中国哲学发展史·先秦》，人民出版社1983年版，罗根泽：《诸子考索》，人民出版社1958年版。

[2] 先秦道家对孔儒的借重，见崔大华《庄学研究》，人民出版社1992年版，第343页；李泽厚有关"儒道互补"的论述，《华夏美学》，中外文化出版公司1989年版，第81页；侯外庐《中国思想通史》第1卷，人民出版社1957年版。

[3] 李春青：《乌托邦与诗——中国古代士人文化与文学价值观》，北京师大出版社1995年版。

远,人道迩,非所及也,何以知之?""天道"即自然的法则,"人道"即人间的法则。在这里,"道"已具有了某种哲学意味,但其中尚没有更复杂的内涵。而孔子却将"道"具体化为儒家士人社会人生价值观的代名词,因此,"道"在孔子这里首先就是士人的个体道德准则。在他看来,士人除了拥有一定的文化知识和技能并以此作为谋生手段外,更重要的是要有更高的人生追求,这就是比求禄更重要的"谋道"。他说:"君子谋道不谋食。耕也,馁在其中矣;学也,禄在其中矣。君子忧道不忧贫",(《论语·卫灵公》)学习固然是为了"谋食",求得生存的手段,因为"禄在其中矣",但"谋道"才是士人的价值和生命意义之所在。因此,孔子才说:"士志于道,而耻恶衣恶食者,未足与议也",(《论语·里仁》)"士而怀居,不足以为士也",(《论语·宪问》)"朝闻道,夕死可也"。(《论语·里仁》)他之所以盛赞颜回"一箪食,一瓢饮,人不堪其忧,回也不改其乐",(《论语·雍也》)正在于颜回身上有那种为追求价值理想而放弃世俗享受的君子风范。而当"志于道"的君子面临现实的"无道",要放弃自己的"道"去"枉道而事人"时,(《论语·微子》)孔子是坚决反对的:"邦无道,富且贵焉,耻也。"(《论语·泰伯》),"不义而富且贵,于我如浮云"(《论语·述而》)。

士人"谋道"的道德自觉就是孔子所谓的"仁"。"仁者人也",说白了也就是从根本上讲做人的道理。孔子自己对"仁"也曾作过多种解释,都是针对不同的对象和条件有感而发的。但"仁"作为其基本原则即要义者,则是对人际之间亲和关系的强调,即所谓"仁者人也,亲亲为大"[1]。孔子称赞颜回,也是因为他能够做到"三月不违仁"。(《论语·雍也》)在孔子心目

---

[1] 孙希旦:《礼记集解》,《礼记·中庸》,中华书局1989年版。

中,"仁"虽然是一个终极的道德原则(所谓"子不语性与天道与仁"即是),但"人能弘道,非道弘人"(《论语·卫灵公》),它却能在人的日常言谈举止中体现出来,因此,张岱年先生说:"仁是一个极崇高而又切实的生活理想,不玄远,无神秘,而有丰富义蕴,孔子对于中国思想之贡献,即在阐明仁的观念"[①]。而孔子的弟子曾参,则更把老师"士志于道"的教诲发扬光大,他说:"士不可以不弘毅,任重而道远。仁以为己任;不亦重乎?死而后已,不亦远乎"?(《论语·泰伯》)这其中的高自期许,表现出了刚从封建桎梏和王官枷锁解放出来的新一代士人积极有为、激扬奋发的精神气质和青春风采。

孔子之"道"的另一层含义是对社会的规范,即社会价值秩序的概括:

邦有道,不废;邦无道,免于刑戮。(《论语·公冶长》)

宁武子,邦有道,则知;邦无道,则愚。(同上)

天下有道,则礼乐征伐自天子出;天下无道,则礼乐征伐自诸侯出。……天下有道,则庶人不议。(《论语·季氏》)

天下有道则见,无道则隐。(《泰伯》)

这里所言之"道"不再是个体道德准则,而是社会价值秩序了,是"仁"之"道"推及到社会层面的结果。"仁道"的对象化和社会化就是"礼","礼"主要是人的各种行为规范,是使纵横交错的复杂人际关系得以秩序化、道德化的基本原则和具体遵循。孔子认为,最能体现他理想中的道德准则和秩序的就

[①] 张岱年:《中国哲学史大纲》,见《张岱年文集》第2卷,第301页。

是"周礼",他说:"周监乎二代,郁郁乎文哉!吾从周"(《论语·八佾》)。但孔子所尊崇者只是周礼的基本原则和思路,并非原封不动地机械套用。他所推崇的周礼及其制定者周公,只不过是他理想化的境界和人格化的代表罢了。孔子对周礼的重大发展,是更加明确和强化了其内在精神品格——"仁"。"仁而不仁,如礼何?"(《论语·八佾》)经孔子的改造和提倡,"仁"和"礼"实际上已成了一而二、二而一的东西了。孔子融"仁"入"礼"的思想,实际上凸显的是"道"在社会政治秩序中的崇高价值。孔子高悬一个"道"在君权之上,并认为这个"道"是合理的社会价值观,显示出新兴的士人阶层那种以"道"自任的社会关怀。

为了履践这个崇高的"仁道",孔子提出了"克己复礼"的方针。孔子说:"克己复礼为仁"(《论语·颜渊》),这其中"仁"有两层含义:一曰"克己"——完善自我人格,二曰"复礼"——实现儒家社会理想。孔子认为"为仁由己",要履践为"仁"之"道",一个士人必须首先完善自己的道德意识,以自己日常生活中的待人接物来身体力行地实践这种道德原则。子贡问:"如有博施于民而能济众,何如?可谓仁乎?"子曰:"何事于仁?必也圣乎?尧舜其犹病诸。夫仁者,己欲立而立人,己欲达而达人,能近取譬,可谓仁之方也已。"(《论语·雍也》)在孔子看来,"博施于民而能济众"正是士人阶层的最高理想。只是由于他深知其难度过大,故而归之为圣人之事,因为"内圣外王"恰恰是儒家士人的最高人格追求。他同时又认为"仁"并不是可遇而不可求的,"仁之方"就是"能近取譬",以自己日常的言谈举止来实现之。孔子回答子路什么叫做"士"的问题时说,"切切偲偲,怡怡如也,可谓士矣。朋友切切偲偲,兄弟怡怡",(《论语·子路》)"偲偲"是互相勉励的意思,这是说士人在朋友之间要互相切磋勉励,兄弟之间要和和睦睦,这自然是对士人人格的最低要求了。孔子问答子贡同样的问题时又说:"行已有耻,使于四方不辱君命,可谓士矣。"(同上)既有个人的道德修养,又能胜任政事,既能"修身",又能"齐家"乃至"平天下",这自然是更高一层的人格标准。士人如能完善自己的道德意识并事事处处去推行自己的价值观则可称为"君子"。"君子"如能使自己的价值观在社会上得到实现,做到"博施于民而能济众",就达到了士人理想人格的最高层次——圣人境界。

但孔子为新兴士人所规定"志于道"的价值理想,却是在现实中难以实现的精神乌托邦。这是因为由个体价值的"仁"达成社会价值的"礼",必须要借助现实君主的"势"才能实现,正如余英时先生所言,在古代中国,"道统是没有组织的,'道'的尊严完全要靠它的承担者——士——本身来彰显。因此,士是否能以道自任最后必然要归结到他和政统的代表者——君主——之间是否能保持一种适当的个人关系"①。他进而认为,中国士人并不像传统的西方知识分子那样有自己独立的文化阵地或道统组织,可以在"恺撒之事归恺撒,上帝之事归上帝"这种政统与道统二元抗衡的格局之下,与世俗世界保持一种尊严的距离和独立性,而是要以"道"辅"势",甚至是以"道"抗"势",介入人间事务,"中国古代知识分子一开始就管的是恺撒的事"②。但是,中国士人的最初形态是先秦的"游士"。他们在政治上没有固定的地位,在经济上也没有固定的来源,在生活上也不像农、工、商那样有自己专门的行业。他们犹如一张浮萍,尽管有了其精神依托——"道",却缺乏任何社会的依托,因而常常是贫穷潦倒,"无以为衣食业"。即令是"先圣"孔子也概

---

① 余英时:《士与中国文化》,第101页。
② 同上书,第107页。

莫能外,孟子就说他"三月无君,则皇皇如也"。(《孟子·滕文公下》)求仕,几乎是中国古代士人的惟一出路,孟子在回答周宵"古之君子仕乎"的提问时说:"士之失位也,犹诸侯之失国家也。……士之仕也,犹农夫之耕也,农夫岂为出疆舍其耒耜哉?",把入仕做官的行为看作是士人的本分。先秦时代的"游士"大多都是托庇私门,游说四方,靠君主的赏识以求温饱的。即使是其中流品较高,志在"弘道"的游士,也只能通过辅佐国君,为君王师的方式来干预人间事务。这也就是说,在中国古代,"道"欲实现其自身,就不得不投射于"势",体现为"势"。而在君主一方,也需要士人的种种知识技能为其服务,更需要士人以"道"的精神权威来论证其权利的合法性。这种士人与君主,"道"与"势"的结合构成了中国古代社会的独特政治形态——士大夫政治。

但问题在于,"道"而"势"的这一转化,既包含着对"道"的肯定,也内蕴着对"道"的否定。中国士人一旦卷入到君王的权力网络之中,其"弘道"的职能就极为有限了。"士与王侯在政统中是君臣关系,但在道统中则这种关系必须颠倒过来而成为师弟"[①]。若以师弟关系而论,士人自然享有指导君主的权利,"道"尊于"势";若以君臣关系而论,作为大夫的士人又负有服从君主的义务,其既然是官僚行政机构的一个部分,就必须实现整个结构(在君主制的条件下,其往往体现为君主的个人意志)所规定的既定功能。师弟关系与君臣关系是两种截然不同的社会规范,士人们在前者发挥的是价值的功能,在后者发挥的是工具功能。然而,在中国古代那种社会文化情境下,偏偏要求中国士人一身兼二任焉,这自然在他们的心灵深处造成剧烈的是从"道"还是从"势"的两难冲突。

[①] 余英时:《士与中国文化》,第103页。

事实上，若稽之于后来的中国历史，士人们能够得到"弘道"的机遇则是极为有限，甚至是微乎其微的。士人们的命运一直被统治者玩弄于股掌之中，他们所借以矜持的"道"也往往是以统治者的利益为指向的。当大一统的政权崩坏之际，文化系统从社会政治系统的整合下脱颖而出，这时士人们所恃之"道"还能发挥些作用，"势"对于"道"多少还肯迁就。一旦天下一统、社会稳定，君主对士人就换了一副面孔，他们对士人的倚重和利用也就以"恩赐"而非"礼敬"的形式出现了。至于那些不堪实用的文学之士，君主们则以"倡优蓄之"的态度来对待。在这种情况下，士人们再不敢公然以王者之师自居了，也不敢再讲"从道不从君"之类的话头，大量的士人只得依附于君权，安心于功名利禄了。

但即使如此，仍有一些士人在以孔子为首的理想主义精神感召下，还是以"道"自任，"介入"社会和历史，以理想的"浩然正气"，与实际上的昏庸之"势"进行着近乎悲壮的抗争。汉儒的"天命"、宋儒的"天理"、明儒的"良知"之论无不是对君主的某种规范。"道尊于势"，是中国士人最为优秀的精神传统，"天下有道，以道殉身；天下无道，以身殉道。未闻以道殉乎人者也。"（《孟子·尽心上》）这是何等的浩然正气！几千年来，一代代的儒家理想主义者，就是凭借着这"道"的信念，与代表皇权的昏庸之"势"做着近乎绝望的抗争。孟子的"威武不能屈，贫贱不能移，富贵不能淫"，范仲淹的"先天下之忧而忧，后天下之乐而乐"，文天祥的"天地有正气"，顾炎武的"天下兴亡，匹夫有责"，以及"党锢之祸"中的东汉士人，"靖康之难"中的北宋士人，与宦官集团做不懈斗争的"东林党人"，直到"五四"运动中的青年学生的爱国举动……其中所蕴含的精神价值，在中国两千多年的历史中缕缕不绝、薪火相传。中华民族虽历经劫难但仍然不亡，端赖的是这种充满着书呆子气质的伟大精神传统。

三 "为王先驱":中国士人的生存方式

"士"这一社会阶层,自春秋、战国之际产生以来,曾经历过一段自由、漂泊、热烈、激昂的"游士"时期。他们在经济上无恒产、政治上无定主的生存状态下,曾经在战国的政治舞台上扮演了不可替代的历史角色,展开了异常激烈的"百家争鸣"。但随着秦、汉统一帝国的建立,"游士"这一社会集团被整合到了大一统的专制政治体制中,成为统治阶级的重要力量。

战国"游士"集团的覆灭,是统治者通过一系列大规模的清洗和整治而实现的。战国时代的"游士",在经过秦始皇"焚书坑儒"的严酷"整肃"后,曾经遭受重创,因此,汉初的士人只能托荫于王侯之门,继续过着"游士"的生活,如邹阳、枚乘之于吴王刘濞、梁孝王,诸方士宾客之于淮南王刘安等。汉文帝二年十一月,诏举贤良方正,能直言极谏的人,这是士人进入政府之始。从此,靠"乡举里选"而选士的汉代察举制度开始登上历史舞台。汉代的"乡举里选",主要包括贤良、孝廉两科。选才的标准,则决于社会的舆论,即所谓"科别行能,必由乡典",(永元五年三月诏书)士人的"德行"是其进身致仕的最主要依据。这就是后来被称为"清议"的选举制度,其方式是州郡根据舆论保荐,并在州郡中历练吏事,由掾吏而可上至九卿。汉武帝建元元年(公元前 140 年),又采纳董仲舒的意见,以"罢黜百家,独尊儒术"为基本国策,选士遂以儒家经典为依据,还立"五经博士,开弟子员,设科射策,劝以官禄"①。元朔二年(公元 128 年),武帝采纳主父偃的建议,颁布

---

① 《汉书·儒林传》。

"推恩诏","下令诸侯得推恩分子弟,以地侯之",这实际上是"实分其国,不削而稍弱矣"①。"推恩诏"看似"推恩",实在"削藩"。从此以后,汉初游士从此失去保护,终与诸独立王国同归于尽。经过这一系列的整肃和制度安排,士人们被正式纳入到政府的官僚系统之中,成为君主专制统治的基本力量。而随着士人社会角色的转变,士人的名称也由过去的"士"或"士君子"转化为带有官方色彩的"士大夫"或"绅士"。从此以后,"绅士是士,官僚是大夫。士大夫联成了中国传统社会结构中一个重要的层次,就是到现在还是如此"②。

实际上,中国士人被专制皇权"制度化"的过程,也是他们在整体上参与现实政治操作的开始。本来,以孔子为代表的"士"这一阶层多是以"弘道"作为自己的本职工作的。作为一个整体力量,他们在先秦时代并没有成为当时社会政治的主体而直接参与到社会政治的管理中,他们主要是以学士的身份从事文化活动于民间,而掌控当时政治局面的,还是各国的贵族阶级。但秦、汉以后,随着封建专制政治体制的确立,儒生们逐渐抛掉了儒家先师们迂阔不实的"弘道"教训,自觉不自觉地致力于儒术与现实官僚政治的结合。这是因为,儒生在居官为"吏"之后,即使是出于个人的仕途升迁考虑,他们也不能不去留心行政规程和行政技术。这样,在实际行政操作中的兵刑钱谷、考课铨选等具体问题,就成了文吏们首先要学习、掌握的对象。

本来在秦朝,秦始皇采纳李斯的建议,"焚书坑儒",使"若有欲学者,以吏为师",已经开启了儒生与官吏结合的序幕。到了两汉,"汉承秦制",儒生们试图以所学服务于社会的政治

---

① 《史记·平津侯列传》。
② 费孝通:《皇权与绅权》,《费孝通文集》第5卷,群言出版社1999年版,第473页。

诉求更是得到了施展的机会。叔孙通就是汉代第一个使儒学服务于现实政治的士人。《史记·叔孙通传》说：

> 叔孙通者，薛人也。秦时以文学徵，待诏博士。……汉五年，已并天下，诸侯共尊汉王为皇帝於定陶，叔孙通就其仪号。高帝悉去秦苛仪法，为简易。群臣饮酒争功，醉或妄呼，拔剑击柱，高帝患之。叔孙通知上益厌之也，说上曰："夫儒者难与进取，可与守成。臣愿徵鲁诸生，与臣弟子共起朝仪。"高帝曰："得无难乎？"叔孙通曰："五帝异乐，三王不同礼。礼者，因时世人情为之节文者也。故夏、殷、周之礼所因损益可知者，谓不相复也。臣愿颇采古礼与秦仪杂就之。"上曰："可试为之，令易知，度吾所能行为之。"於是叔孙通使徵鲁诸生三十馀人。……遂与所徵三十人西，及上左右为学者与其弟子百馀人为绵蕞野外。……汉七年，长乐宫成，诸侯群臣皆朝十月。……於是皇帝辇出房，百官执职，传警，引诸侯王以下至吏六百石以次奉贺。自诸侯王以下莫不振恐肃敬。……於是高帝曰："吾乃今日知为皇帝之贵也。"乃拜叔孙通为太常，赐金五百斤。

叔孙通真可谓是与时俱进的"聪明人"，他就不那么拘守"古礼"，而是因缘附会，为现实政治服务。他的这点把戏，倒是有人看了出来，据《史记·叔孙通传》载，叔孙通到鲁地征召"制礼"儒生时，就有两个儒生拒绝受召。他们对叔孙通说："公所事者且十主，皆面谀以得亲贵。今天下初定，死者未葬，伤者未起，又欲起礼乐。礼乐所由起，积德百年而后可兴也。吾不忍为公所为。公所为不合古，吾不行。公往矣，无污我！"叔孙通只好笑曰："若真鄙儒也，不知时变。"叔孙通歪曲了"古礼"的精神，实际上丢掉的乃是先儒"弘道"的精髓。但他以

"古礼"服务于现实政治，把"皇权"的威力提高到至高无上的地位，则为后代儒生做了很好的典范。难怪司马迁会在《史记·叔孙通传》之后这样评价他："叔孙通希世度务制礼，进退与时变化，卒为汉家儒宗"。

叔孙通之后，儒生们参与现实政治和社会管理的热情则更加高涨。"宁做百夫长，不做一书生"，修习名法，则成了当时一种社会风气。儒生们为了自己的功名利禄，早已把儒家先贤"士志于道"的古训置于脑后，心甘情愿地为专制皇权充当"帮忙"的角色。公孙弘是中国历史上第一个"封侯拜相"的儒生。他之所以能够平步青云，主要是因为他能够"曲学阿世"，"习文法吏事，而又缘饰儒术，上大悦之"①。《史记·儒林传》谓"公孙弘以《春秋》白衣为天子三公，封平津侯，天下学士靡然向乡风矣"，可见他对于当时士子的重大影响。而与公孙弘同时的董仲舒则引阴阳五行、名法思想入儒学，创立"天人感应说"，使得在先秦时显得有些迂阔不实的儒学更具现实操作性，这就为无所不有、至尊至上的"皇权"合法性奠定了坚实的理论基础。儒生倪宽，从大儒欧阳生治《尚书》，因为能够"以古法议决疑大狱"，竟至于步步高升，位至御史大夫，深受汉武帝的爱重②。因此，《汉书·循吏传》的"序"特别对此三人加以表彰，说："孝武之世……唯江都相董仲舒、内史公孙弘、倪宽居官可纪。三人皆儒者，通于世务，明习文法，以经术润饰吏事，天子器之。"这里"润饰"二字颇令人玩味，其足以说明汉初儒生们是如何放弃先儒"弘道"理想而参与到现实政治之中去的。而经过汉初儒生们这一番前赴后继的"融法入儒"的理论努力和政治实践，儒学终于跟上了时代潮流而成为整个中国封

---

① 《史记·平津侯列传》。
② 《史记·儒林传》。

建专制社会的精神支柱，而寄生于儒学之上的士人们也开始整体性地登上了中国专制政治的历史舞台，并在其中扮演重要的角色。从此，"以学者（文人）兼为官僚为特征的所谓'士大夫政治'，就在中华帝国中真正地扎下了根基"①。

中国封建统治者之所以选择士大夫来进行社会管理，乃是由中国专制"皇权"自身的性质决定的。首先，中国专制"皇权"的特点是皇帝"唯我独尊"，一切权利归于皇帝。如果他选择与自己的家人或亲戚共同辅政，这势必会危害到皇权的独占性、片面性。周朝的贵族统治就是前车之鉴。周王朝分封天下给自己的亲戚或有功之臣，但这些诸侯们各自为政后即迅速坐大，最后导致周室衰微，"礼崩乐坏"，春秋、战国几百年的诸侯战争即是证明。西汉王朝建立后，也曾分封诸侯给皇室亲戚和功臣，但随之而来的"七国之乱"，使得中央政府险些颠覆，汉武帝元朔二年（公元128年）的"削藩"即为此来。晋代的"八王之乱"，明代"靖难之役"，中国专制"皇权"体制的特点一而再地、再而三地表明：贵族势力的存在和发展与"皇权"的安稳成反比关系。因此，要维护专制"皇权"不受其他社会政治力量的威胁，就必须在巩固皇权的同时严格限制或削弱贵族的力量。

其次，中国专制"皇权"另一个特点是"朕即天下"，绝对的统一。在这种大一统的政治体制下，全国一切区域、部门和阶层都被置于高度统一的君主集权制度和国民经济体系控制之中。"在'溥天之下，莫非王土；率土之滨，莫非王臣'这一总的政治原则下，绝不能容许有任何一个城市或任何一个居民，可以自居于'王制'之外，而成为自由城市或自由居民"②。但中国农耕社会却是相当分散的，通讯技术不发达，使得"皇权"统治

---

① 阎步克：《士大夫政治演生史稿》，第454页。
② 傅筑夫：《中国经济史论丛》，三联书店1980年版，第373—374页。

很难做到迅速有效。皇帝要把自己的意志和权威施及中国乡村社会的每一个角落是根本做不到的,"天高皇帝远"就是这种情形的准确概括。因此,"握有无上政权的天子,固然可以在政权的占有上一丝不让人,但是幅员辽阔的天下,却不能一手经管,他虽则未必不想凡事亲理,天子还是人,还是有实际的限制,所以他不能不雇佣大批官僚"①。而拥有专业的文化知识和道德追求的中国士人,就成了统治者最为理想的选择对象。

当然,统治者选择士大夫来管理中国传统社会,更主要还在于中国士人自身的原因。实际上,中国士人集团参与政治和社会管理并不是和皇帝分享政权,他们不过是臣仆,皇帝"家天下"的管家。对此,吴晗先生有极其生动的分析,他说:"士大夫是帮闲的一群,是食客,他们的利害和皇权是一致的,生杀予夺之权在皇帝之手,作耳目,作鹰犬,柳箠在握,驱使自如,士大夫愿为皇权所用,又为什么不用?而且,可以马上得天下,不能以马上治天下,马上政府是不存在的。治天下得用官僚,官僚非士大夫不可,这道理不是极为明白吗②?"

问题在于,中国士人集团为什么不敢与皇帝分享权力,而甘心做皇帝的臣仆或食客呢?究其原因,这仍然与中国专制"皇权"的性质有关。秦汉以前的西周贵族专权体制,政权是靠血统来分派和传承的,不生在贵族之门的庶人,是轮不到这些"宝座",看不到这些"神器"的。不在其位,没有人能在出生之前挑选他的血统,也没有人在出生之后能改变他的血统,所以不在其位的,也不会去觊觎此位。但这种贵族专权的封建体制崩溃后,情况就不同了。随之而来的专制"皇权"是"以暴易暴"的产物,是靠武力夺取的。中国历史上的王朝还没有找出一个是

---

① 费孝通:《皇权与绅权》,《费孝通文集》第 5 卷,第 470 页。
② 吴晗:《论皇权》,《北京文学》1999 年第 3 期。

靠和平手段夺取政权的,"王侯将相,宁有种乎","成者王侯败者贼"似乎是中国历史上改朝换代的基本的游戏规则。既然统治者是靠如此血腥的手段去夺取政权的,他怎么能允许他的合作者——"士"与他分享权利呢?因此,"天下之大不韪",则成了传统中国最大的禁忌("taboo"),"篡逆"之罪,更是"十恶不赦"之首。中国士大夫被要求所能做的,只能是替皇上"管家"——管理社会,在皇权需要时就"帮忙",不需要时就"帮闲"。当然,他们也会被允许从皇帝的既得利益中分出一杯羹——除自己的俸禄外,还可以从老百姓那里去搜刮,这样,中国士大夫从利益上就跟这个专制"皇权"走到了一起,成了它的合谋者。这正如费孝通先生所言:"他们(士大夫)决不冒险去觊觎政权,他们的孩子都不准玩着'做皇帝'的游戏,他们更不想改革社会制度,因为他们一旦把皇权的威胁消除了,或推远了,他们就不能靠这制度得到经济的特权;他们在农业经济中是不必体力劳动的既得利益者,他们可说是不劳而获的人——这种人就是绅士"[①]。

那么,中国专制"皇权"是如何让中国士人成为自己驯服的工具呢?或者说,他们是通过什么手段使得中国士人甘愿"为王先驱",成为自己的忠实的"臣仆"呢?曰:被改造了的孔子"儒学"和体制完备的"科举制"。前者是精神上的麻醉,后者是物质上的利诱。

以孔子为宗师的儒家学说,在先秦时期还只是诸子百家中的一家。但到了秦、汉专制帝国建立以后,汉武帝采纳董仲舒的建议,"罢黜百家,独尊儒术",儒家遂由一个民间学术派别升格为整个封建专制体制的意识形态,统治中国士人的精神世界达两千年之久。在这漫长的历史时段,尽管江山有更替,王朝有变

[①] 费孝通:《皇权与绅权》,《费孝通文集》第5卷,第472—473页。

化，皇帝轮着做，但儒学作为中国专制"皇权"的精神支柱的地位却始终未变。为了使儒学的思想和精神深入人心，汉代以后的中国历代统治者不惜以迂阔无用的儒家"经学"来作为"选士"考试的内容，以国家的强力意志推销和倡扬儒学。不管是汉代的"察举"选士，魏晋六朝的"九品中正制"，还是隋唐以后的"科举"选士，其依据的最终标准都是儒家的经典。按照古文经学"六经皆史"的说法，《诗》、《书》、《易》、《礼》、《乐》、《春秋》本是周朝各类技术官记言记事的笔录，是历史的记载。到了春秋末期，王官解体，私学盛行。孔子在对之加以整理后，写在竹简上来作为教授弟子的课本。汉代自实行"尊孔读经"后，立"五经博士"，把除《乐经》（因乐谱难传，已佚）之外的"五经"定为"察举"士人的法定标准。东汉时，五经之外加《孝经》、《论语》成为七经。到唐时，礼分为《周礼》、《仪礼》、《礼记》，春秋分为《左传》、《公羊》、《谷梁》，加上《易》、《书》、《诗》成为九经。宋朝又加《论语》、《孝经》、《尔雅》、《孟子》合成十三经。除十三经外，宋朝的程颢、程颐、朱熹把《大学》、《中庸》、《论语》、《孟子》称为四书。四书在宋朝以后地位很重要，科举考试出题皆出自四书。正是通过儒家经典的诵读，中国士大夫就这样被吸附到专制"皇权"的周围，进而成为统治者的忠实臣仆。

儒家学说之所以受到专制"皇权"如此青睐，是与自身思想的保守倾向联系在一起的。先秦儒家是东周社会"礼崩乐坏"的产物。"王官失守"的社会现象使得士人们自觉地承担起了"弘道"的责任，孔子所创立的儒家学派，就是为止息动乱，整饬秩序而应运出现的。但孔子所要恢复的"周礼"却是一个上、下、贵、贱都有严格规定的社会秩序，他的"仁学"也是建立在正名分、严等级的思想基础之上的。孔子的思想核心是"仁"，按照孔子的说法，"仁者爱人也"，但这绝不是唐朝韩愈所说约"博爱",也不是近人解释成的那种泛爱主义或人道主义。他之所谓的"爱人",在本质上是上一等级的人对下一等级的人"恕道"或爱惜。因为按照人之本性,"损人"以"利己"应该是其常性,但在阶级社会里,过分地"损人"常常会引起"犯上作乱",这是不利于等差分明的社会秩序的。因此,挖掘人的"仁人之心",提醒人的、尤其是上等人的道德自觉,在春秋末期这样一个阶级斗争日益激烈的社会,对于作为上等人的"士人"是非常必要的。孔子的一套"德治"方案,反对"苛政",反对"聚敛",主张"恕道",主张"节用而爱人",也是基于此而考虑的。

但孔子这种以厘定社会秩序为指归的"德治"方案,在他生前显然行不通。《史记》上说他"干七十余君无所遇",最后竟落得个"赍志而亡"的命运。孔子之后,"儒分为八",各家在继承孔子思想的基础上都有各自的特长和创新,这其中尤以孟子和荀子的影响最大。他们分别对孔子"内圣"及"外王"的思想做了出色发挥。在"外王"方面,荀子的"王制"和"正论"两篇已给刑法在儒家的政治系统中安排了相当重要的位置。荀子的两大弟子韩非和李斯,更是把乃师的"王制"思想发挥到了极致,他们二人,堪称法家思想的集大成者。法家的思想精髓在于"君王至上","君贵臣轻",其奠定了中国专制"皇权"的重要思想基础。到了汉代,儒学进一步"法家化"。叔孙通、公孙弘等以法术"缘饰"儒学的故事自不必说,董仲舒的《贤良对策》和《春秋繁露》,不但在理论上为儒学的"法家化"提供了重要的基础,而且还把"尊君卑臣"的原则推广到其他社会关系方面,所以,余英时先生说:"汉武帝之所以接受董仲舒的建议,'罢黜百家,独尊儒术',绝不是因为欣赏他的'贬天子'之说,而是因为他巧妙地用儒家的外衣包装了法家'尊君卑臣'的政治内核"①。本来，孔儒对于上下等差、贵贱有别的人伦秩序的政治诉求已经非常有利于专制帝王对于现存秩序的维持了，而经过汉儒改过的新儒学，又被赋予了"君贵臣轻"的基本原则，在这样的情况下，儒家学说对士君子的诸多道德要求在中国封建帝王心目中就更为惬意、更为受用了。至此，儒家学说已彻底沦为中国专制"皇权"对士子们进行精神麻醉的鸦片和思想控制的工具，其不断受到历代君王的青睐和推崇，也是历史的必然。

除了倡扬以孔子为代表的儒家学说以外，中国专制"皇权"对知识分子的控制还有更利害的一招，这就是与儒家精神互为表里的"科举"选士制度。科举制度，即今日之所谓考试制度，其始于隋大业三年（公元607年）之建进士科②，自此历唐、宋、元、明、清500年而不废。在此之前，汉代实行的是"察举"制度或"辟举"制度，魏晋六朝实施的是"九品中正制"。这些制度是把权利下放给官吏察举人才的地方官或"中正官"，以他们的考核和举荐而选官。但以"选举"为主旨的"察举"或"中正"制度，把选拔人才的权利付诸于地方官或"中正"官，这就为他们的徇私舞弊打开了方便之门。其不仅堵塞了下层寒士的进取之门，形成左思诗中所描述的那种"世胄蹑高位，英俊沉下僚"的社会不平等局面，更重要的是其加强并壮大了世家大族的政治、经济势力，造成了整个魏晋六朝"皇权"微弱，社会分裂，生灵涂炭的民族悲剧。自隋开始施行，到唐朝日渐完备的"科举制"在选士方式上则避免了

---

① 余英时：《反智论与中国政治传统》，《中国思想传统的现代诠释》，第98页。
② 邓嗣禹：《中国科举制度起源考》，《史学年报》1934年第2卷，第1期。但也有学者认为科举制始于唐高祖武德四年（公元621年），而不始于隋。参见金诤：《科举制度与中国文化》，上海人民出版社1990年版，第50页。

上述"察举"制和"中正"制之弊,规定读书人不论其出身、地位、财产如何,均可"投牒自应",即自行报名参加考试,不必由官吏举荐。这就天然地否决了贵族政治,从而使最高皇权越过世袭贵族而深入中下层社会的"寒士",由此获得了广泛得多的社会基础。开科取士是统治者网罗士人的政治手段,同时也是他们统一文化学术系统与政治系统的手段,它有力地增强了封建中央集权统治,也激发了出身寒门的士人的政治热情,使他们干预社会、建功立业的主体性大大增强。唐太宗"天下英雄入我彀中"的感叹,"大唐盛世"出现,正是科举选士制度所产生的积极的政治回应。

但无论是"选举"还是"科举",其基本精神未变,即都是专制"皇权"对士人进行控制的手段。中国历代专制"皇权"对科举考试非常重视,视为整个国家的"抡才大典",并不惜耗费大量的人力、财力、精力举办科举考试,甚至皇帝还亲自主持其中的"殿试"。统治者之所以如此重视"科举",其直接目的固然是选拔人才,为封建官僚队伍补充新鲜血液,以保持国家机器的适当活力和官僚队伍的自然更新。但另外一个潜在的目的——"天下英雄入吾彀中矣",也在科举考试的体制运作中达成了。本来,"学而优则仕",这是儒家先贤为士人们指出的出路,也是科举考试的初衷,但统治者又说:"书中自有黄金屋"、"书中自有千钟粟"、"书中自有颜如玉"、"书中自有车马多如簇",宋真宗这篇著名的《劝学文》就赤裸裸地把读书与功名利禄的关系宣布了出来。试想一下,在如此巨大的物质诱惑面前,又有几个人能无动于衷呢?"科举为利禄之途,得之则荣,失之则辱"[①],有如此上算的好买卖,还想别的干吗?这样,唐、宋以来,在中国士人中间形成了惟有登科入仕方是"正途"的价

---

① 《戊戌变法档案史料》,(台北)文海出版社1976年版,第215页。

值观:"无论文武,总以科甲为重,谓之正途;否则胸藏韬略,学贯天人,皆目为异路"①。在这种形势下,哪里能指望中国士人能有开放的心灵,敏锐的思考和开拓进取的精神?中国士人没落的命运,从此就开始铸定!而士人精神的被羁勒,恰恰是统治者最想看到的。因此,当盛唐天子唐太宗在殿后端门看到新考取的进士们一个个排着队,规规矩矩地走出去时,不由欣喜万分,说道:"天下英雄入吾彀中矣②!"唐朝诗人赵嘏则一语道破此中奥妙:"太宗皇帝真长策,赚得英雄尽白头"③。科举制度终于使得中国士人与专制"皇权"胶合为一体,成为共同利益的合作者。

四 "执两用中":中国士人的人格类型

"道"与"势"的对立与冲突,对中国士人的性格和精神气质产生重大的影响,从而形成了三种不同的人格范型:儒生、隐士和狂人。

其实早在中国士人的始祖——孔子那里,就有对于士人人格类型的总结和概括。《论语·子路》云:

> 子曰:"不得中行而与之,必也狂狷乎!狂者进取,狷者有所不为也。"

这句话杨伯峻先生解为:"得不到言行合乎中庸的人和他相交,那一定要交到激进的人和狷介的人罢!激进者一意向前,狷

---

① 李东沅:《论考试》,见葛士濬编《皇朝经世文续编》卷120,台北文海出版社1972年版。
② 王定保:《唐摭言》第15卷,上海古籍出版社1978年版。
③ 《唐摭言》第1卷。

介者也不肯做坏事"①。朱熹《论语章句》云:"行,道也。狂者,志极高而行不掩。狷者,知未及而守有余"②,甚是。这句话表述出了三种士人的人格范型:"中行"之人、"狂者"和"狷者",且孔子对他们各自的基本特征也有所概括。多数学者以为孔子自己独取"中行"之道,即"中庸"的为人态度,而"狂者"和"狷者"描述的是其他士人的性格特征。其实,这句话既是孔子的"交友"之道,也是他的"夫子自道",是他对于自己性格的深刻解剖。这里,钱穆先生的解释深得孔圣深意。他说:"中行,行得其中。孟子所谓中道,即中行也。退能不为,进能行道,兼有二者之长也。后人舍狂狷而别求所谓中道,则误矣。伊尹圣之任,狂者也。伯夷圣之清,狷者也。狂狷皆得为圣人。惟不如孔子仕止久速之时中。时中,即时时不失于中行,即时而狂时而狷,能不失于中道也"③。可见,"中行"是孔夫子理想的人格范型,其关键是能"弘道"的基础上做到"狂狷"并举,适时而动。"狂"和"狷"并不是对于其他士人行为方式的描述,而是孔夫子人格的一体之两面。"中庸"的要义有二:一是"道",即要求是每一个士人都要"志于道",坚持理想和原则;二是"权",钱钟书先生谓:"昔语所谓'权',今语所谓'坚持原则而灵活应用'也"。他又引唐人冯用之《权论》云:"夫权者,适一时之变,非悠久之用。……圣人知道德有不可为之时,礼义有不可施之时,刑名有不可威之时,由是济之以权也。……应于事变之谓权"④。而孔子的人格魅力即在于,他能"叩其两端"(《论语·子罕》)而"执两用中",把"狂"和"狷"的行为发挥到出神入化的程度。

---

① 杨伯峻:《论语译注》,中华书局1980年版,第141页。
② 朱熹撰:《四书章句集注》,中华书局1983年版,第147页。
③ 钱穆:《论语新解》,巴蜀书社1985年版,第323页。
④ 钱钟书:《管锥编》,中华书局1979年版,第206—208页。

孔子之"狂"表现为他的"知其不可为而为之"。孔子非常渴望用世或救世,他不但积极倡导"士志于道",而且还身体力行。为了"弘道",他五十岁出仕为鲁国的中都宰,后升为司空、司寇,在齐、鲁"夹谷之会"以及"堕三都"中发挥了重要作用①。他晚年不辞劳苦而周游列国,真是到了"席不暇暖"②的程度。在《论语》一书中,孔子的热心救世,就遭到了当时不少隐士的冷嘲热讽。这些隐士除长沮、桀溺外,还有楚狂接舆、荷蓧丈人(《论语·微子》)、石门司门者和微生亩(《论语·宪问》)等等。孔子自己说:"天下有道,丘不与易也",(《论语·微子》)"苟有用我者,期月而已可也,三年有成",(《论语·子路》)石门司门者则评孔子为"知其不可为而为之者"。"知其不可为而为之",可以说是"不识时务",但也可以说是坚忍不拔,属于"狂者进取"一流。但孔子之"狂"却是有节制的。他主张"狂而不直",(《论语·泰伯》),进取但应有节度,他认为"古之狂也肆,今之狂也荡",(《论语·阳货》),"荡"即放荡不羁,这不是他理想的"狂士"。他评价卫国的大夫史鱼道:

> 直哉史鱼!邦有道,如矢;邦无道,如矢。君子哉蘧伯玉!邦有道,则仕,邦无道,则可卷而怀之。(《论语·卫灵公》)

对蘧伯玉称"君子",但对史鱼则道其"直",可见孔子对史鱼的"正言直行"还是有所保留的。孔子在评价古之"逸民"虞仲、夷逸"隐居放言"的行为时,称他们是"身中清,废中

---

① 钱穆:《孔子传》,三联书店2002年版。
② 韩愈:《争臣论》,盖本于《文选》班固的《答宾戏》。

权","身中清"就是"守道",坚持原则;"废中权"就是放弃了"权",即灵活性。然而,孔子说:"我则异于是,无可无不可。"(《论语·微子》)孔子的人生原则,实际上就是"中庸",用《孟子》中的话就是"可以仕则仕,可以止则止,可以久则久,可以速则速"。孔子,真所谓"圣之时者也"。(《孟子·公孙丑上》)

孔子之"狷"表现在其"用之则行,舍之则藏"的人生态度上。(《论语·述而》)孔子虽不是隐士,但他却是中国第一个对隐士的道德原则进行理论总结的人。孔子志在用世,但那是有前提的。这个前提就是"有道"——即合乎"仁"的社会道德秩序,否则,就选择"隐逸"。他说:

> 笃信好学,守死善道。危邦不入,乱邦不居。天下有道则见,无道则隐。邦有道,贫且贱焉,耻也;邦无道,富且贵焉,耻也。(《论语·泰伯》)
> 道不行,乘桴浮于海。(《论语·公冶长》)
> 君子哉蘧伯玉!邦有道,则仕,邦无道,则可卷而怀之(《论语·卫灵公》)
> 邦有道,穀;邦无道,穀,耻也。(《论语·宪问》)
> 隐居以求其志。(《论语·季氏》)

"守死",一般注家均解为"誓死",恐非。从下文的"有道则见,无道则隐"来看,余英时先生解释为"守住死,即教人不轻死"则更符合文意[①]。孔子的"隐逸"有两个原则:其一要"守节"。"隐逸"只是躲避乱世,以求生存而已,所谓"邦有道,不废,邦无道,免于刑戮"即是。(《论语·公冶长》)并不

[①] 余英时:《士与中国文化》,第36页。

是要丧失原则，混同流俗，与世浮沉，以求"混世"，孔子最为讨厌的"乡愿"之人就是此类的人。因此，孔子特别倡导"邦有道，则知；邦无道，则愚"，（《论语·公冶长》）"邦有道，危（案：危，高峻也，意为高于俗，正也）言危行；邦无道，危行言孙。"（《论语·宪问》），注意自己的言行，以求"苟全生命于乱世"。其二是"用世"。隐逸只是迫于形势所选择的存身之道而已，但不是后来庄子式的"敝于天而不知人"，甘心痛快地投入大自然，与鸟兽同其群，一逞自己的自由心灵，而忘怀世事。孔子的"隐逸"是有限度的，是以不忘怀世事为前提的，一旦形势允许，在不违"道"的情况下，为什么不可以"出仕"呢？因此，面对"隐者"荷蓧丈人对孔子的抨击，子路批驳道："不仕无义。长幼之节，不可废也；君臣之义，如之何其废之？欲洁其身，而乱大伦。君子之仕也，行其义也。道之不行，已知之矣"。（《论语·微子》）子路的话，是深得乃师之道的。

孔子这种狂狷兼备的"中庸"人格，到了战国时代开始分化。据《韩非子·显学》说，孔子死后，"儒分为八"："有子张之儒，有子思之儒，有颜氏之儒，有孟（轲）氏之儒，有漆雕（开）氏之儒，有仲良氏之儒，有孙（卿）氏之儒，有乐正氏之儒"，这其中以孟轲和荀况（孙卿）影响最大。孟子似乎是看到了孔子"仁"学的迂远之处，遂把"仁"推衍、坐实为"仁政"，企图借唤起君主的道德自觉来实现士人的理想。他坚持"道尊于势"的儒家理想，并为这个理想的实现而付出了巨大的努力。孟子同时也是把孔子的"狂"性发挥到极致的人物，他开启了中国士人"狂人谱系"的第一页，对后世的志士仁人有着巨大的人格感召力。荀子则继承了孔子的"礼制"思想，并使其披上了"法"的外衣。如果说孟子发展的是孔子的"内圣"一路的话，那么，荀子却是开启了孔子"外王"的先河。荀子的"礼法"思想倒是超越了孔子的迂远不实之弊，但到他的后学韩非、李斯那里,"仁道"尽失,变成了赤裸裸为君主服务的"法术"。荀子是后来"法术之士"的开山祖师。

庄子的情况则比较特殊,他是战国时期道家的主要代表人物,"其要本归于老子之言"①。关于老、庄的分别,鲁迅论道:"然老子尚欲言有无,别修短,知黑白,而措意于天下;周则欲并有无修短白黑而一之,以大归于'混沌',其'不遣是非','外死生','无始终',胥此意也。中国出世之说,至此乃始圆备"②,可以说,庄子是中国隐士文化的集大成者。就庄子思想与孔子的关系而言,应该说,其基本精神与《论语》中所记载的隐者如长沮、桀溺及楚狂接舆等的"隐居放言"是一脉相承的。孔子对他们的高蹈态度虽不赞同,但还是尊重的,并称其为"贤者"。我们虽不能像章太炎那样得出"庄生传颜氏之儒,述其进学次第③"那样的结论,但庄子借重了孔子的隐逸思想并把它推向极致,这应该是加以肯定的。我们知道,孔子之前虽有隐士存在,但真正成系统的隐士理论却是在孔子那里得以总结的。孔子认为在"天下无道"的前提下隐居是正当的,但他似乎不赞成彻底忘怀世事的隐逸,孔子的隐逸是以"天下无道"为前提的。但到了庄子,则把孔子有限的隐逸理论推向了极端。他力主"无为",但并不想"无不为"。他试图在"内求诸己"中忘情于世事,庄子从思想逻辑上为隐士的存在提供了更为深在的心理依据,因此鲁迅说到了庄子,"中国出世之说,至此乃始圆备",确实是不刊之论。但"庄子尽管避弃现世,都并不否定生命,而毋宁对自然生命抱着珍贵爱惜的态度,这使他的泛神论的哲学思想和对待人生的审美态度充满了感情的光辉,恰恰可以补

---

① 《史记·老子韩非列传》。
② 《汉文学史纲要》,《鲁迅全集》第9卷,第366页。
③ 《菿汉三言·菿汉昌言》第1卷,辽宁教育出版社2000年版,第69页,其后,郭沫若在《十批判书》中对此加以发挥。

充、加深儒家而与儒家一致。所以说，老、庄道学是孔学儒家的对立的补充者"①。

尽管到了战国时期，士人这一阶层流品已杂，以至于出现了像孟尝君手下所养的那些"鸡鸣狗盗之徒"，但新生的士人集团还是在战国诸侯割据、统治者对文化的控制松弛的景况下一逞自己的个性，展示自己的宏伟抱负。但随着秦汉帝国的建立，统治者便借着帝王之"势"，开始控制、约束士人们的"弘道"激情和自由了。西汉初期，在经过了皇家"察举取士"、"独尊儒术"以及"削藩"等一系列控制政策后，士人们大都被纳入到帝国的政治文化系统中，从而由"游士"变成了"士大夫"。本来在秦汉之际，诸子百家已显示出互相融通的趋势。西汉"统一"的王朝建立之后，这一"九九归一"的趋势日益加快。武帝时代，儒学已成"独尊"，但这时的"儒学"已经不是先秦时代的诸子百家的一家——"儒家"，而是熔儒、道、法、阴阳等于一炉的儒家了②。

这一经过了汉儒改造的"儒学"，其最大特色在于韩非子所说的"尊君卑臣"，一切以君主的利益为中心。到了这时，孔子的"志于道"，孟子的"君轻"论，荀子的"从道不从君"论，似乎已经成了遥远的历史记忆。春秋战国时代个性四溢、意气风发的"游士"不见了，代之而起的是那些规行矩步、明哲保身的汉代儒生。整个两汉，是中国历史上国力最为强盛的时期，也是中华民族的主体——汉族作为一个整体形成的时期，汉族之"汉"即由此而来。但整个民族的繁荣昌盛却是以这个民族的思想核心——士人个性的失却、思想的僵化为代价的，这实在是历史发展的悖论。从此以后，随着整个民族统一思维、统一思想、

---

① 《菿汉三言·菿汉昌言》第1卷，辽宁教育出版社2000年版，第69页，其后，郭沫若在《十批判书》中对此加以发挥。

② 描述汉代儒学这一杂糅特色及其演化过程的，以余英时先生的《反智论与中国政治传统》一文最为精彩，见余英时：《中国思想传统的现代诠释》，第89页。

统一意志的确立,作为整个民族文化的主要承载者,中国士人的性格和精神气质就基本确定和形成。

根据孔子对于士人性格描述和分类,本书把中国士人的性格划分为以下三种类型:"中庸"、"狂"和"狷",他们后来分别演化为"儒士"、"隐士"和"狂士"这三种人格类型①。下面我们分别予以简单介绍:

"儒生"是中国士人的最基本形态。西汉之后,儒学独尊,随着中国封建专制社会意识形态的日渐巩固,读书做官、"学而优则仕",就成了历代士人或学子孜孜以求的目标。在古代中国的词汇里,士、儒生、士大夫三者之所以是三位一体的,其缘由也在于此。古代中国社会既是一个大一统观念深厚的专制社会,同时又是一个封建宗法社会,二者之间的同构效应,形成了中国"皇权"政治的基础。但就中国专制"皇权"与士人的关系而言,一方面,以知识和道德见长的士人或儒生恰好充当了沟通意识形态结构和专制政治结构并加以耦合的超级组织功能,而另一方面,中国专制"皇权"又通过儒家学说和科举制度将这些士人的身心紧紧笼罩起来,使之成为黏附于官僚政治的人格化工具。儒家学说是儒生的立身之本,它为儒生们提供了知识的源泉和道德的根据。科举制是隋唐以后实行的取士制度,但它似乎比在此之前的汉代察举制度和魏晋南北朝的九品中正制度更完备、更成熟。科举制是儒生们的进身之阶,是他们改变自身命运和实现自己价值和理想的基本手段。这两种控制形式不仅是一种观念形态——它是中国历代士人的价值理想和依据,同时它又是一个世俗形态——它是以国家政权为基础并以国家暴力为后盾的社会

---

① 本书对于中国士人人格类型的划分,是为了叙述的方便才进行的。其实,这三种人格类型在一个人的身上是完全可以相互包含的,因此,这与其说是三种人格类型,倒不如说是三种思想类型。本书的划分,主要依据的是其主要的思想倾向或人格特征。

秩序。如果哪个士人脱离了这个网络，那就蜕变或发展为"隐士"和"狂人"，成为这个社会的"边缘人"。

"隐士"是从儒家士人中分化出来的独特集团，在中国古籍中也被称为"处士"、"高人"、"逸士"等。隐士的出现，既是社会"无道"的结果，又是一些士人期求身心自由的产物。古代中国社会的隐士流品较杂，但从性质上仍可分为"儒家之隐"与"道家之隐"，后来又有了"佛家之隐"。儒家之隐是孔子式的"隐逸"，往往是"天下无道"的产物，隐逸的目的只是暂时的退避，一旦有了机遇，还是要"东山再起"的，孟子所谓"达则兼济天下，穷则独善其身"即是。但也有隐士之"隐"不是因为"天下无道"，是为了"邀名"或"邀官"，是想"无为而无不为"，历史上有名的唐代"终南捷径"就是这样。道家之"隐"与佛家之"隐"一样，都是一些士人"弃世"或"出世"的产物。他们或为"避世"苟活，或为"求道"或"成佛"，遂使自己从现实的伦理政治关系中挣脱和逃逸出来，以求在对自然的怡悦中或对佛性的体悟里保持自己心灵的自由。但不管是"佛家之隐"，还是"道家之隐"，其"隐"所达到的"自由度"都是极其有限的。这是因为他们所栖身的寺庙仍然在专制帝国管辖之内，并且这些宗教组织自身也有太多的人间关怀，它们是不能够与世俗政权抗衡并自足于帝国之中的。这就决定了中国历史上绝少"舍身求法"的隐士，更多的乃是"身在江湖之上，心居乎魏阙之下"（《庄子·让王》）或"处江湖之远则忧其君"（《岳阳楼记》）的"山林之士"。诸葛亮"躬耕于南阳"之际，也是"不求闻达于诸侯"，然一旦刘备"三顾茅庐"，也就"遂许先帝以驱驰"了（《出师表》），所以鲁迅说"中国是隐士和官僚最接近的"[1]，征之于历史，信夫！

---

[1] 《集外集拾遗·帮忙文学与帮闲文学》，《鲁迅全集》第7卷，第383页。

"狂人"是中国士人中最独特的类别，是从儒生中畸变出来的"特立独行"之士。在先秦之时，士人中的"狂人"尚不多，《史记》载有殷纣王的亲戚箕子谏纣王不听，"乃被发佯狂而为奴[①]"，《论语》中也有"楚狂"接舆讽刺孔子的话（《论语·微子》），而且在孔子的语汇里，"狂"也只有"进取"之意。孔子"狂者进取"的教导无疑激励了后世的儒家理想主义者，他们坚信"道"尊于"势"并以"道"抗"势"，表现出了强烈的社会批判精神。这一类"狂人"是"入世"之狂，属于儒家之"狂人"。还有一类"狂人"是"出世"之狂，属于道家之"狂人"。他们是"道"在"势"的挤压之下畸变的结果，他们的特点是"不事王侯"和"隐居放言"，而且时常有悖于常理地行动和言论，因而往往被正统的社会和道德所扼杀并吞没，他们大都有着高远的理想，但他们对理想过于执著、认真，因而比一般人更难以容忍社会的腐败、人心的虚伪和教义的异化。他们在绝望和悲愤之余，只有通过无理性的反抗来发泄内心的抑郁不平之气，他们最终被正统社会和道德所扼杀和吞没，也是历史的必然。中国历史上多"狂士"，这应该说是中国传统文化的一大特色，但这从另一方面看也是民族的悲剧，它至少说明中国专制"皇权"对于"思想异端"和"特立独行之士"的迫害和虐杀是多么得酷烈。如果我们写一部中国文化的《狂人传》的话，那么下面这些著名人物是理所当然应该被列入的：孟子、庄子、屈原、孔融、弥衡、阮籍、嵇康、李白、米芾、唐寅、徐渭、李贽、金圣叹、八大山人、郑燮、谭嗣同、章太炎等。这些人物，大多富有艺术气质，并且在思想、文化和文学艺术上有着惊人的文化创造。中国文化也许因为他们的存在，才有了一份尼采所推崇的希腊"酒神"狄奥尼索斯式的"热烈"和"迷狂"。他们自己的人生大多是不幸的，但中国文化、尤其是

---

① 《史记·宋微子世家》。

中国文学和艺术却因为有了他们,则是万幸的。

五 "科举废除":中国士人阶层的解体

中国士人阶层的命运,是与中国专制"皇权"相始终的。它是随着西周王官政治的解体而出现,随着大一统的专制"皇权"体制的确立而壮大的。而它的最终消亡,则是和中国封建专制"皇权"的覆灭同步的。

中国专制"皇权",是靠两种手段把中国士人绑缚在自己体制之中的:一是被修正了的儒家学说,二是制度完备的科举制度。但因为科举制是建立在儒家学说基础上的,所以二者之间实际上是二而一、一而二的关系。这也就是说,科举制才是联结专制"皇权"与士人阶层之间的纽带。一方面,"皇权"可以借助科举制"选才",以充实和更新专制"皇权"机器,同时又可以达到控制和羁勒士人的目的;另一方面,士人也可以借助"皇权"以进入国家体制,获取更多的个人利益。二者就是这样"合谋"以巩固专制政体,达到统治民众的目的的。

但是,1840年的鸦片战争,却将这种"士官合谋"的美梦打破。英帝国凭借着他们优势明显的"坚船利炮",不仅打开了满清王朝封闭了上百年的"国门",而且还强行地把我们这个古老的帝国纳入到了他们已经非常完备的资本主义工业体系之中。从此以后,以农耕文明为基础的中国传统社会被迫走上"现代化"之路,开始了历史上前所未有的社会文化"转型"。而"不断变动的国际环境,日益变化的经济状况和社会结构显示出陈旧的科举制度对新生活的不适应[1]",这样,在中国社会延续了上

---

[1] 张仲礼:《中国绅士:关于其在十九世纪中国社会中作用的研究》,上海社会科学院出版社1991年版,第222页。

千年的科举取士制度,在近代遭遇到了空前的危机。这具体表现在:

其一,科举制度自身的落后和腐败。

清代科举考试以儒家经典为考试内容,以"八股文"为主要考试形式。但儒家先贤向来"重道轻器",视作为现代社会知识基础的科学技术为"末技",而八股文主要是用一套严格的格式来阐述儒家经义,类似于一种文字游戏。试想,在儒家经典的道德熏陶下,在八股文的游戏消磨下,何来经邦治国之才?清代科举,从顺治三年(公元1646年)丙戌科开始,到光绪三十年(公元1904年)甲辰科结束,共举行112科,共有状元112人,像翁同龢那样的人,已经是凤毛麟角。一生庸庸碌碌,无所作为的比比皆是。状元如此,其余的可想而知。而中国社会进入"近代"后,剧烈的社会变动更需要大批与之相适应的人才。练兵需才,制器需才,兴利需才,出使需才,变法需才……现代化社会分工需要的是专门的科技专才,而不是儒家先贤所渴望的道德全能型人才。然而,科举制度下的士子们依旧执迷于八股时文,小楷试帖,哪里顾得上什么世界大势或国计民生这些具体问题!这正如梁启超所说:"夫近代官人,皆由科举,公卿百执,皆由此出,……然内政外交,治兵理财,无一能举者则以科举之试,以诗文楷法取士,学非所用,用非所学故也"①。而鲁迅对此则说得更加具体:"那时候,儒生们在私塾里揣摩高头讲章,和天下国家何涉?然而一登第,真是'一举成名天下知',他可以修史,可以衡文,可以临民,可以治河;到清朝之末,更可以办学校,开煤矿,练新军,造战舰,条陈新政,出洋考察了。成

---

① 《公车上书请变通科举折》,见《戊戌变法》第2册,上海人民出版社1961年版,第344页。

绩如何？不待我多说"①。

　　清末考场的腐败更是蔚然成风。科举考试是一考定终身，而且与功名利禄联系在一起，所以许多考生不惜冒险作弊。到了清末，考场作弊已成司空见惯之事。考官大多贪赃枉法，受贿纳礼，私通关节。他们"句同内帘收掌书吏，豫传红号，竟将某卷直送某房，以便呈荐"，甚至有与"考官夙所相识"者，因没递条子而被摒弃，事后考官也咎其不递条子。更有人在条子上加三、五圈作记号，"倘获中试，则三圈者馈考官三百金，五圈者馈五百金"②。上行下效，眷录之人接受他人的好处，经常"私带黑墨，代改诗文"。磨勘等官也与其沆瀣一气，"仅于字句微疵，略加指摘，而于文理纰谬、笔迹不符等弊"则不闻不问。科场条禁更是名存实亡。同光年间朝廷"虽仍派有搜检官，不过循行故事，由吏役高呼一声搜过，掩耳盗铃，自属可笑；后则此声亦寂无闻，任士子之随意挟书矣"③。蒋梦麟回忆年少时参加绍兴府试，曾带书进考场，而且毫不客气地抄了一通。鲁迅也于1898年11月初二参加过一次会稽县考，并得到"三图三十七"的名次，后因为对科举失望，没有参加绍兴府试。但鲁迅母亲拗不过别人的劝告，竟请了一个枪手替鲁迅去考试，最后竟然得到一个"八图三十"的成绩。连鲁迅母亲这样的家庭妇女都可以去请枪手去代考，可见在清末，考试作弊已经不是个别现象，在某种意义上可以说是一种普遍性的行为。而对于鲁迅产生重要影响的其祖父周福清涉入的1893年的"科场案"，就是在这样一个大背景下产生的。

　　其二，科举仕途在清末被严重堵塞。

---

① 《且介亭杂文二集·名人与名言》，《鲁迅全集》第6卷，第361页。
② 丁凤麟、王欣之编：《薛福成选集》，上海人民出版社1987年版，第575页。
③ 商衍鎏：《清代科举考试述录》，三联书店1958年版，第59页。

有资料表明,从17世纪末到19世纪中叶这一段和平时间里,"中国的人口增长了两倍,但在这一段时间里,科举的名额和法定政府公职的数额都没有随人口的增长而增长,这也就意味着士绅家庭成员获得功名和政府官职的机会在相对地缩小"①。对此,清末京曹何刚德感触颇深,他在描述清末科举仕途的拥挤之状时说:

> 从前举人不中进士,即可截取,以知县按省分科分名次,归部轮选,当时举人何等活动。乾隆年间,以此项选缺尚欠疏通,乃加大挑一途,凡举人三科不中,准其赴挑。每挑以十二年为一次,例于会试之前,派王公大臣在内阁验看,由吏部分班带见。每班二十人之内,先剔去八人不用,俗谓之"八仙",其余十二人,再挑三人,作为一等,带领引见,以知县分省候补,外省知县,非一二十年,不能补缺,教职亦然。光绪以来,其拥挤更不可问,即如进士分发知县,名曰"即用",亦非一二十年,不能补缺,故时人有以"即用"改为之谑。因县缺只有一千九百,而历科所积之人才什倍于此,其势固不能穷也。②

入仕如此之难,致使许多士人坐困于场屋,无所事事。而更为严重的是,清末为镇压太平天国起义,大兴捐纳之风,这就更加剧了仕途的拥挤。"自捐纳开,于是商不安于阛阓,农不安于畎亩,工不安于场肆,士不安于黉宇,稍有力者群

---

① 有资料显示,从17世纪末到19世纪中叶这一段和平时间里,中国的人口从1.5亿增加到4.3亿。见孙立平:《辛亥革命中的地方主义因素》,《天津社会科学》1991年第5期。

② 何刚德:《客坐偶谈》第2卷,上海古籍出版社1983年版,第1—2页。

趋于仕宦之一途"①。由于交钱即可得官，于是"朝商贾而暮临民者"日多。他们越来越多地进入政府，担任官职，甚至身居要职。以清代地方官为例，1840年地方官员数为1949人，其中科举出身者占65.7%，捐纳者只占29.3%；1871年地方官员数为1790人，其中科举出身者占43.8%，而捐纳者则占51.2%；1895年地方官员数为1975人，其中科举出身者占47.9%，而捐纳者占49.4%②。捐纳者的增多，势必会侵占科举入仕者的官位份额，这不但严重地挫伤了士人参加科举考试的积极性，更加剧了官场的竞争和腐败。科举制度在民间也失去了昔日的光环，权威和声誉日渐减弱。

其三，新式学堂的创办和留学渠道的开通。

随着西学之东渐，以学习现代西方科技为主要内容的洋务学堂开始出现。在中国最早出现的洋务学堂是1862年6月的京师同文馆，它是清政府为处理洋务而设立的外语学校。继同文馆之后，洋务派接着创立了一大批以洋务为目的的新学校，包括语言学校，如上海广方言馆、广州同文馆、新疆俄文馆、台湾西学堂、珲春俄文馆、湖北自强学堂等；技术学校，如福州船政学堂、天津电报学堂、天津西医学堂、上海电报学堂；军事学校，如天津水师学堂、天津武备学堂、广州陆师学堂、江南水师学堂、江南陆军学堂、湖北武备学堂等。据统计，从1862年到1895年洋务派创办各类学校达25所之多③。戊戌变法后，随着京师大学堂的创办，各类新学堂更如雨后春笋般出现。尽管当时人们还以科举为"正途"，视上新学堂为"不务正业"，但这类新学堂从教育思想、教育制度、教学内容、教学方法等，都与科

---

① 孙宝瑄：《忘山庐日记》（上），上海古籍出版社1983年版，第312页。
② 陈小锦：《从英国文官考选制度看清末科举制的衰亡》，《广西师院学报》2000年第1期。
③ 杨齐福：《科举制度与近代文化》，人民出版社2003年版，第217页。

举取士的制度迥然有别。它们的出现，使人们在科举之外发现了新的出路，这无疑减轻了科举在人们心目中的重要性。

留学渠道的开通，也在一定程度上降低了人们对科举制的依赖感。1847年1月，香港马礼逊学堂校长布朗因病归国，欲带数名学生出洋，最后容闳、黄胜、黄宽三人随其师乘坐"亨特利思"号帆船赴美留学，从而揭开了近代留学教育的序幕。1870年，从美国留学归来的容闳通过丁日昌向曾国藩提出派遣留学生赴美学习计划，计划派遣120人，分为四批，每年派出30人。该计划在最终得到清政府的批准后，容闳遂于1872年8月11日带领首批30名留学生出洋留学，中国近代留学教育由此肇始。甲午战争后，中国人受日本迅速崛起的刺激，开始大规模地赴日本留学。20世纪后，由于美国等西方国家以退还庚子赔款来吸引中国留学生，这样留学格局又出现新的变化，留学欧美逐渐升温。留学国外为士子们开辟了摆脱科举制度的又一条通道，它进一步加速了科举制度覆亡的趋势。

所有这些都表明，科举取士制度不但已经远远落后于近代社会发展的需要，并且在吸纳士人这一社会力量方面的能力也在不断弱化，因此，自鸦片战争后，有识之士要求变革科举的呼声也日渐强烈。尽管清政府为了挽救危局，对科举制度也做了部分的修正和变革，如废八股，改策论，开经济特科等等，但仍然无济于事。1904年，袁世凯会同张之洞、周馥等人上奏指出："科举一日不停，士人皆有侥幸得第之心"，"民间更相率观望"，"学堂决无大兴之望"，"欲补救时艰，必自推广学校始；而欲推广学校，必自先停科举始"[①]。在各方的压力下，光绪三十一年（1905年9月2日），清政府下诏停罢科举。诏文云："方今时局

---

① 朱寿朋编：《光绪朝东华录》（五），中华书局1958年版，总第5390—5391页。

多艰,储才为急,朝廷以近日科举每习空文,屡降明诏,饬令各省督抚广设学堂,将俾全国之人,咸趋实学,以备任使,用意至为深厚。兹据该督等奏称,科举不停,民间相率观望,欲推广学堂,必先停科举等语,所陈不为无见,著即自丙午科(光绪三十二年,公元1906年)为始,所有乡会试一律停止,各省岁、科考试,亦即停止"①。至此,在中国行之千余年的科举制度,终于退出了历史舞台。

科举制度的废除,是中国历史上"犹如废井田,开阡陌"一样的大事件,其最直接的结果就是促成了士大夫阶层的迅速分化。在传统的"士农工商"社会结构中,"士为四民之首",有其特殊的社会地位。而士人地位的取得则是通过科举考试而实现的,"这种考试是为了维持儒家的国家正统的运作需要而设计的,是授予特权和打通上层社会流动的手段"。而科举制度的废除则"斩断了两千多年来经过许多步骤而加强起来的社会整合制度的根基",中断了士人的流入源泉,从而造成士人阶层的大规模分化,最终导致了士人阶层的迅速解体②。

实际上,早在鸦片战争之后,尤其是甲午中日战争后,随着中国近代新式商业、企业的不断涌现和近代社会生活的变化,就有一部分士大夫向工商业流动的社会趋向,以至于出现了一个中国近代的"绅商"集团。但因为科举制度仍然保持着社会成员不断向士大夫阶层的替补的生命力,所以这一时期的"绅—商"流动仍属于非强制性的自由流动,相对于百数十万之众的士人阶层,这种社会分化的规模还是十分有限的。但科举制度废除后的社会流动就不一样了,它是一种强制性的、规模巨大的、结构性的社会流动现象。整个士人阶层的分化不是一个地区,而是全社

---

① 朱寿朋编:《光绪朝东华录》(五),总第5392页。
② 罗兹曼主编:《中国现代化》,江苏人民出版社1986年版,第335—336页。

会范围，不是几个代表人物，而是整个阶层的变动。这是因为科举制度废除后，中国士人以入仕作官为取向的传统路径随之杜绝，以致于出现了"坐失其业，谋生无术"的窘境。在生活的巨大压力下，各省"数万举贡、数十万生员"不得不"四方觅食"，自谋生路，大批流向与新的社会分工相联系的社会职业阶层，这就出现了士人阶层的大规模的职业分化现象。

中国近代士人阶层的分化是以新式教育为中介而实现的。"科举既议停减，旧日举贡生员年在三十岁以下者皆可令入学堂之简易科"①。据统计，湖北地区在清末20年间的四万名绅士中，至少有两万余人是通过新式教育参与社会流动的，约占绅士人数的43%②。绅士们纷纷离开了曾经追逐的功名之途，在近代社会转型过程中获得了各种新的社会资格，形成了所谓既有"旧功名"又有"新学历"的双重身份。据民初《最近官绅履历汇编》统计，江苏地区具有双重身份的功名之士，进士约占57.6%，举人约占43.1%，生员更多，占91.7%。正是以新式教育体系为中介，传统绅士获得了新的政治、经济、教育、工商、科技、军事、司法等适应社会结构变动需求的专门知识和技能，从而向社会的各种职业流动③。根据王先明先生的研究，这一时期中国士人阶层的分化趋向大致有三：

一是转向近代资产者。在传统中国"士农工商"的社会结构中，"工商"一直属于末流而被士大夫们所不屑一顾。自19世纪60年代开始，随着洋务运动的提倡，资本主义工商业开始大规模进入中国，这本身就对中国传统的"农本商末"观念构

---

① 《管学大臣等奏请试办递减科举注重学堂折》，《东方杂志》第1卷第1号"教育"。

② 苏云峰：《张之洞与湖北教育改革》，《中国现代化区域研究——湖北省》，(台北)中央研究院近代史研究所1982年版，第408页。

③ 王先明：《中国近代绅士阶层的社会流动》，《历史研究》1993年第2期。

成了冲击。甲午战争后,士人们开始涉入工商界,而科举制度的废除更是导致了四民社会的解体。从此,士人们从"读书做官"的思想中解放出来,纷纷流入工商业,就连状元出身的孙家鼐、陆润庠、张謇等,也在各地陆续投资办厂。到清末,全国各地至少有140家以上的企业是士人投资创办的。可以说,由绅到商是科举废除后士人最主要的职业流向。

二是转向自由职业者。教师、记者、编辑等自由职业也是清末士人主要的流向之一。科举废除后,全国各地出现了一股兴学热,学堂数量直线上升,学生群体急剧壮大。新学堂自然需要大量教师,这样一大批士人自然就充实了教师的队伍。1904年三江师范学堂设立,即"选派举贡廪增出身之小学教习五十人分授修身、历史、伦理学、算学、体育各科"[1]。于此可见一斑。从事报刊编辑也是士人的职业选择之一。据一份不完全的统计资料表明,20世纪初,在48名主笔、编辑与记者中有42名拥有功名,属于士人阶层[2]。

三是走向下层社会。还有一批绅士则走向下层社会,自愿投军,充任兵士。《大公报》报道:"深州举人胡某率本州举人七名,廪生三十余名,呈请练兵处王大臣,恳请分发各镇充当兵勇,以为中国文人秀士之倡",结果,"发交保阳第三镇步队第三营"[3]。投笔从戎,救亡图存,几乎成为年轻士子选择前程的重要途径,以至于"读书士子争先恐后,犹恐其投效之晚也"。1902年清政府派铁良视察长江,"至皖检阅武备练军,许其成绩优美,而兵士多系举人、廪贡、秀才之优秀分子"[4]。还有些绅士甚至流向秘密社会,最典型的就是加入会党,如四川的哥老

---

[1] 《清续文献通考》卷170,学校14,考8659。
[2] 王先明:《近代中国绅士阶层的分化》,《社会科学战线》1987年第3期。
[3] 《大公报》1903年4月25日。
[4] 《近代史资料》1979年第3期,第7页。

会、湖南的会党都充斥着士人。

士人阶层分化的结果是促成了近代新知识群体的形成。这个知识群体主要包括两部分：一是从传统士人阶层中分化出来的新士绅。新士绅兼有科举功名和新式学堂双重身份，是传统的士大夫阶层向新知识分子转化的过渡性群体。如蔡元培，原是清朝翰林，后又留学国外，参加反清革命，是新士绅的杰出代表。二是以新学堂为主体的新知识群体。这一知识群体始于戊戌变法时期，后来随着科举制度的废除，新学堂和留学教育的繁荣，这一知识群体迅速扩大，在清王朝灭亡前已达到20余万人。鲁迅就是这一知识群体的代表，他早年就学于当时的新学堂——江南水师学堂及其附设的路矿学堂，后又留学日本，是受过科举教育，但又没有功名的新一代知识分子。中国最早的一批现代知识分子，就是从这两个知识群体中蜕变而出的。

但随着士人阶层的大分化，也"分化"走了士大夫们对"皇权"的归顺之心。科举制度的废除，使得维系皇权体制与职业官僚系统之间的链条就此中断，这不仅导致了皇权权威的丧失和政权中心的下移，更重要的是其堵塞了社会流动的渠道，加剧了社会的不稳定。本来，由科举而入仕是中国士人"谋食"就业的一个传统渠道，它有力地保证了下层的有才之士进入上层社会的可能性。据何炳棣先生统计，在1377年到1904年间获取进士的人中有42.9%来自下层社会[①]。这种流动作为一种吸纳机制，增强了社会结构的弹性，并有利于社会的驾驭整合。而科举制度的废除则标志着这一传统的甚至惟一的社会流动渠道被堵塞了，士人们在四处觅食之余，也丧失了对"皇权"的认同感与归属感。他们纷纷从制度上和心理上逐渐斩断了与旧王朝的联

---

① 何炳棣：《明清社会史论》，转引自杨齐福《科举制度与近代文化》，人民出版社2003年版，第5页。

系，并且义无返顾地加入晚清社会变革者的行列，乃至最后竟成为清王朝的掘墓人。据统计，在清末立宪派所掌握的咨议局及资政院的16000名议员中，91%的议员都是士绅出身；在同盟会员中也有81人出身于士绅，在《革命人物志》所记载的资产阶级革命派中，其中有222人出身于士绅①。正是这些士绅所起的主导作用，清王朝才在辛亥革命的枪炮声中土崩瓦解。而士绅们在辛亥革命中的态度，则与他们在太平天国革命中的态度形成了鲜明的对比："在1851年太平天国的强烈震撼中，各地绅士以办理团练的方式，成就了作为封建社会统治基础所应成就的事业，合力挽回了清王朝将颓的狂澜。然而，当又一个辛亥年再度出现时，面对武昌起义掀起的革命风暴，分化的绅士们非但不能汇聚在清王朝的龙旗下，反而投身到革命浪潮中，共同把清王朝送入死亡的谷底"②。

但是，当士大夫们把清王朝送入死亡的谷地之际，也正是自己作为一个阶级在中国从整体上消亡之时。中国士人阶层的形成以及地位的确立，主要由两个最基本的制度所决定：一是封建"科举制"，二是封建等级身份制。虽然鸦片战争后近代中国"千古变局"的社会变动，为士人阶层的社会流动开通了更广阔的途径，但由于"科举制"制度性流动的作用，并未能导致士人阶层的剧烈分化和消亡。1905年科举制度的废弃虽然造成了士人阶层的大规模分化，然而，科举制度并不从根本上决定士人阶层的社会地位，它只是士人们获取地位的形式或者说是途径。应该说是封建等级制度最终决定着士人阶层的特权地位，也最终决定着科举制度这一谋取等级身份的形式。因而，科举制的废除只是从历史发展趋向上，使士人阶层缺乏继替而走向消亡，它还

---

① 杨齐福：《科举制度与近代文化》，第267页。
② 王先明：《近代绅士》，天津人民出版社1997年版，第336页。

不能导致现存庞大的功名身份集团地位的失落。清末新学堂、商会、教育会乃至地方自治、咨议局的活动基本上都无一例外地落入士人阶层的手中，就足以说明科举制度的废除对现存士人阶层地位并未造成明显影响。① 是1911年的辛亥革命风暴最终将清王朝及其封建专制制度变为历史的陈迹，虽然这次革命的深度有限，但中华民国的肇兴却毕竟宣告了等级身份制度的废除。从此，借以维系士人阶层特权地位的封建功名、身份便被逐出了法律的范围而失去了昔日的赫赫权威，而中国士人作为一个阶级在中国也基本趋于解体。

---

① 王先明：《近代绅士》，天津人民出版社1997年版，第323页。

第 二 章
鲁迅与中国知识阶级

中国知识阶级的命运问题,是鲁迅一生思考的核心问题,也是鲁迅作品所着力表现的主题之一。鲁迅自己是传统中国的"最末一代士大夫",也是现代中国的第一代真正意义上的知识分子。鲁迅常常被称为"无产阶级和劳动群众的真正的友人",他自己也在文章中大力地提倡过文学的"大众化",但鲁迅的生存方式,却并不那么平民化,他的写作方式,则更不那么通俗化。鲁迅从生存方式到写作方式,可以说是典型的知识分子式的,尽管他本人从不自称是知识分子。

鲁迅作为一个真正意义上的启蒙知识分子,中国士人传统的历史传承问题可谓是他意识中心的焦点性存在。过去在研究鲁迅与中国士人传统的问题时,多执著于一种历史性的价值评判,对于传统的士人精神多持一种否定和批判的态度,认为鲁迅继承传统中国士人一些"优良的"精神血脉之外,剩下的就是对于包括中国士人传统在内的中国传统文化进行彻底批判了。但实际的情形却要比这个结论复杂得多。虽然鲁迅如瞿秋白所说,是"绅士阶级的逆子贰臣"①。他对本阶级的批判也是毫不留情的,

---

① 瞿秋白:《〈鲁迅杂感选集〉序言》,《六十年来鲁迅研究论文集》,中国社会科学出版社1982年版,第122页。

但鲁迅也说自己毕竟是"旧营垒中的人"——也就是"绅士阶级"中人,身上不免背了这些"古老的鬼魂",就是在写作上,也不免流露出它的字句、体格来①。尽管鲁迅也为自己旧的"过去"而深自痛悔,但我认为这种痛悔乃是鲁迅纠缠于一种现实改革的历史激情的产物。就实际情形来看,鲁迅的思想与艺术的个性之"根",正是深扎在他所深恶的"绅士阶级"的传统文化土壤之中的。离开了这一层面的解释,鲁迅的精神、人格、思想及艺术的价值,将无从得到真正的显示。

这里需要特别指出的是,鲁迅似乎是很少用"知识分子"一词的,他更多时候是用"知识阶级"来指代中国的知识阶层。在鲁迅看来,中国并没有西方意义上的知识分子,中国的"知识阶级"几乎等同于"绅士阶级"。他的那篇著名的《关于知识阶级》的演讲,就是把中国的知识阶级与中国传统士大夫进行混同式理解的。② 所以本章"鲁迅与中国知识阶级"可以视为鲁迅与中国传统士大夫关系的阐述。

一 "科场案":从"周树人"到"鲁迅"

探讨鲁迅与中国知识阶级的关系,第一个不容回避的问题就是从小就将他和他的家人推入到深渊的"科场案"。这场在清末已是家喻户晓的考试舞弊案,却由于涉案的主犯是鲁迅的祖父周福清而格外受人关注。但该案对于鲁迅来说,却是他一生讳莫如深的话题。也许是这场旷日持久的官司给他造成的心灵创痛太剧烈、太深刻了,以至于他终生都不愿、也没有勇气去揭开这块伤

---

① 《坟·写在〈坟〉后面》,《鲁迅全集》第1卷,第285—286页。
② 详情见鲁迅《关于知识阶级》的演讲,《鲁迅全集》第8卷,第187—193页。

疤。但鲁迅对于自己所属的知识阶级的思考、批判乃至背叛，却正是从"科场案"开始的。

鲁迅所在的绍兴覆盆桥周氏，是一个典型的士大夫家族。他们的居所被称为"台门"，周作人说，"乡下所谓台门意思是说邸第，是士大夫阶级的住宅，与一般里弄的房屋不同，因此这里边的人，无论贫富老少，称为台门货，也与普通人有点不同"①。覆盆桥周氏共有三个"台门"，一般被称为老台门、新台门和过桥台门。鲁迅家就在绍兴城南东昌坊口的新台门。据鲁迅在三味书屋上学时的老师寿镜吾之子、同时也为鲁迅代过课的寿洙邻说："周氏三台门，嘉、道以来，老台门以富称，新台门，过桥台门，以读书世家称，光绪之际皆衰落矣，至鲁迅而家声以振"②。这里所谓的"读书世家"，就是说，其子弟走的是科举之路，即通过读孔孟圣贤之书，中了举人进士，升官发财，或居乡当绅士。绍兴覆盆桥周氏自第一世祖周逸斋迁往绍兴后四百余年，曾出过三个举人，一个进士和不计其数的秀才，这其中的进士就是鲁迅的祖父周福清。

周福清是周家历史上学历最高，最为显赫，但也是下场最为悲惨的人。他一生热衷于科举功名，但最终却身败名裂，可谓一个十足的"科场鬼"。

周福清本名致福，改名福清，字震生，又字介孚，号梅仙，生于清道光十七年十二月二十七日（1838年1月22日）。像当时的一般世家子弟一样，周福清幼年即醉心于功名，为准备科举考试，他格外勤学。据其族侄周冠五（即观鱼）回忆："周介孚幼年时家贫好学，无资延师，经常就三台门族房书塾中，趁塾师

---

① 周遐寿：《鲁迅的故家·台门的败落》，人民文学出版社1957年版，第103页。

② 寿洙邻：《我也谈谈鲁迅的故事》，《鲁迅研究资料》第3辑。

讲解经义或教授时艺,辄取旁听。一塾一塾的挨着听过去,其时各房族经济充裕者多,各延师设塾以课子弟,但想不到,讲学时间特予参差先后,原意就是为使各塾就学子弟可相互听讲,以宏造就。周介孚也是趁机进修,他天资高,易于领会,收获最大,族中人誉之'收晒晾'(即乘便得利的意思)"①。

周福清的不懈努力终于得到了回报。他先是取得绍兴府会稽县学附生资格,1867年他参加浙江丁卯科乡试,并有幸中得第86名举人。次年,他参加会试,不幸落第。但仍考取了方略馆誊录。方略馆即清政府镇压太平天国的的战史编纂处,誊录只是高级缮写人员而已。举人任此职五年,期满叙议,可以知县用。周福清干了不过三年,总觉得这不是"正途",就是当了知县,也不如科班出身的官员前途大,所以他又参加了同治十年(公元1871年)辛未科会试,终于成功。据《同治辛未会试年龄录》,周福清的成绩是:"会试中式第一百九十九名。殿试第三甲第十五名。朝考第一等第四十一名。钦点翰林院庶吉士"②。周氏家史上,像周福清这样考中进士、被点为翰林的,尚属首次,这自然是周家很荣耀的事。至今在绍兴周家老台门门斗里,还可以看到那块悬挂着的"翰林"匾,上款题:"巡抚浙江等处地方提督军务节制水陆各镇兼管两浙盐改杨昌濬为",下款"钦点翰林院庶吉士周福清立"。点翰林,挂牌匾,大概是周福清一生中最为得意的时刻。

按照清政府的制度,殿试被钦点"翰林"的庶吉士,要进入庶常馆深造。庶常馆每三年结业一次,名为散馆,考试成绩优

---

① 观鱼:《回忆鲁迅房族及社会环境35年间(1902—1936)的演变》,人民文学出版社内部发行,第12页。

② 朱寿朋编:《光绪朝东华录》,参见房兆楹:《关于周福清的史料》,原载1957年12月31日台湾出版的《大陆杂志》半月刊第15卷,第12期,《鲁迅研究资料》第七辑转载。

者，分别授以翰林院编修、检讨等，其余分发各部主事等职，或以知县委用。周福清可能因为成绩欠佳，于光绪元年（公元1975年）被外放江西金溪县做知县。周福清在金溪县的政绩还算可以，观鱼说他"居官清廉，持正不阿，既不贪赃，尤不枉法，处理民刑案件务求真情实事，从不颟顸草率"。但周福清生性狷介，恃才傲物，对"上官辄以无欲则刚的态度作应付，不巧言令色，不谄媚迎合，因之为他顶头上司的抚州府知府所深恶痛绝"，甚至同抚台也闹了别扭，结果到他任职的第四年，就被议劾，"改选教职"，继之又按知县级别"休职"，最后不得不离开金溪①。就这样，周福清在官场的互相倾轧中，丢掉了费尽心血取得的科班出身，这对他无疑是一次沉重的打击。

周福清并不甘心自己官场的失意，据周作人回忆，他的祖父为了"重谋起复，卖了田产，捐官（内阁中书）纳妾"②。又出资捐得五品"同知"的官衔，但想不到光绪又"著以教职使用"，让其重新遭受冷落。周福清不甘心如此，又再次花钱捐官，最后捐得七品专以抄写为能事的内阁中书之职，但又整整等了九年才补授实职。此时他年已五十，精力和才智几乎消耗殆尽。更为严重的是，他家原有田产300多亩，为了捐官候职，变卖的只剩下四五十亩水田了。一般学者在谈到鲁迅故家的败落时，多强调其祖父的"科场案"和"父亲的病"是其主要致因，殊不知，鲁迅祖父的"捐官"所耗去的财物，竟要比前者的费用还要多！况且，做内阁中书这种抄写差事，奉禄低微，收入甚薄，家境日趋困窘，不仅长年于家无补，反要家里接济。他在北京养有"二妻三妾四仆"（除了鲁迅的生祖母孙氏，继祖母蒋氏

---

① 观鱼：《回忆鲁迅房族及社会环境35年间（1902—1936）的演变》，第10页。

② 《知堂回想录》，三育出版有限公司（香港）1980年版，第8页。

外，还先后纳妾薛氏、章氏、潘氏），一旦家里接济不及，还要常常向外人借债。目前发现的周福清的信件中，就有两封是向同乡借债的。①

官场的失意，生计的拮据，并没有使周福清对"学而优则仕"的科举之途失去信心，相反地，他却在这条不归之路上越陷越深。光绪十八年壬申除夕（1893年2月16日），周福清的母亲，鲁迅的曾祖母戴氏去世，他随即奔丧回到故乡绍兴。按清制，父母病故，官吏须守孝三年，是谓"丁忧"。刚巧这一年清朝为祝贺慈禧"万寿"，颁旨在全国各省举行一次恩科乡试，派定已升为四品官的殷如璋为浙江正主考，周锡恩为副主考。殷如璋，江苏甘泉人，系同治十年进士，和周福清有"同年之谊"。这时，周福清的姐夫章介千等人遂起意请他出面贿赂殷如璋，为本年应试的马、顾、陈、孙、章五姓子弟请托，希望买一个举人。周福清开始觉得不大好办，没有答应，但在亲友的一再请求下，想到自己的儿子，也就是鲁迅的父亲周伯宜（一名用吉）也要参加这年的乡试，于是决定孤注一掷，去接近殷如璋。结果案发，最后落了个身败名裂、家破人亡的下场。

关于此案的经过，当时处理此案的浙江巡抚崧骏，在向光绪皇帝的奏折中有详细叙述，此引录如下：

> 七月二十日周福清携仆陶阿顺由绍郡启程进京探亲。二十三日路过上海，探闻浙江正考官殷如璋，与伊有年谊。周福清一时胡涂，起意为子求通关节，并欲为亲友中马顾陈孙章五姓有子弟应试者嘱托，希图中式。俟主考允诺再向各亲友告知择其文理清通诸生列名。周福清素知各亲友家道殷实

---

① 《周福清致王子钦书信六封》，收入薛绥之主编《鲁迅生平史料汇编》第1辑，天津人民出版社1981年版，第112页。

不患无人承应,事后必有酬谢之资。即由上海雇船开驶,二十五日晚至苏州停泊。周福清独自拟写关节一纸,内开五人,马官卷,① 顾、陈、孙、章,又小儿第八,均用"×宸衷×茂有"字样,并写洋钱一万元空票一纸,加具名片装入信封。二十七日正考官船抵苏州阊门码头,周福清嘱令陶阿顺先去投帖拜会,如不见再投信函。陶阿顺将名片信函一并呈送正考官船上。当经正考官扣留押交苏州府收审,转解到浙,饬府讯供,将官卷马家坛及周用吉一并扣考,并经奏请将周福清革职委员查拿。周福清先避往上海患病,随后回籍,闻拿畏罪,自行赴县投首。并饬查提马家坛周用吉到案,由县先后解省发委审办。②

问题在于,殷如璋为什么一点情面都不讲,就将陶阿顺扣留并移交苏州府收审,导致案发呢?对此,周作人另有说法,他说当"跟班"把信送给殷如璋时,"那时恰巧副主考周锡恩正在正主考船上聊天,主考知趣,得信不立即拆看;那跟班乃是乡下人,等得急了,便在外边叫喊,说:'银信为什么不给收条',这件事便戳穿了,交给苏州府去查办。知府王仁堪想要含糊了事,说犯人素有患怔忡,便是有神经病,照例可以免罪。可是介孚公本人却不答应,在公堂上振振有词,说他并不是神经病,历陈某科某科的某某人,都通关节中了举人,这并不算什么事,他

---

① "马官卷",系乡试考生马家坛的考卷。马家坛之父马传煦,为翰林院编修,所以称"官卷"。清朝自雍正朝开始,即降旨谕礼部:"查定例,吏礼二部司员皆属进士出身,故子弟准作官卷应试,其余俱作民卷,今别部及各衙门司官进士出身者甚多,以后凡进士出身之司官,其子弟俱准作官卷应试,特谕"。见中国第一历史档案馆编:《雍正朝汉文谕旨汇编》,江苏古籍出版社1999年版,第348页。
② 朱寿朋编:《光绪朝东华录》,转引自房兆楹:《关于周福清的史料》,原载1957年12月31日台湾出版的《大陆杂志》半月刊第15卷,第12期,《鲁迅研究资料》第七辑转载。

不过是照样的来一下罢了。事情弄得不可开交，只好依法办理，由浙江省主办，呈报刑部，请旨处分"①。由此可见，这起"科场案"之败露，乃是由乡下人陶阿顺不会办事所致。

本来，按清律，"科场案"多是杀头之罪，但到了清末，科举考试中通关节、收贿赂已是普遍现象，因此官吏们对此多是睁一只眼闭一只眼。周福清"科场案"发，而且还是"作案未遂"，所以苏州知府"王仁堪想要含糊了事，说犯人素有神经病，照例可以免罪"。刑部更是在浙江巡抚崧骏奏折之意见的基础中请求"于斩罪上量减一等，拟杖一百，流三千里"。但想不到，光绪皇帝却认为处理太轻，他的最终定罪是："周福清著改为斩监候，秋后处决，以肃法纪，而儆效尤"②。所谓的"斩监候"——据参加过这届浙江乡试的一位老人介绍说："不是缓期几年执行，而是在清朝一年一度的秋决前，刑部将这批犯人分省各写在一页纸上，每页纸上的姓名均成圆形状排列，待到择定的日期，摆公案于明堂，把这些纸铺在案面，点起香烛，由皇帝操硃笔在上面随意画一圆圈，哪个犯人姓名上染到硃色，就要在秋天祭孔后就地执行，未染着硃色者则仍监禁狱中，到第二年再受秋审，若连续三次没有被圈着，那么该犯人就改为永远监禁，实即现在的无期徒刑"③。也正因为此，一到每年的秋天，鲁迅全家人就心神不宁，卖田借贷，贿赂上下各方，以求周福清不死。而周福清最终也侥幸活了下来，直到1901年才获释出狱。1904年7月13日，周福清在绍兴病逝，终年68岁④。

"科场案"直接导致了鲁迅一家的人财两空，家破人亡，

---

① 《鲁迅的青年时代》，见《知堂回想录》，第13页。
② 《鲁迅研究文丛》第1辑，湖南人民出版社1980年版，第208—210页。
③ 张能耿、张欻：《鲁迅家世》，党建读物出版社2000年版，第75页。
④ 参见周建人：《鲁迅故家的败落》，福建教育出版社2001年版，第154—164、190—198页。

"从小康人家而坠入困顿"①。就在周福清入狱期间，鲁迅家里接连出事，可谓是"屋漏偏遭连夜雨，船破却逢顶头风"。先是鲁迅的小姑周康于1894年因难产而母子双亡，接着是鲁迅的父亲周伯宜因"科场案"而郁闷生病，最后于1896年含恨而死。1898年，活泼健康的鲁迅四弟周椿寿又患急性肺炎而被病魔夺去了生命。这一连串的打击，把鲁迅一家推入到了深渊之中。本来，祖父入狱已经让周家丧失了基本的经济来源，但为了替祖父求情，为父亲治病，他们除了向人家借钱和典当衣物、首饰外，主要靠变卖田产和其他家产过日子。鲁迅晚年回忆说："家里原有祖遗的四五十亩水田，但在父亲死掉之前，已经变卖完了"②。卖完了自己的"私田"，接着就是变卖"公田"。所谓"公田"，就是"祭田"，是覆盆桥周氏各台门共同所有的公共土地。周氏"祭田"分两类：一是三台门共有的"智公祭"，有祭田300亩，由致、中、和三大房轮值；二是属于致房的佩公祭，有祭田160亩，由智、仁、勇三房轮值，负责收租、做忌日及上坟祭扫。覆盆桥周氏曾经卖过两次"祭田"：第一次是1899年农历11月9日，本日周作人日记载："发杭信，说卖田事"③，这次所卖当是"佩公祭"之田。第二次是在1911年3月7日，鲁迅在致许寿裳的信中曾谈及"卖田之举"④。这次卖田的原因是周氏"家道渐落，子孙无业居多，式微景象触目皆是，然无致富之力，力谋济贫之术，无已，则计及我祖智公祭田，但求祖宗无亏，所有余产彼此分润，以济困乏"，而所卖之田乃是三台门共同所属的"智公祭田"。鲁迅代表致房派下的智字兴房参加合议，并在卖田的

---

① 《呐喊·自序》，《鲁迅全集》第1卷，第415页。
② 《集外集·自传》，《鲁迅全集》第7卷，第84页。
③ 《周作人日记（1898—1899）》，《鲁迅研究资料》第8辑，第91页。
④ 《日记·110307·致许寿裳》，《鲁迅全集》第11卷，第334页。

《公同议单》签字画押[①]。

在卖完了"公田"后,实在是没有什么可卖的了,但在困顿之下的周氏子孙,最后竟想到了公同出卖新台门的房产。1919年,周氏族人决定卖掉新台门聚族而居的房产给当地的富商朱阆仙。其时鲁迅兄弟已经参加工作,收入相当可观,并无出卖台门的要求。但在其他生计拮据的族人的坚持下,他们只得同意出卖新台门。1919年12月1日,鲁迅从北京动身来绍兴搬家,他后来的小说《故乡》对此有特别描写:

我冒了严寒,回到相隔二千余里,别了二十余年的故乡去。

我这次是专为了别他而来的。我们多年聚族而居的老屋,已经公同卖给别姓了,交屋的期限,只在本年,所以必须赶在正月初一以前,永别了熟识的老屋,而且远离了熟识的故乡,搬家到我在谋食的异地去。

这一次别离,鲁迅再也没有回到故乡,而随着他远去的身影,故乡绍兴也逐渐模糊起来。至此,鲁迅的故家彻底败落。

由"科场案"所引起的鲁迅故家的败落,对鲁迅的影响是巨大而深远的。这主要表现在以下三个方面:

第一,"科场案"使鲁迅个人抛弃了传统士子"学而优则仕"的人生选择,从而走上了一条现代知识分子的"新生"之路。

周作人认为,当时一般"台门"子弟的人生道路大概有三

---

① 但薛绥之先生主编的《鲁迅生平史料汇编》第1辑,竟把这份析分田产的"公同议单",题以《周氏卖房产时公同议单》,大误。见《鲁迅生平史料汇编》第1辑,第128页。

条:"其一是科举,中了举人进士,升官发财,或居乡当绅士。其二是学幕,考试不利,或秀才以上不能进取,改学师爷,称为佐治。其三是学生意,这也限于当铺钱店,若绸缎布店以次便不屑干了"①。鲁迅出身于封建士大夫家庭,自小深受儒家的经典教育。本来,"科举致仕"是自隋唐以后的青年士子所必然选择的人生道路,像鲁迅这样的世家子弟更是概莫能外。他在幼年时代,就被长辈寄予了"将来一定要中状元"的厚望。他的祖父周福清在1871年被钦点翰林后,除了在覆盆桥周家三个台门的仪们上挂上"翰林"匾额外,还在自己所在的东昌坊口的新台门特地挂上一块"祖孙父子叔侄翰林"的匾额,以告诫儿孙不忘读书,以遂儿孙都成翰林的愿望。他在北京为官时期,曾多次写信让儿子周伯宜检查、督促鲁迅的学习,而且给鲁迅兄弟挑选当时在绍兴收费最贵的"三味书屋"就学,其目的也是希望鲁迅兄弟能像自己一样,在科举的道路上坚持走下去。历史的某种惯性似乎注定了:"如果没有家庭内部的变更,成人后的周树人,也许最多不过是一个旧体制的齿轮"②。

但"科场案"发生后,一切似乎都改变了。尽管鲁迅曾于1898年11月初二参加过一次会稽县考,并得到三图三十七的名次,成绩还不错,但他却没有继续参加绍兴府的复试。鲁迅之所以不想再考下去,周作人说是因为四弟之丧,无心去复试,但这恐不是根本性因素③。我认为决定鲁迅绝意于科举的原因有两点:一是"科场案"中祖父和父亲的悲惨遭遇促使他切身感受

---

① 周遐寿:《鲁迅的故家·台门的败落》,第103页。
② [日]山田敬三:《鲁迅世界》,山东人民出版社1983年版,第5页。
③ 根据科举制度,生员(秀才)资格的取得,一般要经过三次考试:县试、府试和院试。鲁迅参加了县考,没参加府考,但据周作人1898年12月24日的日记,仍然记有鲁迅府考的成绩。这是鲁迅母亲拗不过别人的劝告,找枪手代鲁迅考取的,但结果成绩并不理想。参见周作人《鲁迅小说里的人物·附录一·旧日记里的鲁迅》,止庵编,周作人著《关于鲁迅》,新疆人民出版社1997年版,第339—340页。

到了科举之途的黑暗和末路；二是"科场案"后周家生计的困顿和家道的中衰使得他已无力能在科举之途上继续走下去，第三个原因也许是最重要的，那就是科举的式微和新学堂的开办已开始为士子们打开了新的人生视野，使他们有可能在传统的职业选择之外找到新的立足点。鲁迅当时曾刻了两枚图章："一颗是'文章误我'，一颗是'戛剑生'，意思是说，以前读古书，做古文，耽误了我的青春，现在我要'戛'的一声拔出剑来，参加战斗了"[①]。这说明，鲁迅对当时仍然被人们视为"正途"的科举考试已经彻底绝望。他说："我要到N进K学堂去了，仿佛是想走异路，逃异地，去寻求别样的人们"[②]。这里的"K学堂"，即当时设在南京的江南水师学堂。所幸的是，鲁迅选择了历史，他上的新学堂不久就迅速取代科举制，成为一种新的教育方式和选才机制；而历史也选择鲁迅，使他从传统士大夫的窠臼中脱颖而出，成为中国第一代真正意义上的现代知识分子。

第二，"科场案"使鲁迅沦落为"破落户子弟"，对鲁迅敏感、偏执、多疑、尖刻、自虐等性格和气质的形成有着至关重要的影响。

在形成人的个性的诸多因素中，幼年的经历及心理体验是最重要的。鲁迅本是世家子弟，用他自己的话说，即"生长于都市的大家庭，人称周家大少爷"。但祖父"科场案"发后，他逃难安桥头、小皋埠，成为"破落户子弟"，被人讥为"乞食者"。后来为了给父亲治病，鲁迅说："我有四年多，曾经常常——几乎是每天，出入于质铺和药店里，年纪可是忘却了，总之是药店的柜台正和我一样高，质铺的是比我高一倍，我从一倍高的柜台外送上衣服或首饰去，在侮蔑里接了钱，再到一样高的柜台上给

[①] 周建人：《鲁迅故家的败落》，第127页。
[②] 《呐喊·自序》，《鲁迅全集》第1卷，第415页。

我久病的父亲去买药。"这种被势利者冷漠和侮辱的境遇,不但促成了少年鲁迅的早熟,使他早早地就从这个"瞒和骗"的世界中洞悉出人情的世故和人性的深奥——"有谁从小康人家而堕入困顿的么,我以为在这途路中,大概可以看见世人的真面目"①。而且更为重要的是,对其敏感、偏执、多疑、尖刻、自虐等个性心理气质的形成也起到了重要的催生作用。而最能说明这个问题的,是鲁迅与周作人两兄弟在性情气质巨大差异:鲁迅峻急,周作人平和;鲁迅偏执,周作人中庸;鲁迅热烈,周作人理性……为什么他们有如此大的性格差异?我认为其中一个最重要的原因就是他们对于"科场案"这场劫难完全不同的生命体验。"科场案"发生后,兄弟两人被送到皇甫庄舅舅家避难。当时周作人尚年幼无知,他就没有鲁迅当时那种"乞食者"的心态和痛苦的感受,相反,他还觉得"我们在皇甫庄的避难生活,是颇愉快的"②。鲁迅之成为"鲁迅",其敏感、偏执、多疑、尖刻、自虐等精神气质是决定因素,而"科场案"后周家紧张、压抑的家庭氛围,则是生成鲁迅这种独有的个性心理的重要契机。

上述鲁迅的这种个性心理气质,实际上是一种"破落户心态"。对此,他在给萧军的信中,曾有自述:

> 我的祖父是做官的,到父亲才穷下来,所以我其实是"破落户子弟",不过我很感谢我父亲的穷下来(他不会赚钱),使我因此明白了许多事情。因为我自己是这样的出身,明白底细,所以别的破落户子弟的装腔作势,和暴发户子弟之自鸣风雅,给我一解剖,他们便弄得一败涂地,我好

---

① 《呐喊·自序》,《鲁迅全集》第1卷,第415页。
② 《知堂回想录》,第16页。

像一个"战士"了。使我自己说,我大约也还是一个破落户,不管思想较新,也时常想到别人和将来,因此也比较的不十分自私自利而已。①

这里,"破落户子弟"是与"暴发户子弟"相对而言的。鲁迅自称是"破落户子弟",与他曾经是旧阵营中人,但又能向自己所属阵营的人"反戈一击"有关,也与他"思想较新",能赶上时代潮流,弃旧趋新的"战士"品格有联系。"破落户子弟"多参加革命,一旦得志,就容易"装腔作势";"暴发户子弟"多为"正人君子","自鸣风雅"、"喜摆士人架子"就是其老毛病。对于此两种人,鲁迅有一种骨子里的看不惯。他与"现代评论派"中的"正人君子"的斗争,他与革命阵营中的领导人的冲突,之所以最后闹得有些"意气用事",我认为不单是思想、观点上的不同所致,大概也与鲁迅上述的这种"破落户心态"有关。

第三,"科场案"使鲁迅切身地感受到了科举制度的黑暗和腐朽,并由此触发了鲁迅对整个中国知识阶级及其所赖以生存的传统中国社会的激烈否定和批判。

科举考试本来是专制"皇权"选拔人才以进行控制的手段。到了清末,这种制度益趋腐朽,考试流于形式,考场舞弊成风。你想,像鲁迅母亲都可以请亲戚去代鲁迅参加府考,其他更有权势的人可想而知。可以说,周福清"科场案"只是清末官场黑暗的小小一角,腐朽的科举取士制度的产物。不幸的是,历史恰恰选择了周福清这样一个七品京官去代这个腐朽的科举制度受过,为这个行将灭亡的社会制度去殉葬。周福清一生热衷于科举功名,但最终却因"科场案"而身败名裂,这不仅彻底断送了

---

① 《书信·350824·致萧军》,《鲁迅全集》第13卷,第196页。

自己的儿子周伯宜的科举仕进之路，而且让他们一家经历了一场万劫不复的炼狱之苦。周福清只是科举制度的牺牲品，一个十足的"科场鬼"。

周福清的孙子周樟寿，就是后来笔名"鲁迅"的大作家，就是在"科场案"的炼狱之苦中"复活"的。祖父的锒铛入狱，父亲的含恨而死，让他饱尝世态的炎凉和人情的世故，使他对这个令人窒息的社会和人生产生了深刻的绝望，更让他对科举制度以及整个传统社会秩序的黑暗和腐朽有了切身的体验和感受，他后来以否定整个传统社会、改造国民性为旨归的文学写作就是以这场"科场案"为契机的。《孔乙己》中的孔乙己，《白光》里的陈士成，一个为因科举而潦倒终生，一个因科举而发疯致死，他们虽没有鲁迅祖父那样显赫的功名，但其最终的结局却都是被科举制度所吞噬。从他们身上，鲁迅预示了整个传统士大夫阶级以及他们所赖以生存的封建社会制度最终没落的历史命运。

二 "知识阶级分子中最末的一个"：士人文化的批判

我们已经知道，士人及其文化是中国传统文化独特的存在形式之一。作为传统中国文化的创造者和承载者，士人这一阶层既塑造了中国文化，同时中国文化传统也塑造了士人自身。他们作为学习、传播和创造知识的专门人员，在传统的中国文化，尤其是正统的儒家文化和非正统的道家文化传统的塑造下，经过长期的历史演化，从而形成了一个源远流长的中国士人的精神传统。但是，这种以"弘道"为道德责任，以"内圣外王"为人生追求价值系统，其作为中国传统文化的核心观念，到了19世纪末期，却遭遇到了西方文化的强烈的冲击。西方文化的冲击，带来的是士人生存形态的翻天覆地的变化。报馆的设立，大学的出现，市民社会的形成，士人职业的多项选择，最终又是科举制的解体和清帝国的垮台，这一系列的"三千年未有之变局"使得支撑了中国传统社会几千年的封建意识形态——传统儒学走到了崩溃的边缘。皮之不存，毛将焉附？作为中国传统文化的核心观念——士人的精神传统当然也在这崩溃之中。作为中国文化的一次"凤凰涅槃"，当然也是一次开辟鸿蒙的"哲学的突破"，"五四"新文化运动就是在精神价值领域对传统中国文化的一次根本的颠覆和彻底的批判。而士人文化传统，作为中国传统文化的核心领域，自然也就成了"五四"新文化运动所着力攻击的顽固堡垒。

中国知识阶级在现代的历史命运是鲁迅一生最为关注的问题之一，它和农民问题构成了鲁迅小说的两大题材。据冯雪峰回忆，鲁迅在晚年曾经几次与他谈到，想写一部关于中国四代知识分子的长篇小说。所谓四代，一代是章太炎先生他们；其次是鲁迅先生自己的一代；第三，是相当于瞿秋白等人的一代；最后就是像冯雪峰这一年龄段的青年。他当时说，"倘要写，关于知识分子我是可以写的，……而且我不写，关于前两代恐怕将来也没有人能写了"①。这部小说虽然没有完成，但我们从鲁迅已有的小说里仍然能够看到前两代知识分子的身影。《狂人日记》中的"狂人"、《药》中的"夏瑜"、《明天》中的"疯子"等，不就是章太炎先生他们这一代革命者的形象的典型吗？而《头发的故事》中的"N先生"，《孤独者》中的"魏连殳"，《在酒楼上》中的"吕纬甫"，《伤逝》中的"涓生"等，不就是鲁迅他们这一代文化启蒙者的形象的写照吗？但鲁迅似乎对于中国的知识阶级没有多少正面的评价，他

---

① 冯雪峰：《鲁迅先生计划而未完成的著作——回忆片断》，见《雪峰文集》，第19—20页。

好像一生都在批判知识阶级。在他的笔下,"知识者"、"聪明人"、"无枪阶级"、"正人君子"、"文人学士"、"圣人之徒"、"文学家"等等,这些传统意义上的有关知识分子的称呼似乎都有人格意义上的讽刺意味。晚年鲁迅曾与冯雪峰一起聊起知识分子的问题,他一上来就对所谓的"智识阶级"加以断然否定:"知识分子,实在是应该轻蔑的,他们花样多,有时是看不清他的主意的所在的。有些事情就败于他们之手……①"其反感之情,溢于言表。

鲁迅之所以对于所谓的知识阶级有如此强烈的反感和批判,我认为这与现代知识分子身上那种顽固的"士大夫"气有关。在鲁迅看来,中国的现代知识分子虽然在生存形态上或知识信仰上与传统的士大夫有着根本的不同,但顽固的精神性"遗传"仍然使他们脱不掉自己(这当然也包括鲁迅自己)身上那种"士大夫气":

> 试到中央公园去,大概总可以遇见祖母带着她的孙女儿在玩的。这位祖母的模样,预示着那娃儿的将来,所以倘有谁要预知令夫人日后的丰姿,也只要看丈母,不同是当然要有些不同的,但总归相去不远,我们查账(按:指历史)的用处就在此。②

> 但可怕的遗传,并不只是梅毒,另外许多精神上体质上的缺点,也可以传之子孙,而且久而久之,连社会都蒙着影响。③

《颂》诗早已拍马,《春秋》已经隐瞒,战国时谈士蜂

---

① 冯雪峰:《关于知识分子的谈话》,见《雪峰文集》第4卷,第310页。
② 《华盖集·这个与那个》,《鲁迅全集》第3卷,第139页。
③ 《坟·我们现在怎样做父亲》,《鲁迅全集》第1卷,第134页。

起，不是以危言耸听，就是以美词动听，于是夸大，装腔，撒谎，层出不穷。现在的文人虽然改著了洋服，而骨髓里却还埋着老祖宗，所以必须取消或折扣，这才显出几分真实。①

在鲁迅看来，人不仅在体质上有遗传性，而且在"精神"上也有遗传性。而中国士人传统的遗传"基因"，至今还在现在的文人学士身上存留着。那种故作多愁善感的"才子佳人"的心理模式；那种传承"士无特操""文人无行"而来的"做戏的虚无党"作风；那种"不但歌颂升平，还粉饰黑暗"的"帮闲文人"的本质；那种"欲作飘逸闲放语"的"隐士"心态；那种"自己一面点灯，坐火车，吃西餐，一面却骂科学，讲国粹的'士大夫'习气"，在鲁迅眼里无不是中国士人传统的种种变异，并由此追源溯流引发了他对士人传统的深刻思考和鞭挞。所以，鲁迅一生对于知识阶级的批判，从总的看来可以视为是他对于中国士人文化传统的批判。也许正因为鲁迅如此的特立独行，不愿意再按照传统士人的价值模式继续复制自己的人格，所以鲁迅在生前和死后都遭受到了各式各样的误解和攻击，他经常感叹道："我其实是知识阶级分子中最末的一个，而又是最顽强的。我没有照着同阶层的人们的意志去做，反而时常向他们挑战，所以旧的知识分子如此恨我"②。

中国士人传统的基本价值是"道德"，历代中国士人所奉行的"士志于道"，实际上就是对于一种道德价值的信守，因此徐复观先生才认为，"中国文化精神的指向，主要是在成就道德而

---

① 《伪自由书·文学上的折扣》，《鲁迅全集》第5卷，第57页。
② 许广平：《元旦忆感》，《许广平文集》第2卷，江苏文艺出版社1998年版，第150页。

不在成就知识①"。中国文化实质上就是一种"德治"文化。早在日本留学期间，鲁迅就注意到了传统士人精神中的"道德缺失"问题。据许寿裳回忆，鲁迅在东京弘文学院学习期间，常与他讨论三个相关的问题：（一）怎样才是理想的人性？（二）中国民族中最缺乏的是什么？（三）它的病根何在？他们认为，"我们民族中最缺乏的东西是诚和爱，换句话说：便是深中了诈伪无耻和猜疑相贼的毛病，其病根主要是两次奴于异族"②。这里鲁迅所指的虽然是一般国民的劣根性，但其主要矛头针对的还是传统的中国士人。他认为，道德的基础是信仰，信仰的保证是宗教，而宗教"乃向上之民，欲离是有限相对之现世，以趣无限绝对之至上者也。人心必有所冯（凭）依，非信无以立，宗教之作，不可已矣"③。人只要有一种对于信仰的"迷信"，才有真诚的道德履践。这种对于终极信仰的"确信"精神，其实就是孔孟等先儒所谓的"恒"，孔子云："善人，吾不得而见之矣，得见有恒者，斯可矣。亡而为有，虚而为盈，难乎有恒矣"；（《论语·述而》）"人而无恒，不可以为巫医"，（《论语·子路》）孟子也有那句对于传统士人的最初定义："无恒产而有恒心者，惟士为能"，（《孟子·梁惠王上》）但孔孟对于传统士人的理想主义期许，却被后来的历史事实击得粉碎。历史已经证明，中国传统士人恰恰是"无恒产而无恒心"，他们在君主专制政体的压抑之下，缺乏的正是这样一种"确信"的精神。他们一切以实用为原则，惟功名利禄是尚，"无特操"成了他们最大的道德缺失，因此，鲁迅说：

---

① 徐复观：《中国知识分子的历史性格及其历史命运》，见《民主评论》五卷八期，见汤学智、杨匡汉编：《台港及海外学界论中国知识分子》，河南人民出版社1994年版。
② 许寿裳：《我所认识的鲁迅》，人民文学出版社1978年版，第59—60页。
③ 《集外集拾遗补编·破恶声论》，见《鲁迅全集》第8卷，第27页。

然而看看中国的一些人，至少是上等人，他们的对于神、宗教、传统的权威，是"信"和"从"呢，还是"怕"和"利用"，只要看他们的善于变化，毫无特操，是什么也不信从的，但却要摆出和内心两样的架子来。要寻虚无党，在中国实在很不少；和俄国的不同的处所，只在他们这么想，便这么说，这么做，我们的却虽然这么想，却是那么说，在后台这么做，到前台又那么做……将这种特别人物，另称为"做戏的虚无党"或"体面的虚无党"以示区别罢，虽然这个形容词和下面的名词万万联不起来。①

帮朋友的忙，帮到后来，只忙了自己，这是常常要遇到的。您的朋友既入大学，必是智识分子，那他一定有道理，如"情面说"之类。我的经验，是人来要我帮忙的，他用"互助论"，一到不用，或要攻击我了，就用"进化论的生存竞争说"；取去我的衣服，倘向他索还，他就说我是"个人主义"，自私自利，吝啬得很。前后一对照，真令人要笑起来，但他却一本正经，说得一点也不自愧。

我看中国有许多知识分子，嘴里用各种学说和道理，来粉饰自己的行为，其实却只顾自己一个的便利和舒服，凡有被他遇见的，都用作生活的材料，一路吃过去，像白蚁一样，而遗留下来的，却只是一条排泄的粪。社会上这样的东西一多，社会是要糟的②。

---

① 《华盖集续编·马上支日记》，《鲁迅全集》第3卷，第327—328页。
② 《书信·340423·致萧军、萧红》，《鲁迅全集》第13卷，第116页。

"做戏的虚无党"或"体面的虚无党",是鲁迅对于传统士人的最为典型形象的概括,他一生对于中国死去的或活着的士人的幽灵的诸多评价和批判,都是针对这个道德上的"无特操"而言的。

鲁迅对于传统中国士人文化进行批判的着眼点,除了道德批判外,还有的就是文化批判了。我们知道,士人是传统中国文化的创造者和承载者。士人既塑造了中国文化,同时中国文化传统也塑造了士人自身。智能和文化是他们得以立身的根本,而统治者正是看中了他们的文化特权和话语特权才把他们拉入到统治阶级行列中去的。因此,在传统的中国社会,士人就是士大夫,士大夫就是统治阶级,三者的所指在一般情况下是合而为一的。正是因为如此,鲁迅才认为:"中国并没有俄国之所谓智识阶级。"他之使用"智识阶级"这个概念,也只是"姑且从众这样说"的,并没有认同其实质的意义。[1] 在他看来,中国并没有近代意义上的"知识分子",中国传统士人是贵族阶级和统治阶级——立场是贵族的,思想是贵族的,文字也是贵族的:

> 所谓俄国的知识阶级,其实与中国的不同,俄国当革命以前,社会上还欢迎知识阶级。为什么要欢迎呢?因为他确能替平民抱不平,把平民的苦痛告诉大众。他为什么能把平民的苦痛说出来?因为他与平民接近,或自身就是平民。……(中国的知识阶级)他不但不同情于平民或许还要压迫平民,以致变成了平民的敌人,现在贵族阶级不能存在;贵族的知识阶级当然也不能站住了,这是知识阶级缺点之一。[2]

---

[1] 《华盖集·通讯二》,《鲁迅全集》第3卷,第25页。
[2] 《集外集拾遗补编·关于知识阶级》,《鲁迅全集》第8卷,第187—193页。

> 我们中国的文字,对于大众,除了身份、经济这些限制之外,却还要加上一条高门槛:难。单是这条门槛,倘不费他十来年工夫,就不容易跨过。跨过了的,就是士大夫,而这些士大夫,又竭力的要使文字更加难起来,因为这可以使他特别的尊严,超出别的一切平常的士大夫之上。①

按照鲁迅的理解,俄国知识分子的最大特点乃是他们能在充满压迫的等级社会里为平民说话,有主持正义的社会"良心",而中国的知识阶级乃是士大夫,属于统治阶级的范畴。他们在传统社会秩序中充当的是为统治阶级"帮忙"和"帮闲"的角色,而其手段就是——文化。所以,鲁迅对于中国传统的"特殊的知识阶级"有两个最为形象生动的比喻,一个是用了"神奇的毒针"将小青虫一蜇并使他处于不死不活状态的"细腰蜂",一个是"脖子上还挂着一个小铃铎,作为知识阶级的徽章"的"山羊"。前者用种种麻醉之法,讲述着做奴隶而死的种种好处,甚至"从奴隶生活中寻出'美'来,赞叹,抚摩,陶醉","使自己和别人永远安住于这生活"②;后者带领着并说服着奴隶们,驯服地走向"死地"③。总之,鲁迅认为,传统的中国士大夫所谓的那些"圣经贤传",都是教诲人们永远安于奴隶生活的范围,进行种种奴化教育的东西,一句话,他们是——"奴隶的说教者"。鲁迅终其一生的奋斗宗旨始终与之针锋相对,这就是揭穿"山羊"的把戏,拔去其"细腰蜂"的毒针,扰乱奴化教育的讲堂,从精神根柢上启悟人们挣脱奴性的羁绊,争取"人"的价值。

鲁迅既是一个从传统中国走出来的最后一代士大夫,又是现

---

① 《且介亭杂文·门外文谈》,《鲁迅全集》第6卷,第92页。
② 《坟·春末闲谈》,《鲁迅全集》第1卷,第203页。
③ 《华盖集续编·一点比喻》,《鲁迅全集》第3卷,第217页。

代中国新生的一代知识分子。这种从旧时代的驱壳内蜕变出来的特别感受,强化了鲁迅极其浓烈的自审性的意识:"我的确时时解剖别人,然而更多的是更无情面地解剖我自己①",因此,鲁迅在对传统的士人文化进行否定和批判之余,还把审视的目光对着自我的灵魂,把自我作为一个传统的中国士人的心灵标本进行审视和批判。鲁迅的这种带有自审性的心灵解剖和批判,主要发生在1924年前后。"五四"运动落潮后,鲁迅步入到他的人生"彷徨"期。连交的"华盖运"不但加重了他的人生的苦难感,而且使他本来就不明朗的心境更加灰暗。但是,在他的内心深处,对于文化启蒙的理想期待是不允许这种对于人生的灰暗感受来加以浸蚀的。这种心理矛盾反映到他这一时期的创作中,就出现了两种比较明显的趋向:一是对自我的灵魂进行审视和解剖,把自己所感受到的人生的"虚妄感"表现出来,这类作品以《彷徨》、《野草》、《朝花夕拾》等为代表;二是战胜这种"虚妄感",向这种"虚妄感"作"绝望的抗战",这类作品主要以杂文为主,如《华盖集》,《华盖集续编》等。尤其是前一类的作品,是鲁迅在理性的文化批判之余,开拓出的又一片新的心理领域。它所思考和表现的,已不是启蒙的对象,而是启蒙者主体自身心灵的痛苦和悲剧的命运。《在酒楼上》中的吕纬甫,像一只飞起来转了一圈又落回原来点上的苍蝇,从激烈的战士又复归了庸常;《孤独者》中的魏连殳,则如一只受伤的狼,以自戕的方式了结自己的生命。鲁迅通过对他们的悲剧命运的展示,表现的乃是对于自己目前所从事的启蒙的历史行为的独特体认。而《野草》,则更是鲁迅对自己深在灵魂的一次尖锐逼视,是他心灵"苦闷的象征"。据鲁迅的学生章衣萍回忆,鲁迅曾经十分明白地告诉他:"他的哲学都包括

---

① 《坟·写在〈坟〉后面》,《鲁迅全集》第1卷,第284页。

在他的《野草》里面"①。在这里，鲁迅作为启蒙知识分子所感受到的"孤独感"甚至是"虚无感"以及反抗这种"孤独"和"虚无"的韧战精神被"象征"和"幻化"出来，成为鲁迅独特的生命形式。尤其是其中对自我"抉心自食，欲知本味"的解剖和灵魂的拷问达到了令人惊心动魄的程度，以致于形成了鲁迅"中间物"意识中充满悖论的两极思维模式：生与死、友与仇、人与兽、爱与恨、光明与黑暗、希望与绝望……作为启蒙者的"中间物"不但奔突烦恼于二者之间，而且还把这种对峙看作是互相共存而又互相转化的无穷生命过程。这正如李欧梵先生所说："他的多种冲突着的两极建立起一个不可能逻辑地解决的悖论的旋涡，隐喻地反照出鲁迅在他生命的这一关键时刻的内心情绪"②。实际上，《野草》正是鲁迅在对于现代知识分子命运的自我返观和审视中心路历程的写照，而其中那种悖论思想和形式表现的正是一代启蒙知识分子在与传统"断裂"后无所归依的心灵苦痛和孤独。就是现在读来，我们的心灵也为之震撼！

总之，上述所论的鲁迅对于中国传统士人文化的否定性批判，不论是道德层面和文化层面，还是自审性的心灵审视和文化批判，都是鲁迅出于文化启蒙的历史目的，而在历史的价值范畴内进行的。文化启蒙的历史需要，决定了鲁迅这样的历史先驱者必须同传统的观念实行最彻底的决裂，这样，中国士人传统在鲁迅的心目中整体上就成了"非现代性"的精神存在。毫无疑问，这种对于传统的士人文化的整体性否定和批判，对开启和建设新文化尤其是在促进传统中国士人的心灵蜕变和人格改造方面，有着积极的历史作用。但也应该看到，这种对于传统士人文化的

---

① 章衣萍：《古庙杂谈（五）》，《章衣萍集》，汉语大词典出版社1993年版，第93页。

② 李欧梵：《铁屋中的呐喊》，岳麓书社1999年版，第111页。

决绝性的批判,所导致的对文化的单一的历史价值取向,在赢得在某一具体历史过程中的功勋的同时,却丧失了在其多种范畴中的科学性,以及作为历史准绳的长远合理性。这正如孔范今先生所言:"当文化只是被当作历史(注意:不是包容着一个民族或全人类丰富生存内涵的长远的历史,而是具体历史时空内的社会政治史)并进而视之为历史障碍物时,文化的丰富内涵在人们的认识范围内就已经发生了重大变异,并被简化为枯燥的毫无意味的存在了"[1]。因此,我们在认识鲁迅对于传统士人文化的批判之时,绝不能把鲁迅这个出于现实改革的需要而采用的历史性原则,当作放之四海而皆准的先验规则而加以推广,并因此而忽视了鲁迅对于传统的中国士人精神发扬光大的一面。

三 "改造国民精神":千古"士"气的复活

尽管鲁迅在理性价值的选择上对于中国的士人精神传统进行了整体的原则性的批判和否定,但他在深层的非自觉的意识领域里,又受到了这个源远流长的士人传统的影响。我认为,在鲁迅身上表现得最为强烈的传统的士人精神气质还是来自那个古老的道德律令——"士志于道"。那种带有强烈的超越气息的"以天下为己任"的政治抱负,这种充满着浓厚的理想主义色彩的"天赋使命感",是和源远流长的中国传统士人精神传统有着深切呼应的。

我们知道,中国士人是直接承三代的礼乐传统而兴起的一个新型阶层,当"礼崩乐坏"之时,他们自然地承担了"弘道"的责任。"道"在他们那里既是一个带有终极性的道德准则,又是一个理想的社会秩序,这样,"弘道"就具有极强的安排人间

---

[1] 孔范今:《走出历史的峡谷》,山东文艺出版社1997年版,第7页。

秩序的世俗特点。这就使得中国士人不像世界上其他民族的知识分子在对待世俗世界时表现得那么"超然",而是表现出极其强烈地"介入"人间秩序的愿望,"中国古代知识分子一开始就管的是恺撒的事"①。中国传统士人这种沉重的使命感,决定了他们极其浓厚的"以天下为己任"的自觉的参政意识。"士不可以不弘毅,任重而道远。仁以为己任,不亦重乎?死而后已,不亦远乎?"(《论语·泰伯》)曾子在两千多年前的声音,至今还在中国知识分子的心灵中回响。

中国传统士人这种对人间秩序的强烈的"介入"意识,我想,也是鲁迅一生都挥之不去的"集体无意识"的道德信条,由此也铸定了他坚固不移的"救世"情结。鲁迅在青年时期,就树立了"我以我血荐轩辕"的民族救亡信念。为了这一信念,他把眼光专注于"国民性"的问题。为了改造我们国民身上这种顽劣的"国民性",鲁迅选择文化"启蒙"以救亡的救国方式,选择了从事"文学"这一最富于"精神"气质的形式作为自己的人生道路。为此,他提出"立人"的启蒙救国方案:

> 诚若为今立计,所当稽求既往,相度方来,掊物质而张灵明,任个人而排众数,人既发扬踔厉矣,则邦国亦以兴起。奚事抱枝拾叶,徒金铁国会立宪之云乎?是故将生存两间,角逐列国是务,其首在立人,人立而后凡事举;若其道术,乃必尊个性而张精神。
>
> 外之既不后于世界之思潮,内之仍弗失固有之血脉,取今复古,别立新宗,人生意义,致之深邃,则国人之自觉至,个性张,沙聚之邦,由是转为人国。人国既建,乃始雄

---

① 余英时:《士与中国文化》,第107页。

厉无前，屹然独见于天下，更何有于肤浅凡庸之事物哉?①

这里，鲁迅强调"首在立人"，要"立人"，就要"掊物质而张灵明，任个人而排众数"，即把民族复兴的希望首先寄托在人的主体精神的改造上。"立人"不是最终的目的，"人国"的建立，才是"立人"的最终目的。为了"立人"，同时也是为了"人国"的建立，知识分子具体要做的事情就是"取今复古，别立新宗"，即建立新的文化体系。在这里，我们仿佛见到的是一个充满着强烈"弘道"激情和"救世"愿望的青年鲁迅。尽管我们说，鲁迅这里所"弘"之"道"与传统士人所弘扬的儒家理想之道不可同日而语，但就"弘道"和"救世"的形态而言，尤其是就其中的精神性的动力而言，其来自传统的"士志于道"那个古老道德律令则是没有问题的。

上述鲁迅早期这种通过文化启蒙以救亡的"介入"方式，也就是传统士人通过"弘道"以"救世"的入世情结，可谓是鲁迅一生所信奉的立世准则。他在"五四"时期的"全盘反传统"历史原则，还有他"大革命"以后的接受马克思主义的思想"转向"，都是这种传统的"救世"情结的逻辑发展。

鲁迅在"五四"时期激烈的"反传统"言论，以及他那生动地暴露"礼教"罪恶的小说创作，都是激于民族救亡的历史目的而采取的极端的文化启蒙行为。鲁迅成为小说作家具有某种偶然性。烦扰在他内心的，似乎不是文学的冲动，而是一种救世的激情。他是主张为人生而文学的："说到'为什么'做小说吧，我仍然抱着十多年前的'启蒙主义'，以为必须是为'人生'，而且改良这人生"②，为此他向着传统的中国及其文明，当

---

① 《坟·文化偏至论》，《鲁迅全集》第1卷，第46、56页。
② 《南腔北调集·我怎么做起小说来》，《鲁迅全集》第4卷，第512页。

然也包括那源远流长的中国士人文化传统，进行了全盘而猛烈的批判。值得注意的是，鲁迅对传统文化的批判，是从人的"精神"着眼的。鲁迅一生，始终把探索和改变人的精神尤其是"国民的精神"，当作是"第一要著"。早年他就认为"精神现象实人类生活之极颠"，并力主"尊个性而张精神"。他在《摩罗诗力说》一文中，曾疾声呼唤"精神界之战士"在中国的出现。"五四"以后他虽然以文学为生并以之鸣世，并且他所达到的文学成就也非常人所能比，但他从没有把文学当作最高的目标，而是把文学看作是"改造国民精神"的最好的手段：

> 文艺是国民精神所发的火光，同时也是引导国民精神的前途的灯火。这是互为因果的，正如麻油从芝麻榨出，但以浸芝麻，就使它更油。中国人向来因为不敢正视人生，只好瞒和骗，由此也生出瞒和骗的文艺来，由这文艺，更令中国人更深地陷入瞒和骗的大泽中，甚而至于已经自己不觉得。世界日日改变，我们的作家取下假面，真诚地，深入地，大胆地看取人生并且写出他的血和肉来的时候早到了，早就应该有一片崭新的文场，早就应该有几个凶猛的闯将！①

由"不敢正视人生"到"瞒和骗"的文艺，这本身就是一个精神变态学的病理现象。因此，鲁迅呼吁人们要"真诚地，深入地，大胆地看取人生并且写出他的血和肉"，同时以此来改变这陷入"瞒和骗"之大泽中的"国民精神"。鲁迅自己的小说就是他以启蒙来救亡这一"救世"理念的具体实现方式。

"大革命"以后，鲁迅受到了马克思主义思想和方法的深刻影响，并开始向"左"转。但鲁迅对于马克思之"道"的弘扬，

---

① 《坟·论睁了眼看》，《鲁迅全集》第 1 卷，第 240 页。

则不仅仅是为了"文明批评"或"社会批评",更不是为了文学创作或文艺批评,而主要是为了具体现实的思想斗争和政治斗争。为此,他不惜离开了他的文学创作的本位,甚至与某些现实的"势"(共产党)进行了一定程度上的合作。可以说,鲁迅骨子里的这种"传统"的"弘道"以及"救世"的诉求,是与中国士人那种"以天下为己任"的道德精神息息相通的。

我们说鲁迅有着与传统士人息息相通的"救世"激情,并不说明他的"救世"与传统的中国士人是完全相同的。鲁迅是现代中国最富有个性的知识分子,他的以文化启蒙来救亡的"救世"方式与传统士人"以天下为己任"的"救世"方式是有着本质差异的。这表现在以下两个方面:

第一,从"弘道"的性质上看,传统士人的"弘道"是道德本位的,而鲁迅则是生存本位的。

"道"在孔子那里,既是士人所要坚守的个体道德准则,同时又是一种社会价值秩序,是他奉行的"仁义"之"道"推及到社会层面的结果。在他看来,士人除了拥有一定的文化知识和技能,并以此作为谋生的手段外,更重要的是要有更高的人生追求,这就是比求禄更重要的"谋道"。因此孔子才说:"士志于道,而耻恶衣恶食者,未足与议也"(《论语·里仁》),"士而怀居,不足以为士也"(《论语·宪问》)。这说明在孔子的心目中,还有一个比自己的肉体生命更为重要的"道",为了"求道",甚至可以"杀身成仁",所以他说:"朝闻道,夕死可也"。(《论语·里仁》)孔子设定了一个以"仁"为核心的终极性的"道",并使之成为一种先验于个体存在的道德准则,这在一个"礼崩乐坏"的社会背景下,确实对那些有权有势者是一个限定。但孔子的"弘道"却是要以"舍身"为代价的,这就为后儒在"道"或"理"或"天"的名义下而轻视或蔑弃人的正常欲求提供了逻辑上的可能性。宋儒的"存天理,灭人欲",大概就是这种思想逻辑极端发展的结果。孔子这种"杀身成仁"的"弘道"思想,给了后来的士人或儒生以深刻的影响。他们把"道"视为一种非个人理性选择的结果,而是先验于他个体之上的,必须自觉接受的群体理念。这样,自身的感性欲求,个人的喜怒哀乐以及正当的生存需要等等,似乎都成了那个至高无上的"道"的对立面而被士人的主体价值所排斥或摈弃。士人们只能在一种高尚的自觉的道德生活中沐浴着至高无上的"道"的理性光芒,而其代价则是个性欲求被压抑,个人意志被剥夺,个人自由最终丧失。

鲁迅则不。他也有终极性的"道"的追求,他更有"弘道"的激情。但鲁迅的"道"则是以个体和民族的生存为本位的:"我们目下的当务之急,是:一要生存,二要温饱,三要发展。苟有阻碍这前途者,无论是古是今,是人是鬼,是《三坟》《五典》,百宋千元,天球河图,金人玉佛,祖传丸散,秘制膏丹,全都踏倒他"[①]。"道"的境界固然崇高,但要履践它却不能以个体甚或民族的生存为代价;"国粹"也一样,"要我们保存国粹,也须国粹能保存我们","保存我们,的确是第一义。只要问他有无保存我们的力量,不管他是否国粹"[②]。在鲁迅看来,人首先要正视自己的感性欲求,方才有崇高的道德的追求,不能为了盲目的"成仁",而去"杀身"。当然,这并不意味着要人苟活,主要是因为过去的太多"教训"已经把士人们整塑成"道德的人",鲁迅才有那些诉诸人的感性欲求的愤激之言。鲁迅自身就是这样一个生存本位主义者。为了生存,他自己把儒家士人所信奉的"邦无道,穀,耻也","不食周粟"等名节大义撕得粉碎。他当官,并且一当就是十多年,尽管连他自己都认为自己不是一

---

① 《华盖集·忽然想到》,《鲁迅全集》第3卷,第45页。
② 《热风·随感录三十五》,《鲁迅全集》第1卷,第306页。

个当官的好材料。后来曾有人以"官僚"历史揭短相讥,鲁迅似乎没有丝毫愧色,有时索性以官僚自嘲。中国古代的士君子们是罕言"利"的,鲁迅却不,他为了版税,竟要与人对簿公堂。表面看来,我们似乎从鲁迅身上看不到传统的"期待视域"中"圣人"品性,但我们却看到了一个真的人的存在,一个现代的知识分子,而不是传统的士大夫。

第二,从"弘道"的方式上看,传统士人是没有自己的文化阵地或道统组织的,他们只有走"入仕"之途,通过与"势"的结合以"弘道";而鲁迅则始终坚守着自己的文化或文学的阵地,从不"越界"以"从势"。

我们知道,"以天下为己任"的士大夫们天生是要"介入"人间事务的,他们所特别拥有的知识、智力和道德等,不仅仅是为了稻粱之谋,更主要地还是管理社会事务,重整人间秩序。儒家士人所共同尊奉的"内圣外王"的人生理念最能说明这个问题。"内圣外王"一词最早见于《庄子·天下篇》,但它一直是儒家义理结构中的核心理念。《大学》中的"格物致知诚意正心修身齐家治国平天下",最集中地表达了儒家"内圣外王"理念的内在逻辑:"格物致知"涉及的是知识,"诚意正心修身"涉及的是道德,这就是"内圣",而"齐家治国平天下"则说的是"外王"。"内圣外王"兼顾了儒家的人格理想和社会政治理想,可以说是中国士人精神最凝炼、最集中的表达。对传统士人来说,"内圣"涉及的仅仅是个人的道德修养,这对每一个士人来说只是一个自觉不自觉的问题。但是要实现"外王",则必须要借助"势"——君王的力量方能达成。可偏偏中国传统的士人是一个"无根"的阶层,他们在传统的"四民"社会中处于一种无产业的浮游状态。他们不像西方中世纪的知识分子,有自己坚固的道统组织,他们也不像现代的知识分子,有自己的文化阵地,他们所凭借的,只能是自己的知识和智力。他们就像当年毛泽东主席所比喻的,他们只是动物身上的毛,"皮之不存,毛将焉附"?因此,他们只能借助于君王的力量,方能"弘道"。这样,中国传统士人的惟一出路就是"入仕",借助"势"即政权的力量来达成自己"外王"的社会理想。但一旦与"势"结合,中国传统士人首先面临的问题就是从"道"还是从"势"的问题。在先秦时期,儒家认为"道"尊于"势",法家认为"势"尊于"道"。秦汉以后,儒法合流,儒家也"法家"化,君主成为绝对的中心,先秦士人所具有的那一点独立性也基本上丧失殆尽。从此,对于士人来说,所谓的"道"尊于"势",还是"势"尊于"道"之类的问题基本上已不存在。除非是在天下大乱,政权分立的背景下,士人们还有一些相对的自由,否则,还谈何"弘道"的理想?士人们似乎除了从"势",充当帝王和官僚政权的工具,或者正像鲁迅所说,"帮忙"和"帮闲",似乎是别无他途。

鲁迅的"弘道"与"救世"的方式,则是典型的现代独立知识分子所采取的方式,那就是:坚守自己的文化阵地,在自己的知识领域内"介入"社会和政治,从而扮演起一个社会良心的角色。

鲁迅生逢的是一个政局不稳、动荡不安的时代。"五四"时期,北洋军阀时期政权的频繁更迭、政权分立给了他、当然也给了当时所有的知识分子自由思想的绝好空间。"五四"新文化运动之能够展开,"五四"新文化先驱者之能够自由地表达自己的思想,端赖的是这样一个政治混乱的时代背景。但即使如此,鲁迅也经常触怒时讳:"弄文罹文网,抗世违世情,积毁可销骨,空留纸上声"[1]。鲁迅作为一个自由知识分子的困惑,不仅在于

---

[1] 《集外集拾遗·题〈呐喊〉》,《鲁迅全集》第7卷,第442页。

他对于社会的"介入"会招来执政当局的政治迫害，而且也会招惹"世情"——因"启蒙"带来的大众对他的不理解甚至误解。鲁迅一生有多次因即将到来的政治迫害而避难，尤其是晚年，国民党当局日益紧缩的政治意识形态已使他难以招架，而来自战友群中的"暗箭"更使他难以提防，因此他只能以"横着站"的方式继续战斗。鲁迅一生所经历的飘泊、孤独、不安定的个人生活，都是他为独立和自由的思想而付出的代价。

鲁迅的职业选择也是自由知识分子式的。早年为了糊口，也当过北洋政府的文官——教育部的佥事和社会教育司第一科科长，但鲁迅似乎并不是一个"称职"的官僚，连他自己都说："其实我也太不像官，本该被免职的了"[1]。北洋政府的教育总长章士钊当年免鲁迅的职时，给他的鉴定就是："公然与所服务之官署悍然立于反抗地位"[2]。后来，鲁迅曾在私下里多次谈到自己"天生的不是革命家"[3]。这是因为"凡做领导的人，一须勇猛，而我看事情太仔细，一仔细，即多疑虑，不易勇往直前，二须不惜用牺牲，而我最不愿使别人做牺牲……也就不能有大局面"[4]。除了为"吏"，鲁迅还有一个职业是"师"。"学高为师，身正为范"，但鲁迅似乎并不"身正"，他往往不顾"师"之体面，竟与别的文人和导师相打相骂。在他那里，"师"的规范被他踩得粉碎："中国青年不要高帽皮袍，装腔作势的导师……戴着假面，以导师自居的，就得叫他除下来，否则，便将它撕下来，互相撕下来。撕得鲜血淋漓，臭架子打得粉碎，然后可以谈

---

[1] 《书信·250823·致台静农》，《鲁迅全集》第11卷，第453页。
[2] 孙瑛：《鲁迅在教育部》，天津人民出版社1979年版，第85页。
[3] 《三闲集·通信》，《鲁迅全集》第4卷，第98页。
[4] 《两地书·八》，《鲁迅全集》第11卷，第32页。

后话"①。这就意味着,鲁迅似乎天生不是一个当官的,也不是一个好的教师,传统的"吏"与"师"似乎都不太适合他。然而鲁迅作为一个人文知识分子的作用要远远大于他作为一个技术官僚或教师的作用。他似乎是一个天生的自由知识分子,他最后选择自由作家的职业,也是他作为一个自由知识分子的性格决定的。

但即使鲁迅晚年成了自由撰稿人,他也没有放弃自己的专业角色——从事文学创造和文艺批评。"大革命"时期,一些青年作家提倡"革命文学",试图"越界"去干预政治。鲁迅向他们发出了及时的警告:

> 我以为革命并不能和文学连在一块儿,虽然文学中也有文学革命。但做文学的人总得闲定一点,正在革命中,那有功夫做文学。②
>
> 中国现在的社会情状,止有实地的革命战争,一首诗吓不走孙传芳,一炮就把孙传芳轰走了。自然也有人以为文学于革命是有伟力的,但我个人总觉得怀疑,文学总是一种余裕的产物,可以表示一民族的文化,倒是真的。③
>
> 美国的辛克来儿说:一切文艺是宣传。我们的革命的文学者曾经当作宝贝,用大字印出过……但我——也浅薄——相信辛克来儿的话。一切文艺,是宣传,只要你一给人看……但我以为一切文艺固是宣传,而一切宣传却并非全是文艺,这正如一切花皆有色,而凡颜色未必都是花一样。④

---

① 《华盖集续编·我还不能"带住"》,《鲁迅全集》第 3 卷,第 243 页。
② 《集外集·文艺与政治的歧途》,《鲁迅全集》第 7 卷,第 117 页。
③ 《而已集·革命时代的文学》,《鲁迅全集》第 3 卷,第 417—423 页。
④ 《三闲集·文艺与革命》,《鲁迅全集》第 4 卷,第 84 页。

在文学与革命,也就是在"道"与"势"的关系上,鲁迅始终保持了一种清醒的理性。在他看来,知识分子可以以自己的良知"介入"社会,参与革命,但这种"介入"却不应该以丧失自己的专业为代价。就文学而言,文学可以"载道",但文学却不能仅仅成为"载道"的工具,时代的传声筒,文学同时也还是"文学",而不是意识形态。鲁迅这里虽然说的是文学的批评,但已涉及到了知识分子在处理"道"和"势"的关系时的基本态度。晚年鲁迅向"左"转向后,他也确实参加了一些社团组织,如中国自由运动大同盟、"左联"以及中国民权保障同盟等,并且也和一些"势"如共产党,进行了许多密切的合作,但我认为,鲁迅对于革命的"介入",始终都是在一个自由知识分子所拥有的"专业"界限内的。他与共产党的密切合作,并不是他作为一个马克思主义者的体现,更不是作为一个无产阶级战士的有力证据,他只是出于对被压迫者或对民众的同情而和他们的代表——共产党组织进行合作的。其实在他的内心深处,对于这个新兴的"势",还是时刻保持着警惕的。他晚年对于"奴隶总管"的揭露和批判[1],他对于"山大王"们的警惕[2],以及他对于"充军到北极圈内[3]"和"乞红背心扫上海马路[4]"的忧虑等等,这都说明鲁迅始终都是在自己的知识和思想范畴内来"介入"社会,进行自己的"弘道"和"救世"事业的。他从不越出自己作为自由知识分子的"专业"界限,但却以自己的良知关注着社会,批判着社会,甚至还不时地"介入"其中。

---

[1] 《且介亭杂文末编·答徐懋庸关于抗日统一战线的问题》,《鲁迅全集》第6卷,第526页。

[2] 陈琼芝:《在两位未谋一面的历史伟人之间——记冯雪峰关于鲁迅与毛泽东关系的一次谈话》,《鲁迅生平史料汇编》第5辑,第247页。

[3] 《三闲集·"醉眼"中的朦胧》,《鲁迅全集》第4卷,第66页。

[4] 《书信集·340430·致曹聚仁》,《鲁迅全集》第12卷,第397页。

鲁迅的态度，是现代自由知识分子所具有的基本立场。

四 "庙堂与山林"：对"仕隐"人格的拒绝

在鲁迅对于传统中国士人人格的价值评判中，儒生和隐士是鲁迅最着力批判的对象，可以说，鲁迅是把这两种人格类型当作自己的价值理想的对立面而加以审视的。本来，儒家和道家，儒生和隐士，在中国古代属于两种不同的甚至是对立的价值范畴和人格类型：儒家入世，道家出世；儒家有为，道家无为；儒家着重群体，道家重视自我；儒家重礼法，道家重自然等等，但鲁迅却跳出了人们惯常的分析模式，把二者放在一起加以评判，他看到的是二者之间共同的东西，而不是相异之处。他的结论是："中国的隐士和官僚是最接近的"[①]。鲁迅是把二者当作一种传统士人精神或传统的文化精神加以审视的，他对儒、道两种人格类型的批判，可以视为他的反传统思想的一种表现形式。

早期鲁迅就是以这种"儒道互补"的视角来审视和批判中国士人人格的。他在《摩罗诗力说》一文中，就是以"不撄人心"来统属中国文化的"主静"精神的：

> 中国之治，理想在不撄，而意异于前说。有人撄人，或有人得撄者，为帝大禁，其意在保位，使子孙王千万世，无有底止，故性解（Genius）之出，必竭全力死之；有人撄我，或有能撄人者，为民大禁，其意在安生，宁蜷伏堕落而恶进取，故性解之出，亦必竭全力死之。[②]

---

① 《集外集拾遗·帮忙文学与帮闲文学》，《鲁迅全集》第7卷，第383页。
② 《坟·摩罗诗力说》，《鲁迅全集》第1卷，第67页。

"撄人",即刺激、感发人心之意。"撄人"一语,出自《庄子》。庄子反对任何对人性自然的侵扰和破坏,在《在宥》篇中,他指责"昔日黄帝始以仁义撄人之心,尧舜于是乎股无胈,胫无毛,以养天下之形,愁其无藏以为仁义,矜其血气以规法度",而"天下脊脊大乱,罪在撄人心"。他认为治天下的根本在于"汝慎无撄人心","故君子不得已而临莅天下,莫若无为。无为也而后安其性命之情"。庄子由"无为"而"返朴归真"的思想,实际上来源于老子。老子思想的核心是"尚柔"、"归朴",主张"无为而无不为",因此,鲁迅说:"欲致人同归于朴古,老子之辈,盖其枭雄。老子书五千言,要在不撄人心;以不撄人心故,则必先自致槁木之心,立无为之治;以无为之为化社会,而世即于太平"。老庄本来的意义在于抗议人类智能的过度发展给人性带来的异化结果,但他们所提出的解决办法乃是"返朴归真",即返归自然,甚至回到人类的原始状态。这从社会政治的意义上似乎是一种倒退,但从人的精神价值上则是"不敢正视惨淡的人生"的怯懦表现。因此,鲁迅一针见血地指出:"惟自知良懦无可为,乃独图脱屣尘埃,惝恍古国,任人群堕于虫兽,而己身以隐逸终",由"良懦"而"无为",又由"无为"而返归自然,最后在与自然的怡悦中放弃人生的责任,这就是历来隐士的思想逻辑。而老庄的"无为"理论,实际上为后来隐士的存在做了理论上的张目,而鲁迅对之的批判,实际上就是对于隐士文化的批判。

其实,在青年鲁迅心目中,就"不撄人心"而言,儒道两家是一致的,只不过一个着眼于自然,一个专注于人事而已。在《摩罗诗力说》中,鲁迅在批判了道家的"无为"理论后,紧接着又对儒家对诗人性情的压抑和扼杀进行了鞭辟入里的批驳:

如中国之诗,舜云言志;而后贤立说,乃云持人性情,三百之旨,无邪所蔽。夫既言志矣,何持之云?强以无邪,即非人志。许自繇(由)于鞭策羁縻之下,殆此事乎?然厥后文章,乃果辗转不逾此界。①

本来,《尚书·舜典》云:"诗言志,歌永言,声依永,律和声",这是古人对于艺术规律的正确理解和总结,但汉代的儒者却对之加以歪曲:"诗者,持也;持其性情,使不暴去也"②。这确实是对人的生命情感的压抑乃至扼杀。汉儒的做法,实际上是对于孔子"克己"的道德理想的进一步发挥。孔子也主张诗歌的"乐而不淫",他说:"诗三百,一言以蔽之,曰:思无邪"(《论语·为政》),因此到了南朝,刘勰在《文心雕龙》中将上述思想加以综合,说:"诗者持也;持人性情。三百之蔽,义归无邪"③。这种以道德"切"人事的文化精神,说到底就是后来鲁迅所说的"教人不要动"④,并老老实实做奴隶。在这样的古训下,哪里还谈得上人的生命意志、感性冲动以及自由的创造、不羁的想象力?

这种以"主静"、"克己"为本质的文化精神,自然也塑造了中国传统士人的主体性格和精神气质:

其颂祝主人,悦媚豪右之作,可无俟言。即或心应虫鸟,情感林泉,发为韵语,亦多拘于无形之囹圄,不能舒两间之真美;否则悲慨世事,感怀前贤,可有可无之作,聊行

---

① 《坟·摩罗诗力说》,《鲁迅全集》第1卷,第67页。
② 《诗纬含神雾》,见马国翰辑:《玉函山房辑佚书》(二),上海古籍出版社1990年版,第2038页。
③ 《文心雕龙·明诗》,见陆侃如、牟世金撰:《文心雕龙译注》,齐鲁书社1982年版。
④ 《华盖集·北京通信》,《鲁迅全集》第3卷,第52页。

于世。倘其嗫嚅之中，偶涉眷爱，而儒服之士，即交口非之。况言之至反常俗者乎①？

这种以至高无上的道德来约束人之自然性情的儒家精神，说到底也同上述的隐士文化一样是生命力的萎缩，是弱者的自我安慰。因此，鲁迅才极力推崇那些"立意在反抗，指归在动作"的摩罗诗人，称赞他们"不为顺世和乐之音，动吭一呼，闻者兴起，争天拒俗"的摩罗精神。鲁迅对于摩罗诗人的介绍，倒不仅仅是诗学和美学意义上的，他的最终落脚点还在于"立人"——主要是士人人格的"现代性"塑造。这种充满着个人生命意志的摩罗精神，是对传统的"主静"、"克己"的士人人格的背叛和超越。而鲁迅自己一生的人格自塑，就是以这种摩罗精神来立身行世的。在他那里，我们已见不到传统士人那和谐的内心意境，而是"心事茫茫连广域，于无声处听惊雷"，沉寂和声响、宁静和骚动、冥想和激情等等，统统纠缠在他的分裂和不和谐的心灵中。鲁迅所体现出的，乃是一种新的中国士人精神。

晚年鲁迅仍然是以"儒道互补"的视角来审视传统的士人精神的。1932年11月22日，鲁迅在北京大学演讲《帮忙文学和帮闲文学》，从而以"廊庙文学"和"山林文学"来概括中国传统儒生和隐士人格：

> 中国文学从我看起来，可以分为两大类：（一）廊庙文学，这就是已经走进主人家中，非帮主人的忙，就得帮主人的闲；与这相对的是（二）山林文学。唐诗即有此二种。如果用现代话讲起来，是"在朝"和"下野"。后面这一种虽然暂时无忙可帮，无闲可帮，但身在山林，而"心存魏

---

① 《坟·摩罗诗力说》，《鲁迅全集》第1卷，第68—69页。

阙"。如果既不能帮忙,又不能帮闲,那么,心里就甚是悲哀了。①

在鲁迅看来,儒生的人生目标实际上就是走进主人家,"帮忙"或"帮闲"。"前者参与国家大事,作为重臣,后者却不过叫他献诗作赋,'俳优蓄之',只在弄臣之例②",是谓"廊庙文学";如果"无忙可帮,无闲可帮",那就只好身在山林,而"心存魏阙"了,是谓"山林文学"。因此,鲁迅说:"《诗经》是后来的一部经,但春秋时代,其中的有几篇就用之侑酒。屈原是《楚辞》的开山老祖,而他的《离骚》却只是不得帮忙的不平。到得宋玉,就现有的作品看起来,他已经毫无不平,是一位纯粹的清客了(同上)。"

鲁迅之所以用如此刻薄的话来描述传统儒生与隐士,乃是因为他从中看出了二者的共同点——奴隶性。日本学者增田涉在同鲁迅的接触中,感受最深的是:"鲁迅的著作,和在他的日常谈话里,常常出现'奴隶'这个词",他认为:"所谓主人与'奴隶',不是对立的两个概念,这一观念是经常在他的生存中,经常在鼓动他的热情,缠住他的一切思考。这一点,我们必须切实知道。因而我们知道他对自己和自己民族的奴隶地位的自觉,就是跟他的'人'的自觉相联结的,同时也应知道正在这儿就有着决定他的生涯的根据"③。增田涉以一个异国人的眼光,看到的是鲁迅"对自己和自己民族的奴隶地位的自觉",以及这种自觉与鲁迅对于"人"的自觉的联系,这是对的。但"人的自觉"的主要内容乃是人格的独立性。对于传统的中国士人来说,不管

---

① 《鲁迅全集》第7卷,第383页。
② 《且介亭杂文二集·从帮忙到扯淡》,《鲁迅全集》第6卷,第344—345页。
③ 增田涉:《鲁迅的印象》,湖南人民出版社1980年版,第52—53页。

是帮忙或帮闲的儒生,还是走向山林的"隐士",就其根本来讲,还是一种依附型的人格。中国古代的儒生奉行的"内圣外王"的思想原则,"出世"和"入仕"是他们基本的人生选择。从总体上讲,他们大多数在思想上依傍古人,拘泥经典,在政治上热衷仕途,委身皇权,缺乏的是一种独立的人格精神,这自不必多说。就是那些坚信"势尊于道",在"势"的面前表现出了"富贵不能淫,贫贱不能移,威武不能屈"的儒家理想主义者,如汉末清流、明末东林党人,又何尝具有真正意义上的独立人格呢?若就他们对内心信念的执着认真、对社会黑暗批判乃至抗争而论,他们确实具有一定的独立的人格魅力,但他们所信奉并努力加以弘扬的"道"却并非是个人自由意志选择的结果,而是先验于个体而存在的,作为一个儒生必须自觉接受的绝对的道德律令。这也就是说,他们即使不是皇帝老儿的奴仆,却也是那个高悬于自己之上的"道"的奴隶。他们在恶势力面前是条汉子,但到了他们的老祖宗孔夫子跟前,却是个诚惶诚恐的侏儒。更何况,他们在与恶势力对峙时,由于缺乏现实的斗争手段和依傍,最后无不是以失败而告终呢?

但令人沉思的是,也正是在"弘道"无望的情况下,"儒"和"道"却走到了一起。孔夫子早就说过:"天下有道则见,无道则隐"。(《论语·泰伯》)"邦有道,不废;邦无道,免于刑戮"。(《论语·公冶长》)孟子也有教导:"古之人,得志,泽加于民;不得志,修身见于世。达则兼济天下,穷则独善其身"。(《孟子·尽心上》)我们已经知道,儒家之"隐"不同于道家之"隐",尽管二者的隐逸都是迫于形势所选择的存身之道,但儒家之"隐"是有限度的,是以不忘怀世事为前提的,一旦形势允许,为什么不可以"出仕"呢?于是,我们见到的只能是"仰天大笑出门去,吾辈岂是蓬蒿人"的李太白,而不是"相看两不厌,只有敬亭山"的青莲居士。

那么，那些信奉老庄、息影山林、不事王侯的道家之"隐"又如何呢？他们该有自己的独立人格了吧？回答同样是否定的。就道家隐士个体意识以及心灵的自由而言，他们享有一定的独立人格。他们是为了抗议或逃避现实社会伦理的虚伪和人生的苦难而甘心痛快地投入大自然的。看起来，他们与鸟兽同群，一逞自己的自由心灵，而忘怀了世事。他们的人生选择充满了浓厚的游世色彩。但是他们的"游世"又是以"顺世"为前提的，这是因为他们毕竟有着血肉之躯，他们还要基本的生活需求，因此，他们为了苟活，则必须像庄周那样，"独与天地精神往来而不傲睨于万物，不谴是非以与世俗处"（《庄子·天下》）。对此，鲁迅一针见血地指出：

> 登仕是噉饭之道，归隐，也是噉（案：音dan，啖也）饭之道。假使无法噉饭，那就连"隐"也隐不成了。"飞去飞来"，正是因为要"隐"，也就是因为要噉饭；肩出"隐士"的招牌来，挂在"城市山林"里，这就正是所谓"隐"，也就是噉饭之道。①

问题在于，一旦在人世中以"不傲睨于万物"或"不谴是非"态度而苟活，这不是一种随遇而安、明哲保身的混世主义吗？这种虚幻的鸵鸟式的人格范式，哪里谈得上什么"独立人格"？因此，隐士们的隐逸之举，可以说是以认同现实秩序并承认其合理性为前提的，他们的"隐逸"，在某种程度上是对社会邪恶的一种助长或支持。鲁迅的小说《起死》中，那个奉行着"方生方死，方死方生，方可方不可，方不可方可"的隐士庄周，在现实中遇到麻烦时，不也赶紧从道袍的袖子里摸出警笛

---

① 《且介亭杂文二集·隐士》，《鲁迅全集》第6卷，第224页。

来,叫来代表着现实秩序的"巡士"了吗?我想,鲁迅也许正是在这个意义上,才得出"中国的隐士和官僚是最接近的"这个结论的吧!

其实,鲁迅晚年对于传统中国士人"仕隐"文化的批判并不是无的放矢的,而是由现实的触媒而引发的,他是在借"古"而说"今"。

这首先表现在对于胡适为代表的《新月》派诸君子的批评中。胡适早年留学美国,深受英美自由主义思想的影响,但他在骨子里,还不脱传统的"士大夫"气。"五四"之后,胡适收敛了他的锐气,号召青年走进研究室,"多研究些问题,少谈些主义"。他改变《新青年》宗旨,谒见溥仪,参加段祺瑞善后会议。1929年他又发起"人权运动",本意还在替政府分忧,巩固和改善国民党的统治。但这些举动,却遭到了国民党政府的严厉"警戒"。最后,民主运动的破产,《新月》没收、《人权论集》被查禁、罗隆基被捕、自己也遭警告。对此,胡适颇感委曲和冤枉。他接连给蒋介石的秘书陈布雷写信,解释事件原委,并希望"能使先生认识我们"。经过陈布雷的斡旋,1931年10月,蒋介石"召见"胡适,"对大局有所垂询"。从此,胡适等人就投入了国民党政府的怀抱。鲁迅对于胡适人品并没有明显的针砭。他对胡适由不以为然、心存芥蒂,最后发展到反感,在很大程度上正是以胡适性格的妥协性逐步加深为转移的。他与胡适最后反目,是在胡适"走进主人家"的时候。在鲁迅看来,胡适们虽然穿上了洋装,口谈的是自由和人权,但骨子里不脱"士大夫"气。他的所作所为,完全可以划入"帮闲"文人的行列。因此,对于胡适在"《新月》事件"中的遭遇,鲁迅没有一丝同情,反而加以"恶意"的讥嘲:

三年前的新月社诸君子……引经据典,对于党国有了一点微词,虽然引的大抵是英国经典,但何尝有丝毫不利于党国的恶意,不过说:"老爷,人家的衣服多么干净,您老人家的可有些儿脏,应该洗它一洗"罢了。不料"荃不察余之中情兮",来了一嘴的马粪:国报同声致讨,连《新月》杂志也遭殃。但新月社究竟是文人学士的团体,这时就也来了一大堆引据三民主义,辩明心迹的"离骚经"。现在好了,吐出马粪,换塞甜头,有的顾问,有的教授,有的秘书,有的大学院长,言论自由,《新月》也满是所谓"为文艺的文艺"了。①

其实,鲁迅对胡适的反感,倒不是他过于热心"参政议政"——鲁迅自己就做过十多年的北洋政府的"官僚",而是他在胡适身上看到了一种传统士大夫的古老"阴魂"。这种"阴魂"就是做帝王师,从"势"以"弘道"。问题不在于胡适愿望是否美好,而在于他"弘道"的方式。历史的教训已经告诉我们,传统士大夫借"势"以"弘道"的模式是行不通的,其结局不是最后被"势"所吞噬,就是成为"势"的"帮忙"或"帮闲"。这正如有的论者所言:"招安后的胡适,为了赢得宾师资格,他必须向主人表示亲热和殷勤,做过河卒子,要为独裁服务,必须收敛和牺牲他的人权论。他无法实现、施展他的人权论,稍有非分之举,主子便施以颜色或杀鸡吓猴。人权、自由于是只有一退再退,退到那可怜的学术园地,后来干脆'人权抛却说王权'。人权论输掉了,他本人也被输掉了。他以人权论权威的外观,为专制做了装潢。胡适作为20世纪的一代'新人',

---

① 《伪自由书·言论自由的界限》,《鲁迅全集》第5卷,第115页。

却重演了一场古老的悲剧"①。胡适的最终结局,果不出鲁迅当初所料!

　　引发鲁迅对于中国士人"仕隐"文化的思考和批判的另一个触媒,乃是以周作人、林语堂为代表的"论语派"诸人。如果说胡适代表的"新月"诸君子们走进了"廊庙",替政府"帮忙"或"帮闲",那么周作人、林语堂之流则是走向山林,继续的是另一种历史的循环。周作人曾说他心中有两个鬼:"其一是绅士鬼,其二是流氓鬼。"这两个鬼,"或者应该说是一种神","指挥我的一切的言行"②。所谓"绅士"是指上流社会有教养的人,对于社会现存秩序常常是维护的态度;所谓"流氓",是指下层社会中对现存社会秩序采取叛逆、破坏的态度者。周作人就常在这两种思想矛盾中苦恼,这实际上也就是"在十字街头的塔里"的精神状态。周作人曾是"五四"新文化运动的健将,"五四"时期就以《人的文学》、《平民的文学》而享誉文坛。在这个时候,他内心深处的"流氓鬼"似乎占了上风。但"五四"以后,周作人遂由过去的"浮躁凌厉"而转向"销沉",开始大谈"幽默"、"性灵"、"闲适"等。林语堂在上海以《论语》、《人间世》为阵地,与之遥相呼应,是谓"论语派"。到了这个时期,周作人身上那原本存在的"绅士鬼"渐渐得志,主宰了他的全部生命。他企慕庄子所描绘的人生境界,他所奉行的人生规范,简直是两千多年前的庄周在现代的翻版。庄子的人生精义在一"游"字上,"游世"的方式在于"外化而内不化"或"内直而外曲",换而言之,就是在精神层次上保持人格的独立、个性的自由,而在现实层次上又明哲保身,随遇而安,依违

---

　　① 王乾坤:《鲁迅论中国文人》,见《鲁迅研究的历史批判》,河北人民出版社2000年版,第268页。
　　② 周作人:《两个鬼》,《语丝》1926年第91期,收入《周作人文类编》第9卷,第58页。

于无可无不可之间。对此,鲁迅有着深刻地刻画:"对于世事要'浮光掠影',随时忘却,不甚了然,仿佛有些关心,却又并不恳切"①。问题在于,在满是血腥的现实世界里去偷得一份"闲适",在到处都排着"人肉的筵席"的世界上去取得一点"幽默",这正如鲁迅所言:"开心是自然也开心的。但是,人世却也要完结在这些欢迎开心的开心的人们之中的罢"②。因此,这不仅仅是人的意志消沉的问题,而是作为一个知识分子的责任的放弃和良知的丧失。而实际上,周作人又何尝忘怀世事了呢?他后来在抗日战争中担任伪职,沦为汉奸,"一失足造成千古恨"。虽说是有着某种历史的"偶然性",但检讨其思想发展的轨迹,这其中似乎还有一种"必然性"吧!而周作人的人生悲剧,同样也印证了鲁迅那个深刻的历史判断:"中国的隐士和官僚是最接近的。"

五 "抗世违世情":"狂人"谱系的续写

鲁迅在对于传统士人的"仕隐"人格表示极大的鄙弃之余,却对于中国士人人格的另一类型——"狂士"表现出了由衷的敬慕和热烈的礼赞。在中国现代知识分子中,鲁迅属于那种最"特立独行"的人格类型。在他的身上,我们看不到传统儒家士人的"温良恭俭让",也看不出道家士人的高逸和超然,我们看到的,乃是狂人的精神谱系在他身上的接续,狂人的精神血液在他身上的流淌。鲁迅不仅热烈地礼赞过古代中国那些具有叛逆色彩的"狂狷之士",而且在他的小说中也塑造了一个个性格特异的"狂人"形象。可以说,鲁迅自己就是现代中国的一个文化

---

① 《且介亭杂文·病后杂谈》,《鲁迅全集》第6卷,第170页。
② 《准风月谈·帮闲法发隐》,《鲁迅全集》第5卷,第273页。

"狂人"。

鲁迅个性中的"狂人"禀性,是与他作为思想启蒙先驱者的历史命运联系在一起的。启蒙的精神实质在于人的解放,而人的解放的前提是要人从由权威和迷信所编织的神话蛛网中挣脱。这样,重新审视中国几千年来那个由权威和迷信所构建的价值体系——儒家的实用理性,就成了启蒙者首先要面对的问题。而几千年来,中国封建专制统治是通过禁锢、压制、排斥异端的思想来确立自己的统治秩序和价值体系,从而达到自己的"理性"认同的。但在鲁迅看来,这一"理性"秩序却是一种"奴隶规则":"所谓中国文明者,其实不过是安排给阔人享用的人肉的筵宴。所谓中国者,其实不过是安排这人肉的筵宴的厨房",因此,当"这人肉的筵宴"还排着的时候,"扫荡这些食人者,掀掉这筵席,毁坏这厨房"[1],就特别需要一种狂飙突进的所谓的"非理性"精神,于是一种怀有着"炫目耀眼的理性"(福柯语)人物——"狂人"就自然而然地出现在鲁迅的笔下。

早在日本留学时期,鲁迅就在呼唤这样的一种文化"狂人"——摩罗诗人。他们"所遇常抗,所向必动,贵力而尚强,尊己而好战","如狂涛如厉风,举一切伪饰陋习,悉与荡涤,瞻顾前后,素所不知,精神郁勃,莫可制抑","大都不为顺世和乐之音,动吭一呼,闻者兴起,争天抗俗,而精神复深感后世之人,绵延至于无已"[2]。而他参与"五四"新文化运动的第一声"呐喊",就是那篇惊世骇俗的《狂人日记》。在这里,"狂人"先是"疯狂",后来又"痊愈",而这两者本身都具有丰富的象征意蕴。首先,"狂人"被命名为"疯子"本身,就意味着一种"无主名无意识"的现存秩序对于"独醒者"思想权利的

---

[1] 《坟·灯下漫笔》,《鲁迅全集》第1卷,第216—217页。
[2] 《坟·摩罗诗力说》,《鲁迅全集》第1卷,第66页。

扼杀。所谓的"独醒者"一旦穿透现实的裂缝,挺身而出,便不可避免地陷入到现实法则的天罗地网中。那些安于现存秩序所组成的超稳定结构的维护者,就无法容忍这种石破天惊的背叛行为,于是一无例外地将这种常规文化的逸出者命名为"疯子",将他排出现存秩序之外,视为一个毋须加以理性关注的畸变或异类。而他的一切"呐喊"、"反抗"除了进一步反证出人们对他的角色命名规定(即疯狂)外,似乎也没有什么效果。但通过"狂人"的眼光,现存秩序的一切合理性都发生了"变形":大人、小孩、狗,但凡有生命的都在准备吃人。他毁掉了一切人间的温情,甚至连拯救的希望都没有。但"狂人"最终还是在人们的精心"治疗"下,病已"痊愈",又"赴某地候补矣"。而鲁迅所着意安排的"狂人"后来的"痊愈"则更耐人寻味,它表明这种现存的秩序和"吃人"的文化不仅存在着,而且还具有极大的消除异己、调整混乱的同化威力。《狂人日记》集中地表达了鲁迅对于"五四"启蒙运动及其启蒙者本身命运的深沉思考。我们虽不能说小说中的"狂人"就是鲁迅自己,但其中折射出的却是鲁迅自己的某种"心理真实"。

《狂人日记》在某种意义上可以看作鲁迅创作的关键,我们甚至可以将它看作鲁迅许多作品的总标题。"狂人"的诞生似乎奠定了鲁迅艺术精神的基调和氛围,在他此后一生的创作实践中,"狂人话语"屡屡闪现在他的思想语境和艺术文本之中。在鲁迅的一系列的具有"精神自传"性质的小说和《野草》中,竟多次出现"疯子"、"狂人"或具有"狂态"的人物:《药》中的夏瑜关在牢里竟"口出狂言",说"这大清的天下是我们大家的","还要劝牢头造反",被众人看成十足的"疯子";《长明灯》中的疯子,一心要吹灭那象征千百年偶像的灯火,被关在古庙中,他便扬言:"我放火",要烧掉这个旧世界;《在酒楼上》的吕纬甫,《孤独者》中的魏连殳,《伤逝》中的涓生和子君,《头发的故事》中的 N 先生,《铸剑》中的宴之敖,《过客》中的过客,他们或是放诞狂言,或是抑郁独白,或是任性抗争,或是残酷复仇,无不被人视为"忤逆"、"忤世"的"狂人"。即便是《野草》的多数篇章也充斥着狂态的呓语、梦境和联想。可以说,鲁迅的整个艺术世界形成了一个系统的颇具规模的"狂人话语"。这在鲁迅的创作历程中,乃至整个中国新文学史上都是一个十分耐人寻味的现象。

除了在创作中创建了自己的"狂人话语"之外,鲁迅还把目光专注于中国源远流长的士人传统之中,去发掘那郁而不散的千古"士"气。我们知道,以"弘道"为己任的中国士人,在介入现实政治之时,总会遇到"势"——君主政权的强力阻遏甚至迫害。他们为了免祸全身,只能以"狂"的方式表达自己的郁闷之气,维护社会正义,批评社会黑暗。孔子曰:"古之狂也肆"(《论语·阳货》),就是对此而言的。启蒙者的历史需要,使得鲁迅总是把目光时时对准这些富有叛逆精神和反抗气质的古代"狂士"身上,从传统的血脉中去寻找走向现代的精神因子。余英时先生曾以鲁迅为例来说明:"五四时期在思想界有影响力的人物,在他们反传统、反礼教之际首先便有意或无意地回到传统中非正统或反正统的源头上去寻找根据"①。对此,周作人具体分析道:"中国的封建礼教思想过去有长远的历史,浸润在一切文物里边,凡是接触着的人,容易感染,不加救治就将成为痼疾。历代学者能够知道并且揭穿这个毛病的,屈指可数,汉末孔融与嵇康,明季李卓吾,清朝戴东原与俞理初这几个人而已"②。在这样的情况下,那些具有叛逆性的文化狂人就被鲁迅——

---

① 余英时:《五四运动与中国传统》,《中国思想传统的现代诠释》,江苏人民出版社 1995 年版,第 347 页。

② 周作人:《鲁迅的青年时代·鲁迅读古书》,见《关于鲁迅》,新疆人民出版社 1997 年版,第 444 页。

"钩沉"出来。他赞赏屈原"放言无惮,为前人所不敢言",对他"孤伟自死"的命运,表示了深切的哀惜。①鲁迅"曾以孔融的态度和遭遇自喻"②,并称他是"汉末的孔府上"出过的几个"有特色的奇人"之一③。他极力为嵇康、阮籍的反礼教行为辩护,说他们的"脾气大"(实际上就是"狂")实在是"不得已"而为④。陶渊明的诗,"采菊东篱下,悠然见南山",在别人看来,够"飘逸",够"静穆"了,而鲁迅却看出了他"金刚怒目"的一面,认为他"并非整天整夜的飘飘然"⑤。章太炎,早期以"章疯子"或"民国的弥衡"而闻名。鲁迅对这一精神大力倡扬,不但为文多次为乃师辩护⑥,而且称这种"狂"劲"才是先哲的精神,后生的楷模"⑦。可以说,鲁迅在发掘这些传统"狂士"时,倡扬的都是他们独立不羁、反抗挑战的精神气质,他通过自己的"知识考古",又在自己的历史文化批评中构建了另一个"狂人话语"。

钱钟书先生曾把中国"狂士"传统分为两种:"忤世之狂"与"避世之狂"。前者的代表是嵇康,后者的代表是阮籍。他说:"嵇、阮皆号狂士,然阮乃避世之狂,所以免祸;嵇则忤世之狂,故以招祸。"阮籍的"避世之狂"表现为佯狂或风狂。在中国古代,佯狂乃是"机变"之道,这种意思在太公《阴符》

---

① 《坟·摩罗诗力说》,《鲁迅全集》第1卷,第66页。
② 冯雪峰:《鲁迅论》,《雪峰文集》第4卷,人民文学出版社1985年版,第7页。
③ 《坟·我们现在怎样做父亲》,《鲁迅全集》第1卷,第137页。
④ 《而已集·魏晋风度及文章与药及酒之关系》,《鲁迅全集》第3卷,第515页。
⑤ 《且介亭杂文二集·"题未定"草(六至九)》,《鲁迅全集》第6卷,第423页。
⑥ 《华盖集·补白》,《鲁迅全集》第3卷,第103页。
⑦ 《且介亭杂文末编·关于太炎先生二三事》,《鲁迅全集》第6卷,第547页。

中就有表达:"大知似狂:不痴不狂,其名不彰;不狂不痴,不能成事",魏末伏义在《与阮嗣宗书》中说阮"长啸慷慨,悲涕潺湲,又或拊腹大笑,腾目高视,形性惆张,动与世乖,抗风立侯,蔑若无人",怀疑他行止怪异像鬼附身一般,也就是得了"风魔"病,其实却是"诈作"而为,以佯狂来达到明哲保身的目的,因此钱钟书先生说阮籍是"避世阳狂,即属机变,迹似任真,心实饰伪,甘遭诽笑,求免疑猜①"。而"忤世之狂"则为狂狷、狂傲,称心而言,率性而行,像嵇康那样,"直性狭中,多所不堪","刚肠疾恶,轻肆直言,遇事便发",又"有好尽之累","不喜俗人",这样的人,"安望世之能见容而人之不相仇乎"? 更不用说他还"非汤武而薄周孔"呢! 阮籍和嵇康,一个"佯狂避世",最终得以苟活,一个"忤世取罪",壮烈牺牲,也是性格使然。鲁迅在评价他们时,是有明确的褒贬的:

> 嵇、阮二人的脾气都很大:阮籍老年时改得很好,嵇康就始终都是极坏的。……后来阮籍竟做到"口不臧否人物"的地步,嵇康却全不改变。结果阮得终其天年,而嵇竟丧于司马氏之手。……阮籍作文章和诗都很好,他的诗文虽然也慷慨激昂,但许多意思都是隐而不显的。……嵇康的论文,比阮籍更好,思想新颖,往往与古时旧说反对。……嵇康的害处是在发议论;阮籍不同,不大说关于伦理上的话,所以结局也不同。②

相比之下,鲁迅更倾心的还是嵇康的"忤世之狂"。"忤

---

① 《管锥编》,中华书局1979年版,第1088页。
② 《而已集·魏晋风度及文章与药及酒之关系》,《鲁迅全集》第3卷,第510—512页。

世",不仅仅光是"叛逆",还有"反抗"、"挑战"的精神蕴于其中。鲁迅虽然欣赏屈原在抒写哀怨时"放言无惮"的态度,但他仍嫌其中"芳菲凄恻之音"太多,其原因即在于此。鲁迅之于嵇康,可谓是心心相印。他自1913年至1931年,陆续校勘《嵇康集》长达20年,他对于嵇康的阅读和研究已经融入了他的生命之中。嵇康的"魏晋文章",既是鲁迅的心灵的归宿,也是他借以战斗的思想库,说他是现代的嵇康也不为过。

中国传统士人的"忤世之狂",到了近代章太炎那儿又得以"复活"并发扬光大。章太炎是鲁迅的业师,也是鲁迅一生中少有的几个最为尊崇的同时代人。鲁迅就是通过章太炎而接通与中国"传统文化"尤其是源远流长的中国士人精神文化的。这正如侯外庐先生所言,鲁迅"他直接继承发展了章太炎思想的传统,更以章氏为桥梁,把诸子异端思想以至魏晋'非汤武而薄周孔'的嵇康、鲍敬言思想,融化于他的前期文学中"[①]。章太炎为人疾恶如仇,是典型的"忤世之狂"。因此,他一生落下了诸多绰号,如"狂生"、"名士"、"异端"、"在野党"、"神经病"、"章疯子"、"民国的弥衡"、"矜奇立异"、"忤时违众"等等,总之,都与其"狂放"的个性有关。对此,章太炎自己也供认不讳。1906年,他从上海出狱后来到东京,当着几千人的面发表演说,为"狂人"大唱赞歌:

> 只是兄弟今日还有一件要说的事,大概为人在世,被他人说个疯颠,断然不肯承认,除那笑傲山水诗豪画

[①] 侯外庐:《论鲁迅三题》,《中国近代启蒙思想史》,人民出版社1993年版,第400页。

伯的一流人,又作别论,其余总是一样。独有兄弟却承认我是疯颠,我是有神经病,而且听见说我疯颠,说我有神经病的话,倒反格外高兴。为甚么缘故呢?大凡非常可怪的议论,不是神经病人,断不能想,就能想也不敢说。说了以后,遇着艰难困苦的时候,不是神经病人,断不能百折不回,孤行己意。所以古来有大学问成大事业的,必得有神经病才能做到。①

章太炎这里在别人看来属于"非常可怪的议论",在鲁迅心目中却是只有一个文化英雄才能说出的话。章太炎身处的时代与鲁迅一样,是中国历史上所遇到的"三千年未有之变局"。大凡在一个"破旧立新"的动荡时期,具有超凡的魅力型的狂放人物往往大行其道,德国社会学家马克斯·韦伯把这种人物称为"Charisma"型的人物②,章太炎就是这样的文化英雄和先知。鲁迅所欣赏章太炎的,就是他这种高扬破坏和反抗大旗的"革命精神"。鲁迅说,他之所以拜师于太炎先生,"并非因为他是学者,却为了他是有学问的革命家",说的就是此。因此,当有人别有用心地称太炎先生为"疯子"时,鲁迅立刻起而予以反击③。即使两人后来因为"道"不同,以致于少有往来。但在鲁

---

① 《东京留学生欢迎会演说辞》,《章太炎政论选集》上册,中华书局1977年版,第270页。

② Charisma一词最早出自《新约·哥林多后书》中,原指因蒙受神恩而被赋予的天赋。19世纪的德国法学家Sohm用它来指基督教教会的超世俗性质。马克斯·韦伯则全面延伸、扩大了Charisma的涵义,既用它来指具有神圣感召力的领袖人物的非凡体格特质或精神特质,如先知、巫师、立法者、军事首领和神话英雄等的超凡本领或神授能力,也用它来指一切与日常生活或世俗生活中的事物相对立的被认为是超自然的神圣特质,如皇家血统或贵族世系。后者是常规化的或制度化的Charisma。

③ 《华盖集·补白》,《鲁迅全集》第3卷,第103—104页。

迅的心目中,章太炎的"狂放"的"革命精神"才是他一生最大的功绩:

> 考其生平,以大勋章作扇坠,临总统府之门,大垢袁世凯的包藏祸心者,并世无第二人;七被迫捕,三入牢狱,而革命之志,终不屈挠者,并世亦无第二人;这才是先哲的精神,后生的楷范。①

值得一提的是,这段文字出之于鲁迅临终前的"绝笔"之作——《关于太炎先生二三事》中。俗话说:"人之将终,其言也善。"鲁迅在临终之际,特别以如此感情深挚的文字怀念自己的先师,由此可见章太炎的"狂放"人格在鲁迅心目中崇高地位。

但我认为,鲁迅对于古代"狂士"的企慕和礼赞,也只是他对于自己狂放不羁个性的一种自审性的心理体验。从"狂人"到"疯子",从"N先生"到"过客",从吕纬甫到魏连殳,这一个个狂态人物的诞生,其中贯穿如一的"狂人话语",一直昭示着鲁迅内心世界的分裂。当然,这里所说的精神分裂并非专指生理性的精神分裂,用荣格的话说,它仅仅"指代一种气质或倾向",是一种长期压抑,紧张,郁闷之后产生的"严重的心理骚乱"②,但绝不意味着理性的丧失。这正如有的学者所言:"在鲁迅那里没有发疯的观念,鲁迅选择狂人的过程,本质上不过是对精神分裂的强烈体验,对寻找出路的强烈体验,对先觉者命运的强烈体验"③。也许,鲁迅的"疯狂"本身,就是一个包孕着

---

① 《且介亭杂文末编·关于太炎先生二三事》,《鲁迅全集》第6卷,第547页。
② 荣格:《心理学与文学》,三联书店1987年版,第177页。
③ 肖同庆:《狂人谱系:在疯狂和理性的边缘》,《鲁迅研究月刊》1995年第8期。

希望与绝望的心理过程,是对信念与怀疑、价值与自然、真实与荒谬的绝对分裂及其人自身的何去何从的深沉思考。N先生对黄金时代的怀疑,魏连殳对自身价值的否定,涓生对虚空的体认,都包含在貌似狂乱的理性反思之中。

但在我看来,究其根本,这与鲁迅心理中另一精神取向——"韧"有关。在鲁迅的个性中,除了"狂"的精神之外,还有一种"韧"的意志品格。而"韧"的意志品格,则形成了鲁迅性格的另一面——"世故"。1925年,在与许广平的信中,鲁迅谈到了自己在世上的"混法":

> 一、走"人生"的长途,最易遇到的有两大难关。其一是"歧路",倘若墨翟先生,相传是恸哭而返的。但我不哭也不返,先在歧路头坐下歇一会或者睡一觉,于是选一条似乎可走的路再走,倘遇见老实人,也许夺他食物充饥,但是不问路,因为我知道他并不知道的;如果遇见老虎,我就爬上树去,等它饿得走去了再下来,倘它竟不走,我就自己饿死在树上,而且先用带子缚住,连死尸也决不给它吃。但倘若没有树呢?那么,没有法子,只好请它吃了,但也不妨也咬它一口。其二便是"穷途"了,听说阮籍先生也大哭而回,我却也像歧路上的办法一样,还是跨进去,在刺丛里姑且走走。但我也并未遇到全是荆棘毫无可走的地方过,不知道是否世上本无所谓穷途,还是我幸而没有遇着。
>
> 二、对于社会的战斗,我是并不挺身而出的,我不劝别人牺牲什么之类者就为此。欧战的时候,最重"壕堑战",战士伏在壕中,有时吸烟,也唱歌,打纸牌,喝酒,也在壕内开美术展览会,但有时忽向敌人开他几枪。中国多暗箭,挺身而出的勇士容易丧命,这种战法是必要的罢。但恐怕也

有时会逼到非短兵相接不可的,这时候,没有法子,就短兵相接。

总结起来,我自己对于苦闷的办法,是专与苦痛捣乱,将无赖手段当作胜利,硬唱凯歌,算是乐趣,这或者就是糖罢。但临末也还是归结到"没有法子",这真是没有法子①!

这样看来,鲁迅也并不仅仅是我们所期望的"乐则大笑,悲则大叫,愤则大骂"②的文化"狂人",在他的性格中还有"韧"的一面。为什么呢?鲁迅说:"捐生喋血,固亦大地之块,足使沉滞的人间,活跃一下,但使旁观者于悒,却大是缺点……我常劝青年稍自足于其春华,盖为此也"③。因此,鲁迅选择了"韧战",他说:"我以为绝望而反抗者难,比因希望而战斗者更勇猛,更悲壮"④。但要"韧战",就得深谙世道人心,懂得与人周旋,也就是通"世故":"在中国做人不容易,因为国度老了,花样多,有时做人也只得用点手段,这样,吃亏的人比较少"⑤。鲁迅自己就承认自己"深通世故"⑥,"因为年纪渐大,精力就衰,世故也愈深"⑦。可以说,疯狂与理性,真诚与世故、"狂"与"韧",在鲁迅那里,是相反相成的对立统一,其构成了其博大的心理结构的两大要素。也许正是因为鲁迅性格中这种"韧"的一面,所以他的思想和行为就不像许多激进的青年那样表现得那么新锐、那么极端,由此鲁迅被当时的青年作家高长虹称为

---

① 《两地书·二》,《鲁迅全集》第11卷,第15—16页。
② 《华盖集·题记》,《鲁迅全集》第3卷,第4页。
③ 徐梵澄:《星花旧影——对鲁迅先生的一些回忆》,《鲁迅研究资料》第11辑,天津人民出版社1983年版。
④ 《书信·250411·致赵其文》,《鲁迅全集》第11卷,第442页。
⑤ 《281021·致徐梵澄》,见徐梵澄:《星花旧影——对鲁迅先生的一些回忆》。
⑥ 《书信·341210·致萧军萧红》,《鲁迅全集》第12卷,第592页。
⑦ 《书信·330618·致曹聚仁》,《鲁迅全集》第12卷,第185页。

"世故老人"①。对此,鲁迅虽然不免恼怒,但也不以此为羞,并在文章中多次以"世故老人"自居。②

但我以为,鲁迅的这种"韧战"的精神、这种"世故"的性格恰恰是他不同于传统的"狂士"的"现代性"的地方。中国传统的"狂士"最初都是最坚定的儒家理想主义者,由于对于理想过于认真、执著,因此比一般人更难以容忍人心的虚伪、教义的异化和世道的腐败。他们在绝望和悲哀之余,只有通过无理性的反抗来发泄内心的抑郁不平之气。他们的行为虽然怪诞,思想虽然异端,但仍然找不到一种能够超越目前这种虚伪教义的思想方法,更无法改变社会的腐败和人心的虚伪,因此他们只能回到古人所设定的乌托邦世界,乞灵于那种古老的理想以求得解脱。从本质上讲,他们依然和传统的儒生生活在同一个价值世界,依然是拜倒在古老的权威面前。他们表面上似乎是表现出了独立不羁的个性,但他们这种无理性的反抗方式表明,他们并没有真正的内心自由,所有的只是主体的贫乏而已。因此,在鲁迅那里,即使是传统士人的"狂人"传统,也仅仅是一种"传统"而已,并不是一种真正的现代精神,更不是一种价值理想。而鲁迅正是在"激活"这种传统基础上,对它们进行了富于个性的创造性的转化,而他之成为真正意义上的现代知识分子,我想,其奥秘正在于此吧。

---

① 高长虹:《走到出版界·1925年北京出版界形势指掌图》,《狂飚》周刊第5期(1925年11月)。

② 见《〈阿Q正传〉的成因》,《所谓"思想界先驱者"鲁迅启示》、《反"漫谈"》、《新时代的放债法》、《三闲集·我的态度气量和年纪》等文。

第 三 章
鲁迅与庄子

作为先秦道家学派的代表人物，同时也是中国隐士文化的集大成者，庄子（公元前369年—前286年）[①]对于中国文化，尤其是对于中国士人人格的建构有着至深的影响。《庄子》一书虽以庄子的名字命名，但并不全是庄子本人的作品。学术界一般认为，《庄子》乃庄子本人及其后学作品的汇集。《庄子》一书，是以绚烂诡奇的文辞而著称于文学史的。《庄子·天下》曾谓庄子"以天下为沉浊，不可与庄语"，乃放以"谬悠之说，荒唐之言，无端崖之辞"。仿佛是一地美丽而充满诱惑的罂粟花，《庄子》一书蕴涵着许多深刻而进步的思想命题和广大卓绝的精神传统，但也会使人遁入沉静、麻木乃至虚无的精神避难所。它吸引了一代代士人，也倾倒了一代代士人。"名理蕴异梦，秀句镂春心，庄骚两灵鬼，盘踞肝肠深"[②]，龚自珍的诗，真实地概括了"庄子"这一精神形象对后代中国士人的深刻影响。闻一多说："中国人的文化上永远留着庄子的烙印[③]"，这话一点也不

[①] 关于庄子的生卒年代，学者有多种说法，本书从马叙伦的说法。见马叙伦：《庄子天下篇述义·庄子年表》，上海龙门联合书局1958年版。

[②] 《自春徂秋，偶有所触，拉杂书之，漫不诠次，得十五首》，《龚自珍全集》，上海人民出版社1975年版，第485页。

[③] 《庄子》，《闻一多全集》第2卷，三联书店1982年版，第280页。

夸张。

　　毫无疑问，庄子那充满魅惑力的诡奇文辞，也对鲁迅产生了不可忽视的影响。早在上世纪30年代，巴人就在《鲁迅的创作方法》中提出了他们之间的联系，他说："从鲁迅先生的思想发展过程中来考察，在初期——即在辛亥革命前后——鲁迅先生是个性解放的倡导者；而鲁迅先生的主张个性解放，是承受尼采的部分的哲学思想的。这思想又和他那感受于中国农村社会里潜存着的庄老的哲学，并在他旧学传统中对于庄老哲学的濡染，因而养成的那种爱自由的精神，相融合的"[1]。到了上世纪40年代，郭沫若又在《庄子与鲁迅》一文中进行了专门的论述，他说："鲁迅爱用庄子所独有的词汇，爱引庄子的话，爱取《庄子》书中的故事为题材而从事创作，在文辞上赞美过庄子，在思想上也不免有多多少少的反映，无论是顺是逆"[2]。但自从郭沫若之后，鲁迅研究界似乎对"庄子和鲁迅"这个命题采取了回避或犹豫的态度：他们要么避而不谈，要么就是在承认这种影响之余，极力强调鲁迅后期对《庄子》思想的批判和摆脱，就像划清阶级界限一样，以示鲁迅与庄子这个名誉不好的传统思想家的冰炭不同炉。无庸讳言，庄子及他所代表的隐士的文化传统是鲁迅极为厌弃的传统士人人格，他晚年是在主观上努力避免《庄子》消极思想的"毒害"，但鲁迅的厌弃恰恰是建立在自己的切实感受基础上的，连他自己都承认自己身上有浓厚的"庄周韩非的毒"[3]。因此，对于庄子和鲁迅的关系，仅仅回避或批判是不够的，更重要的是深入其中，了解鲁迅"中毒"和"解毒"的这个精神历程，并由此来探讨鲁迅与中国传统士人中的一系——隐

---

[1] 巴人：《论鲁迅的杂文》，远东书局（上海）1940年版，第146页。
[2] 《中苏文艺》（半月刊）（重庆）1941年4月20日第8卷第3、4期合刊。
[3] 《坟·写在〈坟〉后面》，《鲁迅全集》第1卷，人民文学出版社1981年版，第285页。

士的精神联系。

需要说明的是,本章所涉及的"庄子",是从读者接受的视域来理解的。他并不仅仅指庄子本人及其思想,而是广义的"庄学",尤其是以庄子作为精神导师的中国隐士文化。庄子只是这种文化精神的引领者或象征性的符号而被本文借以为题的。

一 庄子与中国隐士文化

关于庄子的生平、著作及其思想,鲁迅在《汉文学史纲要·老庄》中有如下介绍:

> 庄子,名周,宋之蒙人,盖稍后于孟子,尝为蒙漆园吏。著书十余万言,大抵寓言,人物土地,皆空言无事实,而其文则汪洋辟阖,仪态万方,晚周诸子之作,莫能先也。今存三十三篇,《内篇》七,《外篇》十五,《杂篇》十一;然《外篇》、《杂篇》疑亦后人所加。
>
> 故自史迁以来,均谓周之要本,归于老子之言。然老子尚欲言有无,别修短,知白黑,而措意于天下;周则欲并有无修短白黑而一之,以大归于"混沌",其"不谴是非","外死生","无终始",胥此意也。中国出世之说,至此乃始圆备。[1]

这里,鲁迅一反自司马迁以来传统的"老庄"一体说,认为老庄虽都属道家,但二者之间有着根本性的差异:老子虽尚"无为",但他仍"措意于天下",其意在"无不为","无为而无不为"乃其宗旨;而庄子则以其"齐物论","欲并有无修短

---

[1] 《鲁迅全集》第9卷,第364—366页。

白黑而一之,以大归于混沌",由"无为"而最终走向"虚无"。

鲁迅对于庄子的这种认识,在《汉文学史纲要》一书中曾多次出现。如他在论述春秋战国时代的文化思潮时,曾把当时的"百家争鸣"概括为四大派系:以孔孟为代表的"邹鲁派",以老庄为代表的"陈宋派",以邓析、申不害、公孙鞅、慎到、公孙龙、韩非为代表的"郑卫派",以驺衍、驺奭、田骈、接子为代表的"燕齐派",言及庄子,则云:"迨庄周生于宋,则且以'天下为沉浊不可与庄语',自无为而入于虚无"[①]。又云:"战国之世,言道术既有庄周之蔑诗礼,贵虚无,尤以文辞,陵轹诸子"[②]。而晚年他在自己的诸多篇杂文以及小说《起死》中对于庄子"不遣是非"的滑头主义的批判,也是沿着这一思路进行的。由此可见,鲁迅对于《庄子》的认识,除了其"文辞之美富"之外,还有的就是思想的"无为"乃至"虚无"。"齐物"—"无为"—"虚无",在庄子那里形成了在逻辑上相互贯通的思想链,这就为中国后来的出世之士——隐士,远离人世、走入丛林提供了重要的理论依据。中国的隐士文化,本来就十分深厚,庄子之说出现后,"中国出世之说,至此乃始圆备"。因此,庄子可谓是中国隐士文化的集大成者。

庄子何以能成为中国隐士文化的"集大成者"呢?下面我们将沿着鲁迅对庄子思想"齐物"—"无为"—"虚无"的认识,来探讨庄子与中国本已博大精深的隐士文化的深刻联系。

庄子生活的战国时代,是中国历史文化第一个"天崩地裂"的时期。西周王朝以"礼"为根本制度,绵延了数百年的政治、文化格局,处在最后崩溃的前夕。社会生活处于剧烈的变动之中,正如庄子所说,"自三代以下者,天下何其嚣嚣也!"(《骈

[①] 《鲁迅全集》第9卷,第366页。
[②] 同上书,第370页。

拇》)在春秋时代还是"礼乐征伐自诸侯出"的诸侯间的兼并战争,已经演化成为明目张胆的诸国混战:"当是之时,秦用商君,富国强兵;楚魏用吴起,战胜弱敌;齐威王、宣王用孙子、田忌之徒,而诸侯东面朝齐。天下方务于合从连衡,以攻伐为贤"①,"争地以战,杀人盈野;争城以战,杀人盈城"②。庄子也曾以触目惊心的语言描绘了当时战争的酷烈和社会的黑暗:"今世殊死者相枕也,桁杨者相推也,刑戮者相望也。"(《庄子·在宥》)他还把这种社会现实加以"幻化",浓缩成为一个富有象征意义的寓言:

> 有国于蜗之左角者曰触氏,有国于蜗之右角者曰蛮氏,时相与争地而战,伏尸数万,逐北旬有五日而后反。(《庄子·则阳》)

神奇的想象背后,是无比沉痛的现实感受!所以,庄子曾经无限感慨地说:"方今之时,仅免刑焉!"(《庄子·人间世》)乱离人不如太平犬,在这样一个"连奴隶都做不稳"的时代,作为漆园小吏的庄周,又徒唤奈何?

在庄子看来,上述的战争和暴政,都是统治者为满足自己的穷奢极欲而一手造成的:"夫杀人之士民,兼人之土地,以养吾私与吾神者,其战不知孰善?"(《庄子·徐无鬼》)他痛斥当时统治者是"昏上乱相",并称他们为"盗贼":

> 世俗之所谓知者,有不为大盗积者乎?所谓圣者,有不为大盗守者乎?何以知其然邪?昔者齐国邻邑相望,鸡狗之

---

① 《史记·孟荀列传》。
② 《孟子·离娄上》。

音相闻,罔罟之所布,耒耨之所刺,方二千余里。阖四竟之内,所以立宗庙社稷,治邑屋州闾乡曲者,曷尝不法圣人哉?然而田成子一旦杀齐君而盗其国,所盗者岂独其国邪?并与其圣知之法而盗之,故田成子有乎盗贼之名,而身处尧舜之安。小国不敢非,大国不敢诛,十二世有齐国,则是不乃窃齐国并与其圣知之法以守其盗贼之身乎?……彼窃钩者诛,窃国者为诸侯,诸侯之门而仁义存焉,则是非窃仁义圣知邪?(《庄子·胠箧》)

田成子即是春秋末期代替姜齐的那个"窃国者"。问题在于,他不仅把齐国的整个国家社稷给盗取了,还把象征着正义、良知的"圣知之法"据为己有!圣知之法本是制衡乃至批评统治者的理论根基,而一旦沦为那些窃国大盗们行私的御用工具,其虚伪性自然就不言而喻了:"今世殊死者相枕也,桁杨者相推也,刑戮者相望也。而儒墨乃始离趾攘臂乎桎梏之间。……吾未知圣知之不为桁杨接槢(榫)也,仁义不为桎梏凿枘(rui)也,焉知曾史之不为桀跖嚆矢也!"(《庄子·在宥》)对此,庄子曾在一则寓言里予以形象地表达:

儒以《诗》、《礼》发冢,大儒胪传曰:"东方作矣,事之何若?"小儒曰:"未解裙襦,口中有珠。""《诗》固有之曰:'青青之麦,生于陵陂。生不布施,死何含珠为?'接其鬓,压其顪,而以金椎控其颐,徐别其颊,无伤口中珠"。(《庄子·外物》)

口含天条而行其盗窃之事,假圣人之术以济其奸私,两儒者的表演真可谓惟妙惟肖。这里,诗书礼仪,已变成了盗贼们的护身符和遮羞布。如此看来,不仅是当时的社会政治有问题,就连当时社会上流行的价值系统也值得怀疑。因此，庄子又把批判的矛头对准当世的两大"显学"——儒家与墨家，对之进行了全面的"价值重估"。

东周末年，"王官解体"之后，私学兴起，其中最早的有儒墨两家。儒家学说主张以仁义礼法改造社会，墨家思想的主要内容是"泛爱兼利而非斗"。以老、庄为代表的道家崛起之后，力主"道法自然"，与儒、墨相抗衡。其中，以庄子对儒墨的批驳最为犀利，司马迁《史记》说庄子"善属书离辞，指事类情，用剽剥儒墨，虽当世宿学不能自解免也"①。因此，我们在《庄子》中，会时时见到他"剽剥儒墨"的话：

> 道隐于小成，言隐于荣华，故有儒墨之是非。（《庄子·齐物论》）
>
> 上有桀跖（zhi），下有曾史，而儒墨毕起。（《庄子·在宥》）
>
> 削曾史之行，钳杨墨之口，攘弃仁义，而天下之德始玄同矣。（《庄子·胠箧》）

"桀跖"，是夏桀和盗跖；"曾史"，指曾参和史鱼，代表儒墨两家。在庄子看来，儒墨之徒口谈"仁义"，奔忙于世俗的名利场中，这不仅搅乱了人本有的自然玄同之心，也是使天下大乱的罪魁祸首。

那么，如何改变这"天下嚣嚣"的混乱境况呢？庄子开出的药方是："绝圣弃知。"所谓"绝圣弃知"，就是摈弃儒墨之徒引以自骄的"圣知之法"，对之进行价值重估。超越了世俗功利，摈弃了圣知礼法，就可以做"逍遥游"了。庄子的《逍遥

---

① 《史记·老庄申韩列传》。

游》，一开首就向我们展示了那样一个静穆苍茫的浑然之境：

> 北冥有鱼，其名为鲲。鲲之大，不知其几千里也。化而为鸟，其名为鹏。鹏之背，不知其几千里也。怒而飞，其翼若垂天之云。……天之苍苍，其正色邪？其远而无所至极邪？（《庄子·逍遥游》）

这就是自我解放了的心灵所遨游的精神空间。在这个空间里，人的精神与宇宙同化，与自然合一，相对于变动不居的现实世界，这是多么永恒的精神境界！这个精神境界，荀子后来把它概括为"天"。荀子认为："庄子蔽于天而不知人……由天谓之，道尽因矣"[①]。"天"就是"道"的具象化，就是"道"的精神的体现。何谓"天"？庄子说："牛马四足是谓天，落（络）马首，穿牛鼻，是谓人。"（《庄子·秋水》）牛马四足是自然生成的，可见"天"就是"自然"；而落马（络）首，穿牛鼻，是人为的，那就不是"自然"了，其与前面所言的"圣知之法"如出一辙。庄子是主张"无以人灭天"，他同样用了一则寓言来说明这个道理：

> 南海之帝为儵，北海之帝为忽，中央之帝为浑沌。儵与忽时相与遇于浑沌之地，浑沌待之甚善。儵与忽谋报浑沌之德，曰："人皆有七窍以视听食息，此独无有，尝试凿之。"日凿一窍，七日而浑沌死。（《庄子·应帝王》）

人都有七窍，而"浑沌"没有，是谓"天"。但经自己的朋友"凿"了七窍，"浑沌"就死了。可见，"以人灭天"的害处

[①] 《荀子·解蔽》。

有多大！荀子所谓的"庄子蔽于天而不知人"，指的就是庄子扬天抑人的自然学说。

但批判的武器毕竟代替不了武器的批判。一个人要生活在一个不被"人"所干扰的世界上显然是不可能的。精神之翼即使想象着在一个宏大的空间里作逍遥之游，但终竟还要飞回到那堆沉重的肉身。不过，庄子自有办法，那就是"齐物论"，即通过"内化"——精神的自我幻化、自我解构来超越乃至否定这个充满了差别的现实世界。我们知道，现实世界处处是有差别的：是非、善恶、得失、好丑、贫富、贵贱……但庄子似乎是太痛恨这个"不平"的现实世界，太厌倦了诸子百家为"坚白同异"而没完没了地争执，他要在这种种不同之中，寻出一个共同的道理。这个道理就是"万物皆一"：

> 自其异者视之，肝胆楚越也；自其同者视之，万物皆一也。（《德充符》）
> 天下莫大于秋毫之末，而太山为小。莫寿于殇子，而彭祖为夭。天地与我并生，而万物与我为一。（《齐物论》）

从不同的方面看，肝胆之近有如楚越之远；从相同的方面看，万物都是一样的。因此，事物的大小、时间的长短，都是相对的。为什么秋毫为大，太山为小呢？为什么短命殇子为寿，长寿彭祖为夭？庄子在《逍遥游》中，曾描写冥灵"以五百岁为春，五百岁为秋"，这样，与冥灵相比，彭祖当然可以为"夭"。殇子要是跟"不知晦朔"的朝菌相比，则可称为"寿"。对此，胡适曾有一个生动的比喻：譬如我说我比你高半寸，你说你比我高半寸。你我争论不休，庄子走过来排解道："你们二位不用争了，我刚才在那爱拂儿塔（Eiffel Tower）看下来，觉得你们二位的高低实在没有什么区别，何必多争，不如算作一样高低罢"①。庄子以自己通览宇宙之心,来抹煞现实的差别及其规定性,其目的意在引导人在心理上从这个丑恶的现实中超离出来,来面对一个更宽阔、更有意义的理想境界。因此,从精神"转移"这个意义上讲,庄子的"齐物论"还颇有些宗教的功能呢!

从"万物皆一"的认识论出发,庄子的"齐物论"就演化为"不遣是非"、"外死生"、"无成与毁"的人生哲学:

> 物无非彼,物无非是。自彼则不见,自知则知之。故曰:彼出于是,是亦因彼。彼是方生之说也。虽然,方生方死,方死方生;方可方不可,方不可方可;因是因非,因非因是。是以圣人不由而照之于天,亦因是也。是亦彼也,彼亦是也。彼亦一是非,此亦一是非,果且有彼是乎哉?果且无彼是乎哉?彼是莫得其偶,谓之道枢。枢始得其环中,以应无穷。

关于"道枢"与"环中",蒋锡昌云:"环"者乃门上下两横槛之洞;圆空如环,所以承受枢之旋转者也。枢一得环中,便可旋转自如,而应无穷。此谓今如以无对待之道为枢,使人天下之环,以对一切是非,则其应亦无穷也②。"万物皆备于我也",庄子正是把"万物皆一"的齐物论当作放之四海而皆准的灵丹妙药,来应付现实人生中的一切纷扰的。在这里,生死、是非、可与不可等可以说困扰着每一个人的人生问题,都被庄子一股脑儿地塞入他的"万物齐一"的"环中"而大而化之了。

---

① 《中国哲学史大纲》上卷,《胡适学术文集·中国哲学史》,中华书局1991年版,第190页。
② 蒋锡昌:《庄子哲学·齐物论校释》,上海书店1992年版,第131页。

但若以现实的眼光来看,庄子的"齐物论"可谓是鲁迅所说的"抚慰劳人的圣药",是具有极大的欺骗性的。这是因为,人的心灵超离了万物,作"逍遥游",而身体却还在"人间世",无法像蝴蝶一样飞翔。而《庄子·齐物论》中那个著名的"蝴蝶梦"的寓言,则活画出的是庄周在现实中灵与肉不能和谐统一的真正痛苦:

> 昔者庄周梦为蝴蝶,栩栩然蝴蝶也。自喻适志与,不知周也。俄然觉,则蘧蘧然周也。不知周之梦为蝴蝶与?蝴蝶之梦为周与?周与蝴蝶则必有分矣。此之谓物化。

当庄子沉浸在"万物齐一"的幻梦之中时,他感觉到的是"不知周之梦为蝴蝶与?蝴蝶之梦为周与?"这样一个"物我皆忘"的浑沌境界,但一旦"蝴蝶梦"醒,他面对的却是一个"蘧蘧然"的臭皮囊。"周与蝴蝶则必有分矣",乃是庄子对于自己与世界关系清醒认知。这时候的庄子,已经不是那只栩栩然的蝴蝶了,而是那个奔忙于乱世中的漆园吏了。总之,庄子所谓的"物化",其实质是"外化而内不化",(《知北游》)即在现实中随从世俗,随物而化,而在自己的内在世界里却要保持自己心灵的独立和自由,这在逻辑上似乎是解除心灵苦痛的有效方剂,但在实践理性上,这不是自欺欺人的"精神胜利法"吗?庄子"齐物论"自身在理想和现实中的矛盾由此可见。

既然万物已被庄子在心理上"齐一",那就可以作自己的"逍遥之游"了。但庄子"游"的主体是心而不是身,所谓"游心"是也。《人间世》说:"且夫承物以游心,托不得已以养中,至矣",《德充符》说:"不知耳目之所宜,而游心乎德之和",《应帝王》也说:"游心于淡,合气于漠,顺物自然而无容私焉"。任凭心灵在无穷的寰宇中任意驰骋,尽性遨游,这是多么淋漓酣畅的心灵愉悦啊！为了更加无碍地"游心"，庄子还提出了一系列具体的方法，如"外物"、"朝彻"、"见独"、"坐忘"等，其中以"坐忘"最为典型。所谓"坐忘"，就是要达到一种与世界合而为一的境界。《大宗师》曾假借孔子和颜回的对话演绎了一个"坐忘"的活报剧：

> 颜回曰："回益矣。"仲尼曰："何谓也？"曰："回忘仁义矣。"曰："可矣，犹未也。"他日复见，曰："回益矣。"曰："何谓也？"曰："回忘礼乐矣！"曰："可矣，犹未也。"他日复见，曰："回益矣！"曰："何谓也？"曰："回坐忘矣。"仲尼蹴然曰："何谓坐忘？"颜回曰："堕肢体，黜聪明，离形去知，同于大通，此谓坐忘。"

"堕肢体"和"离形"即忘身，"黜聪明"和"去知"即忘神，形神兼忘，与道合一，与宇宙同化，超乎时间的流逝，成为不朽的存在，这就是"坐忘"。而达到"坐忘"境界之人，也被庄子封为"真人"、"至人"、"神人"、"圣人"、"大人"、"德人"、"天人"、"全人"等，有着非同一般的能力和修养：

> 古之真人，不逆寡，不雄成，不谟士（事）。若然者，过而弗悔，当而不自得也。若然者，登高不栗，入水不濡，入火不热，是知之能登假于道者也若此。
> 古之真人，其寝不梦，其觉无忧，其食不甘，其息深深。真人之息以踵，众人之息以喉。屈服者，其嗌言若哇。其耆欲深者，其天机浅。
> 古之真人，不知说生，不知恶死。其出不欣，其入不距。倏然而往，倏然而来而已矣。不忘其所始，不求其所终。受而喜之，忘而复之。是之谓不以心捐道，不以人助

天,是之谓真人。

这是庄子对于他心目中的理想人格——"真人"的精神状态或境界的具体描述。"真人"精神境界的最主要内容或特征是对构成人生困境的三种境界的超越:"不知说生,不知恶死"意即齐一生死;"不逆寡,不雄成,不谟士(事)"是顺应时命;"其寝不梦,其觉无忧,其食不甘,其息深深"则达到了无情无欲的程度。超越了这样的人生困境,似乎就有了某种特异的功能:"登高不栗,入水不濡,入火不热。"庄子这里富于夸张色彩的描写,确实已经把他逍遥之游吹到了神乎其神的程度。

但面对现实,庄子就显得极为窘迫。他的办法只能是——"无为"。"无为"是道家的基本现实立场。老子也讲"无为",他说:"圣人处无为之事,行不言之教。万物作焉而不为始,生而不有,为而不恃,攻成而弗居。夫唯弗居,是以不去。"(《老子·二章》)圣人无为无言,任万物自作,功成而不自居,则功迹不灭。老子又说:"为学日益,为道日损,损之又损,以至于无为。无为而无不为。"(《老子·四十八章》)"为学"得到的是知识上的长进,"为道"即是要减却自己的虚浮乖张之心,日积月累,就进入了"无为"之境。只有如此,才能"无为而无不为"。总之,老子的"无为"并非绝意于世事,而是一种人生态度。他要以"无为"的人生态度面对世事的变化,任事物之自为,等待事物自身的发展转化,以待时而动,最终达到以静制动,以柔克刚之功效。可见,老子虽然标榜"无为",但只是一种态度或策略,正像鲁迅所说:"老子之言亦不纯一,戒多言而时有愤辞,尚无为而仍欲治天下。其无为者,以欲'无不为'也"[1]。而庄子则不同,他讲的无为,则是逍遥无为,全然没有

---

[1] 《汉文学史纲要》,《鲁迅全集》,第363页。

现实的目标或追求。《庄子》"内篇"中"无为"共两见,《逍遥游》云:"彷徨乎无为其侧,逍遥乎寝卧其下。"《大宗师》云:"芒然彷徨乎尘垢之外,逍遥乎无为之业。"此外,《天运》篇所云:"逍遥,无为也",也大体符合庄子的思想。刘笑敢先生就认为,庄子所谓无为都与逍遥、彷徨、寝卧相关,这说明庄子的无为或逍遥于世外、或寝卧而无心,都是彻底无为、绝对无为,以至于在现实中毫无目的,毫无追求。正是因为庄子把无为推到了极端,无为的内容已经变化,因此《庄子》内篇一万五六千字,"无为"才会出现两例,而在《老子》五千言中,"无为"竟出现十一次之多。[①]

庄子的"无为论"实际上就是安命论[②]。庄子把自己所感受到的社会生活中的必然性称之为"命":"天下有大戒二:其一,名也;其二,义也。子之爱亲,命也,不可解于心;臣之事君,义也,无适而非君也,无所逃于天地之间。"(《人间世》)命是不可解于心的,是无所逃于天地之间的。他不仅抹煞了人的主观能动性,而且抹煞了人生中的一切偶然性,把人幸运逃脱于神箭手之靶心称之为"命之必然":"中央者,中地也,然而不中者,命也。"(《德充符》)因此,他认为人对待自己的命运的态度应该是安命无为:"自事其心者,哀乐不易乎前,知其不可奈何而安之若命,德之至也。"(《人间世》)"知其不可奈何而安之若命,唯有德者能之"。(《德充符》)无心无情,安然顺命,这才是最高的道德修养。《大宗师》中描写的子祀、子舆、自犁、子来四个人都是庄子心目中安命无为的理想人物。子舆生病后,腰背佝偻弯曲,五脏血管直竖,面颊陷于肚脐,肩膀高于顶,发髻上指天空。其丑陋痛苦,可想而知。然而,当子祀问他:"女恶

[①] 刘笑敢:《庄子哲学及其演变》,中国社会科学出版社1988年版,第153页。
[②] 同上书,第143—153页。

之乎?"他却回答:

> 亡,予何恶!浸假而化予之左臂以为鸡,予因以求时夜;浸假而化予之右臂以为弹,予因以求鸮炙;浸假而化予之尻以为轮,以神为马,予因以乘之,岂更驾哉!且夫得者,时也;失者,顺也。安时而处顺,哀乐不能入也,此古之所谓县解也,而不能自解者,物有结之。且夫物不胜天久矣,吾又何恶焉!

这也就是说,如果造化把我的左臂化为公鸡,我就用它来司晨,如果造化把我的右臂化为弹丸,我就用它来打鸟烧着吃,如果造化把我的臀部化为车轮、精神化为马,我就乘之而行,连车也不用驾了。任凭命运怎样捏弄,怎样摆布,那就随便吧!这就是庄子所谓的"安时而处顺"的人生态度,也是他在现实中所不得不采用的生存方式。这种看似怡然自得的"随便"的人生境界,实际上是在放弃了人生尊严及责任的基础上达成的。这样的人生境界,还有什么现实的意义呢?而庄子竟然还厚着脸皮继续说:"安时而处顺,哀乐不能入也,此古之所谓县解也","县解"即"悬解",解除倒悬之苦之意。那么,子舆的疾病和死亡,在他自己看来已经不是人生的苦痛之事,而是一件相当愉悦的事件了。这样,庄子终于从"无为而入于虚无",由一个安时顺命的无为主义者转向为死亡高唱赞歌的虚无主义者。

庄子的虚无主义主要表现为对现实人生的否定乃至摈弃。否定现实的秩序及其价值,对之做了毫不留情的批判,我们前面已经谈到,这是庄子思想中最富有价值的一面。但庄子为了他的逍遥之游,却要以否弃现实人生的快乐作为代价,这就有着浓厚的虚无主义的色彩了。这也难怪,他会在死亡问题上表现出那样的达观态度:

庄子妻死，惠子吊之，庄子则方箕踞鼓盆而歌。惠子曰："与人居，长子、老、身死，不哭亦足矣，又鼓盆而歌，不亦甚乎！"庄子曰："不然。是其始死也，我独何能无慨！然察其始而本无生；非徒无生也，而本无形；非徒无形也，而本无气。杂乎芒芴之间，变而有气，气变而有形，形变而有生。今又变而之死。是相与为春秋冬夏四时行也。人且偃然寝于巨室，而我噭噭然随而哭之，自以为不通乎命，故止也。"（《至乐》）

庄子将死，弟子欲厚葬之。庄子曰："吾以天地为棺椁，以日月为连璧，星辰为珠玑，万物为赍送。吾葬具岂不备邪？何以加此！"弟子曰："吾恐乌鸢之食夫子也。"庄子曰："在上为乌鸢食，在下为蝼蚁食，夺彼与此，何其偏也。"以不平平，其平也不平；以不徵徵，其徵也不徵。明者唯为之使，神者徵之。夫明之不胜神也久矣，而愚者恃其所见入于人，其功外也，不亦悲夫！（《列御寇》）

其实，庄子并没有修炼到他所谓的"哀乐不能入"的地步，他的妻子死了，"我独何能无感慨"，这是他的真心话。他自己面对死亡，我想他并非是心如止水。他之选择"鼓盆而歌"和"薄葬"，乃是他"安命论"思想的具体表现。死亡是人生的一种必然性，这是谁也逃避不了的，既然如此，那又何必如此悲哀，如此重视呢？对死亡的这种达观态度，似乎并没有什么问题。问题在于庄子并没有就此停下来，最后竟发展到生不如死，完全否弃生之快乐的程度。在《大宗师》中，他竟然"以生为附赘县（悬）疣，以死为决𤴯溃痈"。在《至乐》中，则通过"庄子"与一"髑髅"的对话，把生不如死的理论推向极致，认为阴间的世界与阳间的"人间之劳"相比，有如"南面王乐"。

这样，庄子就在理论上彻底否弃了人生，滑入到了虚无主义的泥潭而不能自拔。

庄子对现实人生的彻底否弃，既是他理论自身在逻辑上自然发展的结果，更是他理论自身矛盾性引起的。庄子的理论，本身就是那个苦难时代的"苦闷的象征"，是那个时代许多善良正直的知识分子找不到出路的理论表述。灵魂与肉体的分裂，现实与理想的冲突，始终是庄子无法解开的精神死结。庄子的哲学颇类似于马克思所分析的宗教的本质与特点：

> 人不是抽象的蛰居于世界之外的存在物。人就是人的世界，就是国家，社会。这个国家、这个社会产生了宗教，一种颠倒的世界意识，因为它们就是颠倒的世界。
>
> 宗教里的苦难既是现实的苦难的表现，又是对这种现实的苦难的抗议。宗教是被压迫生灵的叹息，是无情世界的心境，正像它是无精神活力的制度的精神一样。宗教是人民的鸦片。①

正像马克思所剖析的宗教乃是"一种颠倒的世界意识"一样，庄子思想也是一种颠倒了的世界意识，是他为处于水深火热之中的人们提供的一处精神避难所。但庄子在构建自己的精神大厦的同时，却忘记了"人不是抽象的蛰居于世界之外的存在物"，他所要解除的现实苦痛既是现实的苦难的表现，又是对这种现实的苦痛的抗议。他也许是过于沉浸于自己的"逍遥游"中去了，最后竟然把自己身处的大地和现实的存在也给否弃了。其结果必然是：自欺，然后欺人。从这个意义上讲，说《庄子》

---

① 《〈黑格尔法哲学批判〉导言》，《马克思恩格斯选集》第1卷，人民出版社1995年版，第1—2页。

是中国士人的精神"鸦片"一点也不为过。

但庄子以"齐物论"为核心的虚无主义思想,却为正在中国形成的一个特殊士人群体——隐士的存在提供了强大的理论支持。隐士自古皆有,传说中尧舜时代的许由、巢父,商汤时代的伊尹、申徒狄,周初的伯夷、叔齐,就是中国隐士的鼻祖。特别是"不降其志,不辱其身"的伯夷、叔齐,更是被后来的隐士们封为精神的楷模。但他俩因义不食周粟,隐居于首阳山,采薇而食,最后竟活活饿死。这说明在春秋战国之前,社会物质发展的程度似乎还没有为隐士的生存及人格的丰满提供足够的物质准备和保障的水平,因此,真正的隐士群体并没有产生。只有到了春秋、战国时期,随着"士"这一阶层从周朝的王官体制中分化出来,才有了比较庞大的隐士群体以及对其特点的理论表述。《易·蛊》说:"不安王侯,高尚其事。"《疏》云:"不复以世事为心,不系累于职位,故不承事王侯,但自尊高慕,尚其清虚之事,故云高尚其事也。"孔子讲"隐居以求其志"(《论语·季氏》),"天下有道则见,无道则隐"(《论语·泰伯》),"道不行,乘桴浮于海"(《论语·公冶长》),更包含着对"隐居避世"这种人生选择的认可和尊重。而老子,虽然传说他曾作过周室的守藏史,但最后还是归隐了,司马迁就说他是个"隐君子"[①]。而老子"尚柔"、"无为"的思想,可以看作是对于隐士生存方式的高度的理论表述。但孔、老虽有隐退之心,却都深通"世故",措意于人世,隐居只不过是自己待机而动的一种手段或方式。孔子的归隐,是其"知其不可为而为之"的一种补充或权变方式;老子的归隐,其指归在以"无为而无不为"。到了庄子,则把孔、老的归隐之想全面推向极致,"因为他虽然与世人往来,却不问世上的是非、善恶、祸福、生死、喜怒、贫

---

① 《史记·老庄申韩列传》。

富,……一切只是达观,一切只要'正而待之',只要'依乎天理,因其固然'。他虽在人世,却和不在人世一样,眼光见地处处都要超出世俗之上,都要超出'形骸之外',这便是出世主义"①。《庄子》一书乃集先秦隐士理论之大成,是先秦隐士生存方式的最深刻、最完备的理论总结。

庄子不仅以"万物齐一"的理论形态证明了隐居、出世的必要性和必然性,而且还以其"隐居放言"、"不事王侯"的放诞形象彻底实践了自己的理论。庄子身为漆园吏,但估计是俸禄很低的小吏,他似乎终身都过着比较贫穷的日子。《外物》载"庄周家贫,故往贷粟于监河侯",可见经常没有吃的;《列御寇》载他"处穷闾陋巷,困窘织履,槁项黄馘",可见经常被饿得面黄肌瘦。但即使如此,庄子仍表现出一种"贫贱不能移"的道德精神。有一次,庄子"衣大布而补之,正絜系履,而过魏王"时,魏王见他衣着寒酸,就问道:"何先生之惫邪?"庄子回答:"贫也,非惫也。士有道德不能行,惫也;衣弊履穿,贫也,非惫也。此所谓非遭时也……今处昏上乱相之间,而欲无惫,奚可得邪?"(《山木》)庄子不仅有一种"贫贱不能移"的精神,而且他还做到"富贵不能淫",据司马迁《史记》记载:

> 楚威王闻庄周贤,使使厚币迎之,许以为相。庄周笑谓楚使者曰:"千金,重利;卿相,尊位也。子独不见郊祭之牺牛乎?养食之数岁,衣以文绣,以入大庙。当是之时,虽欲为孤豚,岂可得乎?子亟去,无污我。我宁游戏污渎之中自快,无为有国者所羁,终身不仕,以快吾志焉。"(《史记·老庄申韩列传》)

---

① 胡适:《中国哲学史大纲》上卷,《胡适学术文集·中国哲学史》,中华书局1991年版,第189页。

楚王迎聘庄周之事，《秋水》篇和《列御寇》也有类似描写，但是否确有其事，许多人有所疑问。但联系到《庄子》其他篇中所记载的类似的庄周事迹，如《秋水》中写庄周视相位如腐鼠，《列御寇》写庄周讥邀宠为"舐痔"，是可以证明这一史实在基本精神上的真实性的。庄子对名利是如此的淡泊，对权势是如此的轻蔑！这种为理想而甘于贫穷，放言无忌地抨击权贵，粪土王侯的清高、放达、狂傲的形象，已成为历代士人尤其是文人所歌咏的对象。"不见相知人，惟见古时丘。路边两高坟，伯牙与庄周，此士难再得，吾行欲何求"？（陶渊明：《拟古·其八》）陶渊明的诗，可以说集中地表达了后代的文人学士对庄周"隐居放言"道德人格的企慕和推崇。

二 "苏古掇新":早年鲁迅

根据我们现在所能掌握的资料，鲁迅比较全面地接触《庄子》一书是在日本留学时期。郭沫若在1941年曾写有《庄子与鲁迅》一文，其所举证的鲁迅著作中所见的《庄子》的词汇、庄子的话等，也大多出自鲁迅早期的几篇文化论文。但要了解鲁迅早期所受《庄子》影响的情况，仅仅词汇上的列举显然是不够的，因为这很容易让人们感觉鲁迅早期所受庄子的影响主要表现在词汇意义上而非其他。所以，有的论者就据此认为，鲁迅"前期偏重于吸取庄子'汪洋辟阖、仪态万方'的文风和'文辞之美'，1927年以后则偏重于批判庄子的消极虚无思想"[①]。这种看法至今在鲁迅研究界还有广泛的影响。但这一结论本身就存

---

① 王晓华：《老庄哲学与鲁迅的思维方式》，《中国哲学史研究》（北京）1985年第4期。

在着矛盾:既然偏重于吸取的是《庄子》的"文风和文辞之美",何来1927年后鲁迅对《庄子》消极虚无思想的批判?另外,从认知心理学的角度来看,也不存在离开文辞之外的所谓"思想",更不存在没有"思想意识"附着的赤裸裸的"文辞"。因为任何对象在被我们明确意识到的一刹那,往往就被语言组织起来了,"从心理方面看,思想离开了词的表达,只是一团没有定形的模糊不清的浑然之物"①。可见,早期鲁迅对于《庄子》的接受绝不仅仅是"文辞之美",还有除文辞之外的思想和精神气质上的深刻烙印。

青年鲁迅对于《庄子》的接受,受到了章太炎"庄学"思想的深刻影响。1908年,鲁迅正在东京从事旨在改造国民精神的文艺活动,而章太炎也在主编《民报》之暇,抽空给中国留学生开办国学讲习会。从1908年8月,鲁迅开始师从章太炎,同许季茀(寿裳)、朱遏先(希祖)、钱均甫(家治)、钱德潜(玄同)、朱蓬仙(宗莱)、龚未生(宝铨)、周启明(作人)等八人,在《民报社》太炎先生寓所——东京牛込区二丁目八番地《民报》社,有时也可能到人数较多的大成中学,听太炎先生讲学。后来,许寿裳在《亡友鲁迅印象记》和《章炳麟》中,回忆这次讲学内容时,却只有太炎先生讲授文字学的记载。而周作人的《知堂回想录》一书则回忆说:"《说文解字》讲完之后,似乎还讲过《庄子》"②,不太肯定。但据现存的北京图书馆所藏的《朱希祖日记》(稿本)和北京鲁迅博物馆所藏的《钱玄同日记》(稿本),其中1908年度有章太炎的讲学记录。朱希祖的日记上明确记载,自1908年4月4日起至10月底,除讲授段玉裁《说文解字注》、郝懿行《尔雅义疏》外,还于8月5日、8月8

---

① 索绪尔:《普通语言学教程》,商务印书馆1980年第1版,第157页。
② 《苦茶——知堂回想录》,敦煌文艺出版社1995年版,第169页。

日、8月12日、8月15日、8月19日、8月22日插讲了《庄子》。而钱玄同的日记上也有太炎先生多次讲解《庄子》的记录。而太炎先生给鲁迅他们讲解《庄子》的史实,鲁迅自己在晚年也有回忆。1936年,他曾在《"出关"的"关"》一文中,讲到自己写作《出关》这篇小说,还是受到了太炎先生的启示:

> 老子的西出函谷,为了孔子的几句话,并非我的发见或创造,是三十年前,在东京从太炎先生口头听来的,后来他写在《诸子学略说》中。但我也并不信为一定的事实①。

查"老子西出函谷"的故事,见于《庄子》中的"天运"篇。这就明确告诉我们,鲁迅是听过章太炎有关《庄子》的课程的,而且印象还非常深刻。

值得注意的是,东京讲学时期是章太炎最热衷于《庄子》,并对其评价最高的时期。1908年,也就是给鲁迅等授业之时,章氏撰有《庄子解诂》,次年连载于《国粹学报》。在"题记"中他写道:"余念《庄子》疑义甚众,会与诸生讲习旧文,即以己意发正百数十事,亦或亟集采诸字,音义大氐备矣"②,由此可知,这是根据给鲁迅他们授课的讲义整理而成的。1910年,章太炎又撰《齐物论释》,以佛家唯实法相宗的理论来解释《庄子》,从而融庄、佛于一体来建构自己的哲学思想。对这一阐发《庄子》的著作,章太炎自视甚高。在《自述学术次第》中,他认为《齐物论释》是自己中年之后所作的"精要之言",可谓"一字千金"③。对于庄子的哲学,这一时期的章太炎也给予高度

---

① 《且介亭杂文末编·"出关"的"关"》,《鲁迅全集》第6卷,第520页。
② 《章太炎全集》第6卷,上海人民出版社1986年版,第127页。
③ 傅杰编:《章太炎学术史论集》,中国社会科学出版社1997年版,第391页。

评价。在先秦诸子中，章太炎能够给予"内圣外王"地位的，只有庄子一个。他说："若夫九流繁会，各於其党，命世哲人，莫若庄氏，逍遥任万物之各适，齐物得彼是之环枢，以视孔墨，犹尘垢也"①。章太炎把《庄子》奉为最高哲学，视其道理远远超乎儒墨之上，这在当时确实是极为大胆的。因此，章太炎在给鲁迅他们讲学之际，专门抽出时间讲解《庄子》，绝非无心为之。

应该说，是章太炎把青年鲁迅带入了博大精深的庄学世界，而且他对于庄子思想的阐发也极大地诱发并影响了当时正求知若渴的青年鲁迅。鲁迅这一时期正热衷于德国唯意志哲学以及他在《摩罗诗力说》中所介绍的欧洲浪漫主义思潮，而《庄子》一书的鲜明的反智主义思想及浪漫主义气质也正合青年鲁迅的阅读胃口，因此可以说，这一时期鲁迅曾认真研读了《庄子》一书，并且在文辞和思想两个方面都受到了《庄子》一书的深刻影响。另外，现存鲁迅藏书中有晋代王弼注、严复校点，1905年出版的《老子道德经评点》（两卷）一书，系清光绪三十一年日本东京夏木邦信并木活版所朱墨套印本。本书的购藏时间不见于鲁迅日记，但估计是在日本东京时所购。联系到历史上"老庄"并称，还可以认为鲁迅在阅读《庄子》之时，同时也读了老子的《道德经》。

首先我们必须看到，《庄子》丰美奇诡的文辞，对早期鲁迅产生了深刻的影响。这种影响主要表现在这一时期鲁迅所写作的文化论文之中。这些论文主要包括：《人间之历史》（1926年编入文章《坟》时改题为《人之历史》）、《摩罗诗力说》、《科学史教篇》、《文化偏至论》及《破恶声论》（未完）等。对于早年的几篇论文写作，鲁迅曾有过这样的表述：

---

① 《章太炎全集》第6卷，上海人民出版社1986年版，第127页。

因为那编辑先生有一个怪脾气,文章要长,愈长,稿费便愈多。所以如《摩罗诗力说》那样,简直是生凑。倘在这几年,大概不至于那么做了。又喜欢做怪句子,这时受了当时的《民报》的影响。①

这里,鲁迅指出了其早年文章的两个特点,一是篇幅长,二是文风怪,即喜欢做"怪句子和写古字",并提出了这是受了当时的《民报》文风的影响。《民报》是本世纪初章太炎主编的同盟会的机关刊物。所谓的《民报》文风,主要是指章太炎的文章风格。章太炎在《民报》发表的文章,喜用古字和生僻字句,一时成了《民报》的主导文风。在后来的《集外集·序》中,鲁迅自称早年曾受严又陵的影响,"以后又受了章太炎先生的影响,古了起来"②。尽管鲁迅晚年在《关于太炎先生二三事》中说他爱看章氏主持的《民报》,"但并非为了先生的文笔古奥,索解为难……却为了他是有学问的革命家"③。但章氏的"文笔古奥"即喜欢做"怪句子和写古字",对于鲁迅早年的文风及美学趣味却有着重大影响。鲁迅在晚年曾回忆说:"年轻时较爱读唐朝李贺的诗,他的诗晦涩难懂,正因为难懂,才钦佩的"④。另外,当时在与鲁迅共同编译《域外小说集》的周作人也曾回忆说,鲁迅在编译《域外小说集》时,很注意用字的古雅和庄重,不大用别字或重复的字⑤。这一切都说明,古奥艰涩和奇耸典雅是鲁迅日本留学时期最为崇尚的美学趣味和写作特点。

---

① 《坟·题记》,《鲁迅全集》第1卷,第3页。
② 《鲁迅全集》第9卷,第4页。
③ 《鲁迅全集》第6卷,第546页。
④ 《鲁迅全集》第12卷,第595页。
⑤ 《鲁迅的青年时代·鲁迅的国学与西学》,《关于鲁迅》,第430页。

而鲁迅早期写作中艰涩古雅的文风,则与他借用和化用《庄子》中的奇诡文辞密切相关。鲁迅借用和化用《庄子》中的文辞,多为双音节、多音节词。创作和编辑《庄子》的战国时代,正是汉语言词汇由单音节词(字)逐渐向双音节词、多音节词的转折时期。在春秋时期,汉语言基本上仍停留在单音节词汇的阶段,很少有双音节词汇。后来随着社会体制由宗法贵族统治向地主封建制的转型所带来的天崩地坼式的变化,新事物、新概念的日益增多,使得语言中最活跃的因素——词汇开始由单音节词向双音节及多音节词转化。《庄子》创造并记载了许多新的双音节词汇,以增强表现新事物的能力和汉语言的美感。这种为《庄子》所独有的双音节、多音节词汇正是郭沫若在《庄子与鲁迅》一文中所列举的例证。郭沫若在该文中举出了从鲁迅文章中信手拈来的《庄子》语汇达十多条之多,并指出这些"大率见于鲁迅初年的作品",即写于留日时期的几篇论文。他由此而得出结论:"可以知道鲁迅在早年实在是熟读《庄子》的人,所以词汇和语法,都留下了显明的痕迹。"实际上,鲁迅对《庄子》词汇的借用远不止这十多条。据笔者不完全的统计,鲁迅论文中对《庄子》词汇的运用比较明显的就达60余处之多,这类词汇多为庄子所独有或独创。如"曼衍"、"犁然"(《人之历史》)。"尸祝"、"夭阏"、"成然"、"曼衍"、(《科学史教篇》)。"掊击"、"块然"、"輊才小慧之徒"、"灵府"、"芒然自失"、"吊诡"、"矍暗"、"愚芚"、"拘于虚"、"仁义之途,是非之端,樊然淆乱"、"槁枯"、"木居而茅食"、"偏枯"、"缘督"、"傲睨万物"(《文化偏至论》)。"灵府"、"枯槁"、"支离"、"渊默而雷声"、"撄人心"、"夭阏"、"无用之用"、"无何有之乡"、"澡雪精神"、"彷徨"、"众生扰扰"、"萶然"(《摩罗诗力说》)、"恶声"、"矍暗"、"槁梧"、"瞿然"、"大觉"、"发如机栝"、"灵府"、"灵台"、"举世誉之而不加劝,举世毁之而不加沮"、

"昌狂"、"唱喁"、"厥心纯白"、"百昌"、"乱之上也,治之下也"、"庄语"(《破恶声论》)。这些文辞,大都尖新、奇特,其或者是双声叠韵的连绵词,或者是描写情态的"然"字句,或者是庄子式的词组和句子。它们被借用、引用、甚至化用到鲁迅的早期论文中,是形成鲁迅早期论文"古了起来"的怪异文风的重要因素。

青年鲁迅还借用了《庄子》中独有的词汇和概念,并赋予其新的内涵和意义。这种大胆拿来,为我所用的创造性运用主要体现在下列概念上:

第一,文学的"无用之用"说。

"无用之用"是庄子在回击老对手惠施谓其学说"空言无用"时,对自己学说之作用的绝妙表述。在《庄子》中,庄子的朋友惠施屡屡攻击庄子,说他的学说"无用"。对此,庄子的回答说:"山木自寇也,膏火自煎也。桂可食,故伐之;漆可用,故割之。人皆知有用之用,而莫知无用之用也。"(《庄子·人间世》)在这里,庄子摈弃了知识的工具理性价值,倡扬的是自己的思想和学说在精神价值层面的意义,表现出的是自己与统治者不合作的决绝态度。因此,"惠子屡次攻击庄子'无用',那真是全不懂庄子而懂透了庄子"[1]。

鲁迅在《摩罗诗力说》中借用了庄子的这一命题,来表达他对文艺能"涵养人之神思"之作用的看法:

> 故文章之于人生,其为用决不次于衣食,宫室,宗教,道德。盖缘人生在两间,必有时自觉以勤劬,有时丧我而惝恍,时必致力于善生,时必并忘其善生之事而入于醇乐,时或活动于现实之区,时或神驰于理想之域;苟致力于其偏,

---

[1] 《庄子》,《闻一多全集》第4卷,三联书店1982年版,第277页。

是谓之不具足。严冬永留,春气不至,生其躯壳死其精魂,其人虽生,而人生之道失。文章不用之用,其在斯乎①?

这一时期,鲁迅受到西方浪漫主义思潮和以尼采为主的德国唯意志哲学的影响,力主"尊个性而张精神"的"立人"思想,并把它视为救国的首要"道术",而文章则因为有"涵养人之神思"的功能被鲁迅视为"立人"的重要方式。鲁迅在这里从人生本体进行立论,辩证地分析了文艺的特有价值和功能。相对于梁启超充满功利色彩的"文学救国论",鲁迅对文学独立价值的认识和强调则更接近文学的本质。这种将艺术表现人生作为文学的本体、目的和功能的文学观,确立了文学作为一门独立的人文学科的价值体系,是中国文学挣脱传统的"载道"文学观念的束缚,进入现代性发展阶段的重要标志。

第二,文学的"撄人"说。

庄子的学说,"蔽于天而不知人"②。他从天性论的立场出发,强调人的自然性:"性者,生之质也。性之动,谓之为,为之伪,"(《庚桑楚》)"性不可易,命不可变,时不可止,道不可壅;苟得其道,无自而不可;失焉者,无自而可"。(《天运》)庄子认为"性"就是生命的质地,也就是人的自然。"性之动"即人的作为,其违背了人的自然性,就是"伪",就是"失"。而失去了自然,也就失去了"道",那就"无自而可"。一个人只有顺命顺性,也就是得其自然,就能"得其道",那就"无自而不可"。由这种自然主义的观念出发,庄子反对任何对人性自然的侵扰和破坏即"撄人心"。在《在宥》中,他指责"昔日黄帝始以仁义撄人之心,尧舜于是乎股无胈,胫无毛,以养天下之

---

① 《鲁迅全集》第1卷,第71页。
② 《荀子·解蔽》。

形,愁其无藏以为仁义,矜其血气以规法度",而"天下脊脊大乱,罪在撄人心"。他认为治天下的根本则在于"汝慎无撄人心",即"故君子不得已而临莅天下,莫若无为。无为也而后安其性命之情"。

但在《摩罗诗力说》中,鲁迅却一反庄子之意而用之,把"撄人心"的命题从文化范畴推及到美学领域。他认为:"盖诗人者,撄人心者也。凡人之心,无不有诗。……唯有而未能言,诗人为之语,则握拨一弹,心弦立应,其声彻于灵府,令有请者皆举其首,如睹晓日,益为之美伟强力高尚发扬,而污浊之平和,以之将破。平和之破,人道蒸也"①。"撄",在这里指刺激、感发人心。只有焕发起人人心中本来就有的诗心,使之踔厉奋发,才能打破平昔的"平和",促进人的觉醒和启蒙。这是向流衍几千年"中和之美"的传统诗教的根本性挑战。接着,鲁迅又从美学领域进入到文化批判的范畴。他认为"中国之治,理想在于不撄","不撄"便是"平和"。"平和"是表面的,暂时的,争斗却是内在的,长久的。中国的统治者所以宣扬"平和",意在"安生",加以传统文化特别是道家的推波助澜,提倡淡泊无为,心如止水,"平和"之想蔓延数千年。鲁迅的"撄人"说标志着一种与传统诗教"温柔敦厚"相对立的现代诗学观念的形成,同时也赋予了中国20世纪文学以现代性的品格。

第三,古民的"白心"说。

"白心"即"纯白之心",其起源于《庄子·天下》言及宋鈃和平主义之部分。"纯白"一词见于《庄子·天地》:"机心存于胸中则纯白不备",用意与"白心"相似。庄子是人性自然论者,他反对与自然人性相对立的"机心"或知识世界,并把这视为人性的异化。因此,在《庄子》一书中,类似"纯白"、

---

① 《鲁迅全集》第1卷,第68页。

"纯素"、"朴素"之意的词比比皆是,他把得道之人称为"素王",其用意也在于此。

在对于自然人性的崇尚和道德拯救的承担这两个方面,鲁迅无疑从《庄子》中得到了潜在而又丰富的启示。在《破恶声论》一文中,鲁迅指责那些"志士英雄,非不祥也,顾蒙帼面而不能白心,则神气恶浊,每感人而令之病"。他认为,"奥古斯丁也,托尔斯泰也,约翰卢梭也,伟哉其自忏之书,心声之洋溢者也"。因此,他希望国人:"若其本无有物,徒附丽是宗,辄岸然曰善国善天下,则吾愿先闻其白心。使其羞白心于人前,则不若伏藏其论议,荡涤秽恶,俾众清明,容性解之竺生,以其人之内曜"①。按:"性解",指"天才",其来自严复译述的《天演论》;"竺生",同"笃生",涌现的意思;"内曜",指内心的灵明之光。"白心"一词,崔譔注曰"明白其心"②,日本学者伊藤虎丸先生解释为:"这是一种最积极地执着于自己内心的真实而不顾一切既成的价值和外界的条条框框的、真率的心态,与那拒斥追随外部制约或多数人意见的主体性,与自由畅想的空想力(神思)密切相连。"他认为,"鲁迅用了'白心'这一古语,欲向中国人提示的实际是欧洲的近代精神,同时揭示出在传统的儒教的文明理念中所有的某种'伪'"③。

这就是说,首先,"白心"的对立面即"伪",而"伪"则是以儒教为主体的传统知识分子在道德人格上的主要缺陷。因为以儒教为主体的传统道德,要求人们用"克己复礼"、"存天理而灭人欲"的强制规范去约束和抑制自己内心的真正欲望。用M.韦伯式的话说,即"文饰",正是"教养人"即"君子"资

---

① 《鲁迅全集》第 8 卷,第 27 页。
② 郭庆藩:《庄子集释》,中华书局 1961 年版,第 1101 页。
③ [日]伊藤虎丸:《早期鲁迅的宗教观》,《鲁迅研究动态》1989 年第 10 期。

格的显示。然而,"食色性也",人们的自然欲望又是难以遏止的,于是,社会中的一部分人就只好通过"口是心非"或"言行不一"的虚伪生存方式,来实现既适应礼教规范又满足内心欲望的目的。传统道德本身需要虚伪也容易制造虚伪。因此,鲁迅认为,"白心"才是真正的"志士"所应具备的基本的道德人格。其次,这种"伪"也是与不允许有半点虚假或文饰的近代科学精神不相容的。因为近代科学中的严密精神,体系精神及方法精神是需要真诚的道德精神贯注其中的。这样,科学的理性精神(真)与道德的真诚人格(善)达成深度的统一,青年鲁迅"致人性于全"的道德理想由此可见。正是出于对"正信之士"们虚伪人格的失望,鲁迅把道德理想的希望寄托在古民以及"气禀未失之农人"身上,认为他们是"朴素之民,厥心纯白",在他们身上比传统士人保留了更多的虔信与真诚[1]。鲁迅这种以初民社会的道德人格为"纯白"、以儒教伦理社会的道德人格为"虚伪"的人性异化论,在其后来的论述中也时有流露:"便在中国,只要心思纯白,未曾经过'圣人之徒'作践的人,也都自然而然的能发现这一天性"[2]。"没有读过'圣贤书'的人,还能将这天性在名教的斧钺下,时时流露,时时萌蘖;这便是中国人虽然凋落萎缩,却未灭绝的原因"[3]。鲁迅的"白心"说,表现出了鲜明的道德救赎色彩,这是鲁迅最终走向阶级论的思想基础。

但《庄子》对青年鲁迅更为主要的影响,还是表现在其"立人"思想的建构中。日本留学时期是鲁迅思想的形成时期,他一生所坚持的文化启蒙思想就是在这一时期建构起来的。早期

---

[1] 《鲁迅全集》第8卷,第28页。
[2] 《坟·我们现在怎样做父亲》,《鲁迅全集》第1卷,第133页。
[3] 同上书,第135页。

鲁迅一方面吸收了以进化论为世界观的西方近代理性思想，另一方面，他又与当时流行于日本的"西方神思宗之至新者"，即卢梭、叔本华、尼采、克尔恺郭尔、施蒂纳等思想家所代表的西方非理性主义思潮有着更深的思想联系。鲁迅正是糅合了这两个互为反动的西方思想而"别立新宗"，建构自己的"立人"思想体系的。这样，作为思想建构中的"遗传性图式"，《庄子》中诸多原创性的命题与青年鲁迅的非理性思想之间就产生了某种同构性的联系，鲁迅就是在这样的思想背景下而专注于《庄子》的。

在《文化偏至论》一文中，鲁迅曾对自己的"立人"说有过集中的总结。他说："是故将生存两间，角逐列国是务，其首在立人，人立而后凡事举；若其道术，乃必尊个性而张精神"①。这也就是说，"立人"是其开出的救国之方，而具体的"道术"即治疗方法乃是"尊个性而张精神"。在同一篇文章里，他又把"尊个性而张精神"表述为"掊物质而张灵明，任个人而排众数"②。可以说，早期鲁迅的"立人"说的具体内容就是"掊物质而张灵明，任个人而排众数"。应该说，鲁迅在建构自己的"立人"思想时，西方外来思想的作用应该是主要的。没有西方外来思想的刺激和启示，早期鲁迅的"立人"思想仍然是中国传统士人思想的继续或循环，其中"现代性"的因子是不存在的。但也不能否认，鲁迅在建构自己的"立人"思想时，那些传统的"遗传性基因"在其中所起到的潜在的决定性作用。而在这些"遗传性基因"中，其中就有《庄子》所散播的那些古老的阴魂。后来鲁迅在反思自己的内在灵魂时，就曾说过自己身上有"庄周韩非的毒"即是明证③。其实，青年鲁迅不是没有对

---

① 《坟·我们现在怎样做父亲》，《鲁迅全集》第1卷，第57页。
② 《鲁迅全集》第1卷，第46页。
③ 同上书，第285页。

庄子思想中的负面因素有所警惕,甚至还有非常激烈的批判。如他在《摩罗诗力说》中对于我们上面已经介绍过的庄子"不撄人心"的思想,就有"反其道而用之"的犀利批驳,他说:"老子书五千语,要在不撄人心;以不撄人心故,则世必先致槁木之心,立无为之治,以无为之为化社会,而世即于太平"①,这不单是针对老子的,也是针对庄子而言的。但尽管如此,《庄子》一书中所散发的思想"毒汁",仍然对鲁迅早期"立人"思想的建构,起到了不可忽视的粘合作用。而这,乃是本书所主要关注的。

《庄子》对鲁迅早期思想的启示和影响主要是在两个层面上展开的:一是"掊物质而张灵明"与庄子"绝圣弃知"的反知主义倾向之间的对应;二是"任个人而排众数"与庄子"任其性命之情"的个性解放思想之间的对应。下面我们尝试着分别加以论述。

"绝圣弃知"是庄子在"剽剥儒墨"、进行"价值重估"时所提出的鲜明的反智主义口号。他认为儒、墨信徒"入世"的手段即是已经沦为统治者工具的"圣知之法"。他们劳其筋骨,倾其智慧,意在汲汲于用世,这不仅使天下扰攘,也使人心不古。我们知道,庄子是自然主义的天性论者,他继承了老子的自然观,反对任何对人性自然的侵扰和破坏即"撄人心",他认为这是由于人类对于外在的物质生活过分贪求的结果。而物质文明的建立是以科学和知识作为利器取得的,这样,庄子最后走向了彻底的反知主义。他认为,"去知与故……乃和天德"(《刻意》)。因为,正是智慧和创造给人类本有的宁静心境带来了破坏:

---

① 《鲁迅全集》第 1 卷,第 67 页。

> 绝圣弃知，大盗乃止；掷玉毁珠，大盗不起；焚符破玺，而民朴鄙；掊斗折衡，而民不争；殚残天下之圣法，而民始可与论议。擢乱六律，铄绝竽瑟，塞瞽旷之耳，而天下始人含其聪矣；灭文章，散五采，胶离朱之目，而天下始人含其明矣；毁绝钩绳而弃规矩，攦工倕之指，而天下始人含其巧矣；削曾史之行，钳杨墨之口，攘弃仁义，而天下之德始玄同矣。……彼曾、史、杨、墨、师旷、工倕、离朱，皆外立其德而以爚乱天下者也。(《胠箧》)

可见，道德、智慧、典章制度、财货器物、优美音乐、精巧工艺……这些构成人类文明生活内容的社会现象，在庄子看来，都是对自然（"玄同"）和人的本性（"朴鄙"）的破坏。这不仅带来了天下的扰乱，而且给人类带来道德的堕落，因而，它们都应该被取缔。庄子是站在自然主义的立场上来回顾人类历史的，他认为，一旦人的自然本性被利欲之心所充斥，人类的伦理秩序将荡然无存：父子君臣相残，白昼为盗，强权横行，真是庄子所谓的"千世之后，其必有人与人相食也"（《庚桑楚》）。所以，庄子感叹，"今世俗之君子，多委身弃生以殉物，岂不悲哉"！(《让王》)主张"浮游乎万物之祖，物物而不物于物"(《山木》)。最后，庄子回到了他的返朴归真的逻辑起点：人类要改变不幸的状态，必须返回自然，复归朴素，"同乎无知，其德不离；同乎无欲，是谓素朴；素朴而民性得矣"。庄子这里对于表征着社会进步的物质生活和精神生活的否定，是对于当时人类社会异化状态的愤激强烈的批判！

庄子"绝圣弃知"的反知主义倾向，在18世纪法国启蒙思想家卢梭那里，似乎是得到了一次重复。卢梭非常明确地指出，人的理性、智慧是人类自然状态的丧失和罪恶滋生的原因，人类文明的成长和人类道德的堕落是同步而行的，而且，人类自然状态的丧失和罪恶的滋生同时也带来了社会政治的不平等。他说："我们可以看到，随着科学与艺术的光芒在我们的地平线上升起，德行也就消逝了"，"科学与艺术都是从我们的罪恶诞生的"①。据许寿裳回忆，在启蒙思想家中，卢梭对早期鲁迅影响最大。在他们共同合作的《兴国精神之史曜》一文中，对卢梭有重点介绍②。鲁迅在《文化偏至论》等文中，也着重介绍其理性主义和个性主义："若罗曼暨尚古一派，则息乎支培黎（Shaftesbury），承卢骚（J. Rousseau）之后，尚容情感之要求，特必与情操相统一调和，始合其理想之人格"③；"卢骚也，伟哉其自忏之书"④。

卢梭和庄子的自然主义和反知主义思想在早期鲁迅那里激起了强烈的回响，并最终融化整合成为其社会批判的武器，这就是"掊物质而张灵明"。请看鲁迅对于工业革命以来西方社会的批判：

> 递夫19世纪中叶，而其弊果益昭，诸凡事物，无不质化，灵明日益亏蚀，旨趣流于平庸，人惟客观之物质是趋，而主观之内面精神，乃舍置不之一省。重其外，放其内，取其质，遗其神，林林众生，物欲来蔽，社会憔悴，进步以停，于是一切诈伪罪恶，蔑弗乘之而萌，使性灵之光，愈益就于黯淡；19世纪文明一面之通弊，盖如此矣。盖使举世惟知识之崇，人生必大归于枯寂，如是既久，则美上之感情漓，明敏之思想失，所谓科学，亦同趣于无有矣。⑤

---

① 卢梭：《论科学与艺术》，商务印书馆1963年版，第11、21页。
② 罗慧生：《鲁迅与许寿裳》，浙江人民出版社1982年9月版，第41页。
③ 《坟·文化偏至论》，《鲁迅全集》第1卷，第54页。
④ 《集外集拾遗补·破恶声论》，《鲁迅全集》第8卷，第27页。
⑤ 《坟·文化偏至论》，《鲁迅全集》第1卷，第53页。

这简直是庄子"绝圣弃知"的反知主义倾向的翻版！在鲁迅看来，一个理想的"人性"应该是灵与肉、物质与精神的完美结合，而历史的发展和文明的延伸也应该是"致人性于全"①的实现过程：一方面是物质的创造过程，由此而产生知识和科学理性；另一方面精神的反省过程，由此而产生道德的拯救和批判。前者是正面的、建设性的，后者是负面的、批判性的。如果只注重一面，即是文明的"偏至"。针对19世纪以来西方社会的"唯物"倾向，以及近代中国带有强烈功利色彩的政治经济实验所带来的人心不古的社会现状，鲁迅力主"掊物质而张灵明"。这里的"掊物质"并不是对维护人们生存的物质生产生活资料，而是指与"性灵"相对的物欲主义与"灵明"、"神思"相对的实利主义和实用主义。"张灵明"就是崇尚"主观与意力主义"。鲁迅认为，"主观主义者，其趣凡二：一谓惟以主观为准则，用律诸物；一谓视主观之心灵界，当较客观之物质界为尤尊"。只有"内部之生活强，则人生之意义亦愈邃，个人尊严之旨亦愈明，20世纪之新精神，殆将立狂风恶浪之间，恃意力以辟生路者也"②，这样，个人性与意志力，"任个性"与"张灵明"之间达成了内在的统一。

鲁迅之"张灵明"固然是对于"人惟客观之物质是趋"的滚滚物欲和实利主义对主观内面之精神的遮蔽的反动，而更重要的是对于由此所带来的道德之诈伪、罪恶和社会的憔悴、停滞的深刻反省和批判。鲁迅之力主"掊物质而张灵明"，是有其历史和现实针对性的。据许寿裳回忆，鲁迅在东京弘文学院学习期间，常与他讨论三个相关的问题：（一）怎样才是理想的人性？

---

① 《坟·科学史教篇》，《鲁迅全集》第1卷，第35页。
② 《坟·文化偏至论》，《鲁迅全集》第1卷，第56页。

(二)中国民族中最缺乏的是什么?(三)它的病根何在?他们认为,我们民族中最缺乏的东西是诚和爱,换句话说:"便是深中了诈伪无耻和猜疑相贼的毛病,其病根主要是两次奴于异族"①。那么,如何改变这种神性丧失和道德堕落的现状呢?鲁迅所开的处方是:"掊物质而张灵明。"他要以"内曜""破黯暗",以"心声""离伪诈",通过对人类本能的生命意识的张扬及对初民社会朴素的道德人格的"复古"来实行他的道德救赎的责任和义务。他试图通过对个性的张扬和个体内面精神的强调来重塑国人的内在人格和道德良心,以国民的个性自觉和道德完善而求取民族的独立与崛起。而只有如此,"则国人之自觉至,个性张,沙聚之邦,由是转为人国。人国既建,乃始雄厉无前,屹然独见于天下,更何有于肤浅凡庸之事物哉"②?这样,带着对"内曜"和"心声"的道德渴望,鲁迅终于沿着传统的"尚德"思维旧路与固有的文化血脉紧密的连接在一起。

乍看起来,庄子与鲁迅的反知主义思想有着比较明显的反文明的倾向,其实,在对于人类社会异化状态的愤激强烈的批判上,它们是深中肯綮的。他们从各自的立场所试图在人间建立的道德理想王国(案:在庄子"至德之世"或"建德之国",在鲁迅则是"人国")尽管都有着比较虚拟的幻想成分,但与其说这个道德理想王国是逻辑思想的演绎,倒不如说它是对历史的现存社会文化秩序的否定和批判。即使如此,鲁迅"掊物质而张灵明"的反知主义倾向与庄子"绝圣弃知"的反知主义思想也是有根本区别的。鲁迅之"掊物质而张灵明"建立在进化论的理性主义基础之上,他对工业革命以来"物欲来蔽"的人类历史的怀疑和批判是基于对文明"偏至"的认识,他要在人间建立

---

① 许寿裳:《我所认识的鲁迅》,人民文学出版社1978年版,第59页。
② 《坟·文化偏至论》,《鲁迅全集》第1卷,第56页。

他的道德理性王国，进而实现个体与民族的全面解放。鲁迅这种"致人性于全"的理想主义价值观，充满着对人类未来的确信，洋溢着积极进取的乐观色彩和爱国热忱。而庄子的反知主义则是对于礼崩乐坏的动荡现实的愤激而绝望的批判。他认为人类只有"既雕既琢，复归于朴"，才能避免这"人与人相食"的悲惨处境。他幻想地认为在这里就是无道德约束、无政治倾轧、生活安闲的最美好的、自然的存在了。庄子的反知主义虽然是对于当时社会人类异化状态的激烈批判，但其中反文明的倾向也是非常明显的。因为"自然状态诚然会消除罪恶，但同时也会消除德行和整个人类理性。这样，人就会变成没有理性的动物，就会出现一个新的动物物种；于是，人就根本不再存在了"[1]。人类一旦丧失了对于理性的确信，就极容易从思想方法上滑入到怀疑主义和相对主义的泥潭之中，从而在人生观方面变成一个虚无主义者和厌世主义者。人之为人的价值和意义也会由此失落，这就根本不是鲁迅所向往的"致人性于全"的"人国"了。这也难怪当时的荀况对于庄子会有"蔽于天而不知人"这样一针见血的指责。

早期鲁迅以"立人"为中心的启蒙主义思想的另一层面是"任个人而排众数"。"任个人而排众数"所表现出的鲜明的个人主义色彩，对于鲁迅一生的思想和个性气质都有至深影响。但学者们在追溯这一思想的渊源时常常归宗于魏晋时期的嵇、阮及《列子·杨朱》篇中的个性解放思想。其实，鲁迅的个人主义思想可以追溯到先秦时期的老庄思想尤其是《庄子》那里，而魏晋只不过是老庄个体精神的复活而已。在中国近代，最早以西方个人主义来附会并贯通庄周"任其性命之情"思想的是严复，他的《〈庄子〉评语》，以约翰·密尔的自由主义

---

[1] 费希特：《论学者的使命》，商务印书馆1980年版，第48页。

思想来解庄。他以"庄与杨为叠韵,周与朱为双声",认为:"庄周吾意即孟子所谓杨朱,其论道终极,皆为我而任物,此在今世政治哲学,谓之个人主义 Individualism。至于墨儒,则所谓社会主义 Socialism。"后来他又补充说"庄周即不为杨朱,而其学说,则真杨氏为我者也"①,严复的结论尽管有臆断之嫌,但他所指出的两人之间在"为我"思想的一致之处,则是无可置疑的。冯友兰进而认为,"庄周之学为当时的显学——杨朱之学之更进步者,庄子亦杨朱之徒耳"②。这已基本上成了目前学术界的不刊之论。杨朱主张"贵己"③、"葆真"④ 具有极强的个人主义气息。当时孟子批驳道:"杨子取为我,拔一毛而利天下,不为也","杨子为我,是无君也;墨子兼爱,是无父也。无君无父,是禽兽也"⑤。后世许多人遂沿用孟子成说,划杨朱为极端自私自利者。其实孟子的批评是断章取义的。《列子·杨朱》篇云:

> 杨朱曰:"伯成子高不以一毫利物,舍国而隐耕;大禹不以一身自利,一体偏枯。古之人损一毫利天下,不与也;悉天下奉一身,不取也。人人不损一毫,人人不利天下,天下治也"⑥。

---

① 严复:《庄子评语》,见王栻主编:《严复集》,中华书局1986年版第4册,第1126、1138页。
② 冯友兰:《中国哲学史》(上册),中华书局1961年版,第279页。
③ 《吕氏春秋·不二》,见陈其猷撰:《吕氏春秋集释》,学林出版社1984年版。
④ 《淮南子·泛论》,见刘文典撰:《淮南鸿烈集解》,中华书局1989年版。
⑤ 《孟子·尽心》和《孟子·滕文公》。
⑥ 《列子·杨朱》一般认为是晋人伪作,不足为据。但因为其是晋人张湛搜集了一些散佚的杨朱语录编辑而成,加之晋距先秦时代较近,故一般学者认为其仍有一定的参考价值。见杨伯峻《列子集释·列子著述年代考》,中华书局1979年版。

在一般人看来，一个连"损一毫利天下"都不愿意的人，岂非自私自利之徒？但他们没有看到，杨朱同样也主张"悉天下奉一身，不取也"。杨朱的思想究竟是"自私"，还是"利己"，贺麟先生有精彩的分析。他认为一个人的行为涉及人我利害关系时，大体可以分成六种可能：①人己两利；②利人无损于己；③利己无损于人；④损己利人；⑤损人利己；⑥人我两损。以上"人己两利"是最理想的行为，"损人利己"即为"自私"。从纯道德立场上说，"自私"是比"人我两损"还要坏的行为，是人我关系上的最大恶行。杨朱不利天下，不取天下即属于利己无损于人的为我主义。因此，杨朱的"为我""贵己"的自我学说，从伦理上判断是利己主义的而非"自私"的道德范畴。杨朱的利己主义学说，在当时那个人欲横流但却充满着虚伪和矫饰的社会环境里，"仍不失为一道德的理想、理性的原则。于不损人的范围内，讲求真实的利己，不仅不抱损人利己的主张，且较之伪善之流高明多了"[1]。

庄子是继承老子的"道法自然"和杨朱"贵己为我"个体主义思想并使之成为中国文化的一种精神传统的重要思想家。庄子思想的基础是老子"顺物自然"、"常因自然而不益生"的天性论。"自然"一词，非"自然而然"或自然界之"自然"之意。"自"是"自己"，"然"是"如此"，"自然"就是"自己如此"之意。詹剑峰先生依《广雅·释诂》之"然，成也"解"自然"为自成，为自因[2]，王弼注曰："法自然者，在方而法方，在圆而法圆，于自然无所违也"[3]。而"自

---

[1] 贺麟：《文化与人生》，商务印书馆1988年版，第199—200页。
[2] 詹剑峰：《老子其人其书及其道论》，湖北人民出版社1982年版，第203—204页。
[3] 王弼：《老子道德经注》，见楼宇烈撰《王弼集校释》，中华书局1980年版，第20章注。

然之道"即事物生成变化之所由,亦即事物自身如此之法则或规律。"道法自然"的原则是以自我、自性的天然生长和发展为基本指归的,除了天生之自性之外,别无他求。由这种"自然论"出发,庄子的个人主义思想被赋予了两层基本的含义:一是生存论意义上的"贵己"、"葆真"思想;另一是价值论意义上的"任其性命之情"的精神。首先,庄子的"自然"在生存论意义上强调的是个体生命的自然完成。在庄子看来,生命是"自然"赋予的,要保障个体生命的自然完成,就要"终其天年而不中道夭"。可见,庄子对个体自我的关注,不在个体的社会价值,而着重在个体生命的自然终结。因为在这样一个"昏上乱相"、"仅免刑焉"的社会里,"保身"、"全生"、"养亲"、"尽年"(《庄子·养生主》),无疑是一个个体主义者的首要选择。庄子的这种"苟全生命于乱世"的思想显然是从杨朱那里继承而来的,它也是后来道家思想和隐士传统的滥觞。其次,庄子的"自然"在价值论意义上突出的是其社会批判精神。与"苟全生命于乱世"的思想所表现出的因袭性不同,庄子"自然论"中的思想价值却在于,他从个体生存的基本保障起步,最终转化为一种价值批判。庄子认为性之本然是天然合理的,任何外来的约束或匡正都是对本然之性的损伤,"是故凫胫虽短,续之则忧,鹤胫虽长,断之则悲"(《庄子·骈拇》)。在"天"与"人"对立中,庄子扬"天"而抑"人","不以心捐道,不以人助天,是之谓真人"。因此,最大的善莫过于"任其性命之情"(《骈拇》),也就是摈弃和剥离掉礼教所强加在个体身上虚伪矫饰的社会属性,倡扬个体生命的自我冲决和超越能力,来达到对异化的现存秩序的否定和批判。庄子这种对个体自我的关注,反对一切有损于性命之情的思想,其中所蕴涵的个性解放的精神是不言自明的。这正如陈鼓应先生所说:"庄子的个性解放,则是要把人从宗法制度和礼教文化的束缚下,从人的世俗价值和工具价值中解放出来"①。最后,庄子的个人主义思想最终还是通过自己桀骜不驯、傲然独立的人格魅力来表现出来的。《天下》篇中说他"独与天地精神往来",他视权势为"腐鼠",讥讽热衷于此的人为"舐痔"。《史记》里说他"汪洋恣肆以适己",面对升官发财的机会,他"宁其曳尾于涂中"②,而一味追求个人的"逍遥",根本无视国家君父的存在。庄子这种以个性为中心观念、强调人性的自然发展的思想,在以社会共同利益为中心而忽视人的个性发展的传统文化中,无异是暗夜中的一道亮光,沉默中的一声呐喊,其影响并启示了后来的许多反传统的、叛逆型的思想家。

青年鲁迅是接续杨朱、老庄个人主义思想薪火的思想家之一,他的"任个人而排众数"的思想可以说是对这种个人主义思想传统在新的语境下的继承和发展。应该看到,在对个人之自性的强调以及这种自性与社会性的对立甚至紧张上,鲁迅与庄周为代表的传统个人主义有相似之处,但这种相似却是"异质同构"的。第一,庄周式的"个人觉醒"是生存论意义上的,他的"为我""贵己"首先考虑的是"苟全生命于乱世"的"避祸"心理。因为只有"苟活"下来,才能使人的"自然性"得以保全。而鲁迅的"个人观"则是本体论意义上的。按照他的理解,"个人"的主要内涵有两个侧面:一是"极端之自我","凡一个人,其思想行为,必以己为中枢,亦以己为终极:即立我性为绝对之自由者也"。"惟此自性,即造物主,惟有此我,本属自由"。这里对人的绝对之自性的强调,与康德"人是人的

---

① 陈鼓应:《尼采哲学与庄子哲学的比较研究》,《老庄论集》,齐鲁书社1987年版。

② 《史记·老庄申韩列传》。

目的，而不是手段"的思想暗合。二是强调个体的主观意志（精神力量），以"张大个人之人格"，为"人生第一义"①。这样，个体的主观性及个人的意志力被特别强调出来，"个"与"类"、"灵"与"物"就处于不平等的紧张对峙之中。鲁迅特别强调优秀人物的"独异"、"自大"，呼唤"精神界之战士"、"明哲之士"、"英哲"、"一二士"、"知者"等与庸众处于对立状态的杰出人物即由于此。在这里，鲁迅对于"极端之自我"的认识显然与西方自由主义关于个人尊严享有一种根本的、终极的、压倒一切的道德法则的观念是基本一致的。但他关于个体的主观意志（精神力量）的论述则具有极强的尼采式的"唯意志论"色彩，这与西方自由主义视域下的"个人"是不一致的。第二，庄周式的"个性解放"是对现存秩序怀疑和绝望的产物，其隐含着遁入"虚无"的暗影，而鲁迅是在理性规约下的个性张扬，其充满着理想和浪漫主义的气息。早期鲁迅的个人主义不是英美自由主义视域下的所谓"个人主义"，其主要受到了西方"新神思宗之至新者"——叔本华、尼采、克尔恺郭尔特别是施蒂纳个体观念的深厚滋养和强烈激发。以马克斯·施蒂纳为代表的德国"个人主义"，是德国浪漫主义个性概念的极端表现形式。"是一种自由组合、一意孤行的利己主义者的反伦理和反理智的版本"，"它导致狂放不羁地追求特立独行，导致最纯粹的自我主义和社会虚无主义"②。但鲁迅却把它整合到自己的富于理性和理想色彩的"立人"思想体系中，使之逻辑地统一起来："久浴文化，则渐悟人类之尊严；既知自我，则顿识个性之价值；……内部之生活强，则人生之意义亦愈邃，个人尊严之旨亦

---

① 《坟·文化偏至论》，《鲁迅全集》第1卷，第54页。
② 史蒂文·卢克斯（Steven Lukes）：《个人主义》中译本，江苏人民出版社2001年版，第16页。

愈明"①。在这里,本来是施蒂纳式的反伦理、反理智的"自我"却与富于人道主义气息的"个人尊严"构成了相辅相成的协调关系。鲁迅在这里的逻辑整合,实际上是对两种西方对立的文化体系——近代理性文化和现代主义文化的"创造性转化",这多少也反映出早期鲁迅在文化价值判断的二重性和价值重构的调和论色彩。由此可见,青年鲁迅视域中的个人主义,是在理性规约下的个性的张扬,同充满着怀疑主义思想方法和虚无主义气息的庄周的"自然人"是不可同日而语的。第三,庄周式的"个性解放"重在超越,而鲁迅的"个人"务在救世。在庄周看来,个体生命的保全是最基本的,但止于此却是远远不够的。真正的自我实现,应当是个体自我得到精神超越,即脱离"社会之我",回归"自然之我"。庄子的超越虽然在客观上有批判社会的成分,但主要还在于如何通过个体存在的形(身)神(心)调适和心理平衡以脱离、逃避现实社会对个人的追迫,其出世的色彩是非常明显的。而鲁迅的"任个人"则是要"入世"和"救世":"是故将生存两间,角逐列国是务,其首在立人,人立而凡事举;若其道术,乃必尊个性而张精神"②。他所呼唤和推崇的"指归在动作,立意在反抗"的"摩罗诗人"③,就是这样的救世英雄。因此,与《庄子》中的"愤世的冷嘲"风格不同,鲁迅早期论文处处洋溢着的是"救世的激情"。

由此看来,以上所述的《庄子》"绝圣弃知"的反知主义以及"任其性命之情"的个性主义,对青年鲁迅来说不但不是我们所期待的"毒气",反而是一种比较积极的精神力量。《庄子》中一些原创性的命题,作为一种先在性的期待视域,

---

① 《坟·文化偏至论》,《鲁迅全集》第1卷,第55—56页。
② 《坟·文化偏至论》,《鲁迅全集》第1卷,第57页。
③ 《坟·摩罗诗力说》,《鲁迅全集》第1卷,第66页。

对于鲁迅以"尊个性而张精神"为基本内涵的"立人"思想的构建和形成起到了非常重要的先导作用。这也充分说明,《庄子》对于早期鲁迅的影响,也绝非是鲁迅仅仅采撷了那些奇异漂亮的文辞而已,而是从精神到形式都受到了《庄子》的深刻濡染和启发。

三 "抉心自食":中年鲁迅

在经历了辛亥革命的惨痛失败之后,鲁迅进入了他人生的"沉寂期"。为了麻痹自己,同时也是为了研究哲学思想史和社会病根,鲁迅以读古书和抄古碑来消磨生命,而其中以读佛经为最多。佛经读多了,鲁迅发现佛学与孔学相互融合,又与老庄哲学彼此影响,因此,这一时期,鲁迅常与许寿裳探讨三教合流问题。大概在1914年底前他们谈佛较多,而到许寿裳赴南昌前几年则更多谈道教。无论谈佛还是谈道,都着眼于佛、道对孔学以至整个中国文化的影响。直到许寿裳赴南昌任江西教育厅厅长之后,鲁迅还于1918年8月20日致许寿裳信中说:"前曾言中国根柢全在道教,此说近颇广行。以此读史,有多种问题可以迎刃而解"[①]。由此可见,他们研究三教之目的,仍在于深挖中国社会之病根。据《鲁迅日记》,1914年8月23日,鲁迅买进《老子翼》四册,《阴符道德冲虚南华四经发隐》合一册;9月12日又购憨山《老子注》二册,《庄子内篇注》二册。这些书大都买后一段时间后又寄给周作人,如《庄子内篇注》,从1914年9月12日购入,到11月12日寄出,中间间隔两个月,估计鲁迅是读过此书的。

这一时期,仍然不能否认章太炎先生的庄学思想对鲁迅的影

---

① 《书信·180820·致许寿裳》,《鲁迅全集》第11卷,第353页。

响。早在1912年4月28日，鲁迅离南京时，便买了《齐物论释》一册。1915年6月17日，龚未生又赠鲁迅《齐物论释》一册，是托许寿裳转交的。据鲁迅《乙卯日记》（1915年）同日所记："下午许季带来，并持章师书一幅，自所写与，又《齐物论释》一册，是新刻本，龚未生赠也。又烹鹜一器，乃令人持来也"，而章太炎所书条幅，内容录《庄子·天运》："变化齐一，不主故常。在谷满谷，在坑满坑。涂却守神，以物为量"，章太炎女婿龚未生赠送此书，曾转达章太炎希望鲁迅多读庄子著作之意。

　　作为传统中国文化的代表，儒家思想一直在中国文化中居于正统的地位。但即使是儒家思想本身，在其发展过程中，自战国时期起，也早已失去了它的原始单纯性，而不断地融入了其他学派的不同思想成分。汉代独尊的所谓"儒术"，其实已经是严重地阴阳化了儒家思想；魏晋时期的儒家则渗入了大量的老庄道家思想；隋唐儒家思想受到了佛教理论的严重挑战和影响；宋明理学则更是在排斥佛老的同时，大量吸收佛老理论以补充儒学的一种思想体系。因此可以说，从汉代经学到魏晋玄学，再到隋唐佛学、宋明理学，正是儒、释、道三家融汇化合的历史过程。而在其中，鲁迅用功最多的是魏晋玄学和文学，可以说他有强烈的"魏晋情结"。而魏晋时代却正是庄学复兴的时期，闻一多先生说："一到魏晋之间，庄子的声势忽然浩大起来，崔譔首先给他作注，跟着向秀、郭象、司马彪、李颐、都注《庄子》。像魔术似的，庄子忽然占据了那全时代的身心，他们的生活、思想、文艺——整个文明的核心是庄子"[①]。作为魏晋玄学的激烈派，嵇康是鲁迅最为深爱并景仰的人物。他不但"越名教而任自然"，而且"非汤武而薄周孔"，他公开声言"老子庄周，吾之师也"，

[①] 闻一多：《庄子》，《闻一多全集》第2卷，三联书店1982年版，第279页。

又云："又读庄老，重增其放"①，因此汤用彤先生认为：嵇康"彻底反对'名教'，思想比较显著浪漫的色彩，完全表现一种《庄子》学的精神"②。而在这一时期，鲁迅用力最多的是《嵇康集》的阅读和校勘。从1913年到1931年，鲁迅陆续9次校勘《嵇康集》。同时还写有《〈嵇康集〉考》、《〈嵇中散集〉考》、《〈嵇康集〉逸文》等学术论文。在鲁迅整理的古代典籍中，《嵇康集》是其校勘时间最长，次数最多，花费心力最大的一种。

鲁迅通过对佛经和老庄著作的阅读以及对"三教合流"的研究，为他以后的"复出"并终于爆发为振聋发聩的"呐喊"奠定了深厚的思想基础。他的文章，对"孔家店"的揭发如此精辟深透，正是长期探索其病根之结果，固非一朝一夕之功。但另一方面，鲁迅对佛经和老庄著作的阅读也强化了他日益浓厚的"出世"乃至"厌世"的思想倾向和人生态度。尽管鲁迅1918年在朋友钱玄同的劝说、鼓励下走出S会馆，写出了大量的小说、杂文，为当时正如火如荼进行着的新文化运动"呐喊"助威，向封建礼教发起了凌厉的攻击，但自己的内心深处所深埋的"古人"的阴魂仍然在啮咬着他，折磨得他时时为之喘不过气来。在《呐喊·自序》里，鲁迅在叙说自己的创作历程时，曾把这"古人"的阴魂称之为"寂寞"，声称自己为了"慰藉那在寂寞里奔驰的猛士，使他不惮于前驱"，以至于在创作中"不愿将自以为苦的寂寞，再来传染给也如我那年青时候似的正做着好梦的青年"。所以，他往往在创作中"不恤用了曲笔，在《药》的瑜儿的坟上平空添上一个花环，在《明天》里也不叙单四嫂子竟没有做到看见儿子的梦"③。

---

① 嵇康：《与山巨源绝交书》，《鲁迅辑录古籍丛编·嵇康集》，人民文学出版社1999年版。
② 《汤用彤学术论文集》，中华书局1983年版，第301页。
③ 《呐喊·自序》，《鲁迅全集》第1卷，第419—420页。

鲁迅这种内心矛盾和痛苦，到了1924年至1926年间表现得愈发强烈。这三年，鲁迅仿佛是交了佛家所说的"华盖运"：社会黑暗、婚姻不幸、兄弟失和、身体多病，加之因"女师大事件"所带来的不愉快情绪，总之，现实的忧患和人生的苦痛似乎一下子把这个潜存着的古老阴魂给激发了起来，对此鲁迅有着敏感的反应。1924年，在给李秉中的信中，鲁迅即坦承："我自己总觉得我的灵魂里有毒气和鬼气，我极憎恶他，想除去他，而不能。我虽然竭力遮蔽着，总还恐怕传染给别人，我之所以对于和我往来较多的人有时不免觉到悲哀者以此"①。他还把自己读"故书"称为抽鸦片，自己做文章就是规劝别人知道"古书"的害处。而到了1926年的《写在〈坟〉后面》里，他则直接把这个"毒气和鬼气"具体表述为"庄周韩非的毒"，并称其在自己思想上的表现为："时而很随便，时而很峻急"②。关于鲁迅身上深埋着的"庄周韩非的毒"，钱理群先生在《心灵的探寻》一书中曾有论及。对于鲁迅所中的韩非的"峻急"之毒，钱先生引用周作人所云的"法家的苛刻的判断"来概括之。认为："鲁迅十年之中的一再论述，可以看出鲁迅创造性思维与绍兴师爷传统的继承，当然不是简单的'取诨名'的手法，而是一种善于察视事物隐匿方面（'查见渊鱼'）的锐利观察力；善于透过纷纭复杂的现象，迅速切入本质，'简括'的提炼，敏捷而明确的判断力；以及从整体上把握事物，'提挈全般'的'写意'式的思维方式。这种思维的特点，是深刻与简明、锐利的统一，它同时表现为一种严峻的人生态度"③。但对于鲁迅自云自己身上具有的庄周的"随便"之毒，钱先生却予以否

---

① 《书信·240924·致李秉中》，《鲁迅全集》第11卷，第431页。
② 《鲁迅全集》第1卷，第285页。
③ 《心灵的探寻》，北京大学出版社1999年版，第93页。

认,他认为鲁迅的"随便"与庄周的"随便"存在着原则上的区别:"道家主张'齐生死',即以内心上的齐生死、齐存亡,调和外界生死存亡的矛盾,并借此否认生命的价值,这都是鲁迅所绝对不能接受的"①。鲁迅思想上强烈的原则性,这是不容置疑的,但思想上的原则性并不能涵盖其全部生命行为。因鲁迅在思想理性上强烈的原则性而去涵盖其全部生命现象,这并不符合鲁迅的创作实际,否则,鲁迅就不会说自己身上有"庄周的毒"了。其实,早期鲁迅对于《庄子》的接受,主要吸收的还是其中反知主义和个性主义的成分,但我认为,这些成分还只是鲁迅经过自己的理性过滤的结果,他是通过"苏古掇新"的方式发掘出其反智主义与个性主义的基因,以建构自己的"立人"思想的。但在另一方面,其在阅读《庄子》的过程中,总会自然不自然地被"对象化"或"同化",接受其中的思想"毒素",只不过这种思想"毒素"暂时可能被压抑在其潜意识层面没有露头而已。辛亥革命后的黑暗现实以及自己痛苦的心灵体验,极容易会把这种潜存的思想发酵出来。而这种潜存的思想就是他后来之所谓的"寂寞"、"毒气"、"鬼气"等的东西。在鲁迅富有"鬼气"、"毒气"的灵魂里,庄子"自无为而入于虚无"的出世主义思想占有重要的位置。探讨庄子富有虚无色彩的出世主义思想与鲁迅思想及创作的关系,将是本节主要目的所在。

作者认为,鲁迅身上所具有的庄周"随便"之"毒",包含着以下三个方面的内涵:思想方法上的怀疑主义;人生态度上的出世主义以及性情气质上的随遇而安的"随便"态度。

第一,鲁迅的"随便"首先表现在思想方法上的怀疑主义。

庄子思想的基础是"不谴是非"而大归于"混沌"的相对

---

① 《心灵的探寻》,北京大学出版社1999年版,第163页。

主义认识论。他以怀疑主义的眼光，完全否认人类认识世界的必要性和可能性："吾生也有涯，而知也无涯。以有涯随无涯，殆已，已而为知者，殆而已矣"（《庄子·养生主》），并进而否认判别认识的客观标准及客观世界的矛盾差别："自我观之，仁义之端，是非之涂，樊然淆乱，吾恶能知其辨？"既然否定了判别认识的客观标准，那么认识的主观性和随意性就会走向绝对的相对主义。这样，对任何事情就可以采用无可无不可的态度了："恶乎然？然于然。恶乎不然？不然于不然。""物固有所然，物固有所可，无物不然，无物不可"。最后，只有"齐同万物"，消弭他们之间的差别，使之"道通为一"，才是走向真理的惟一通途："故为是举莛与楹，厉与西施，恢、恑、憰、怪，道通为一"。（《庄子·齐物论》）对此，鲁迅在《汉文学史纲要》中有同样的认识，他分析了老庄哲学的不同之处，说："然老子尚欲言有无，别修短，知黑白，而措意于天下；周则欲并有无修短白黑而一之，以大归于'混沌'，其'不谴是非'，'外死生'，'无始终'，胥此意也。中国出世之说，至此乃始圆备"①。老子虽然主张清静无为，但他的"无为"乃是追求"无不为"的手段，目的仍在于"治"。他仍然有心于世事，仍然不放弃对社会政治的责任。庄子则将万事万物视为道的物化现象，以为从道的高度看，万物是齐同的，物论也是齐同的。因此，无须责问是非，无须介意生死，无须推究始终，一切均可淡然置之，"彼亦一是非，此亦一是非"，"无可无不可"，（《庄子·齐物论》）只有虚无的道是惟一的归宿。庄子从老子的"无为而治"进至对人生的彻底厌弃，为中国的出世隐逸思想奠定了坚实的理论基础。

从理性认识和语言表述上，鲁迅对庄子相对主义的思想方法

---

① 《汉文学史纲要》，《鲁迅全集》第9卷，第366页。

及其现代的消极影响是持明确否定态度的。这从他晚年对庄周"无是非"观的讽刺和批判即可看到。但是,语言表述是一回事,思想意义则又是一回事。无论从正面还是反面,鲁迅都与庄子发生着紧密的联系。他对庄子的政治哲学及道德人格有某种不自觉的认同,而在思维方式上对于其相对主义逻辑和形象表述也有所承继。他说:"我们虽挂孔子的门徒招牌,却是庄生的私淑弟子。'彼亦一是非,此亦一是非',是与非不想辨:'不知周之梦为蝴蝶欤,蝴蝶之梦为周欤'?梦与觉也分不清。生活要混沌。如果凿起七窍来呢?庄子曰:'七日而混沌死'"[①]。庄子之于鲁迅,其影响有方法论层次的,也有认识论层次的,方法论指的是鲁迅身上所具有的怀疑主义的否定精神,而相对主义的认识论则使鲁迅具有了整体性的观察世界的方法,带来他"多疑"的性格及心理定式。他的犀利、尖刻甚至有点"刻毒"的文笔大概也与此有关。

鲁迅对整个封建社会及其秩序的怀疑态度以及"一切价值重估"的否定精神与庄子是深深相通的。庄子以怀疑主义的眼光,对当时的封建伦理秩序及其意识形态进行了彻底的否定和批判。他认为战国时期那种"殊死者相枕,桁杨者相推,刑戮者相望"的社会状况,与奉行儒家思想密切不可分:"吾未知圣知之不为桁杨接槢也,仁义之不为桎梏凿枘也,焉知曾史之不为桀跖嚆矢也"(《庄子·在宥》),"窃钩者诛,窃国者为诸侯,诸侯之门而仁义存焉"。(《庄子·胠箧》)1926年,鲁迅翻译了日本鹤见祐辅的《所谓怀疑主义者》一文,文中说:"一切智识,都在疑惑之上建设起来。凡是永久的人类文化的建设者们,个个都从苦痛的怀疑的受难出发,也是不得已的运命罢。"对鹤见祐辅的解释,鲁迅深感共鸣。在译者序

[①] 《南腔北调集·"论语一年"》,《鲁迅全集》第1卷,第570页。

中，鲁迅反问道："我们国民中的大怀疑主义者，有时岂不是最肯定底，而且常常是最勇敢的人么？""谁敢保证，无信仰之人却是信仰之人，而世上所谓信仰之人，却反而是无信仰之人呢？[①]"正是在怀疑主义的视角下，鲁迅对整个现存的封建制度及其思想文化体系进行了彻底的怀疑和否定，"在改革者的眼里，已往和目前的东西是全等于无物的"[②]，这种全面"反传统"的文化态度使得鲁迅的文化批判呈现出"于一切眼中看见无所有"的绝对偏至的方式，表现出与传统彻底决绝的紧张关系。鲁迅这种怀疑主义的思想方法，开启并铸定了"五四"启蒙文学全面"反传统"的文化策略。

鲁迅对整个封建社会及其秩序的怀疑和否定的思想方法，施及对人生的认识中就形成了他善于猜忌和"多疑"的个性心理。对此，几个与鲁迅比较亲近的人都有深刻印象。周作人说过鲁迅的"个性不但很强，而且多疑"，有"多疑善怒"的特点[③]，增田涉也认为"多疑"和"善怒"这两个的结合，就是"鲁迅的特征"[④]。就是鲁迅自己，也曾多次对许广平谈到过自己的"多疑"特点，并且说，由于多疑，自己在行动上往往也就显出迟疑和犹豫[⑤]。在鲁迅一生中，最能深刻地表现出他善于猜忌和"多疑"的个性的，就是一般鲁迅研究者所熟知的所谓"杨树达事件"了。这本来是一个崇敬鲁迅而患了精神病的青年学生对鲁迅的突然袭击，但鲁迅却做出了超乎常人的"神经过敏的推断"：开始怀疑其疯，以后断定其装疯，感到受骗而生厌恶，以

[①] 《鲁迅全集》第13卷，第568页。
[②] 《鲁迅全集》第10卷，第244页。
[③] 张菊香主编：《周作人年谱》，南开大学出版社1985年版，第372、373、639、640页。
[④] 增田涉：《鲁迅的印象》（钟敬文译），湖南人民出版社1980年版，第92页。
[⑤] 《两地书·八》，《鲁迅全集》第11卷，第32页。

致认为受到损害,愤怒得不能自制,终于产生最严重的猜疑:以为这是文界或学界的论敌蓄意制造的加害于自己的,遂立即著文加以揭露和反击。但后来证明此人并非蓄意,确实是精神病时,鲁迅又立即连续作文公开"辩正"①,表示了自己的歉意,自责自己"太易于猜疑,太易于愤怒",并愿承担一切损失:"由我造出来的酸酒,当然应该由我自己来喝干。"从"杨树达事件"中,"我们看到了鲁迅的多疑与尖刻,又看到了鲁迅的诚挚与坦荡。……我们更痛苦地发现鲁迅在事件发生过程中强烈的防范意识,由此而领悟到《狂人日记》里'狂人'过度敏感的精神病态,正是我们这个时代的先驱者(包括鲁迅在内)精神状态的侧面夸大的变形的反映"②。但值得注意的是,鲁迅在表明自己以前"神经过敏的推断""应该注销"之余,又坚持道:"但以为那记事却可以存在:这是意外地发露了人对人——至少是他对我和我对他——互相猜疑的真面目了。"这说明,鲁迅即使承认这件事是一次误解,但他仍然固守着自己的信念,即认为人对人之间的不信任感和互相猜忌是人的一种"真面目",具有普遍的人性意味。这样,鲁迅的逻辑思路就一目了然了:他由对于现存秩序的怀疑和否定推及到对于人性本身的猜疑和不信任,进而以近乎"刻毒"即深刻、毒辣的思想来揣测世人,以"尖刻"而不留情面的语言抨击时世。"我向来是不惮以最坏的恶意,来推测中国人的"③,"那么风云变幻的事,恐怕世界上是不多的,我没有料到,未曾描写,可见我还不很有'毒笔',……我还欠刻毒"④。我认为,鲁迅这种"多疑"、"尖刻"和"刻毒"的思维方式及精神气质,是使他成为伟大而深

---

① 《集外集·关于杨君事件的辩证》,《鲁迅全集》第7卷,第41—49页。
② 钱理群:《心灵的探寻》,北京大学出版社1999年版,第75—76页。
③ 《华盖集续编·纪念刘和珍君》,《鲁迅全集》第3卷,第275页。
④ 《三闲集·通信》,《鲁迅全集》第4卷,第98页。

刻的思想家和作家的重要条件,而且,这与"庄周韩非的毒",也有着深刻的关联。

第二,庄子怀疑主义的思想方法则必然导致悲观厌世的虚无主义和超脱现实的避世主义。

庄子的相对主义认识论否认人类认识世界的必要性和可能性,主张"齐同万物",消弭他们之间的差别,使之"道通为一",才是走向真理的惟一通途。"道通为一"就是大归于"混沌"、"阴阳"与"大块"即宇宙的元气或必然性之中,这样就消弭了曾经在世俗社会中困扰人类的"思"与"情"而进入"至德之境"。复归于宇宙的必然性在人生观上就使人成了命运的俘虏:"知其不可奈何而安之若命,唯有德者能之",(《庄子·德充符》)"安时而处顺,哀乐不能入也,此古之所谓悬解也,而不能自解者,物有结之"。"悬解"即解倒悬之苦,庄子所谓"悬解"实为精神之解脱。安时而处顺即安命无为,只有安命无为才能摆脱情感之波动,达到精神解脱之境地,否则,为外物纷扰,就不能自解。既然现实在必然性的掌握之中,生存是一种倒悬之苦,那么人生本身就成了"附赘悬疣",而死亡就是"决疴溃痈"(《庄子·大宗师》),这样,庄子由人生的宿命论进入虚无论,成为一个彻头彻尾的悲观出世主义者。庄子由怀疑论走向安命论,由安命论导入虚无主义,又从虚无主义转化为避世乃至出世主义,也是逻辑使然。

尽管鲁迅一生尤其是晚年对庄子的出世主义人生哲学有着清醒的认识,但他仍然自觉不自觉地沾染了这古老的"积习"和"毒气",形成了鲁迅精神世界的"黑暗面"。首先应当说明,鲁迅是一个有着巨大的理性精神和生命意志的人,但无可回避的是,他在精神深处及人生行为中确实有意无意地流露出悲观绝望、虚无厌世的人生态度。这一态度在他北京为官时期表现得最为充分。由于疾病及现实生活的压迫,鲁迅深感精神沮丧。他过的是一种"寂寞如古寺僧人的生活"①,消极、颓唐、厌世以至于自虐的心理倾向和行为在日常生活中时有表露。为了麻醉自己的身体和灵魂,鲁迅经常不眠不食,抽烟、饮酒和抄古碑成了他的业余爱好。这一时期的日记中就常有大饮及醉酒的记录②。许广平在1925年以"平林"为笔名发表了一篇短文《同行者》,对于鲁迅以纵酒为自虐的情况进行了详尽的描绘。她写道:"她,说是由遗传得来的刘伶癖,无宁说是由愤世嫉俗的一种反抗的驱迫,使她不时的沉湎于杯中物。""她的存在,是为人。于己,可以说毫无感着兴味"③。抄古碑,也就是"回到古代去",与古老的鬼魂相伴,也是鲁迅逃避现实的重要方式。1917年1月22日是旧历除夕,鲁迅仍然"夜坐录碑,殊无换岁之感"④。这期间,他曾自号"俟堂",取古人"待死堂"之意;笔名"唐俟"也表示"空等"的意思。许广平在给别人的信中也谈到:"周先生病矣,病甚沉重,医生有最后警告,但他本抱厌世,置病不顾,旁人忧之……"⑤鲁迅这种消极、颓唐、厌世以致于自虐的心理倾向和行为正与他这一时期"本抱厌世"的生活态度有关。

但鲁迅人格的伟大之处正在于,他一生都以强大的理性力量和顽强的生命意志对这种"虚妄感"做着艰苦卓绝的反抗。而最能体现鲁迅的绝望情绪以及与这种情绪做"绝望的抗战"的

---

① 许广平:《鲁迅和青年们》,《许广平忆鲁迅》,广东人民出版社1979年版,第226页。
② 《鲁迅全集》第14卷,第47、57页等。
③ 原载1925年12月12日《国民新报副刊》(乙刊),见《许广平文集》第1卷,第3页。
④ 《鲁迅全集》第14卷,第263页。
⑤ 《致谢敦南、常玉书》,《鲁迅景宋通信集》,湖南人民出版社1984年版,第321页。

作品就是1924年和1926年间创作的《野草》了。《野草》是鲁迅隐秘的内心世界最充分最深入的展示，鲁迅的哲学都体现在《野草》中了①。在那里，希望与绝望，抗争与幻灭，光明与黑暗，正是在这种种的对立、冲突和交替中，鲁迅感到了一种难以解脱的虚妄——他对于自我、世界和一切存在的虚妄感。但鲁迅又是一个具有强大理性力量和顽强的生命意志的人，他在内心深处一直在做着冲破和挣脱这种绝望、幻灭和虚无的包围与纠缠的努力。在《野草》中，鲁迅对自我"抉心自食，欲知本味"的解剖和灵魂的拷问达到了令人惊心动魄的程度，"就这样，他的多种冲突着的两极建立起一个不可能逻辑地解决的悖论的旋涡，这是希望与失望之间的一种心理的绝境，隐喻地反照出鲁迅在他生命的这一关键时刻的内心情绪"②，这种矛盾冲突着的内心世界，构成了鲁迅贯彻一生的"反抗绝望"的人生哲学。我认为，鲁迅"反抗绝望"的实质在于他能够正视内心种种对立因素的冲突并将这种冲突带来的痛苦承担起来，从而外化成为一种实践理性。鲁迅对于绝望的反抗不但使他能够创作出《野草》那样直逼灵魂的杰作，而且也使得鲁迅没有如庄子那样拜伏在命运的必然性面前成为一个虚无主义者和出世主义者。鲁迅的这种内心矛盾，在当时的《两地书》就有所披露："我的作品，太黑暗了，因为我常觉得惟'黑暗与虚无'乃是'实有'，却偏要向这些作绝望的抗战，所以很多着偏激的声音。其实这或者是年龄和经历的关系，也许未必一定的确的，因为我终于不能证实：惟黑暗和虚无乃是实有"；"教我自己说，或者是人道主义这两种思想的消长起伏罢。所以我忽而爱人，忽而憎人；做事的时候，有

---

① 章衣萍：《古庙杂谈（五）》，《章衣萍集》，汉语大词典出版社1994年版，第93页。

② 李欧梵：《铁屋中的呐喊》（尹慧珉译），岳麓书社1999年版，第111页。

时确为别人,有时却为自己玩玩,有时则竟因为希望生命从速消磨,所以故意拼命的做"①,鲁迅这种自剖本身,也能显示出他内心的理性不但没有被黑暗遮蔽,而且还起着重要的调控作用。

但这并不等于说,鲁迅在"反抗绝望"后就战而胜之,心中就没有阴影了。实际上,鲁迅在希望和绝望两极间是不断奔突和时时反顾的:"我不过是一个影,要别你而沉没在黑暗了。然而黑夜又会吞没我,然而光明又会使我消失"②。这是因为在鲁迅看来,"绝望之为虚妄,正与希望相同"③,希望是无意义的,绝望也是无意义的,只有虚妄是永恒的。这种虚妄感竟至于使得鲁迅觉得连"反抗绝望"本身也是虚妄的。正是在这种互相共存而又互相转化的无穷生命过程中,才凸显出了鲁迅对存在意义的最深刻体验和思考。因此,除了对绝望的反抗外,鲁迅还有一种对付内心苦痛及"虚妄感"的方法,那就是以轻蔑和玩世不恭的态度与自己内心的黑暗"捣乱",来维持心理的平衡和精神的胜利。1925年3月11日的《两地书》写道:"醒的时候要免去若干痛苦,中国的老法子是'骄傲'与'玩世不恭',我觉得我就有这毛病,不大好"④。这里,"骄傲"就是内心孤傲,看不起人,但面对心中的"虚妄感"却又无可奈何。这样,只好以"玩世不恭"的态度,也就是"所谓'希望将来',就是自慰——或者简直是自欺——之法"来维持心理的平衡,以求得精神的胜利。这里所说的"自欺"或者"自慰"之法颇有点阿Q气,也就是鲁迅所说的"无赖手段"。他在给许广平的信中说"我自己对于苦闷的办法,是专与袭来的苦闷捣乱,将无赖手段

---

① 《两地书·四》,《鲁迅全集》第11卷,第20—21页。
② 《野草·影的告别》,《鲁迅全集》第2卷,第165页。
③ 《野草·希望》,《鲁迅全集》第2卷,第178页。
④ 《两地书·二》,《鲁迅全集》第11卷,第15—16页。

当作胜利,硬唱凯歌,算是乐趣"①,"中国的老法子"和"无赖手段",是与庄子的精神气质相通的。庄子愤世嫉俗,"以天下为沉浊,不可为庄语",就只好以"道通为一"来消弭人间的不平,自慰也是自欺自己苦痛的心灵。他的充满想象力而又诙谐的寓言也许就是他的"苦闷的象征"。

第三,庄子的虚无主义思想影响到鲁迅的性情气质上就是时时浮现在他心灵中的"随便"的人生态度。

日本学者木山英雄有专门的《"庄周韩非的毒"》一文来探讨鲁迅的"随便"。他认为:"庄子之'毒'在'轻视',而韩非之'毒'则是'苛刻'。""轻视"一词日文原文为"なげやり",翻译成汉语为"马虎"、"随便"、"忽视",但这里主要指的是"搁置一边,不问不管"。他进而分析道:"我觉得通过和杨朱与墨子、庄周与韩非等相对照,除表现了鲁迅思想前进和回顾之间的矛盾之外,也似乎不断地反映出他的精神上还有积极行动和超脱通达的两种欲望的对立"②。木山先生的理解是比较准确的,但其分析仍嫌不够透彻。在笔者看来,"随便"的人生态度是人生"虚妄感"的直接结果。它不是对世界必然性和人生宿命感的承担和抗争,而是对现实人生及其带来的心灵苦痛的逃避和放弃。它放任自己的生存本能,随遇而安,与世浮沉,敷衍塞责,顺其自然,一任自己沉静下去,与现实人生隔离开来,从而在消极厌世、颓唐麻木中消磨和毁灭自我。这种"随便",是对自己内心深处"黑暗的闸门"的投入乃至拥抱,是与传统的"毒气"及"鬼气"同流合污,当然也恰恰是鲁迅最为警惕的人生的宿命感。在《在酒楼上》和《孤独者》中,吕纬甫、魏连殳的命运就是如此。他们原来都是相当激烈的改革者,碰了钉

---

① 《两地书·六》,《鲁迅全集》第11卷,第25页。
② 木山英雄:《"庄周韩非的毒"》(程麻译),《鲁迅研究》1984年第6期。

子、遭受挫折后就开始"颓唐"下去。他们放弃理想和原则，一个竟去给女学生教《诗经》、《孟子》、《女儿经》等，另一个则成了旧军队一个师长的顾问，整天与自己以前极为厌恶的人打得火热。而吕纬甫的话，正可说明他们的生存规则："他们的老子要他们读这些；我是别人，无乎不可的。这些无聊的事算什么？只是随随便便的，……"魏连殳的祖母死后，亲友们担心他是个"吃洋教"的"新党"，不会同意按照传统丧礼行事。当大家聚集起来准备跟他进行极严厉的谈判时，魏连殳的回答却让大家大吃一惊——"都可以的"。这样，丧礼一切都按传统程序办了。就这样，吕纬甫和魏连殳们被隔绝在"黑暗的闸门"里，在消极、颓唐和厌世的悲哀中走向末路。联系到这两篇小说本身所具有的自传色彩①，可以看出吕纬甫、魏连殳所践行的"随便"的生活原则，正是鲁迅思想中"时而很随便"的庄周之"毒"。到了这个时候，我才体味出了鲁迅当年在"青年必读书"的论争中所说的话深长意味："我看中国书时，总觉得就沉静下去，与实人生离开；读外国书——但除了印度——时，往往就与实人生接触，想作点事"②。

就是鲁迅自己，也强烈地感到了庄子式的"随便"之毒对于自己灵魂的严重侵蚀作用。他说"我一生的失计，即在向来不为生活打算，一切听人安排，因为那时预料是活不久的。后来预料并不确中，仍能生活下去，遂致弊病百出，十分无聊"③。鲁迅在思想上是个原则性很强的人，但在具体生活尤其是个人生

---

① 据周作人回忆，《在酒楼上》的主要情节如迁葬等，皆有所本，是鲁迅的亲历，参见周作人：《鲁迅小说中的人物》人民文学出版社1981年版。《孤独者》中的魏连殳给祖母入殓的情节，据周建人回忆，与鲁迅给自己祖母入殓一致。因此，鲁迅曾承认，魏连殳写的就是他自己，参见周建人《鲁迅故家的败落》，福建教育出版社2001年版，第255页；胡风的《鲁迅先生》，《新文学史料》1993年第1期。

② 《华盖集·青年必读书》，《鲁迅全集》第3卷，第12页。

③ 《两地书·八三》，《鲁迅全集》第11卷，第221页。

活上却显得放任自流和不太认真,这其中就包括他失败的婚姻选择。而我们只有在对鲁迅的"随便"的生活态度有了根本了解时,才有可能理解鲁迅这样一个具有空前的"现代"意识的思想先驱者为什么要"听任"母亲之命,与一个他根本不爱的女人结婚并苦苦地相守了20多年。尽管后来鲁迅在内心深处也起过抛弃朱安的想法,但"为对方考虑"的人道精神却使他难以下定决心来"开始新的生活",这样,庄周的"随便之毒"遂在他的身上继续蔓延,这就出现了前面我们所描述的鲁迅近乎"颓唐"的生活态度。也只是到了1926年后,鲁迅"出走"北京,与许广平"私奔"并同居,他的个人生活才有所好转,同时他才改变了自己以前的"随便"的生活态度。

但要说明的是,鲁迅虽然在生活态度上有些"随便"乃至"颓唐",但在思想原则上却绝不"随便",这也就是说,鲁迅在思想原则上与庄子式的通融和随意是绝对不可同日而语的。鲁迅人格的魅力,正在于他的讲原则。他写文章,"论时事不留情面,砭锢弊常取类型"[1],绝非是为了"私怨",实乃是起于"公仇"[2],为此,晚年鲁迅对于庄周式的"随便"态度进行了彻底的批判和清除。他在《起死》这篇小说中即对主张"请大神随随便便,通融一点罢。做人要圆滑,做神也不必迂腐"的主人公庄周进行了讽刺,而且,这种批判态度即使到了鲁迅临终前夕也丝毫没有改变:"庄生以为'在上为鸟鸢食,在下为蝼蚁食'死后的身体,大可随便处置,因为横竖结果都一样。我却没有这么旷达。假使我的血肉该喂动物,我情愿喂狮虎鹰隼,却一点也不给癞皮狗们吃"[3]。鲁迅在这里对于庄周的

---

[1] 《伪自由书·前记》,《鲁迅全集》第5卷,第4页。
[2] 《书信·340522·致杨霁云》,《鲁迅全集》第12卷,第423页。
[3] 《且介亭杂文附集·半夏小集》,《鲁迅全集》第6卷,第597页。

"随便"的生活态度以及思想原则的批判和清除,虽然针对的是一种思想的类型,但也不能否认这种批判和清除的某种自审性的特点。

总的来看,庄子的出世和虚无思想对鲁迅的浸染及影响是负面的。鲁迅本人也坦承:"我自己总觉得我的灵魂里有毒气和鬼气,我极憎恶他,想除去他,而不能"[①]。但需要说明的是,鲁迅本人对这种庄子式的"随便"是抱着一种木山英雄所说的"幽默的厌恶心理"而进行的。这是因为,其一,对庄子本人,鲁迅并不嫌恶。庄子"万物齐一"的相对主义认识论意在为人们否定现存秩序,超离现实苦难人生,追求并体验"大道"的境界奠定坚实的认识论基础,这本身就有"重估一切价值"的批判精神和追求理想的浪漫主义精神。因此,他曾讽刺那些继承庄子"无是非"衣钵的人说:"喜欢引用这种格言的人,那精神的相距之远,更甚于叭儿之与老聃,……就是庄生自己,不也在《天下篇》里,例举了别人的缺失,以他的'无是非'轻了一切'有所是非'的言行吗?要不然,一部《庄子》,只要'今天天气哈哈哈……'七个字就写完了"[②]。可见,鲁迅对于庄子有自己是非的批判精神还是赞赏的。其二,对庄子的"随便"之"毒",鲁迅则极为厌恶。这种"毒气"指的是这种思想方法和人生态度所带来的历史的负面影响。鲁迅意识到了这种思想对于积极的、行动的现代人生所起到的负面作用。他感到一旦把这种态度付诸严峻的历史之中,它不但会销蚀尽一个战士的坚强意志,还会蜕变为一种"不谴是非"、随物顺缘,以致于圆滑世故、丧失原则的人生态度。其貌似超脱,实则自欺;状若圆通,内则迂腐。尤其是在严峻激烈的

---

① 《书信·240924·致李秉中》,《鲁迅全集》第11卷,第431页。
② 《且介亭杂文二集·"文人相轻"》,《鲁迅全集》第6卷,第299页。

社会斗争中,其虚伪性与欺骗性所造成的危害就更为严重。其三,就人的心理结构而言,"随便"相对于"峻急"也是一种心理补偿。这正如木山先生所言,"在投身社会实践的人的精神中,这样'随便',在根本上又是战斗的自由的精神平衡健全的一种必不可少的保障"。因此,作为实现精神平衡的一种手段,正如鲁迅自己所说的,"竦身一摇",将一切"摆脱","给自己轻松一下"的"随便"和洒脱也不失为一个战士在严峻的战斗之余的一种心理补偿。因此,鲁迅对庄子"随便"之"毒"虽然极为"憎恶",想除去它,但却不能够,其根本原因还在于,庄子已变成了精神血肉,是鲁迅进行文化批判重要的思想渊源。庄子之于鲁迅,既是"批判的武器",又是"武器的批判"。一旦鲁迅真正在精神深处彻底清除了庄子的"毒气"和"鬼气",也许鲁迅也就不成其为鲁迅了。但我从鲁迅与传统这种紧张的精神对峙中,却深深体味到了传统中国社会在文化上走向现代化的异常艰难和苦痛的历程。

四 "老归大泽菰蒲尽":晚年鲁迅

在经历了"五四"新文化运动后,鲁迅因其文名而声誉鹊起,他自己也由北洋政府的文官而转为以卖文为生的职业作家。这期间,鲁迅陆续担任了一些短暂的大学教职,也许是为自己的学术工作做准备,他又购置了一部分《庄子》的不同版本。另外,现存鲁迅藏书中,还有他1923年9月8日购入的清代学者王先谦所撰的《庄子集解》八卷三册,系宣统元年(1909年)思贤书局刻本。现存鲁迅藏书中还有明代道士陆西星所撰《南华真经副墨》六册,整理过鲁迅藏书的姚锡佩先生认为此书"系上海受古书店和中一书店印行的石板本,出版日期不明",

"不知购于何时"①。但严灵峰先生所编《先秦诸子知见书目》之"庄子"目,则载有《南华真经副墨》在现代的再版系"民国二十二年(1934年)上海受古书店石印本"②,而不是"上海受古书店和中一书店印行的石版本"。这里,"石版本"应为"石印本"。如果鲁迅所藏的《南华真经副墨》六册确系《先秦诸子知见书目》中的"民国二十二年(1934年)上海受古书店石印本",那么,根据此书的出版时间,显然是鲁迅晚年所购置。

1926年,鲁迅离开北京到厦门大学任国文系教授,讲授中国文学史课程。此间他编写出《中国文学史略》讲义,次年他又到广州中山大学讲授同一课程,改题为《古代汉文学史纲要》,后改题为《汉文学史纲要》一书出版。在《汉文学史纲要》中,设有"老庄"的专章,从学术史的角度对老庄尤其是庄子的思想和文学进行了评价。鲁迅对于庄子的美富文辞有高度的评价,认为其"尤以文辞,陵轹诸子",但对其由"齐物"而"无为",最终入于"虚无"的思想有深切认识。同胡适一样,鲁迅也认为庄子的思想有明显的"出世主义"倾向:"中国出世之说,至此乃始圆备。"联系到鲁迅一生都在摈弃"黄金世界",专注于"现实"和"现在"的战士本色,可见他对于庄子的出世主义是有着不言自明的贬抑态度的。而鲁迅在《汉文学史纲要》中对庄子的基本判断和态度,可以视为他晚年对庄子进行专门文化批判的理论起点。

鲁迅晚年对庄子有着特别的关注,而这种关注乃是由他和施蛰存关于《庄子》、《文选》的争论引起的。1933年9月29日,施蛰存在上海《大晚报》副刊《火炬》上,发表"欲推荐于青

---

① 姚锡佩:《鲁迅对道教的思考及遗存的道书》,《鲁迅研究月刊》1996年第2期。
② 严灵峰:《先秦诸子知见书目》第1册第2卷,中华书局1993年版,第125页。

年之书"的《书目》，上面写着："庄子，文选（为青年文学修养之根基）论语，孟子，颜氏家训（为青年道德修养之根基）。"鲁迅看了，不以为然，遂在10月6日《申报》的《自由谈》上，以"丰之余"的笔名发表《重三感旧》一文，指出："有些新青年"，虽然生在现代，又非专治国学，却"学起篆字来了，填起词来了，劝人看《庄子》、《文选》了，信封也有自刻的印板了，新诗也写成方块了"。他们"如光绪初年的雅人一样，所不同者，缺少辫子和有时穿穿洋服而已"。鲁迅认为："在'新式青年'的躯壳里，大可以埋伏下'桐城谬种'或'选学妖孽'的喽罗"[1]。鲁迅之批驳施蛰存，并非针对他本人而来，他是把劝人看《庄子》、《文选》作为引导青年倒退的复古现象之一加以针砭的。

施蛰存当时年轻气盛，他立即写了《〈庄子〉与〈文选〉》一文，也在《自由谈》上发表。他把向青年介绍读《庄子》和《文选》，解释为一是"可以扩大一点字汇"，二是对于文学青年可以"有所借助"。他知道"丰之余"是鲁迅笔名，因而有意扯到鲁迅身上去，说"没有经过古文学的修养，鲁迅先生的新文章决不会写到现在那样好"。他还含沙射影地说："写篆字，填词，自用刻印板的信封"，都是"个人的事情"；"新文学家中，也有玩木刻，考究版本；收罗藏书票，以骈体文为白话书信作序"，难道也值得非难吗[2]？这段话是有意讽刺鲁迅的。"玩木刻"指鲁迅翻印《近代木刻选集》、《新俄画选》、《士敏土之图》等；"骈体文"云云是讽刺鲁迅曾为《淑姿的信》写序。1932年7月，鲁迅曾应朋友辗转介绍来的程鼎兴之托，为其夫人金淑姿的书信集写过一篇骈体文的序言。面对施蛰存的回应，

---

[1] 《鲁迅全集》第5卷，第324—325页。
[2] 同上书，第330—332页。

鲁迅又陆续写出《"感旧"以后（上）》、《"感旧"以后（下）》、《扑空》、《答"兼示"》、《中国文与中国人》、《反刍》、《难得糊涂》、《古书中寻活字汇》等一系列杂文，予以回击。施蛰存当然也不甘示弱，也发表了《推荐者的立场》、《突围》、《致黎烈文先生书》等文为自己辩护。

鲁迅和施蛰存二人，一个专注于文化启蒙的政治立场，把青年读《庄子》、《文选》这样的"古书"理解成浸淫于过去的保守行为；一个着眼于文化建设的学术立场，把青年读《庄子》、《文选》这样的"古书"当做作文、治学的法宝和门径。这是一场价值立场"错位"的无休止的"对话"和争吵，其结果自然是发展到双方的意气用事。施蛰存为了刺激鲁迅，遂发表《推荐者的立场》公开声言："我想借贵报一角篇幅，将我在九月二十九日贵报上发表的推荐的青年的书目改一下：我想把《庄子》与《文选》改为鲁迅先生的《华盖集》正续编及《伪自由书》"①。鲁迅更显得不耐烦，说施蛰存"他只有无端的诬赖，自己的猜测、撒娇、装傻。几部古书的名目一撕下，'遗少'的肢节也就跟着渺渺茫茫，到底是现出本相：明明白白的变了'洋场恶少'了"②。以"洋场恶少"来称呼对方，确实是够不客气了。

鲁迅晚年与施蛰存之间这场关于《庄子》和《文选》的论战，和《庄子》以及《文选》本身关联并不大，其只不过是借《庄子》和《文选》之名牵动了在"五四"时代已经发生过的文言与白话之争罢了。对此，鲁迅后来在给姚克的信中也曾专门提及过：

---

① 《鲁迅全集》第5卷，第351—352页。
② 《准风月谈·扑空》，《鲁迅全集》第5卷，第351页。

我和施蛰存的笔墨官司,真是无聊得很,这种辩论,"五四"运动时早已闹过的了,而现在又来这一套,非倒退而何。我看施君也未必真研究过《文选》,不过以此取说当道,假使真有研究,决不会劝青年到那里面去寻新词汇的。此君盖出自商家,偶见古书,遂视为奇宝,正如暴发户之偏喜摆士人架子一样,试看他的文章,何尝有一些《庄子》与《文选》气。

其实,在古书中找活字,是欺人之谈。例如我们翻开《文选》,何以定其字之死活?所谓"活"者,不外是自己一看就懂的字。但何以一看就懂呢?这一定是原以在别处见过,或听过的,既经先已闻见,就可知此等字别处已有,何必《文选》?[①]

"五四"时代,以鲁迅为代表的新文化先驱们,曾坚持以文化启蒙为社会改革开路的立场,对传统的伦理观念及其载体文言进行了不遗余力的挞伐和攻击。而施蛰存之提倡青年读《庄子》、《文选》,在鲁迅看来,不仅与当年反对新文化及白话文的"遗老"们是同一腔调,而更重要的是,看古书和回到过去恰恰是回避当前政治的最好方式,而这正是国民党当局所希望看到的。由鲁迅与施蛰存之间的这场笔墨官司可以看出,鲁迅依然坚持的还是"五四"时期坚决反传统的基本立场,而《庄子》和《文选》,在这里只不过充当了传统文化的载体——"古书"的代名词而已。

但是,这场似乎与《庄子》、《文选》无关的有关《庄子》、《文选》的争论,却促发了鲁迅对《庄子》的现实意义及影响的进一步思考。施蛰存在被鲁迅骂为"洋场恶少"后,曾在《致

---

① 《书信·331105·致姚克》,《鲁迅全集》第12卷,第255页。

黎烈文先生书——兼示丰之余先生》一文中,套了两句诗自嘲:
"十年一觉文坛梦,赢得洋场恶少名",说:"我曾经在《自由
谈》的壁上,看过几次的文字争,觉得每次总是愈争愈闹意气,
而离本题愈远,甚至到后来有些参加者的动机都是可以怀疑的,
我不想使自己不由自主地卷入漩涡,所以我不再说什么话了",
随后,又套了一个现成偈语云:"此亦一是非,彼亦一是非。唯
无是非观,庶已免是非"①。是非不清,就只好"糊涂",万物齐
一,不就得了吧。施蛰存在关键时刻,把庄子的"无是非"观,
当作自己脱身的法宝。这同当时有些文坛悲观论者"不施考
察,不加批判,但用'彼亦一是非,此亦一是非'的论调,将
一切作者诋为'一丘之貉'"是同一论调②。因此,鲁迅在 1935
年,一连写了七篇论"文人相轻"的文章,主旨即在明辨是非,
对庄子式的"混淆是非"的相对主义加以批判。鲁迅认为:"既
然还是人,他心里就仍然有是非,有爱憎;但因为是文人,他的
是非就愈分明,爱憎也愈热烈"③。如果一个人"你无论遇见谁,
应该赶紧打拱作揖,让坐献茶,连称'久仰久仰'才是。这自
然也许未必全无好处,但做文人做到这地步,不是很有些近乎婊
子了么"?所以,作为文人,"他得像热烈地主张着所是一样,
热烈地攻击着所非,像热烈地拥抱着所爱一样,更热烈地拥抱着
所憎——恰如赫尔库来斯(Hercules)的紧抱了巨人安太乌斯
(Antaeus)一样,因为要折断他的肋骨"④。"一定得有明确的是
非,有热烈的爱憎"⑤。因为当前这个时代,乃是一个不能没有
是非,不能糊涂的年代:"郑板桥说'难得糊涂',其实他还能

---

① 《鲁迅全集》第 5 卷,第 362 页。
② 《准风月谈·"中国文坛的悲观"》,《鲁迅全集》第 5 卷,第 247—248 页。
③ 《且介亭杂文二集·再论"文人相轻"》,《鲁迅全集》第 6 卷,第 335 页。
④ 同上书,第 336 页。
⑤ 《且介亭杂文二集·"文人相轻"》,《鲁迅全集》第 6 卷,第 299 页。

够糊涂的。现在,到了'求仕不获无足悲,求隐而不得其地以窜者,毋亦天下之至哀欤'的时代,却实在求糊涂而不可得了。"而庄子所谓的"糊涂主义,唯无是非观等等——本来是中国的高尚道德。你说他是解脱,达观罢,也未必。他其实在固执着,坚持着什么,例如道德上的正统。文学上的正宗之类"①。鲁迅举例说:"就是庄生自己,不也在《天下篇》里,例举了别人的缺失,以他的'无是非'轻了一切'有所是非'的言行吗?要不然,一部《庄子》,只要'今天天气哈哈哈……'七个字就写完了"②。针对施蛰存似的文坛悲观论者以庄周的"无是非"论来解脱自己的伎俩,鲁迅一针见血地指出:"五四运动的时候,保护文言者是说凡做白话文的都会做文言文,所以古文也得读。现在保护古书者是说反对古书的也在看古书,做文言,——可见主张的可笑。……永远反刍,自己却不会呕吐,大约真是读透了《庄子》了"③。

除了对庄子的"唯无是非论"及"糊涂主义"的现实批判外,晚年鲁迅还把批评的矛头对准庄子的由"无是非论"而衍生的出世主义的人生态度——隐士的生存方式。我们知道,庄子的思想经历了"齐物——无为——虚无"的逻辑进程,这一思想逻辑为中国的博大精深的隐士文化奠定了坚实的基础。本来,中国传统士人的精神结构中就有非常浓厚的出世思想,而在鲁迅看来,这种出世思想已作为某种精神的基因融进了中国现代知识分子的血肉中,成为他们精神结构中的重要因素。而到了上一世纪 30 年代,随着民族危机的日益加剧,阶级之间的斗争也日益激烈。面对如此惨烈的社会现实,一部分知识分子既不愿助纣为

---

① 《准风月谈·难得糊涂》,《鲁迅全集》5 卷,第 372 页。
② 《且介亭杂文二集·"文人相轻"》,《鲁迅全集》第 6 卷,第 299 页。
③ 《准风月谈·反刍》,《鲁迅全集》5 卷,第 368 页。

虐，又不愿投入到血与火的战斗中去，但要"苟全性命于乱世"，那就只好乞灵于中国传统中那古老的阴魂——老庄思想。施蛰存引导青年读《庄子》和《文选》也还只是个序曲，而真正主导这场隐士小夜曲的，乃是当时文坛上具有巨大影响的人物——鲁迅的同胞兄弟周作人和鲁迅的朋友林语堂。

周作人、林语堂与鲁迅都是"语丝社"成员。他们在"五四"新文化运动尤其是后来的"女师大事件"中曾经并肩战斗过，向北洋军阀及其文人学士发起过锐利的攻击。但"大革命"失败后，他们的思想以及人生轨迹都发生了重大的变化和分歧：鲁迅接受马克思主义，始终站在时代的风口浪尖上，成为左翼文学运动的精神领袖；周作人则被眼前这天崩地裂般的社会政治变动吓破了胆，一改其在五四时期的"浮躁凌厉之气"，躲进自己的"苦雨斋"里"闭门读书"，过起了封建士大夫式的隐士生活；而林语堂既没"退隐"也没"激进"，走的似乎是"第三条道路"，他以《论语》、《人间世》为媒介，提倡小品文，推崇"幽默"、"性灵"与"闲适"。林语堂虽然走的是"第三条道路"，但在思想精神上却与周作人更接近，因此，他和晚年的鲁迅开始还有合作，但最终还是分裂了。林语堂扯起的"幽默"、"性灵"与"闲适"的大旗，其精神领袖实际上乃是周作人。他们南北唱和，一时引领了一股躲避现实、闲适隐居的思想潮流。这股思潮的集中体现，就是1934年轰动一时的周作人的"五十自寿诗"事件。

1934年1月15日，是周作人的50岁生日。当天，他回顾自己50年的人生历程，特别是"五四"以后由"浮躁凌厉"到"平淡冲和"的感情变化，百感交集，做"打油诗"二首。诗中写道：

前世出家今在家，不将袍子换袈裟。

街头终日听谈鬼,窗下通年学画蛇。
老去无端玩骨董,闲来随分种胡麻。
旁人若问其中意,且到寒斋吃苦茶。

半是儒家半释家,光头更不著袈裟。
中年意趣窗前草,外道生涯洞里蛇。
徒羡低头咬大蒜,未妨拍桌拾芝麻。
谈狐说鬼寻常事,只欠工夫吃讲茶。

　　诗中描绘的乃是作者"结庐在人境"、"心远地自偏"的生活情趣:街头谈鬼,窗下画蛇,老玩骨董,闲种胡麻;意趣窗前草,生涯洞里蛇,低头咬大蒜,拍桌拾芝麻,加之谈狐说鬼,寒斋吃茶,活画出的仿佛是一个"隐于市"古代隐士的形象。而其中"出家"与"在家"的矛盾,也是中国传统士大夫"入世"与"出世"的心灵深处的再现。周作人的诗写出后,后来友人林语堂索诗,随意抄予,林语堂随即却将手迹影印,披露于1934年4月5日出版的《人间世》创刊号上,冠以"五秩自寿诗"的标题,并配以周作人巨帧照片。同期还发表了沈尹默、刘半农、林语堂《和岂明先生五秩自寿诗原韵》。不料诗歌发表后竟然轰动一时,接着周作人的朋友钱玄同、胡适、蔡元培又步原韵和之,竟至满城争诵。

　　而左翼青年和文人也发表了诸多和诗和文章,对周作人的现代隐士做派痛加诋毁。这其中,以胡风的《"过去的幽灵"》最有代表性。胡风尖锐地指责"当年为诗底解放而斗争过的《小河》底作者,现在在这里'谈狐说鬼'",并质问道:"周先生现在自己所谈的鬼,听人家谈的鬼,是不是当年他翻译(爱罗先珂《过去的幽灵》)的时候,叫我们防备的幽灵呢?昔日热烈地叫人防备,现在却促膝而谈之,不晓得是鬼们昔日虽然可恶而现在却可爱起来了呢,还是因为昔日虽然像现在的批评家似的'浮躁',而现在的八道湾居士却功满圆成,就是对于小鬼也一视同仁了"?胡风看到了周作人内心"古老的幽灵"的复活,认为周作人"谈狐说鬼"即是"逃避现实",而"逃避现实"即是"背叛五四传统"。胡风的批判虽失之简单,但他对周作人还归传统的隐士生存方式的判断无疑是准确的。确实的,周作人在鲁迅称之为"风雨如晦,鸡鸣不已"的"大时代"来临之际,已退居为一个传统的隐士了。

鲁迅因兄弟之间的不和,没有涉入到这场风波中,但他却一直密切地关注着这场争论。对于自己的胞弟,鲁迅情感还是有些复杂的:以鲁迅的战士性格,他对周作人的这种隐士做派肯定是不满的,但他可能是觉得自己对周的批评会引来别人议论的"口实",所以没有发言。但他却在写给曹聚仁的私人信件里,一反往日论战中"金刚怒目"的常态,对周作人表示了更多的理解:"周作人自寿诗,诚有讽世之意,然此种微辞,已为今之青年所不憭,群公相和,则多近于肉麻,于是火上添油,速成众矢之的,而不作此等攻击文字,此外近日亦无可言。此亦'古已有之',文人美女,必负亡国之责,近似亦有人觉国之将亡,已在卸责于清流或舆论矣"[①]。鲁迅对"自寿诗"事件的评论,使周作人大为诧异,以至于他在晚年所写的《知堂回想录》中特意写道:"鲁迅平素是主张以直报怨的,而且还进一步,不但是以眼还眼,以牙还牙,还说过这样的话,人有怒目而视者,报之以骂,骂者报之以打,打者报之以杀。……对于所谓五十自寿的打油诗,那已经是那事件(按:指兄弟失和事件)的十多年之后了,当时经胡风辈闹得满城风雨,都他一人在曹聚仁杨霁云的书简中,能够主持公论,胸中没有丝毫蒂芥,这不是寻常人所

---

① 《书信·340430·致曹聚仁》,《鲁迅全集》第12卷,第397页。

能做到的了"①，但这对于已经反目成仇的鲁迅兄弟来说，却来得太迟了。

但鲁迅对自己兄弟的"私情"维护，并不等于说他对周作人、林语堂似的现代隐士没有"微辞"。实际上，鲁迅同胡风一样，从周作人"五十自寿诗"事件中看到的也是现代知识分子身上那个"古老的幽灵"的再现和复活。从1935年鲁迅写了一系列文章，直接揭露和批判林语堂，有时也涉及与林语堂相呼应的周作人。这些文章中，有一部分就是对他们的现代隐士做派的抨击。1935年1月，鲁迅做《隐士》一文，认为古代那些"声闻不彰，息影山林的"真正隐士，世间是不会知道的；一旦挂上"隐士"的招牌，就说明他已经不是真正的"隐士"了。"归隐"与"登仕"一样，都是"噉饭之道"，"倘不然，朝砍柴，昼耕田，晚浇菜，夜织屦，又那有吸烟品茗，吟诗作文的闲暇？"这就把古今"隐士"的神秘画皮，剥得干净利落。隐士不能直面人生，这是怯懦；隐士又要以"隐"自鸣于世，这是虚伪。怯懦和虚伪，其实质就是极端的自私：

> 泰山崩，黄河溢，隐士们目无见，耳无闻，但苟有议及自己们或他的一伙的，则虽千里之外，半句之微，他便耳聪目明，奋袂而起，好像事件之大，远胜于宇宙之灭亡者，也就为了这缘故。②

鲁迅这里对于现代隐士的揭露和描绘，后来在周作人身上几乎得到了全部的"兑现"。抗战期间，想作隐士的周作人"谋隐"不成，但为了"噉饭"，不得不"登仕"，出任日伪华北教

---

① 《苦茶——周作人回忆录》，敦煌文艺出版社1995年版，第331页。
② 《鲁迅全集》第6卷，第223—224页。

育督办,沦落为汉奸。这时的周作人,早已把民族大义、国家荣辱置之于度外了。据林语堂《记周氏兄弟》一文回忆说,民国三十二年(公元1943年)冬,他在西安遇见从北平逃出的沈兼士,沈对他谈起周作人在做日本御用的教育长官时,"我们的青年给日本人关在北大沙滩大楼,夜半挨打哭号之声惨不忍闻,而作人竟装痴作聋,视若无睹……"[①] 而几乎在同一时期,日本作家片山铁兵曾因周的"儒家文化中心论"而攻击他为"反动老作家",周作人因此而大怒,一面在报上登出声明把透露信息给片山铁兵的弟子沈启无逐出师门,一面又是发"最后通牒"要片山氏对此事予以澄清。周作人的"奋袂而起",真是鲁迅所谓的"好像事件之大,远胜于宇宙之灭亡者"的现代隐士的做派。[②]

对于被评论家所鼓吹的古代隐士们在山林中的"闲适"与"静穆",鲁迅也给予批驳和现实的解构。南朝大隐士陶渊明,在鲁迅看来也不像朱光潜所说的那样"浑身是静穆"。他之所以能按自己的理想隐居于乡间,写出"采菊东篱下,幽然见南山"这样静穆的诗句,也是因为他有奴子。"汉晋时候的奴子,是不但侍候主人,并且给主人种地,营商的,正是生财器具。所以虽是渊明先生,也还略略有些生财之道在,要不然,他老人家不但没有酒喝,而且没有饭吃,早已在东篱旁边饿死了"[③]。但即使如此,他也不是整天一味地"飘逸",浑身的"静穆"。鲁迅分析道:

> 又如被选家录取了《归去来辞》和《桃花源记》,被论客赞赏着"采菊东篱下,悠然见南山"的陶潜先生,在后

[①] 萧南编:《在家和尚周作人》,四川文艺出版社1995年版,第21页。
[②] 详情见钱理群《周作人传》,中国华侨出版社1996年版,第136—142页。
[③] 《且介亭杂文二集·隐士》,《鲁迅全集》第6卷,第223—224页。

人的心目中,实在飘逸得太久了,但在全集里,他却有时很摩登,"愿在丝而为履,附素足以周旋,悲行止之有节,空委弃于床前",竟想摇身一变,化为"阿呀呀,我的爱人呀"的鞋子,虽然后来自说因为"止于礼义",未能进攻到底,但那些胡思乱想的自白,究竟是大胆的。就是诗,除论客所佩服的"悠然见南山"之外,也还有"精卫衔微木,将以填沧海,刑天舞干戚,猛志固常在"之类的"金刚怒目"式,在证明着他并非整天整夜的飘飘然。这"猛志固常在"和"悠然见南山"的是一个人,倘有取舍,即非全人,再加抑扬,更离真实。譬如勇士,也战斗,也休息,也饮食,自然也性交,如果只取他末一点,画起像来,挂在妓院里,尊为性交大师,那当然也不能说是毫无根据的,然而,岂不冤哉!我每见近人的称引陶渊明,往往不禁为古人惋惜。

最后,鲁迅总结道:"我总以为倘要论文,最好是顾及全篇,并且顾及作者的全人,以及他所处的社会状态,这才较为确凿。要不然,是很容易近乎说梦的。……自己放出眼光看过较多的作品,就知道历来的伟大的作者,是没有一个'浑身是静穆'的。陶潜正因为并非'浑身是静穆,所以他伟大'"[1]。鲁迅以不耽于幻想的现实眼光,通过对古代的大隐士陶渊明的生存状态及文学作品的分析和解读,还其本来面目,直指其精神实质,这就把被古今文人所渲染并加以"神话"的隐士的飘逸和洒脱形象击得粉碎。"生在有阶级的社会里而要做超阶级的作家,生在战斗的时代而要离开战斗而独立,生在现在而要做给与将来的作

---

[1] 《且介亭杂文二集·"题未定"草(六至九)》,《鲁迅全集》第6卷,第421—430页。

品，这样的人，实在也是一个心造的幻影，在现实世界上是没有的"①。这就是鲁迅通过对大隐士陶渊明的现实的解读，给人们的深刻启示。

晚年鲁迅似乎觉得仅仅用杂文来揭露现代隐士的画皮还不过瘾，他感到还有必要"把那些坏种的坟刨一下"②，于是，他于1935年12月，集中了一个月的时间，写出《采薇》、《出关》、《起死》三篇历史小说，对中国隐士的鼻祖式人物伯夷、叔齐以及精神导师老子、庄周的进行形象的描写和戏剧式的展示。一般的《故事新编》研究者似乎都愿意把《采薇》与《出关》、《起死》这两篇小说分开对待，他们认为鲁迅对《采薇》中的伯夷、叔齐兄弟俩不像对《出关》及《起死》中的老子、庄子那样严厉，而是抱着某种同情的态度来写他们的，而且《采薇》中伯夷、叔齐的性格也不像老子、庄子那样是他们自己思想的单纯的施行者，而是两个"通体矛盾"的人物③。但这些理由是不足以把《采薇》与《出关》、《起死》分开对待的，因为一个最基本的却不能掩盖的事实是：他们都是不愿意直面现实而耽于幻想的人物，或者说，他们就是鲁迅上述批判视域中隐士型的人物。至于说他们性格是否复杂，鲁迅对他们的态度是否严厉，那也因为他们自身性格及思想本身造成的，或者说是因为他们分别属于不同类型的隐士，因此就形成了他们不同的性格及思想，更影响了鲁迅对他们的不同态度。联系到鲁迅这三篇小说是在巴金的催促下，利用一个月的时间集中赶出来的④，加之鲁迅就有创作系列

---

① 《南腔北调集·论"第三种人"》，《鲁迅全集》第4卷，第440页。
② 《书信·350104·致萧军、萧红》，《鲁迅全集》第13卷，第4页。
③ 何家槐：《关于采薇的一些理解》，《故事新编及其他》，中国青年出版社1957年版；王瑶：《〈故事新编〉散论》，《中国现代文学史论集》，北京大学出版社1998年版；林非：《论〈采薇〉》，《人文杂志》1983年第5期。
④ 巴金：《鲁迅先生就是这样的一个人》，茅盾等编《忆鲁迅》，人民文学出版社1956年10月第1版。

作品的习惯①，我们有理由相信这三篇小说是作者有思想准备、有同一主题、有精神联系的系列小说，我们也有理由相信这三篇系列小说是作者对于所谓的现代"隐士"进行刨根揭底式揭露和批判的艺术作品。

《采薇》中伯夷、叔齐就是鲁迅在《隐士》一文中描述的那种"声闻不彰，息影山林"的真正隐士。他们最大的特点是笃信所谓的"先王之道"。他们本是孤竹国的王子，但为了孝悌，竟然放弃王位，相继逃离故土，来到西伯的养老堂隐居；他们见武王伐纣，竟以反对"不仁不孝"、"以暴易暴"的名义而"叩马而谏"；他们为了抗议武王"竟全改了文王的规矩"，竟"不食周粟"，上首阳山以采薇而生；他们为了将"不食周粟"的信念贯彻到底，最后连"薇"也不食，最终饿死在山洞里。他们是为自己的信念而归隐，同时也为了自己的信念而放弃自己生命的。相对于作品中的其他人物，如欺世盗名的当朝天子周武王、无耻伪善的华山大王小穷奇、还有那个毫无特操的"首阳村第一高人"小丙君，伯夷、叔齐尽管迂腐、软弱，但要可爱得多，他们可谓是"殉道者"，属于鲁迅所说的"糊涂透顶的笨牛"式的人物。鲁迅通过对他们悲剧命运的叙写，意在说明，像伯夷、叔齐这样"有所不为"的狷介之士，在"普天之下，莫非王土"的世界上，既不亲自从事生产，又没有后来隐士所具有的"嗷饭"之道，那就只能走向死地，而且还摆脱不了自己被诬陷、被欣赏的命运。也许正因为此，鲁迅对他们表现出了比较复杂的感情：既同情他们为信念而饿死的命运，又嘲笑他们笃守信念的迂腐；既有悲悯，又有揶揄，而这正是一般读者的阅读反应比较

---

① 现存的鲁迅作品《自言自语》、《野草》、《朝华夕拾》，包括《故事新编》等，都是有计划的、有主题的系列创作。他晚年还有一些没有完成的作品，如《我的第一个师父》、《女吊》等也属于类似的系列写作。

复杂的重要原因之一。

相对于伯夷、叔齐兄弟俩为信念而归隐，又为信念而死亡，《出关》中的"隐君子"老子却是因为懦弱而败走，因为懦弱而"出关"的。老子不像伯夷、叔齐那样真诚地笃信"先王之道"，相对于伯夷、叔齐，他要"世故"得多。孔、老第一次会见，老子是高兴的。这是因为孔子虽从他而学，但还没有参透玄机，所以才会出现拜见72位君主而不被采用的结局。老子因此而幸灾乐祸，竟高兴得想到要吃孔子送给他的雁鹅肉。老子"一方面高谈自然，一方面万事又从利己着想"，其自私和世故由此可知。等到孔、老第二次见面，孔子经过三个月的苦思，已经"参透"了玄机了：

（我）想通了一点：想通了一点：鸦鹊亲嘴；鱼儿涂口水；细腰蜂儿化别个；怀了弟弟，做哥哥的就哭。我自己久不投在变化里了，这怎么能够变化别人呢！……

老子一听，如晴天霹雳！自以为独得之秘的"玄机"，如今不能专有，掌握在人家手里了，并且他感到孔子的话里还带有威胁性：既然"怀了弟弟，做哥哥的就哭"，可见，孔子是容不下自己的了。这一次老子不但不高兴，而且还有些不安了：他感到"孔子以后就不再来，也再不叫我先生，只叫我老头子，背地里还要玩花样了呀"。学生学到了本事，自然就不能容忍老师了，逢蒙杀羿的故事，又是他素所怵惕的。老子是信奉"柔弱胜刚强"的道理的，最后，他决定还是走为上，遂西出函谷而"出关"，老子的怯懦和软弱由此可见。后来，在《出关的"关"》一文中，鲁迅是这样比较孔、老之区别的：

老，是尚柔的；"儒者，柔也"，孔也尚柔，但孔以柔进取,而老却以柔退走。这关键,即在孔子为"知其不可为而为之"的事无大小,均不放松的实行者,老则是"无为而无不为"的一事不做,徒作大言的空谈家。要无所不为,就只好一无所为,因为一有所为,就有了界限,不能算是"无不为"了。我同意于关尹子的嘲笑:他是连老婆也娶不成的。于是加以漫画化,送他出了关,毫无爱惜,……

老子西出函谷,而败走流沙,当然是成了隐士,而他之"出关",则是因为他听出了孔子话里的"深意"而被吓得退走的。老子之归隐,固然是他的懦弱造成的,但这种懦弱之中,却包含着极深的"避祸"之心。老子可谓是一个深于"世故"的"隐君子"。

如果说《出关》里的老子是一个"世故老人"话,那么,《起死》里的庄子则是一个不折不扣的"混世"隐士了。这里需要指出的是,《起死》的材料虽来自《庄子》,其主人公也是一个叫"庄子"的人,但这个"庄子"与历史上的庄子或《庄子》文本中的庄子是两回事。小说中的"庄子"是以《庄子·至乐》中的那则寓言加以"演化"而成,或者如鲁迅自己所说,其是从《庄子》中"只取其一点因由,随意点染,铺成一篇"[①],因此,《起死》中的"庄子"不是历史上那个旷达飘逸、愤世嫉俗的庄子,而是一个不折不扣的混世主义者。小说写庄子在去楚国的路上,遇一髑髅,遂请司命大神使之还阳,变成一个赤条条的汉子。这个乡下人活转过来后,首要的问题就是要衣服穿,自己总不能一丝不挂地活世呀!于是一场关于"是非观"的论战就围绕着"赤条条"问题展开了。为了使汉子对自己没有衣服的现实问题"安之若命",庄子施展出其"齐物论"的绝

---

① 《故事新编·序》,《鲁迅全集》第 2 卷,第 342 页。

招,像汉子大肆地"讲法":

> 你先不要专想衣服罢,衣服是可有可无的,也许是有衣服对,也许是没有衣服对。鸟有羽,兽有毛,然而王瓜茄子赤条条。此所谓"彼亦一是非,此亦一是非",你固然不能说没有衣服对,然而你又怎么能说有衣服对呢?……

庄子的目的,是想把汉子从这个"穿衣服"的现实问题中引开,但这条汉子却似乎没有庄子那么多的"玄想",他仍然是一根筋地缠住庄子,要他的衣服穿,要剥他的"道袍"。庄子无奈,只得狂吹警笛,叫来了巡士。当巡士请他赏给汉子一件衣服时,庄子的本质遂暴露无遗:他说他要去拜见楚王,不能没有体面的衣服穿,——原来,这个知名的大隐士,跟楚王还有一腿呢!巡士灵醒过来,遂又狂吹警笛,叫人来镇压汉子要"穿衣服"的捣乱行为。……庄子对人讲"彼亦一是非,此亦一是非",对自己却是是非分明:"自己既然不能脱去衣服,足见有衣服是对的;既然把去见楚王看得很重要,足见贵贱是有区别的;汉子在活转过来时与他为难,足见死生是不同的;他由汉子所记得的大事来推算汉子已死去五百年,足见大小古今也是有差别的;这一切都显示了他的虚无主义、相对主义思想的虚伪性和荒唐性"[1]。实际上,庄子是什么都不信从的,他的"无是非"观,只是其自私与怯懦的遮羞布,他就是鲁迅所说的那种"做戏的虚无党"或"体面的虚无党"[2]。而当汉子以其最基本的现实需要揭去他的伪装时,他就狂吹警笛,叫来巡士——统治阶级

---

[1] 王瑶:《故事新编散论》,《中国现代文学论集》,北京大学出版社1998年版,第102—103页。
[2] 《华盖集续编·马上支日记》,《鲁迅全集》第3卷,第327—328页。

的专政工具,对汉子施以恫吓和镇压。由此可见,"中国的隐士和官僚是最接近的"①,鲁迅说的没错!

通过以上鲁迅对于庄子及其所代表的中国隐士文化精神的剖析和批判,是不是可以像有的学者所认为的那样,鲁迅已经消除了庄周之"毒",蜕变为一个战斗的马克思主义者了?我看不尽然。鲁迅所揭露和批判的,乃是庄子所引领的"无是非"观及出世思想,但这个思想逻辑仍然只是博大精深的"庄学"的一个主体部分而已,实际上,庄子的思想与精神还有许多因子已经化入到了鲁迅的血肉之中,成为他精神气质的重要组成部分,这种精神气质除了在中年鲁迅身上表现为"庄周韩非的毒"之外,晚年鲁迅我认为仍然保持着某些庄周的风采。至少以下几个方面是我们应予关注的:

第一,鲁迅晚年的辩证思维中,仍然保持着庄周相对主义的因子。晚年鲁迅的最大变化,就是接受了马克思主义。借助于马克思主义的辩证思维逻辑,鲁迅文章的理论辩驳能力大大增强,这是他能在晚年的"文化围剿"中出奇制胜的重要法宝。而这种辩证思维中,庄子"彼亦一是非,此亦一是非"相对主义思维逻辑应该是鲁迅接受马克思主义的重要思想动因。庄子的相对主义有其辩证法因素,其对于儒墨的"圣知之法"的权威地位的解构有其积极的作用,但遗憾的是,庄子又把这朴素的辩证法推向了诡辩论,并最终走向无为和虚无主义人生观。上述鲁迅对庄子的"无是非"观的批判,正是基于此而来的。但庄子"彼亦一是非,此亦一是非"的相对主义思维逻辑,则被晚年鲁迅所吸取,并融化到了他的辩证思维之中。② 晚年鲁迅的几次文学

---

① 《集外集拾遗·帮忙文学与帮闲文学》,《鲁迅全集》第7卷,第383页。
② 详情请参阅张福贵:《惯性的终结:鲁迅文化选择的历史价值》,吉林大学出版社1999年版,第149页。

论战,如 1928 年与创造社和太阳社之间有关"革命文学"的论争,1930 年与梁实秋之间有关文艺是否表现永恒"人性"的论争以及 1930 年后与左联领导人周扬等的一系列争论,双方之间的矛盾在很大程度上就是源于"亦此亦彼"的辩证思维与"非此即彼"的形而上学思维的差异。鲁迅的论争对象往往坚持"非此即彼"的两极化思维方法,把所坚持的理论推向极端,这就忽略了其间的过渡环节。如"一切文艺都是宣传",这是创造社和太阳社的理论家在特定的政治形势下对文艺的社会功能的正确理解,但这个提法在强调文艺的宣传价值时却又忽视了其艺术自身的功能。而鲁迅以他对文艺本体和中国社会的深刻理解,从承认"一切文艺都是宣传"的命题出发,又作了"一切宣传却并非全是文艺",强调文艺的政治价值与艺术价值的并重,从而把对文艺功能的认识、思考推进到一个更高的层次。鲁迅这种思维方式,显然是与庄子式的中国传统的辩证思维方式有相当的关联。

第二,鲁迅在用杂文进行现实的战斗之余,其内心深处时时泛起的颓唐之情和归隐之想也仍然不断地消磨着他的战斗的意志。1927 年,他写信给台静农,表示:"我眼前所见的依然黑暗,有些疲倦,有些颓唐,此后能否创作,尚在不可知之数"[①]。1933 年前后,鲁迅曾对冯雪峰说过这样的话:"使自己轻松一下,有时是很需要的。忘记,真是一件宝贝。否则,件件事情都记着,人会压死的"[②]。这是执著于现实战斗的晚年鲁迅自觉不自觉地流露出的颓唐灰暗的情绪。看到鲁迅晚年仍然过着那样严肃紧张的战斗生活,他的学生徐梵澄曾写信给他,劝他何不在任

---

① 《书信·270925·致台静农》,《鲁迅全集》第 11 卷,第 580 页。
② 冯雪峰:《回忆鲁迅》,《雪峰文集》,人民文学出版社 1985 年版,第 207—208 页。

何山水佳处,找一所房子定居,较接近大自然。花之朝,月之夕,剥一黄橙,暖半壶酒,则有山灵相访,古哲会神……总会比租界好。但鲁迅则回信云:"我感谢你替我计划了很好的田园。这些梦,我少年时也曾作过的,还请一位族人刻了一颗图章,取《诗品》句曰:'绿杉野屋'……"然后引用章太炎《庐山志题辞》里几句话来诉说他内心的无限悲愤:"人之情,求仕不获毋足悲,求隐而不得其地以自穷者,毋乃天下之至哀欤①!"求仕不得,求隐不成,甚至连自己正在进行的战斗本身,都是一个"绝望的抗战"。这是一种何等令人丧气的人生虚妄!当这种"虚妄感"是如此残酷地折磨着一个战士的心灵时,它就会化入鲁迅更具"私人化"的写作形式——旧体诗中。"烟水寻常事,荒村一钩徒。深宵沈醉起,无处觅菰蒲"②。"老归大泽菰蒲尽,梦坠空云齿发寒"③,这些诗句,把鲁迅"求隐而不得其地以自穷"的"天下之至哀"表现了出来。由此可见,晚年鲁迅并不像有些论者所言,已修炼成一个刀枪不入的"超人"。即使他是一个坚定的马克思主义者,在他的内心深处,那种庄子式的古老阴魂也会时不时地对他进行侵扰,只不过鲁迅以自己坚强的意志对之进行了有效的抵御,才没有出现他中年的那种"颓唐"或"虚无"的人生态度。

第三,晚年执着于现实战斗的鲁迅,并不是如《圣经》中所说的那种役役劳作为俗世的罪人,他有时也向往并体验着那种物我冥合的自由的人生境界。在《怎样写》一文中,他曾谈到自己在厦门大学一人独处时的内心体验:

---

① 徐梵澄:《星花旧影——对鲁迅先生的一些回忆》,《鲁迅研究》第11辑。
② 《集外集拾遗·无题》,《鲁迅全集》,第446页。
③ 《集外集拾遗·亥年残秋偶作》,《鲁迅全集》第7卷,第451页。

夜九时后，一切星散，一所很大的洋楼里，除我以外，没有别人。我沉静下去了。寂静浓到如酒，令人微醺。望后窗外骨立的乱山中许多白点，是丛冢；一粒深黄色火，是南普陀寺的琉璃灯。前面则海天微茫，黑絮一般的夜色简直似乎要扑到心坎里。我靠了石栏远眺，听得自己的心音，四远还仿佛有无量悲哀，苦恼，零落，死灭，都杂入这寂静中，使它变成药酒，加色，加味，加香。这时，我曾经想要写，但是不能写，无从写。这也就是我所谓"当我沉默着的时候，我觉得充实，我将开口，同时感到空虚"[1]。

这是一种"心事浩茫连广宇"的人生体验，仿佛"无穷的远方，无穷的人们，都和我有关"，鲁迅的内心世界已远远超越了自我的狭窄范围，和整个世界的悲欢离合融成一片了。"我"一旦"沉静下去"，却分明感到的是"四远还仿佛有无量悲哀，苦恼，零落，死灭，都杂入这寂静中，使它变成药酒，加色，加味，加香"，因此"我"才"觉得充实"。这颇类似于庄子那种"忘我"、"丧我"、"坐忘"的人生境界。在这种境界中，人"排除所有有意识、有目的的刻意追求，放弃对任何语言、逻辑的执著，摆脱得失、利害、荣辱……一切物欲、私欲的束缚，达到心灵的净化；于是就进入了自然的、放松的状态——心灵的自由状态"[2]。忘我，丧我，超越了物、我的狭隘性，在"沉默"和"空虚"中，万象冥合，就进入了真正博大的世界，并且取得了巨大的潜能，即庄子所谓的"尸居而龙见，渊默而雷声"（《在宥》）。"尸居"、"渊默"的静态，都蕴蓄着一种势能，一旦释放出来，就转化为动能，则雷鸣、龙见（现），足以惊天动

---

[1] 《三闲集·怎么写》，《鲁迅全集》第4卷，第18页。
[2] 钱理群：《心灵的探寻》，北京大学出版社1999年版，第230页。

地。鲁迅的"于无声处听惊雷",即是此意。鲁迅的这种心灵体验,实际上也是一种人生境界和审美体验。据友人回忆,晚年鲁迅偶尔会"在大庭广众之中,有时会凝然冷坐,不言不语[1]"有时看起来"神寒气静,诚有如庄子所说'老聃新沐,方将披发而干,然似非人'的"[2]。这极大的沉静境界,与《庄子》中描写的"至人""真人""神人"等的精神气质,有着惊人的相似。

---

[1] 沈尹默:《鲁迅生活中的一节》,见《鲁迅回忆录》上册,第248页。
[2] 徐梵澄:《星花旧影——对鲁迅先生的一些回忆》,《鲁迅研究》第11辑。

第 四 章
鲁 迅 与 屈 原

屈原（公元前约 340 年—前 277 年）是对于中国文化和文学，特别是中国知识分子的精神人格有着至深影响的人物。虽然他身处于远离中国文化中心的南楚之地，但他却凝聚并内涵了先秦士人的理想的性格和精神气质。屈原是个典型的道德理想主义者，志于道，以道自任，自觉地以维护道统、传承道统为自己神圣的使命，这些先秦士人的理想价值，在屈原身上得到了最好的体现。屈原最大的特点就是品格的高洁。他意识到了，要实现"道"的崇高理想，必须要有一个崇高的道德的自我："纷吾既有此内美兮，又重之以修能。"他不仅对于自身先天的道德禀赋甚为自豪，而且还十分注重后天的自我道德修养。"惟草木之零落兮，恐美人之迟暮"，众芳污秽，美人迟暮，现实道德的状况与紧迫的时间，使他感到及时进行自我道德修养的必要，为此，屈原付出了艰苦卓绝的努力和牺牲。但屈原更伟大的品质还在于他的"殉道"精神。无论是他的内美、修能，还是由此二者推而及外的美政，都无一不贯通了"道"的精神，它们共同构成了屈原那至真至美的理想。正是为了追求这一美好的理想，他对现实中的丑恶进行了猛烈的抗争，甚至以自己的生命维护这一理想。"路漫漫其修远兮，吾将上下而求索"，"忽反顾而流涕兮，哀高丘之无女"，"亦余心之所善兮，虽九死而犹未悔"，这些经常被后人诵之于口的诗句,正是屈原上下求索、彷徨回顾、九死未悔的精神在历代士大夫身上的回光和返照。东汉王逸曾在《楚辞章句序》中说:"屈原之词,诚博远矣,自终没以来,名儒博达之士,著造词赋,莫不拟则其仪表,祖式其模范,取其要妙,窃其华藻。所谓金相玉质,百世无匹,名垂罔极,永不刊灭者矣。"六朝时期,自东晋名士王孝伯说出"痛饮酒,熟读《离骚》,便可称名士"之后,仿效者络绎不绝①。南朝刘勰在其《文心雕龙·辨骚》中对之加以发挥,谓"其衣被词人,非一代也。故才高者菀其鸿裁,中巧者猎其艳辞,吟讽者衔其山川,童蒙者拾其香草"。而清代诗人龚自珍则把屈原与庄子并论,以"庄骚两灵鬼,盘踞肝肠深"来形容他们在自己的心灵中打下的深刻烙印。

毫无疑问,鲁迅也是上述"屈骚"精神谱系中一员,而且几乎可以说是把这一精神传统赋予了"现代"气质,并使之发扬光大的惟一的知识分子。鲁迅生在浙东,战国时代属楚国,他认为浙东多山,民性有山岳气,其精神气质与处于山岳地带的楚人有相通之处②。禀有山岳之灵气的屈原的精神血液,在鲁迅的身上仍然继续地流淌着。终其一生,鲁迅都沉浸在屈原的精神世界里。鲁迅虽然以"改造国民性"的文化启蒙为己任,但其精神内核是"屈骚"式的反抗绝望的战斗;他虽然是以小说和散文为人所知,但其作品回荡着"屈骚"的精魂。我们简直不能想象,在鲁迅所接受的中国文化的精神养料中,如果没有屈原所代表的楚文化"九死未悔"的精神气质及浪漫幻想,作为艺术家的鲁迅何以能成为鲁迅?但鲁迅与屈原的精神联系,自从许寿

---

① 《世说新语·任诞》,《世说新语笺疏》,上海古籍出版社1993年版,第763页。

② 徐梵澄:《星花旧影——对鲁迅先生的一些回忆》,《鲁迅研究资料》第11辑。

裳先生在《屈原与鲁迅》一文中提出以后,半个世纪以来却并没有引起研究者足够的重视,以至于这一重要的学术命题至今仍少有人问津,这不能不是鲁迅研究中的一大缺憾。本章下面将尝试对之加以探讨。

一 鲁迅与"屈骚"

鲁迅对屈原及《离骚》的最早接触可溯自其少年时代。据周作人回忆,鲁迅在少年时期即特别热爱诵读《楚辞》[①]。1900年的庚子除夕,鲁迅在所写的《祭书神文》中,就有"狂诵《离骚》兮为君娱"的句子,而且有意思的是,而这篇祭文本身就是一篇"骚体文"。

但鲁迅对《离骚》的深入了解及理性的认知还是在他日本留学期间。他的终生挚友许寿裳曾这样记述鲁迅阅读《楚辞》的情景:1902年,鲁迅刚到日本在弘文学院读书时,就买了不少日文书籍,藏在书桌抽屉内,如拜伦的诗、尼采的传、希腊神话、罗马神话等,此外"我看见了这些新书中间,夹着一本线装的日本印行的《离骚》"。此外,鲁迅还对许寿裳谈过这样的看法:"《离骚》是一篇自叙和托讽的杰作,《天问》是中国神话和传说的渊薮"[②]。

除了自读《楚辞》外,鲁迅对屈原的认识,还受到了老师章太炎的启发和引导。1908年7月,鲁迅师从章太炎,在东京同许季茀(寿裳)、朱逷先(希祖)、钱均甫(家治)、钱德潜(玄同)、朱蓬仙(宗莱)、龚未生(宝铨)、周启明(作人)等

[①] 周作人:《鲁迅的青年时代·鲁迅读古书》,《关于鲁迅》,第445页。
[②] 许寿裳:《亡友鲁迅印象记·鲁迅与屈原》,人民文学出版社1953年版,第22页。

八人在《民报社》太炎先生寓所，后来还可能到大成中学受教。在许寿裳的回忆中，只提到了太炎先生教他们《说文解字》，周作人则说，太炎先生除讲《说文》外，似乎还讲过《庄子》，但对于《楚辞》他们都无从提及。[①]但据北京图书馆馆藏的《朱希祖日记》手稿和北京鲁迅博物馆馆藏的《钱玄同日记》手稿，可知自4月4日起至10月底，除讲授段玉裁《说文解字注》、郝懿行《尔雅义疏》外，还于8月5日至20日插讲了《楚辞》和《庄子》。如1908年钱玄同日记手稿记道，8月26日："今日讲《离骚经》、《九歌》"；8月29日："《楚辞》、《天问》、《九章》"；9月2日："《离骚》、《远游》、《卜居》、《渔父》、《九辩》、《招魂》、《大招》、《惜誓》、《招隐士》、《七谏》"；9月5日："本日《离骚》、《哀时命》、《九怀》、《九歌》、《九思》"。《民报》时期的章太炎是鲁迅当时最为尊崇的人物之一，也是青年鲁迅自觉接受中国文化传统的领路人。章氏的教导，更加深了鲁迅的"屈原情结"，以至于他刚走上文学道路，在为自己所办的杂志拟名时，第一个想到的就是来自《离骚》的意象——"赫戏"或"上征"。只是后来觉得不大通俗，所以才定名为《新生》。[②]

但鲁迅似乎并没有沉浸在阅读《楚辞》的浪漫畅想里。日本留学时期，同样也是他系统接受西方文化，从而达到自己的理性自觉的人生阶段。因此，他已经开始以西方的"新神思宗"为武器，来烛照和审视《楚辞》里描绘的神奇世界，评价和褒贬屈原的人格了。这首先表现在他能以西方的科学理性的眼光来发掘屈原《天问》中的先秦理性精神：

[①] 许寿裳：《章炳麟》，重庆出版社1987年版，第55页；周作人《知堂回想录》，（香港）三育图书有限公司1980年版，第216页。

[②] 许寿裳：《亡友鲁迅印象记·鲁迅与屈原》，人民文学出版社1953年版，第22页。

人类种族发生学者,乃言人类发生及其系统之学,职所治理,在动物种族,何所由昉,事始近四十年来,生物学分支之最新者也。盖古之哲士宗徒,无不目人为灵长,超迈群生,故纵疑官品(案:"官"指器官。这里鲁迅沿用了严复的用语,以"官品"谓"生物",以"非官品"为无生物)起源,亦彷徨于神话之歧途,诠释率神秘而不可思议。如中国古说,谓盘古辟地,女娲死而遗骸为天地,则上下未形,人类已现,冥昭瞢暗,安所措足乎?屈灵均谓鳌载山抃,何以安之,衷怀疑而辞见也。[①]

这是一段以科学理性破除宗教迷信的典型话语。中国文化在先秦时代,以孔子的"仁学"为代表,已经实现了由神到人的"哲学的突破"。这种实用理性的精神,在屈原那里,则更加发扬光大。屈原在《天问》中,从天到人,从遂古到当今,对一切传统的观念,甚至对当时的显学儒家一派所描绘的历史传说,都加以质问并怀疑,上引的《天问》中对诸如"盘古开天地"、"女娲补天"的置疑就是如此。虽然鲁迅没有看到西方的科学理性与先秦的实用理性的本质区别,但他这里能把流传数千年的古代的神话传说加以科学的烛照,从而发掘出传统文化中的"现代"因子,这正是他留日时期"取今复古,别立新宗"的中西文化"会通"观的具体体现。

鲁迅对《楚辞》的现代观照和理性自觉还表现在他能以"近代神思宗之至新者"——浪漫主义的"摩罗"诗学来评价屈原作品所表现出的最大特色——"哀怨",他的《摩罗诗力说》,就特别提到了屈原:

[①] 《坟·人之历史》,《鲁迅全集》第1卷,第9页。

> 惟灵均将逝,脑海波起,通于汨罗,反顾高丘,哀其无女,则拾写哀怨,郁为奇文。茫洋在前,怒世俗之混浊,颂己身之修能,怀疑自遂古之初,直至百物之琐末,放言无忌,为前人所不敢言。然中亦多芳菲凄恻之音,而反抗挑战,则终其篇未能见,感动后世,为力非强。[1]

中国传统的诗教是"怨而不怒",但鲁迅却主张"怨而怒"。他不但要诗人大胆地抒发心中的"不平之气",还要"立意在反抗,指归在动作","不为顺世和乐之音,动吭一呼,闻者兴起,争天拒俗,而精神复深感后世人心,绵延至于无已"。实际上,屈原"顾忌皆去"的"哀怨",已经逾了儒家的"中庸"之矩了,因此他已经遭到了后来一些正统儒士们的强烈抨击。班固即指责说:"今若屈原,露才扬己,竟乎危国群小之间,以离谗贼。然责数怀王,怨恶椒兰,愁神苦思,强非其人。忿怼不容,沉江而死"[2]。而朱熹则说得更明白:"原之为人,其志行虽或过于中庸而不可以为法,然皆出于忠君爱国之诚心。原之为书,其辞旨虽或流于跌宕怪神,怨怼激发,而不可以为训"[3]。鲁迅这里则反其意而用之,主张诗人写诗不但要"放言无忌",而且还要有"反抗挑战"之音。这是对三千年来温柔敦厚的传统诗教的大胆挑战,也是中国文学的"现代性"转型中传统审美观念最初的断裂之声。

留日时期青年鲁迅对屈骚的热爱,主要应归因于他通过"立人"来启蒙救国的强烈诉求。启蒙,首先要有赖于那些"援

---

[1] 《坟·摩罗诗力说》,《鲁迅全集》第1卷,第66、69页。
[2] 班固:《离骚序》。
[3] 朱熹:《楚辞集注·序》。

吾人出于荒寒"之中的先觉者,但先觉者的出现却是以出离庸众甚至成为"国民之敌"为前提的。启蒙者似乎先天地铸定了自己孤独寂寞的命运。而屈原所创造的那个回肠荡气的精神世界,所描绘的那个"神驰白水,執眷旧乡,返顾高丘,正哀无女"①的孤独者形象,正好为鲁迅的启蒙诉求提供了精神驰骋的艺术空间。但是,随着鲁迅启蒙救国之梦的破灭,他的"屈原情结"也随之冰封。1908年至1918年这10年间,我们就难以见到鲁迅与屈子的精神联络了。1918年,鲁迅以惊世骇俗的《狂人日记》重新"出山",为当时正如火如荼的五四新文化运动呐喊助威。也可能是忙于战斗的缘故,我们也没有见到鲁迅与屈子联络的材料。

1924年至1926年间,鲁迅进入其人生的"彷徨"期。这几年,对鲁迅来说是一系列的"华盖运"接踵而至:《新青年》内部的分裂、女师大事件、兄弟失和以及自己不幸的婚姻,把鲁迅本来就并不怎么明朗的心境逼到了荒原般的绝望之中。人生的不幸,再一次"溶化"了鲁迅早已冰封多年的屈骚之情。屈原,这位高洁孤独的狂狷之士,又一次占据了鲁迅的心灵空间。这具体表现为:第一,周氏兄弟失和后,鲁迅搬至北京阜城门内西三条胡同居住。1924年9月8日,鲁迅自集《离骚》句"望崦嵫而勿迫;恐鹈鴂之先鸣"为联,托乔大壮书写。许寿裳解释说,"这表明格外及时努力,用以自励之意"②。这幅字至今还挂在鲁迅西三条胡同故居的房间里。第二,1926年,鲁迅的第二本小说集《彷徨》出版。在《彷徨》的扉页上,鲁迅从《离骚》中引了这几句诗作为本书的题辞:"朝发轫于苍梧兮,夕余至乎悬

---

① 《集外集拾遗补编·越铎出世辞》,《全集》第8卷,第39页。
② 许寿裳:《亡友鲁迅印象记·鲁迅与屈原》,人民文学出版社1953年版,第22页。

圃；欲少留此灵琐兮，日忽忽其将暮"；"吾令曦和弭节兮，望崦嵫而勿迫；路漫漫其修远兮，吾将上下而求索"。对此，许寿裳先生分析说："这八句正写升天入地，到处受阻，不胜寂寞彷徨之感（同上）。"第三，虽然鲁迅在现实人生中遭了"华盖运"，但其结果却是旺盛的创作生命。1924年至1926年间是鲁迅一生中创作成就最高的时期，《彷徨》、《野草》、《朝花夕拾》堪称鲁迅写作的"绝唱"，《华盖集》、《华盖集续编》更是他"绝望抗战"的实录。这一时期鲁迅的写作中，尤其是在完整地袒露鲁迅真实生命的《彷徨》及《野草》中，时时回荡着的是屈骚那不屈服于命运的"幽魂"。本文对于鲁迅与屈原关系的探讨，将着重在这一时期的创作中。

　　如果说留日时期鲁迅"阅读"的是一个"独醒者"的屈原的话，那么，到了"五四"退潮期，鲁迅挖掘出的则是一个"彷徨者"的屈原。而屈原形象的塑造，则是和鲁迅的现实境遇和历史境遇密切关联着的。但1926年之后，鲁迅开始摆脱"彷徨"并走出"野草"，从而完成了他重大的思想和创作转变——马克思主义作为一种崭新的思想方法出现在他的视域里，战斗的杂文成了他的主要思想武器。这一时期，鲁迅对屈原的评价在两个领域展开：一个是在历史的领域，即以现实社会政治批评的视角来评价历史人物，从而由过去屈原的欣赏者转成批判者；一个是在学术的领域，即以科学的理性眼光来对待屈原及《楚辞》，从而高度地评价屈原在文学史上的成就和贡献。前者主要表现鲁迅的杂文中，后者指的是鲁迅的两本文学史著作《中国小说史略》和《汉文学史纲要》。

　　"转变"后的鲁迅再一次勾起对屈原的"记忆"，是由所谓的"《新月》事件"引发的。从1929年4月起，以胡适为核心的《新月》杂志陆续发表了胡适的《人权与约法》、《知难，行亦不易》和罗隆基的《论人权》、《我对党务上的"尽情批评"》

等文。他们批评国民党政府带有专制性质的"训政",主张"法治"和"专家政治",目的是希望把国民党政府改造好。但他们的建议却招来了国民党政府的极端反应和强行压制。国民党中央执行委员会特别对胡适的"违反党义"的言论"加以警戒"。随后,国民党系的报刊纷纷发表文章,"批判"胡适"反党义"的言论,还编成《评胡适反党义近著》一书出版。《新月》杂志的发行也受到干扰和阻挠,最后虽然幸免于"查禁",但最后仍然被国民党中宣部密令"没收焚毁"。"《新月》事件"的发生,从表面看来,似乎是国民党当局与胡适们之间的尖锐矛盾造成的。对此,鲁迅当时却深刻地指出:这是主子和奴才之间的误会。他说:

> 看《红楼梦》,觉得贾府上是言论颇不自由的地方。焦大以奴才的身份,仗着酒醉,从主子骂起,直到别的一切奴才,说只有两个石狮子干净。结果怎样呢?结果是主子深恶,奴才痛嫉,给他塞了一嘴马粪。
>
> 其实是,焦大的骂,并非要打倒贾府,倒是要贾府好,不过说主奴如此,贾府就要弄不下去罢了。然而得到的报酬是马粪。所以这焦大,实在是贾府的屈原,假使他能做文章,我想,恐怕也会有一篇《离骚》之类。
>
> 三年前的新月社诸君子,不幸和焦大有了相类的境遇。他们引经据典,对于党国有了一点微词,虽然引的大抵是英国经典,但何尝有丝毫不利于党国的恶意,不过说:"老爷,人家的衣服多么干净,您老人家的可有些儿脏,应该洗它一洗"罢了。不料"荃不察余之中情兮",来了一嘴的马粪:国报同声致讨,连《新月》杂志也遭殃。但新月社究竟是文人学士的团体,这时就也来了一大堆引据三民主义,辩明心迹的"离骚经"。现在好了,吐出马粪,换塞甜头,

有的顾问,有的教授,有的秘书,有的大学院长,言论自由,《新月》也满是所谓"为文艺的文艺"了。

这就是文人学士究竟比不识字的奴才聪明,党国究竟比贾府高明,现在究竟比乾隆时候光明:三明主义。①

这里由焦大而想到屈原,又借屈原而说及胡适。之所以如此,是因为鲁迅看到了在胡适身上所显现出的是中国传统士人的基本特性——奴性人格。我们知道,中国士人阶层是"以道自任"才独立出现于先秦社会的,"志于道",就是按照理想的社会道德法则来建立社会秩序,似乎成了中国知识阶层天然义务。但要"弘道",则必须要借助于"势"的力量——即世俗政权组织才能实现,因此中国士人大多要"求仕"和"做官",借"势"而弘"道"。他们本以为做了官就可以实现自己的政治理想了,其实不然——他们所面对和服务的对象,即世俗政权组织,更多地是按照利益而不是依据"道"来运行的,加之他们所守护的"道"缺乏像西方基督教教会那样与世俗世界并峙而立的组织和依托,因此他们最终只能蜕变为统治者维护自己利益的工具,从而也形成了自己的依附人格——奴性。在屈原身上,最能显现出中国传统士人的精神气质。虽然他既怀"内美",又重"修能",正道直行,而遭谗贼,其充满悲剧色彩的人生遭遇值得人们同情,但在鲁迅看来,其仍然是传统的依附人格,而不是现代知识分子所应具备的独立人格。早年在《摩罗诗力说》中,他就已指出屈原骚辞"反抗挑战之声,终未能见"。后来又在《帮忙文学与帮闲文学》这篇演讲里,鲁迅又把以前的思想进一步发挥,他把传统的中国士人分为两种类型:帮忙与帮闲,而中国文学也在性质上被分为两种:帮忙文学与帮闲文学。而屈

---

① 《伪自由书·言论自由的界限》,《鲁迅全集》第5卷,第115页。

原的《离骚》所表现的,"只是不得帮忙的不平"①。而现在,胡适们所重蹈的,不过是屈原在2000多年前的"覆辙"而已,他的被训斥和被压制,就像《红楼梦》里的焦大被人"塞了一嘴马粪"一样,也是历史的必然。由此看来,鲁迅虽然对屈原充满了敬意,而且对他的一些精神特质也有所继承和吸收,但他始终没有将其认可为一种理想人格。其原因就在于屈原的性格究竟是一种优良传统而不是一种现代精神,是一种传统的依附人格而不是一种现代人格。鲁迅对胡适们的无情嘲弄和批评,其根本缘由即在于此吧。

需要说明的是,上述鲁迅对于屈原并不怎么恭维的批评,是在一种历史的逻辑范畴内展开的,是鲁迅基于一种历史的具体情境和对"现代"精神的强调而对于屈原的评价。这种评价往往受制于一种对于历史目的的强调,而容易忽视对于历史对象的理性审视。但这并不等于说鲁迅没有或缺乏一种审慎的学术态度和理性的立场。实际上,鲁迅在对于屈原这样的历史对象进行富有时代激情的批评的同时,他还在自己的学术领域里对屈原进行了客观公正的评价。他自己的文学史著作《中国小说史略》及《汉文学史纲要》贯彻的就是这样一种科学的学术态度和理性的价值立场。如对于屈原《天问》所记载的神话传说的评价,前已述及,鲁迅在《摩罗诗力说》中对于屈原在《天问》中对诸如"盘古开天地"、"女娲补天"的置疑是大加赞赏的,其中透露出的是一种以科学理性破除宗教迷信的现代理性精神。但在《中国小说史略》中论及神话与传说时,鲁迅却一改其在《摩罗诗力说》中对《天问》的热烈赞赏态度,对于中国的神话传说在后来诗人的记叙中被加以粉饰并失去本真而表示出深深的遗憾:"惟神话虽生文章,而诗人则为神话之仇敌,盖当歌颂记叙

---

① 《集外集拾遗·帮忙文学与帮闲文学》,《鲁迅全集》第7卷,第382页。

之际，每不免有所粉饰，失其本来，是以神话虽托诗歌以光大，以存留，然亦因之而改易，而消歇也。"而在历史上这股对于中国神话的理性"改易"的趋势中，屈原的《天问》也在鲁迅的论述之列①。由此也说明鲁迅对屈原《天问》中所闪现的破除迷信的理性光辉虽然也从科学理性的视角加以赞赏，同时他也没有忽略神话及"迷信"所蕴含的"灵明"精神，并对这种灌溉着中国文学传统的精神的丧失而深致不满。又如对于屈原人格的评价，虽然鲁迅在历史的逻辑范畴内对其有所指责，并称其《离骚》"只是不得帮忙的不平"。但在其《汉文学史纲要》中，论及屈原却无一字提及这一说法，并站在学术的理性公正的价值立场对历史上关于屈原《离骚》的价值及地位加以评断：

  《离骚》之出，其沾溉文林，既极广远，评骘之语，遂亦纷繁，扬之者谓可与日月争光，抑之者且不许与狂狷比迹，盖一则达观于文章，一乃局蹐于诗教，故其裁决，区以别矣。实则《离骚》之异于《诗》者，特在形式藻采之间耳。时与俗异，故声调不同；地异，故山川神灵动植皆不同；惟欲婚简狄，留二姚，或为北方人民所不敢道，若其怨愤责数之言，则三百篇中之甚于此者多矣。楚虽蛮夷，久为大国，春秋之世，已能赋诗，风雅之教，宁所未习，幸其固有文化，尚未沦亡，交错为文，遂生壮采。刘勰取其言辞，校之经典，谓有异有同，固雅颂之博，实战国之风雅，"虽取熔经义，亦自铸伟辞。……故能气往铄古，辞来切今，惊采绝艳，难与并能"。（《文心雕龙·辨骚》）可谓知言者已。②

---

① 《鲁迅全集》第9卷，人民文学出版社1981年版，第17页。
② 《汉文学史纲要·屈原及宋玉》，《鲁迅全集》第9卷，第372页。

这里鲁迅对于《离骚》的评价，是从《离骚》产生的具体的历史时空出发而加以论断的。他所关注的，是屈原所处的"历史情境"，而不是阐释者本人的"历史情境"。尽管按照哲学阐释学的原理，任何阐释行为都是"主观"的，都是阐释者从自己的历史处境出发而进行历史解释的。但哲学阐释学同样也告诉我们，任何阐释行为所要达到的是阐释者的视域与文本的视域所达成的"视界融合"。这里所说的"文本视域"指的就是屈原所处的"历史情境"，阐释者所要做的不仅仅是对于对象的现实的关怀，而更主要的乃是对于文本所产生的"历史情境"的关怀，这才是历史学者正确的阐释方式。鲁迅这里对于屈原及其《离骚》的评价，正是体现了这一历史原则。

总之，鲁迅对于屈原和《楚辞》的接受和评价主要体现在上述的三个时期内：留日时期，"五四"退潮时期以及"大革命"以后的"转变"时期。这三个时期，屈骚不仅伴随着鲁迅的思想和创作并在其中起到了重要的刺激、诱发和化合的作用，而且其本身就已经成了鲁迅生命的一部分，成了他生命形态的某种象征和符号形式。我们从鲁迅对屈骚的接受中，看到的是鲁迅在迈向现代精神世界时的沉重脚步，因此，从某种程度上说，屈骚可以说是他徘徊于传统与现代之间的试金石。

二 《伤逝》："自叙和托讽的杰作"

在鲁迅的小说创作中，《伤逝》是鲁迅最具"私人性"的作品之一。它写于1925年10月，但小说写出后，鲁迅并没有把它拿出来发表，直到1926年8月才收入到由北京北新书局出版的小说集《彷徨》中。《伤逝》也是鲁迅所写的惟一以"爱情"为内容的小说。也可能正由于此吧，《伤逝》最初发表之后，就曾有人猜测过这篇小说和鲁迅的婚恋生活可能不无关系。但鲁迅当时便予以否认，他在致韦素园的信中说："我听说一种传说，说《伤逝》是我自己的事，因为没有经验，是写不出这样的小说的。哈哈，做人真愈做愈难了"[①]。鲁迅这样一否认，研究者的思路也就不再往这方面驰骋和想象了。

建国以后，由于鲁迅在中国的特殊地位和形象，研究者的重点都在开掘其作品的思想政治内涵，对于涉及鲁迅隐私的婚恋生活，也就讳莫如深，不大关注了。大家对于《伤逝》的认识，基本上都是把它当作一篇"现实主义"的小说来看待的。人们普遍认为《伤逝》描写的是一对青年男女的爱情悲剧，它主要通过主人公涓生的内心独白和忏悔表达了"人必生活着，爱才有所附丽"这样一个生活真理。《伤逝》是鲁迅对于青年个性解放和妇女解放问题的反思和批判，是他对"娜拉出走之后"这一思想命题的形象化表述。由此出发，研究者的视角主要侧重在导致涓生和子君爱情悲剧的原因以及鲁迅所表现的主题意向的探讨上：有的把这个爱情悲剧归之于失业贫困等外界压力，有的归之于子君逐渐滋长起来的庸俗倾向，有的归之于涓生对子君的自私而卑怯的态度；有的认为《伤逝》"全面反映了鲁迅对半封建半殖民地社会的彻底否定，对资产阶级个性解放思想的深刻批判，以及对真理的坚信和始终不渝的追求；也有的认为鲁迅借涓生表现了自己"先前重精神追求到后来重物质、生命的思想历程"，更有的认为《伤逝》的主题内核是"对生命终极意义的追求"等等，林林总总，不一而足。总之，上述这种对于《伤逝》的"典型"化的解读，在阐释方法上属于社会学的解读。它是从小说的写实层面上出发，来揭示鲁迅对于社会现实尤其是爱情问题的深刻思考的。这是因为鲁迅是一个社会责任感极强的作

[①]《书信·261229·致韦素园》，《鲁迅全集》第11卷，第520页。

家,"改造国民性"是他创作小说的一个主要目的,他的许多作品也确实是充满着历史和现实的文化批判气息,因此,从社会文化的写实层面来分析考察《伤逝》描写的爱情故事,也不失为一种独特的观察视角和可行的阐释方法。

但自从上世纪80年代,尤其是90年代后,随着人们对于鲁迅认识的深入,研究者已不太满足于对于《伤逝》的"典型"化解读了。因为这篇小说确实如鲁迅所说,是以"表现的深切和格式的特别"而著称的。"表现的深切"是指它表面上看来写的是一对青年男女的爱情悲剧,甚至是一个传统的"始乱终弃"的故事,但实际上有可能是另有所指的;"格式的特别"指的是其所采用的"手记"的文体形式,这篇所谓的"手记",叙事杂乱而缺少衔接,句式突兀而充满歧义,人物形象模糊而不鲜明,一点也不像我们"期待视域"中的"小说"的样子。于是,研究者又重新拾起过去曾被鲁迅自己否定了的"寓意"猜测的路数,开始注意《伤逝》中所蕴含的"微言大义"了。这正如有的论者所言:"重要的不是涓生所要叙述的故事(也即他与子君的恋爱与离异故事)'本文',而是涓生的自省,即涓生在叙述'本文'过程中所显示的情感、心理以及他的思考"[1]。这就把眼光专注于作家主体,也就是鲁迅的现实遭遇和内心世界来探讨《伤逝》的意义指向。这种研究视角代表了目前《伤逝》研究的最新趋向。

在有关《伤逝》的"寓意"探讨中,影响最大、流行最广的就是周作人的"兄弟失和"说了。周作人先是在上世纪50年代说:"《伤逝》这篇小说大概全写的空想,因为事实与人物我一点都找不出什么模型或依据"[2]。到了1958年,周作人在与曹

---

[1] 钱理群、王得后:《鲁迅小说全编·序言》,浙江文艺出版社1991年版。
[2] 周作人:《鲁迅小说里的人物》,人民文学出版社1957年版,第136页。

聚仁的信中又进一步"猜想是在伤悼弟兄的丧失",从而第一次提出所谓的"兄弟失和"说①。上世纪60年代,周作人写作《知堂回想录》,又进一步对"兄弟失和"说加以确定:

> 《伤逝》这篇小说很是难懂,但如果把这和《兄弟》合起来看时,后者有十分之九以上是"真实",而《伤逝》乃是全个是"诗"。诗的成分是空灵的,鲁迅照例喜欢用《离骚》的手法来写诗,这里又用的不是温李的辞藻,而是安特来也夫一派的句子,所以结果更似乎很是晦涩了。《伤逝》不是普通恋爱小说,乃是假借了男女的死亡来哀悼兄弟恩情的断绝的,我这样说,或者世人都要以我为妄吧,但是我有我的感觉,深信这是不大会错的。②

令人不可思议的是,周作人开始对《伤逝》还认为是"空想","一点都找不出什么模型或依据",怎么到最后又成了"假借了男女的死亡来哀悼兄弟恩情的断绝"了呢?如果照周作人的思路往下推,这不是把兄弟失和的罪责都推到鲁迅身上了吗?看来周作人这里还真有点"别有用心"。但尽管如此,周作人所说的鲁迅在《伤逝》里"用了《离骚》的手法"来暗喻"兄弟失和"的说法却产生了极大的影响。在我所见到的许多论述鲁迅与屈原之关系的研究论文或论著中,都把周作人这一"推测"当作鲁迅所受屈原影响的经典范例。

但实际上,即使从《伤逝》的内在情感来看,也看不出来一点所谓的"哀悼兄弟恩情断绝"的迹象。《伤逝》除了表现涓

---

① 1958年1月20日周作人致曹聚仁,见《周曹通信集》1973年"南天"初版本。

② 《知堂回想录》,三育图书有限公司(香港)1980年版,第426—427页。

生与子君之间这样一个"始乱终弃"的爱情故事之外,其核心内容乃是涓生内心复杂情绪的独白式表述。小说一开头就是一段略显"突兀"的"个人独白":

> 如果我能够,我要写下我的悔恨和悲哀,为子君,为自己。

既然是为子君的死而"悔恨和悲哀",那为什么还要"为自己"呢?小说开头即以这充满悖论的句式,让读者感到这不仅仅是在为自己的行为而"忏悔",而是主人公在下意识里在为自己辩解并请求解脱。而事实上,小说在整体上确实是被以上这两种相互交织的情绪所笼罩的:一方面,我们见到的确实是涓生真诚地忏悔,那是因为子君的死确实与自己"始乱终弃"有关。而这"始乱终弃"恰恰是自己向她说出了真话——"我没有负着虚伪的重担的勇气,却将真实的重担卸给她了。她爱我之后,就要负了这重担,在严威和冷眼中走着所谓人生的路"。这"残酷的真实",既把子君最终推向了"死地",同时又可以把自己所担负的"虚伪的重担"卸掉。而且小说的叙述中,有三次写到"我想到子君的死",且都是在"免得一同灭亡"、"新的生路"、"新的希望"这种解脱与新生的情况下,"想"到子君的死的,仿佛子君的死成了"我"的新生的先决条件一样。这就让人不能不怀疑涓生这种"忏悔"的真诚性了。但问题并没有这么简单,在另一方面,涓生将负担卸却的代价却是又把自己抛向"虚空"——他说出真话后的所带给自己的深重的道德负担。因此,即使涓生在无意识地为自己"开脱",但这种"开脱"不但没有解脱自己,反而把自己推向更深的罪孽之中。这真是米兰·昆德拉所谓的"生命中不能承受之轻"——整个《伤逝》,流贯的就是这样一种情绪:因"真实"而"负罪",又因"负罪"而解脱,但解脱后又把自己抛向"虚空"的无穷循环,把涓生推入到了一种不可自拔的旋涡之中。也许正因为此,《伤逝》的开头和结尾才出现了那种曲折繁复的句式,同时也灌注进了一股火山喷涌般的郁勃之气。如果按照周作人的"兄弟失和"说,鲁迅在《伤逝》中借着涓生的手记抒发的应该是"牺牲者的被弃和愤怒"才对,但涓生的"被弃感"何在?"愤怒感"又何在?而且涓生向子君说出"真话"而带来的地狱般的道德压力又如何解释?因此可见,周作人所谓的《伤逝》是鲁迅"假借了男女的死亡来哀悼兄弟恩情的断绝"这样一种纯属"猜测"的臆想,在情感和内容上是根本站不住脚的。

既然周作人有关《伤逝》寓意的"兄弟失和"说不成立,那么,《伤逝》的"寓意"到底是什么呢?早在上世纪80年代初,日本学者尾崎秀树先生又"旧事重提",认为:《伤逝》中的一些话,比如:"如果我能够,我要写下我的悔恨和悲哀",又如:"我……要将真实深深地藏在心的创伤中,默默地前行,用遗忘和说谎做我的前导……"等等,是和"鲁迅自信旧式婚姻上所受的创伤有关"的[①]。但尾崎秀树仅仅提到《伤逝》与鲁迅的"旧式婚姻"有关,我觉得还是不够的。实际上,《伤逝》的创作是与鲁迅和许广平在这一时期"确立"爱情关系有着密切的联系。我们知道,《伤逝》这篇小说完成于1925年10月21日。在此之前,尤其是1925年6月之后,鲁迅与许广平的师生之谊已经"升级"为爱情关系[②]。许广平突然"闯入"鲁迅的感情生活,必然在鲁

---

① 《中国现代文学研究丛刊》,1980年第3辑。
② 关于鲁迅与许广平的爱情关系,可参见李允经:《鲁迅的婚姻和家庭》,北京十月文艺出版社1990年版,第84页。

迅那里引起比较痛苦的抉择：如何面对和原配妻子朱安的关系。鲁迅与朱安之间那种原本无爱的婚姻，众人皆知。鲁迅之于朱安，虽无爱情，也只得从人道精神出发，好好供养，以礼相待。可是，无爱的空虚和相处的无聊，毕竟是长久起作用的因素，它使鲁迅深深感到背负着"虚伪的重担"而又长期不得解脱，陷入了一种进退两难、动辄得咎的境地。实际上，在鲁迅的心灵深处，肯定有想将朱安休掉的潜在意识。据这一时期曾与鲁迅夫妇同住在砖塔胡同同一个院子里的俞芳回忆，朱安曾与她袒露过心扉，说1923年鲁迅兄弟失和后，鲁迅要搬离八道湾，临行前曾有过"遗弃"朱安的打算：

> 她（案：指朱安）告诉我，大先生要撤离八道湾前，曾向她说：自己决定搬到砖塔胡同暂住，并问大师母的打算，留在八道湾，还是回绍兴朱家？又说如果回绍兴他将按月寄钱供应她的生活。大师母接着对我说：我想了一想回答他，八道湾我不能住，因为你搬出去，娘娘（案：太师母，即鲁迅母亲鲁瑞）迟早也要跟你去的，我独个人跟着叔姊侄儿侄女过，算什么呢？再说婶婶是日本人（案：指周作人的妻子羽太信子），话都听不懂，日子不好过呵。绍兴朱家我也不想去。你搬到砖塔胡同，横竖总要人替你烧饭、缝补、洗衣、扫地的，这些事我可以做，我想和你一起搬出去。①

朱安的话，使鲁迅如梦方醒！富有巨大的人道精神的他，是很难将朱安甩掉的。但现在，许广平的热烈的爱情，却将鲁迅冰

---

① 俞芳：《我记忆中的鲁迅先生》，浙江人民出版社1981年版，第139—140页。

封的心灵融化了。但现实的局面却又变得既复杂又棘手了:该以什么样的方式与朱安告别并与许广平携手同行?但朱安能承受这沉重的一击吗?与许广平一起奔向"新的生活",会遇到什么样的困难?……总之,追求自身生的权利和爱的权利的"个性主义"和兼顾朱安生存的"人道主义"思想,在鲁迅的内心深处消长起伏,深广的爱与沉重的忧患彼此纠缠,使得他心事重重,思虑万千。正是在这样的时刻,鲁迅才创作了他平生惟一的一篇爱情小说——《伤逝》。在小说中,"鲁迅先是把他和许广平热恋的一些深切感受熔铸在涓生和子君的相思相恋之中,后是把他同朱安原本无爱而又难以离散的痛苦心态,投射给必将分离的涓生和子君,而在这先后两种投影和折光中,后者又占据着主要的地位。因此如果说在涓生的身上有着鲁迅婚恋生活的明显的折光,那么,子君这个形象,则是鲁迅依据他和许广平热烈相爱以及和朱安痛苦相处的深切感受,再加以艺术的虚构塑造而成的"[①]。

或许有人会问,既然《伤逝》是以鲁迅的"婚恋生活"为依据而创造的,那鲁迅为什么还要矢口否认呢?我想,这其中原因可能有二:一是因为鲁迅当时出于顾忌还不愿意向社会公开他和许广平的恋爱关系;二是因为《伤逝》尽管有鲁迅婚恋生活的投影,但毕竟是经过艺术虚构而创作的一篇小说,所以鲁迅否定这种猜测也不是没有道理。因此,《伤逝》一经鲁迅创作出来,就成为一个独立的艺术整体。其中的涓生,也不能说是鲁迅;其中的子君,也不能说就是许广平或朱安。许广平就不曾有过子君的脆弱,朱安也没有子君那样悲惨的结局,子君一经被塑造,就成为一个独立的小说人物了。生活的真实和艺术的真实之

[①] 李允经:《婚恋生活的投影和折光——〈伤逝〉新论》,《齐齐哈尔师范学院学报》1989年第1期。

间是不能简单地画等号的。

虽然周作人的"兄弟失和"说有些牵强附会,但他对于《伤逝》"诗与真"的艺术效果的认识还是基本正确的。这里的"真",是生活的真实,"诗",是艺术的真实,即他所谓的"用了《离骚》的手法","借了失恋说人生"艺术虚构方式。这里所谓的"《离骚》的手法",就是中国古代文学中最常用的"寄情于物","托物以讽"的比兴方法。"比兴"一词,最早见于《易·系辞下》:"其称名也小,其取类也大,其旨远,其辞文,其言曲而中。"韩康伯《注》云:"托象以明义,因小以喻大。"孔颖达《正义》云:"其旨远者,近道此事,远明彼事。其辞文者,不真言所论之事,乃以义理明之,是其辞文饰也。其言曲而中者,变化无恒,不可为体例,其言随物委曲,而各中其理也。"在中国文学史上,最早把"比兴"这一文学传统发扬光大的是"屈骚"。尽管"比兴"是《诗经》的"六义"之一,但《诗经》中对"比兴"手法的运用,是面对客观景物直觉联想的一种对比,并没有幻想和虚构,如"关关雎鸠,在河之洲,窈窕淑女,君子好逑"(《诗·关雎》),是作者见到禽鸟和鸣的景象诱发而起的情思,全为实写,并不见幻想和虚构。而到了"屈骚",其所创造的"香草美人"的"比兴"传统,则多用寓言,全凭想象,从而把政治性很强的内容,包蕴于丰富、鲜明和个性突出的形象之中,产生言简而意赅,言有尽而意无穷的艺术效果。淮南王刘安在《离骚传叙》中所说的"其文约,其辞微,其志洁,其行廉,其称文小而其旨极大,举类迩而见义远",指的就是此。因此鲁迅早年在日本,即对许寿裳说过,"《离骚》是一篇自叙和托讽的杰作"[①]。《离骚》的"托讽"是通过"求女"的方式而表现出来的。尽

[①] 许寿裳:《亡友鲁迅印象记》,人民文学出版社1953年版,第5页。

管历来的研究者对于《离骚》"求女"的寓意有着不同的看法[①],但对于"求女"在《离骚》中的核心作用并无疑义。男女的性恋关系,不仅在《离骚》中起到了结构情感、意象和人物的功能,而且还起到了表达主题的隐喻作用。如果我们把《离骚》全诗划分为前后两部分,那么第一部分的结构所展示的则是抒发主人公与楚王的"性恋"关系。它是屈原的抒情基点,决定了那种"信而见疑,忠而被谤",忧愁幽思,无限悲伤的抒情基调。第二部分是抒发主人公遨游天界的幻境展示,诗歌正是通过三次"求女"线索的铺设——求"宓妃",求"有娀佚女",求"有虞之二姚",才一次又一次地描绘了美好理想的幻灭,把屈原的悲剧性格推向表达的高潮的。

周作人之所以认为《伤逝》是"借了恋爱说人生",即借了恋爱的悲剧,说的是"兄弟失和"的故事,我想,这显然是从《离骚》的"求女"的性恋故事得到启示的。如果说,《伤逝》中的婚恋故事是鲁迅自身婚恋的"自叙"的话,那么,《伤逝》里鲁迅"借了恋爱说人生"的艺术构想就是传统的"托讽"了。"托讽"之神理在于以小喻大,以近喻远,以此喻彼,鲁迅则通过《伤逝》里的故事和人物,表达的乃是他由自己的婚恋体验而得到的一些人生哲理。如"人必生活着,爱才有所附丽",就是鲁迅因自己的婚恋而引起的如何向"新的生活"迈进的思想结果。可以设想,鲁迅在与许广平热恋之际,一定要考虑以后他们的生活问题。在北京阜城门的"老虎尾巴"寓所与许广平和朱安一起生活吗?这显然不妥;租房买房吗?钱在哪里?经济的压力使鲁迅进一步思考了"人生的要义"到底是什么这样一个

[①] 游国恩先生归结了历代阐释者、注解者的看法为六种,除实求女人外,还有求君、求贤臣、求隐士、求诸侯、求通君侧的人等五种,这是历来研究者所认定的指寓。见《楚辞女性中心说》,见《楚辞论文选》,古典文学出版社1957年版。

问题。是爱情吗？不！是生活，有了生活，才谈得上所谓的爱情。因此，鲁迅才在《伤逝》中借着涓生的口说出了"人必生活着，爱才有所附丽"这样的至理名言。而小说的构思，也就是以涓生的被革职为标志，向着悲剧的结局演进和发展的。因此，我们说《伤逝》既是鲁迅个人生活的"自叙"，同时又是他的某种"托讽"，这其中有着明显的《离骚》的艺术印记。虽然周作人的"兄弟失和"说纯属毫无根据的臆测，但他认为《伤逝》用了"《离骚》的手法"，也还是有一定的根据的。

三 《野草》："无韵之离骚"

探讨鲁迅《野草》与屈原《离骚》的关系，应当属于鲁迅比较研究中的"影响研究"。下面我们将要关注的是《野草》的艺术渊源问题，也就是《野草》从屈原的《离骚》中汲取了什么样的精神及艺术滋养并加以现代性的重构的。

也许是受到了鲁迅"全盘反传统"观念的影响，我们的学者在探讨《野草》的艺术渊源时，常常把目光移向国外，对于《野草》所受的外国作家的影响表现出了极大的热情，比如目前学术界关注的诸如"《野草》与屠格涅夫，《野草》与波德莱尔，《野草》与夏目漱石"等等关系的研究。本来，对于《野草》所受"异域"影响的研究，也比较符合《野草》艺术所受影响的"外缘性"这个事实，但人们在关注《野草》的"异域性"的同时，却忽视了它的"传统性"。我想，这大概是与人们内心深处对于"传统"的"五四"式解读有关，也与人们有意无意地对于文学"现代性"的误读有关。实际上，"现代性"并不等于"西方性"，就像"现代化"并不等于"西方化"一样。文学"现代性"的本质在于对诸如"传统"和"现代"因素的重新化合和重构，而离开了传统文化精神的滋养，文学的"现代性"

也是无法实现的。文学的"现代性"和"传统性"则必须统一在作家的"个人性"中，没有"个性"的文学的"现代性"只不过是现代化的僵死躯壳而已。就鲁迅而言，他内心深处的传统文化精神，尤其是传统士大夫的文化根性的遗传更是他生命的重要组成部分。这种文化根性的表现之一就是他那根深蒂固的"屈骚情结"。我们知道，屈骚伴随了鲁迅一生，已经变成了他生命的某种符号形式，尤其是1924年至1926年之间，屈骚对于鲁迅更是他苦痛灵魂的某种寄托。而创作于这一时期的《野草》是否也回荡着屈原那不屈的"骚魂"呢？对此，捷克学者普实克以"他者"的目光所发现的《野草》的"传统性"倒是给了我们有力的启示，请看他对于《野草》的评价：

> 这是一连串梦幻般的含有隐喻的幻象，神秘莫测而美妙，充满了反映外界现实的象征性隐喻和暗示，而又暗含作者最切身的感受；它们显示出他那"从无望到绝望"的心情和"希望在于未来"的强烈信念二者之间的斗争。许多这类诗作，在情绪和感染力方面，使我们想起了波德莱尔、里姆鲍德、布洛克以及其他诗人在欧洲形成散文诗的传统。《野草》提供了最有力的证据，表明鲁迅与中国古典文学传统的最成熟的形式密切关连。鲁迅的作品是一种极为杰出的典范，说明现代美学准则如何丰富了本国文学的传统原则，并产生了一种新的独特的结合体。①

普实克虽然没有提到《野草》所受到的"屈骚"的影响，但他在这里发现的，更主要还是《野草》与中国古典文学传统

---

① J.普实克：《鲁迅》，《鲁迅研究年刊》（1979年），陕西人民出版社（汪莹译）。

的深刻关联。并且他认为，正是《野草》的这种"传统性"，才是其作为"现代性"文本的基本保证。尽管他没有进一步分析《野草》的这种"传统性"的具体表现，但他却为我们提供了一个分析《野草》艺术渊源的基本原则。

屈原《离骚》对鲁迅《野草》创作的启示和影响，我认为主要表现在如下三个方面：

第一，在情感基调上，《离骚》的"发愤以抒情"与《野草》的"苦闷的象征"在精神上有着深刻的相通之处。

《史记·屈原列传》记述《离骚》创作的缘由时说道：

> 屈平疾王听之不聪也，谗谄之蔽明也，邪曲之害公也，方正之不容也，故忧愁幽思而作离骚。离骚者，犹离忧也。夫天者，人之始也；父母者，人之本也。人穷则反本，故劳苦倦极，未尝不呼天也；疾痛惨怛，未尝不呼父母也。屈平正道直行，竭忠尽智以事其君，谗人间之，可谓穷矣。信而见疑，忠而被谤，能无怨乎？屈平之作离骚，盖自怨生也。

司马迁这里把屈原作《离骚》的原因归之于"怨"的结果，这和他在《报任少卿书》及《史记·自序》中所总结的"发愤著书"说是异曲同工的。自从孔子关于诗的"兴、观、群、怨"说诞生以来，"诗可以怨"遂成为中国文学的优秀传统之一[①]。但孔儒是主张"怨而不怒"的，孔子道："发乎情，止乎礼"，否则就是"淫"。孔子之所以要"放郑声"（《论语·卫灵公》），是因为"郑声淫"，即太过于放纵自己的情感。在孔子心目中，"诗"最"发乎情，止乎礼"的，因为它"乐而不淫，哀而不伤"。中国诗教的"中和之美"即由此而来。但屈原的诗显然不

[①] 钱钟书：《诗可以怨》，见《旧文四篇》，上海古籍出版社1979年版。

合诗教,他的"怨"似乎是太过分了些。鲁迅说他"怼世俗之浑浊,颂己身之修能,怀疑自遂古之初,直至百物之琐末,放言无惮,为前人所不敢言"①,大概不误。因此,他之遭到后儒的攻击和贬斥,也是逻辑的必然。

但值得注意的是,司马迁说屈原"忧愁幽思而作离骚"中的"幽思",却道出了《离骚》在抒情上的最大特点——潜意识里的疯言疯语。屈原大概是一方面"疾王听之不聪也,谗谄之蔽明也,邪曲之害公也,方正之不明也",一方面又"竭忠尽智以事其君"②,在承受着巨大心理压力的情况下,诗人的心理往往处于一种崩溃的边缘。在这样的情况下,无意识的呓语、本我世界的情感欲望往往会冲出理性意识阈限而出现于诗中。事实上,屈原在遭到流放后,其神志本身就处于时而清醒时而疯狂的"癫狂"状态,据《史记·屈原列传》载:"屈原至于江滨,被发行吟泽畔。颜色憔悴,形容枯槁",这和我们所说的"疯子"已经差不多了。而诗人也只有在这种近乎"癫狂"的心理状态下,那个深藏在人的内心深处的无意识世界才会在作品中扮演重要的角色。试想一下,《离骚》中抒情主人公"称古帝,怀神山,呼龙虬,思佚女"的放言遐想,以及神奇幻化、变化莫测的境界和文字,一个理性至极的人,能够创造出来吗?

同《离骚》的"哀怨"一样,《野草》是鲁迅"苦闷的象征"。大约在《野草》创作期间,鲁迅着手翻译了厨川白村的理论著作《苦闷的象征》。厨川白村认为"生命力受了压抑而生的苦闷懊恼乃是文艺的根柢,而其表现法乃是广义的象征主义"③,这无疑对鲁迅的《野草》创作产生了影响。1924年到1926年北

---

① 《坟·摩罗诗力说》,《鲁迅全集》第1卷,第69页。
② 《史记·屈原贾生列传》。
③ 《译文序跋集·〈苦闷的象征〉引言》,《鲁迅全集》第10卷,第232页。

洋军阀统治下的北京,用鲁迅的话说就是"也实在黑暗得可以"①。新文化运动的走向低潮和《新青年》内部的分裂使鲁迅陷入了"两间余一卒,荷戟独彷徨"的孤独境地,再加之围绕女师大事件所带来的不愉快情绪以及与二弟周作人的失和以致决裂,还有自己的失败的婚姻留下的心灵阴影,把鲁迅本来就并不怎么明朗的心境逼到了荒原般的绝望之中。后来鲁迅在谈到《野草》的创作时说:"我的那一本《野草》,技术并不算坏,但心情太颓唐了,因为那是我碰了许多钉子之后写出来的"②。因此,他称《野草》为"大半是废弛的地狱边沿的惨白色小花"③。

但《野草》又是鲁迅"心灵的秘史"。现实的痛苦境遇,更加重了鲁迅对人生的绝望感,"人生苦",是这一时期萦绕在他内心深处的一个解不开的"情结"。但对于鲁迅这样一个启蒙者来说,他是不能忍受这种阴冷的绝望感对自己灵魂的侵蚀的。这样,他的"中间物"意识似乎更加凸显了。在他的心灵深处,一方面是启蒙者的战斗信念,这种信念足以造成他与传统之间的对立与紧张,另一方面,被启蒙的价值压抑在意识深层的"怀旧感"及道德情怀又时时突破现代价值的阈限而泛上心头。这种心理既强化了鲁迅的罪恶感,同时又加剧了他摆脱这种罪恶感的冲动。他实在没有耐心,但更没有信心来驱除这潜伏在心灵中弃绝人生的"毒气"和"鬼气"。因此,也就是在创作《野草》期间,鲁迅在给李秉中的信中,诉说了自己心中的这种苦恼:"我自己总觉得我的灵魂里有毒气和鬼气,我极憎恶他,想除去

---

① 冯雪峰:《回忆鲁迅》,《雪峰文集》第4卷,人民文学出版社1985年版,第144页。
② 《书信·341013·致萧军》,《鲁迅全集》第12卷,第532页。
③ 《二心集·〈野草〉英文译本序》,《鲁迅全集》第4卷,第356页。

他，而不能"①。"中间物"的意识在鲁迅创作中发挥了重要的作用。于是乎，在《呐喊》、《彷徨》中还只是作为隐意内涵贯穿在小说中的鲁迅自我灵魂的苦痛、呻吟和挣扎，这时就在《野草》里挣脱开虚构的具体环境、人物和故事的羁绊直接浮现到表层得以展示②。这正如钱理群先生所说："《野草》正是对灵魂深处的一次逼视，是鲁迅最个性化、最具独创性的精神创造物，是鲁迅心灵炼狱中熔铸的诗，是鲁迅微妙的难以言传的感觉（包括直觉）、情绪、心理、意识（包括潜意识）的捕捉，是鲁迅更高、更深层次的哲理思考的展示，他最充分地显示了鲁迅式的思维方式，鲁迅式的心灵特质，鲁迅式的情感方式以及鲁迅式的美学风格"③。

尽管《野草》与《离骚》在表现诗人的痛苦尤其是表现诗人潜意识的非理性世界方面表现有一致之处，但《野草》在诗歌美学上已经越出了古典诗学"怨而不怒"的传统。在它的情感里，分明已经有了"怨而怒"的不和谐音了。鲁迅早在《摩罗诗力说》中即指责过《离骚》"亦多芳菲凄恻之音，而反抗挑战，则终其篇未能见，感动后世，为力非强"④。而他在后来创作《野草》时，就把它付诸实践了。因此，仅仅把鲁迅创作《野草》的动因归之于"苦闷的象征"还不能使我们看到鲁迅全部的生命真实。这只要翻看一下与《野草》同时创作的杂文集《华盖集》、《华盖集续编》、《坟》的大部分；小说集《彷徨》的全部，散文集《朝花夕拾》和新历史小说《故事新编》

---

① 《书信·240924·致李秉中》，《鲁迅全集》第11卷，第431页。
② 这一点，我们可以从鲁迅小说中富于抒情气息的小说主人公的独白和抒情中体味出来，如《狂人日记》中狂人，《故乡》中的"我"，《在酒楼中》的吕纬甫，《孤独者》中的魏连殳，《伤逝》中的涓生等。
③ 《心灵的探寻》，北京大学出版社1999年版，第11页。
④ 《鲁迅全集》第1卷，第69页。

的各一部分以及《两地书》的一部分等，就会看到一个激愤悲壮的斗士形象，尽管这个斗士的心灵深处还存有着噩梦般的阴影。这也启示我们对鲁迅创作《野草》的另一个潜在的心理动因的理解：死亡的阴影正在引诱着这位战士，只要他停止战争，就可能陷于毁灭。因此，在《野草》中与"苦闷的象征"相反相成的是另一条潜在线索：韧性的战斗。这种战斗不仅仅是对异己的现实世界的抗争，而且更多地表现为对死亡心象的创痛剧烈般的自戕和抵制。我认为，正是两条线索构成了整个《野草》诗篇这个深沉博大的交响曲的双重变奏。这一点，鲁迅在《两地书》中说得非常明确："我的作品，太黑暗了，因为我常觉得惟'黑暗与虚无'乃是'实有'，却偏要向这些作绝望的抗战，所以很多着偏激的声音"①。因此《野草》从另一个方面也可以说是鲁迅战胜苦闷的心灵记录，是鲁迅的战斗形象诗意的写照。我们看《影的告别》，那个不乐意于"天堂"，不乐意于"地狱"，又不乐意于将来的"黄金世界"，最后只得"彷徨于无地"的"影"，与《离骚》中那个高标独步、彷徨奔突而又找不到归宿的抒情主人公，在精神气质上是何其相似乃尔！

第二，在作品的结构上，《野草》与《离骚》，一个托意于梦境，一个凭借着神游，二者在"幻境"的制造上也有着惊人的一致。

梦是现实的艺术折射，艺术是社会的梦幻反观。现代心理学已经证明，梦是缓和人生矛盾的方式，是宣泄情感和调整人格的途径之一。当外界的压力过大，理想与现实的矛盾过于激烈之时，人便会不由自主地到梦中游历一番，获得心理的补偿和情感的慰藉。按照弗洛伊德的理论，"梦的工作"具有三个特点，

---

① 《两地书·四》，《鲁迅全集》第11卷，第20页。

(1)压缩作用,(2)移置作用,(3)将思想变为视象①。"梦"这种形式所具有的这种隐蔽作用和艺术空间的巨大容量,就恰好为在现实中遭受心灵创痛的屈原和鲁迅提供了宣泄他们"无意识"情绪的空间。因此,用梦境的幻象世界抒写现实世界的感受,就成了《野草》与《离骚》的共同特点。

屈原在《离骚》中所创造的梦幻般的艺术世界,向来为楚辞学者所称道。清代学者鲁雁门在他著的《楚辞达》中,对《离骚》后半部的艺术描写,有一段相当精彩的论述。他说:

> 下半篇纯是无中生有,一派幻境突出。女嬃见责因而就重华,因就重华不闻而叩帝阍,因叩阍不答而求女,因求女不遇而问卜求神,因问卜不合而去国,因去国怀乡不堪而尽命,一路赶出都作空中楼阁,是虚写法。②

鲁雁门仅用"无中生有"一语,便恰当地道出了屈原运用神话描写来反映现实的虚构的手段。这种手段造成的效果就是"幻境",因而他在评注《楚辞》时,总是袭用"幻境突出"、"奇幻百出"等术语来揭示《楚辞》的艺术表现上的特色。蒋骥则在《山带阁注楚辞》中,针对刘勰、朱熹等人批评《离骚》为"谲怪之谈","荒淫之志"的看法,说:"故于骚经以求君他国为疑;于《招魂》以谲怪,而不知皆幻境也"③。日本楚辞学者竹治贞夫则直接把《离骚》称为"梦幻式抒情诗"④。

---

① 弗洛伊德:《精神分析引论》(高觉敷译),商务印书馆出版1986年版,第131、132页。
② 鲁雁门:《楚辞达》,清光绪九年重印木活字本,湖北省图书馆藏。
③ 分别见刘勰《文心雕龙·辨骚》和《楚辞集注·招魂序》。
④ 竹治贞夫:《离骚——梦幻式抒情诗》,见尹锡康、周发祥编:《楚辞资料海外编》,湖北人民出版社1986年版。

鲁迅的《野草》，则是一组由梦境笼罩着的系列组诗。鲁迅曾在《朝花夕拾》的"小引"里，对于《野草》的艺术特点进行了概括：

> 带露折花，色香自然要好得多，但我不能够，便是现在心目中的离奇和芜杂，我也还不能使他即刻幻化，转成离奇或芜杂的文章。

这里比较了《朝花夕拾》与《野草》的根本区别："带露折花"，保持文字的原生态，这是《朝花夕拾》的艺术特点；而"幻化"即对现实世界的超离与疏远，则是《野草》的艺术手段。而整部《野草》诗集，正是一个"幻化"的艺术世界，在这里，时空出现倒错，阴阳发生裂变：怪鸟魔鬼，荒坟死尸，屠戮钉杀，死火血痕……而且，"死火"能发言，"鬼魂"会叫喊，狗可以驳诘，"死尸"竟坐起，"我"能虽死犹生，"老妇人"与天宇共鸣……在这里，现实世界已经变形，并且变得陌生，使人们从中见不到熟悉的观察和感觉的温暖。这是一个由清晰的可以触摸的形象构成，但却是肉眼所永远无法看到的感性的非现实的梦幻世界。它使鲁迅在现实中复杂的内心感受，那在一切眼中看见的"无所有"得到了淋漓尽致的表现。而《野草》"幻化"手段的结果，就是梦幻意境在《野草》中的出现。整部《野草》，在"梦境"的结构下，从而组成了一个"很长的梦"。从《秋夜》开始"入梦"，《过客》之后，一连堆积七个深沉的噩梦而达到高潮，最后是《一觉》，大梦方醒：

> 在编校中夕阳居然西下，灯火给我接续的光。各样的青春在眼前一一驰去了，身外但在昏黄环绕。我疲劳着，捏着纸烟，在无名的思想中静静地合了眼睛，看见很长的梦。

这里大有一种蓦然回首的沧桑感。它与首篇《秋夜》的"入梦"一开一合,恰成连璧,首尾呼应成浑然的一体。整个梦做得张弛有致,跌宕多姿,就是那些没有标明是梦的篇章,也带有梦影的余痕。因此,说《野草》是一部"梦书"也不夸张。

第三,在作品的语言形式上,《野草》与《离骚》,都在各自的时代对传统的诗歌形式进行革命性的改造。

鲁迅在《汉文学史纲要》中,对于《离骚》在艺术上的成就,给予了高度的评价:"较之于诗,则其言甚长,其思甚幻,其文甚丽,其旨甚明,凭心而言,不遵矩度"[1],这里所谓《离骚》的"不遵矩度",是相对于此前《诗经》的艺术规范而言的。我认为,《离骚》在艺术上不遵《诗经》的"矩度",至少表现在以下两个方面:其一,表现在比兴手法的运用上。《诗经》的比兴,是凭对客观景物直觉联想的一种类比,并没有幻想和虚构。如《周南·关雎》:"关关雎鸠,在河之洲。窈窕淑女,君子好逑。"是作者看见禽鸟和鸣而诱发起的情思。而屈原则首创"香草美人"式的象征,以香草比美德,以臭草比恶俗,又以美人比理想,进而把香草、臭草、美人都人格化了。这看似简单,但这在当时却是一个了不起的革命性变化。淮南王刘安在《离骚传叙》中说:"其文约,其辞微,其志洁,其行廉,其称文小而其旨极大,举类迩而见义远",这是对屈原作品比兴手法的卓异成就之高度概括。其二,表现在语言形式上。相对于《诗经》,《离骚》的句式,以五言和六言为主,而又长短不齐,多用虚字并且篇幅加长,达两千余字,能够表现丰富的思想内容和复杂的感情变化,可谓是当时的"自由诗"。《离骚》作为抒情诗,大大突破了《诗经》中基本定型的"短章复沓"形式,

---

[1] 《鲁迅全集》第9卷,第370页。

它在高度概括复杂的现实矛盾的基础上,对抒情主题作了富于变化而层层深入的表达。对于屈原在诗歌形式上的革命性创造,郭沫若比之为先秦时代的"文学革命"中的"白话诗",他说:

> 我们研究中国历史,在春秋战国时代,有一个很伟大的文学革命,与近代"五四"运动一个样子的文学革命。……屈原改变了作为贵族文学的标志的四言诗一统天下,以及官方文学简洁奥雅的呆板语言,而代之以口语化的骚体文学。可以说,当时的白话文有周秦诸子的散文为代表,当时的白话诗便是屈原的《楚辞》了。①

郭沫若这里把"诗三百"中的四言诗比之为贵族文学,显然与史实不合。他把先秦诸子的散文与屈原的诗歌称作"文学革命",虽然也有些简单比附的嫌疑,但在描述屈原的诗歌成就的意义时,这种比附还是比较生动的。

但无论如何,《离骚》形式上的创新,都是在古典范畴内的诗学革命。中国古典诗歌以格律诗为主,即使没有那么严格格律的"古风"、"乐府诗"、"骚体诗"以及"抒情小赋"之类的形式,也多诉诸的是忘我陶醉的听觉效果,对此,我把这类诗歌称之为"音乐型"的诗歌。当然,《离骚》也不出其外。与包括《离骚》在内的古典诗歌不同,《野草》采用的现代散文诗的形式,其诉诸的却是"美术型"的视觉效果。它的革命性,不单是表现在对于《离骚》的超越,而是对于整个古典诗歌传统的革命。现代散文诗是在 19 世纪出现的新型文体,它更适合表达现代人类复杂多变的内心世界,尤其是通过心象的暗示作用于心

---

① 郭沫若:《屈原的艺术与思想》,《郭沫若古典文学论文集》,上海古籍出版社 1985 年版,第 285—287 页。

灵的前理性层次。这正像法国诗人波德莱尔在其散文诗集——当然也是现代世界上最早的散文诗集——《巴黎的忧郁》的"献辞"中所说:"我们谁没有梦想过创造那种诗的散文的奇迹呢?它没有节律和韵脚,非常柔和,相当灵活,对比性强,足以适应灵魂的抒情性的动荡,梦幻的波动和意识的惊跳"[①]。

鲁迅之所以要选择散文诗作为《野草》的形式,正与他感到传统格律型的抒情诗缺乏散文诗那样具备认识、分析、透视心灵的功能有关。鲁迅很早就有以语言文字画出诗人的"心和梦"的夙愿,1922年,他在为俄国盲诗人爱罗先珂以日文写作的三幕童话剧《桃色的云》所作的序言中,不无神往地感叹道:"世间本没有别的言说,能比诗人以语言文字画出自己的心和梦更为明白晓畅的了"[②]。而《野草》就是鲁迅用诗性的文字,绘出的自己的"心和梦"。《野草》中更多的是将诗人的心灵经过视觉的净滤、风干,通过心象即意象、隐喻表达出来。这样,《野草》的文字就表现为一种绘画式的视觉表达。这里有详尽的铺叙、描写,精雕细刻出一幅幅画面和一尊尊雕像,如《复仇》《颓败线的颤动》;这里有强烈的色彩对比形成的巨大的审美张力,如《秋夜》中的以小粉红花和猩红色的栀子花构成的亮色和以天空、月亮为代表的暗色的对比,《风筝》中故乡的春天和北京的严冬的色彩对比;这里有不安的线条悸动和变形所形成的不规则的语言结构狂乱变形的画面,如《颓败线的颤动》。就是在节奏上、语言上,整个《野草》从湍急、沉滞,再到散淡的变化也和主题的演进和画面的变化相对称的。视觉文字的表现,使得《野草》在审美效果上富有质感和立体

[①] 夏尔·波德莱尔:《巴黎的忧郁·献辞》,亚丁译《巴黎的忧郁》,漓江出版社1980年版。

[②] 《鲁迅全集》第10卷,第209页。

感,当然也活脱脱地把鲁迅充满矛盾和回顾执著的灵魂凸显了出来。

鲁迅在《汉文学史纲要》中,曾充满同情地评价司马迁的《史记》说:"恨为弄臣,寄心楮墨,感身世之戮辱,传畸人于千秋,虽背《春秋》之义,固不失为史家之绝唱,无韵之离骚矣"①。而他最为欣赏的《野草》,无论是在无意识的情感基调上,在梦幻式的诗歌结构上,还是在以诉诸视觉为主的散文诗形式上,都是对于屈原《离骚》精神和艺术的继承和超越,由此笔者才认为:《野草》是中国文学史上的又一个"无韵之离骚"。

四 旧体诗:"九畹贞风慰独醒"

如果说,《野草》标志着鲁迅心理结构中趋向于"现代"的一面的话,那么,鲁迅的旧体诗则是他通向"传统",并与"传统"进行对话的一种重要形式。鲁迅的旧体诗所达到的成就和产生的影响远远出乎他的意料之外。他之于旧体诗,完全是"无心插柳柳成荫"的结果。鲁迅从不自封为诗人,每每号称自己对于诗歌是"外行"。他对于诗歌,尤其是对于中国的古诗经常表现出一种特别的鄙弃态度。他在与朋友的信中说道:"因为我是散文式的人,任何中国诗人的诗都不喜欢"②,"旧诗本非所长,不得已而作"③,"我认为一切好诗,到唐已被做完"④,即使对于新诗,他也没有过高的评价,他曾经回答斯诺关于中国文学的采访,认为:"目前为止,中国现代诗歌并不成功。研究现

---

① 《鲁迅全集》第9卷,第420页。
② 《书信·350117·致山本初枝》,《鲁迅全集》第13卷,第612页。
③ 《书信·341209·致杨霁云》,《鲁迅全集》第12卷,第589页。
④ 《书信·341220·致杨霁云》,《鲁迅全集》第12卷,第612页。

代诗人,纯属浪费时间"①。对于自己所做的旧体诗,他更是抱着一种无所谓的鄙弃态度:"我平常并不做诗,只在有人要我写字时,胡诌几句塞责,并不存稿"②。许广平在回忆鲁迅做诗的情境时说:"迅师于古诗文,且工而不喜作。偶有所作,系应友朋要请,或抒一时性情,随书随弃,不自爱惜,生尝以珍藏请,辄遭哂笑"③。鲁迅之旧诗,多半为索书者而作,用他自己的话说就是"积习"所为。

但即使是如此,鲁迅所做的旧体诗所达到的成就却赢得了一片称誉。这倒不是因为鲁迅在后来所享有的特殊的政治地位,而是实际上所达到的高度的艺术成就。柳亚子说:"鲁迅先生的诗,近踪汉魏,体托风骚,……他的诗实在是太好了"④。郭沫若说:"鲁迅先生无心作诗人,偶有所作,每臻绝唱。或犀角烛怪,或肝胆照人"⑤。鲁迅的好友许寿裳分析得更是详细,他说:"鲁迅是诗人,不但他的散文诗《野草》,内含哲理,用意深邃,幽默和讽刺处处可寻。就是他的杂感集,依罗膺中(庸)看法,也简直是诗,因为每篇都是短兵相接,毫无铺排。至于旧诗,虽不过他的余事,偶尔为之,可是意境和音节,无不讲究,工夫深厚,自成风格"⑥。冯至的评价最有概括性:"他(鲁迅)常

---

① 见1936年4月26日《中国新闻周刊》姚莘农评阿克顿译现代诗歌的文章,《新文学史料》1987年第3期)。按:鲁迅对于新诗,也有许多正面的评价,如他曾赞赏湖畔诗派的"爱情诗",推荐过殷夫的"革命诗歌",称冯至为"中国最优秀的抒情诗人"等等,但鲁迅的评价,多是从道德或政治的视角来看新诗的,而不是对新诗的整体评价。
② 《书信·341013·致杨霁云》,《鲁迅全集》第12卷,第534页。
③ 转引自许寿裳:《我所认识的鲁迅·鲁迅旧体诗序》,人民文学出版社1978年版。
④ 柳亚子:《鲁迅先生的旧诗》,《大公报》1950年10月19日。
⑤ 郭沫若:《鲁迅诗稿序》,安徽阜阳师院编:《鲁迅诗歌研究》上册,第16页。
⑥ 《怀旧》,《我所认识的鲁迅》,人民文学出版社1978年版,第39页。

常说他不喜欢作诗，有时甚至说不懂得诗，但我们却从这位从不以诗人自命的鲁迅先生的笔下获得中国旧体诗的最后的奇葩"[①]。

由以上所述看来，鲁迅真可说是一个他所谓的"诗歌之敌"了。但即使是如此，他仍然留下了51题67首旧体诗。这样就是说，他对于旧诗，不喜欢，不愿做，但由于"积习"所致，还是做了。这是为什么呢？我想，这似乎与鲁迅所具有的顽固的"中间物"意识有关。在价值层面，鲁迅对所谓的传统中国文化是鄙弃和否定的，这其中也包括传统文化重要载体——旧体诗。他对于旧体诗的鄙弃及无所谓的态度即由此而起。但在他的意识深处尤其是在精神的深层，这种传统的根性尤其是他作为传统文人和士大夫的根性却似乎是天然的，他之作古诗，正是这种天然的"积习"所致。但鲁迅似乎又不甘心沉浸在由"传统"所营构的"沉静"的氛围中，即使他感到无法去除，也不能去除这种他称之为"毒气"和"鬼气"的东西，他还要向由这种"毒气"和"鬼气"所组成的"无物之阵"作绝望的抗战，这种饱含着深深的原罪色彩的"中间物"意识即由此而生。对于鲁迅在创作旧体诗时的这种矛盾心态，夏济安先生进行了生动的描绘：

> 与鲁迅作为一个传统诗人的造诣相比，他对白话诗的贡献是很贫乏，微不足道的。他在诗歌创作中所提倡的东西，他自己就从未努力实行过。例如他认为应该使大众语变得纯净而丰富，至少可以和传统诗歌的完美相比。但他的创作冲动使他想写一首诗时，他却直接用文言。这对象他那样有文化教养的人来说更方便得多。那种严格的旧诗形式并不使他感到不便，这种形式对他来说是一种满足，又是一种挑战。

---

① 冯至：《鲁迅先生的旧体诗》，《冯至诗文选集》1955年版。

作为一个文学巨匠,他喜欢那些精辟的警句、简短的陈述,喜欢那种省略和凝炼,微妙的典故以及排比和对仗所产生的惊喜。他也喜欢按照韵律、节奏和形式来调整自己的感情;他可以为完满地做成一首诗而暗暗自得,也可能为成功地仿效了某些他熟知的大师而感到自豪。但是,同时他却相反地总是和传统争吵。当他发现只要他想运用写作技巧就无法摆脱传统时,他一定十分沮丧。对他来说,要把自己的趣味和正在进行的历史性运动协调起来是很困难的,但历史性运动显然并非鲁迅唯一关注的事。[①]

实际上,"历史性运动"就是我们前面所说过的以文化启蒙来进行救亡的历史性中心动作,尽管它并非鲁迅"惟一"关注的事,但却是鲁迅主要关注的事。为此,鲁迅甚至会牺牲他的"积习",即他在传统中的适应感。"五四"前后,是鲁迅的"中间物"意识最为浓厚的时候,当然也是他与中国文化传统的关系最为紧张之时。我们发现,他这一时期的旧体诗做得最少,而偏偏是他与传统关系稍微亲和的早年(公元1900—1912年)以及"中间物"意识稍稍减弱的晚年(公元1930—1936年),恰恰就是他写诗欲望最强的时候。可见,"中间物"意识的强弱,是决定鲁迅是否写诗或写诗多少的最为关键的原因。

但鲁迅无论怎么喋喋不休地与传统争吵,这种顽固的"积习"还是留下来了。他还是不断地读诗和写诗,并且和中国传统的诗歌保持着极为密切的关系。对此,唐弢先生概括道:

  鲁迅对旧体诗具有很高的修养。平居涉猎,范围非常广

[①]《黑暗的闸门——鲁迅作品的黑暗面》,见乐黛云编:《国外鲁迅研究论集》(1960—1980),北京大学出版社1981年版。

泛。从《诗经》到屈原,从建安诸家到陶潜,从唐代的二李(李贺、李商隐)到清朝的龚自珍,其中尤以"盖骚之苗裔,理虽不及,辞或过之"的李长吉,最为他所喜爱。①

实际上,在上述诸家中,鲁迅旧体诗受到的影响最深的还是"屈骚"的传统。即使是他最为深爱的李贺,也是因为他是"骚之苗裔"的缘故。现存鲁迅的旧体诗共51题67首,还有早年以骚体所翻译的《战哉歌》②和海涅的两首抒情诗《余泪泛澜兮繁花》和《眸子青地丁》③。据不完全统计,与屈原作品有关的就达19题、32处之多。这其中有整首诗是骚体的,如《祭书神文》(公元1901年)和小说《铸剑》中三首主题歌《哈哈爱兮歌》;有全篇袭用屈骚诗意的,如《送O.E.君携兰归国》,《湘灵歌》、《无题——"洞庭木落楚天高"》、《悼丁君》、《无题——"一枝清采妥湘灵"》等;当然,更多的还是化用"屈骚"的主题和意象于自己的诗中。可以说,"屈骚"构成了鲁迅旧体诗的基本的母题或原型,是鲁迅诗歌灵感的触媒和精神的某种归宿。下面我们将结合鲁迅的旧体诗来分析其中所回荡的"屈骚"的三大精神原型——清高、孤独和还乡。

清高是"屈骚"的第一大精神气质,也是先秦乃至整个中国士人的个性特征。先秦士人以道自任的道德信条,决定了他们对崇高的道德修养的强烈诉求。这是因为作为从西周"王官"政体中游离出来的自由阶层,他们天然地缺乏一种"弘道"的具体实现方式。他们要实现自己的"道"的理想,必须要与"势"——即操纵有强大的国家机器的正统结合才有"弘道"的

---

① 唐弢:《毛主席亲书鲁迅诗》,《光明日报》1961年10月29日。
② 《集外集·斯巴达之魂》,《鲁迅全集》第7卷。
③ 周作人:《鲁迅的故家》,见止庵编:《关于鲁迅》,收入《鲁迅译文集》第10卷,第143页《译丛补》。

可能。因此，他们惟一的选择只能是从高洁自我入手，进而塑造出一个崇高的道德的自我。《离骚》一开始即宣布："纷吾既有此内美兮，又重之以修能"，可见他不仅对于自身先天的道德禀赋甚为自豪，而且还十分注重后天的自我道德修养。众芳污秽，美人迟暮，现实道德的状况与紧迫的时间，使他感到及时进行自我道德修养的必要，所以，他总在抓紧时间进行这种修炼，"民生各有所乐兮，余独好修以为常"，可见屈原一直将"好修"作为一个恒常不变的信念。因此，正像司马迁所说：屈原"其志洁，其称物也芳"[①]。他对于一切天生丽质，内涵高洁的芳草嘉树均感应于心，并采之于诗中而使之人格化，于是芙蓉，芰荷，秋菊，幽兰，惠藏，杜若，江离，松柏，木兰等皆成了自己精神、人格的某种象征。屈原这种高洁孤伟的道德自许和自律，就是到死，都不改初衷。因此，面对渔父的质疑，屈原的回答斩钉截铁："宁赴湘流，葬于江鱼之腹中，安能以皓皓之白，而蒙世俗之尘埃乎？"（《渔夫》）。屈原这种宁死也要高尚其事、不随世俗的"愚人"精神，把传统士人"弘道"的道德自律推到了极致。屈原是个典型的道德理想主义者，在他的身上，体现出了传统士人理想的道德人格。

鲁迅对香草嘉木的人格观照，与屈原心心相印。请先看写于1900年的《莲蓬人》：

芰裳荇带处仙乡，风定犹闻碧玉香。
鹭影不来秋瑟瑟，苇花伴宿露瀼瀼。
扫除腻粉呈风骨，褪却红衣学淡妆。
好向濂溪称净植，莫随残叶堕寒塘。

[①] 《史记·屈原列传》。

"莲蓬人",陈其年《六月词》自注:"小儿剥莲蓬,以线缚之,反裘振袂,俨然老翁,名莲蓬人。""濂溪",是宋朝理学家周敦颐。他曾筑室在庐山莲花峰,门前有一条溪流,他以家乡(今湖南道县)的濂溪称呼它,自己也以"濂溪"为号,故世称"濂溪先生"。据鲁迅曾叔祖周以均手订《越城周氏支谱》及鲁迅祖父周福清《浙江乡试硃卷》记载,周敦颐传说为鲁迅所在的绍兴"汝南周"的始祖元公,因此,少年鲁迅对他充满着敬意。显然,这首诗是以莲蓬来比人的。本诗开头即采自《离骚》的意象:"制芰荷以为衣兮,集芙蓉以为裳",通过对莲花形态的描写,寄寓的是自己对理想人格自塑的诉求。做人要像莲花一样,"出污泥而不染,濯清涟而不妖,中通外直,不蔓不枝,香远益清,亭亭净植,可远观而不可亵玩焉。"这是典型的儒家士人的人格自塑:对名节的坚守,对骨气的追求。这种高洁自我的道德自律,表现出了还没有经过"现代"文化洗礼的少年鲁迅更为传统的一面。这时候的鲁迅还是一个传统士大夫,虽然他在南京时已通过维新报刊开始接触西方文化,但其整体思想和感情,还是"传统"的,还没有经过西方文化的变形和改造。我们从这里,更可以看出一个"本我"的鲁迅来。

如果说《莲蓬人》还是一首表彰"传统"人格的诗的话,那么,《无题——一枝清采妥湘灵》(公元1933年)就是一首典型的"现代"诗了:

一枝清采妥湘灵,九畹贞风慰独醒。
无奈终输萧艾密,却成迁客播芳馨。

这里的"湘灵"、"九畹"、"独醒"、"萧艾"、"迁客"等均出自"屈骚",并且都隐含着古老悠远的人格指向。"一枝清采妥湘灵,九畹贞风慰独醒",从情感和意境上,这似乎还没有脱出古典意境的寒曰:"余既滋兰之九畹兮,又树蕙之百亩"(《离骚》)。以道德相尚,并以此自傲似乎是传统士人的独特个性。但紧接着,"无奈终输萧艾密,却成迁客播芳馨",使原来的意境的和谐顿时变得支离破碎。鲁迅的诗歌总是在古典诗歌的和谐意境中加上数种"变徵之响",破坏并捣乱古典诗人自斟自饮的好梦。本来,古人成了"迁客",往往就像范仲淹《岳阳楼记》中所写的,是"登斯楼也,则有去国怀乡,忧谗畏讥,满目萧然,感极而悲者矣"。但鲁迅却说:"却成迁客播芳馨",即使成了"迁客",也还要"播芳馨",这是鲁迅"韧战"精神的诗意表达。这里所标榜的人格,已不是传统士人所能涵盖的了。

孤独似乎是与清高天然地联系在一起的。屈原满怀着高洁之节,以崇高的道德来自律,并且还遗世独立,不随波逐流,其必然会落得个"举世皆浊我独清,众人皆醉我独醒"的结局。屈原之"发狂",并最终"孤伟自死",就是他因清高而孤独、又因孤独而被世俗所抛弃的悲剧命运。整部《离骚》,写的就是屈原孤苦自爱、上下求索、彷徨回顾、宁死不屈的精神轨迹:"亦余心之所善兮,虽九死而犹未悔"、"荃不察余之中情兮,反信谗而齌怒"、"忳郁邑余侘傺兮,吾独穷困乎此时也","屈心而抑志兮,忍尤而攘诟"、"路漫漫其修远兮,吾将上下而求索""忽反顾以流涕兮,哀高丘之无女"……这些曾被鲁迅反复咏叹过的诗句,凸显出的是一个孤伟悲苦但又求索不止的孤独者形象。

启蒙者的命运决定了鲁迅身上一生都挥之不去的"屈原情结"。鲁迅曾把启蒙者的命运比之于"铁屋中的呐喊":"凡有一人的主张,得了赞和,是促其前进的,得了反对,是促其奋斗的,独有叫喊于生人中,而生人并无反应,既非赞同,也无反对,如置身毫无边际的荒原,无可措手的了,这是怎样的悲哀呵，我于是以我所感到者为寂寞"①，因此，他感到"人生最苦痛的是梦醒了无路可以走"②。表面上，鲁迅说的是"铁屋子"中的沉睡者，但对于启蒙者自身，又何尝不是如此呢？其实，鲁迅的孤独，倒还不是现实层面上的，而是带有某种终极意义的"孤独"。在现实层面，他在"友与仇，人与兽，爱者与不爱者"之前是"孤独"的，在终极层面，他又被"明与暗，生与死，过去与未来"所缠附和烦扰。但他最终还是斗不过那无所不在的"无物之阵"——"他终于在无物之阵中老衰，寿终。他终于不是战士，但无物之阵则是胜者"③。这样，这种战士在战斗之余所时时感到的屈原式的"孤独"感，到了鲁迅晚年，就通过屈骚的意象而表现出来，如《湘灵歌》（公元1931年）：

　　昔闻湘水碧如染，今闻湘水胭脂痕。
　　湘灵妆成照湘水，皎如皓月窥彤云。
　　高丘寂寞竦中夜，芳荃零落无余春。
　　鼓完瑶瑟人不闻，太平成象盈秋门。

本诗全用屈骚意象，表现的是一幅寂寞寥落的场景和情感。"湘灵"，《楚辞》所云的湘水女神或舜之二妃。"高丘"源自《离骚》："忽反顾以流涕兮，哀高丘之无女。"旧注本诗多有隐意，如暗含国民党对中共"苏区"的第一次"围剿"，"左联五烈士"事件，"长沙事件"，甚至说是对于杨开慧烈士的悼念……等等，不一而足。本诗隐含何事，不在本文所论之列。但据"高丘寂寞竦中夜，芳荃零落无余春"句，我们感到现实的

---

① 《坟·〈呐喊〉自序》，《鲁迅全集》第1卷，第417页。
② 《坟·娜拉走后怎样》，《鲁迅全集》第1卷，第159页。
③ 《野草·这样的战士》，《鲁迅全集》第2卷，第215页。

寥落和诗人的寂寞是相互映衬的。"高丘无女"的意象,据许寿裳说是鲁迅最喜欢的《离骚》句子[①],也是他在旧体诗中最爱用的屈骚的"隐喻",如"所思美人不可见,归忆江天发浩歌",(公元1931年,《无题二首》),"瑶瑟凝尘清怨绝,可怜无女耀高丘",(公元1933年,《悼丁君》),都是鲁迅借以抒发孤独寂寞之感的隐喻和象征。从艺术上看,本诗在形式上最具"现代"的分裂感。它不仅破坏的是古典诗歌的格律的戒律,类似平仄、对称这所谓的古典诗歌的形式美,在鲁迅那儿已经荡然无存,更重要的是,古典诗歌意境的和谐,情与境的浑然天成都被鲁迅的"捣乱"所破坏。如"碧如染"与"胭脂痕"对举,就颇有调侃意味;而"鼓完瑶瑟人不闻,太平成象盈秋门",来自唐代诗人钱起的名诗《湘灵鼓瑟》:"曲终人不见,江上数峰青",但鲁迅却说:"鼓完瑶瑟人不闻",这简直是对古典诗歌神韵的亵渎。而鲁迅诗歌的"现代性",正是在这种"亵渎"中铸就的。

鲁迅旧体诗中第三个"屈骚"的原型是:还乡。"还乡"不仅仅是"屈骚"的文学母题,而且还是整个文学的母题之一。这是因为人类在日益强化的技术性秩序面前,人性出现了违背本性的异化现象。人类出于对于心灵自由的渴望,遂产生了异常强烈的还归自然,恢复自我的"还乡"母题。《庄子》中对于人类"沉于物,溺于德"的谴责,海德格尔对于人类"诗意栖居"的描绘,都包含着人类"还乡"的美好期望。但屈原的"还乡"却不是虚拟的,也不是哲学意义上的"返归自然",而是一种实实在在的乡情和乡恋。春秋战国时代,刚从西周礼治下解放出来的"士"的身份是自由的。他们可以自由地"择明主而事之",这就是当时出现"朝秦暮楚"、"楚才晋用"这些说法的原因。

---

① 许寿裳:《鲁迅与屈原》,《亡友鲁迅印象记》,人民文学出版社1953年版,第22页。

但屈原给予后代士人的影响在于,他不仅在道德上遗世独立,不随波逐流,坚守自己的理想,而且他还深恋故土,恋故土的自然、山水,恋故土的风俗、文物,当然也恋他所系心的楚王。他是这样歌颂橘树的:"后皇嘉树,橘来服兮。受命不迁,生南国兮。深固难徙,更壹志兮"(《橘颂》)。在橘树身上,寄寓了自己的人格理想。在《离骚》中,当他受到灵氛的启示:"勉远逝而狐疑兮",准备远逝他走之际,"陟升皇之赫戏兮,忽临睨夫旧乡。仆夫悲余马怀兮,蜷局顾而不行"。对于自己的"旧乡"表现出的是摧肝裂胆的悲伤。最后他的选择只有一个:自杀。"既莫足与为美政兮,吾将从彭咸中所居",至死也要留在楚国,为国捐躯。屈原这种为理想以致于超越了生死界限的士人精神,是和他那深厚的"还乡"情结联系在一起的。

鲁迅的"乡情"也是非常浓烈的。故乡,在鲁迅心中表现为现实层面和审美层面两种方式。现实层面的故乡是丑恶的,他屡屡称绍兴为"越中棘地",在北京每不以"越人"自居,在文章中还时常对之发出恶毒的"诅咒"[①]。但在审美层面,故乡在他的内心深处,时时都会泛起一种"思乡的蛊惑"[②]。他的表现故乡风物和人事的小说和散文不仅由此而起,而且还到处洋溢着一种怀乡的诗情。他的诗歌,早年的两组《别诸弟》诗(公元1900,1901年)充满了传统的"乡愁":"还家未久又离家,日暮新愁分外加","梦魂常向故乡驰,始信人间苦别离",与传统的思乡诗歌无多大差异。但到了鲁迅生命的后期,故乡在鲁迅诗

[①] 如《书信110102·致许寿裳》:"近读史数册,见会稽往往出奇士,今何不然?甚可悼叹!上自士大夫,下至台隶,居心卑险,不可施救,神赫斯怒,湮以洪水可也";《朝花夕拾·琐记》:"S城人的脸早经看熟,如此而已,连心肝也似乎有些了然,总得寻别一类的人们去,去寻为S城人所诟病的人们,无论其为畜生或魔鬼"

[②] 《朝花夕拾·小引》,《鲁迅全集》第2卷,第230页。

中已经扩展为整个故国的象征，如1931年的《送O. E. 君携兰归国》：

> 椒焚桂折佳人老，独托幽岩展素心。
> 岂惜芳馨遗远者，故乡如醉有荆榛。

全诗均用《楚辞》意象，"椒焚桂折佳人老"，暗喻着诗人身心的疲惫，有屈骚"美人迟暮"之意；"独托幽岩展素心"，隐含诗人归隐之想，颇类似屈骚的"远逝"之念。由这首诗可以看出晚年鲁迅心灵深处除了其战斗形象的另一侧面：他已有了屈原式的"远逝"之想。而这一切都是因为："故乡如醉有荆榛"。故乡"棘地"之想，似乎是鲁迅晚年"乡情"的一种特殊表现。同样的诗歌还有："故乡黯黯锁玄云，遥夜迢迢隔上春"（公元1932年，《无题二首》），"烟水寻常事，荒村一钓徒。深宵沉醉起，无处觅菰蒲"（公元1933年，《无题》），"老归大泽菰蒲尽，梦坠空云齿发寒"（公元1935年，《亥年残秋偶作》）。而实际上，这一时期的鲁迅，由于深感故国难居，加之想要治病疗养，也确实有过"远逝"他国（案：日本或苏联）的念头："我又有眷属在沪，并一婴儿，相依为命，离则两伤，故且深自韬晦，冀延余年，倘举朝文武，仍不相容，会当相偕以泛海，或相率而授命耳"[①]。但最终他还是下决心留在国内。鲁迅之所以至死也要留在国内战斗，大概也与他内心深处"屈骚"式的"故国之思"有关。关于这一点，他在与朋友的信中表明了心迹："生于此时此地，真如处荆棘中，国人竟有贩人命以自肥者，犹可愤叹。时亦有意，去此危邦，而眷念旧乡，仍不能绝裾径去，野人怀土，小草恋山，亦可哀也"（同上）。这种感情，

[①]《书信310218·致李秉中》，《鲁迅全集》12卷，第39页。

不是和屈原《离骚》中"陟升皇之赫戏兮，忽临睨夫旧乡。仆夫悲余马怀兮，蜷局顾而不行"有异曲同工之妙吗？这里"旧乡"也就是祖国。鲁迅十分喜欢这个词，曾经多次借用入自己的诗文中，例如："时反顾其旧乡"，"不轻旧乡"，"适旧乡"（《破恶声论》）；"孰眷旧乡"（《越铎出世辞》）；"苻水荷风是旧乡"（《赠人》）；"其临睨夫旧乡"（《北平笺谱序》）等。而日本学者增田涉的下列回忆，则是上述鲁迅的"故国"之思的更好注脚：

> 歌人柳原白莲君从日本到上海时，因为想会见中国的文学家，由内山完造先生的照应，邀请了鲁迅和郁达夫在一个饭馆里见面，我也陪了席。那时，鲁迅很说了些中国政治方面的坏话。白莲君便说，那么你讨厌出生在中国吗？他回答说，不，我认为比起任何国家来，还是生在中国好。那时我看见他的眼里湿润着。他说中国的坏话，正好像父母在别人面前说自己的儿子：这家伙很蠢，没有办法。原是爱极了的憎恶，别人是没有觉察的。[①]

由此，我们可以对于鲁迅那心中所烦扰着他的"乡情"，同时也是那源远流长的"屈骚之魂"，有了更为深切的了解了吧。

[①] 增田涉：《鲁迅的印象》，湖南人民出版社1980年版，第25页。

第 五 章
鲁 迅 与 孔 融

魏晋士人中,孔融是其中的思想先驱。他虽处于东汉末世,但却是一个开了"魏晋风度"之先的人物。因此,鲁迅称他是"汉末的孔府上"出过的几个"有特色的奇人"之一[1],并在《魏晋风度及文章与药和酒之关系》的演讲里,首先提到的就是"专喜和曹操捣乱"的孔融。后来,他又在与友人的信中吐诉衷曲说:"弟在广州之谈魏晋事,盖实有慨而言。'志大才疏,哀北海之终不免也'。迩来南朔奔波,所阅颇众,聚感积虑,发为狂言"[2]。这里,"在广州之谈魏晋事"指的就是上述他关于"魏晋风度及文章"的演讲;"北海"即是孔融,孔融因任过东汉北海郡太守,故后人称之为"孔北海"。我们从其中"萧条深知宋玉悲"的感慨中可以看出,鲁迅确实有"以孔融的态度和遭遇自喻"[3]的意味。

不但鲁迅自己,就是生前对鲁迅相知最深的周作人和许寿裳,也都强调鲁迅与孔融之间这种深刻的精神联系。周作人把鲁迅的叛逆思想归源于孔融、嵇康等人,他在《鲁迅的青年时代》

---

[1] 《坟·我们现在怎样做父亲》,《鲁迅全集》,第1卷,第137页。
[2] 《书信·281230·致陈濬》,《鲁迅全集》第11卷,第646页。
[3] 冯雪峰:《鲁迅论》,《雪峰文集》第4卷,人民文学出版社1985年版,第7页。

中说:"他在古书里摸索,黑暗中一手摸着了'礼教'(有如童话里的'老虎外婆')的尖利的爪牙,使他蓦地觉悟,以后留心看去,到处看出猛兽的形迹",这在鲁迅的回忆性散文《二十四孝图》中有具体的描述。周作人认为,正因为有着这样一个针对,鲁迅在古书中寻找与此相对立的内容,"历代学者能够知道并且揭穿这个毛病的,屈指可数",为首的就是"孔融和嵇康"①。而许寿裳则更强调了鲁迅与孔融、嵇康二人在性质上的相似,他说:

> 鲁迅对于汉魏文章,素所爱诵,尤其称许孔融和嵇康的文章,我们读《魏晋风度及文章与药与酒之关系》,便可得其梗概。为什么这样称许呢?就因为鲁迅的性质,严气正性,宁愿覆折,憎恶权势,视若蔑如,坚贞如白玉,凛凛焉劲烈如秋霜,很有一部分和孔嵇二人相类似的缘故。②

许寿裳这里对于鲁迅人格风范的描写,直接出之于范晔《后汉书·孔融传》后对于传主的"论赞":"夫严气正性,覆折而已。岂有员园委屈,可以每其生哉!懔懔焉,皜皜焉,其与琨玉秋霜比质可也"③。周作人和许寿裳,可谓是鲁迅的"通人"。他们异口同声地指出鲁迅与孔融、嵇康之间如此深刻的精神关系,这是对的,但也往往给人一种错觉,就是孔融和嵇康一样都是叛逆性的人物。作者以为,孔融虽被曹丕列为"建安七子"之首,但他的为人为文却是汉末"清流"式的,与曹氏父子及

---

① 周作人:《鲁迅的青年时代·鲁迅读古书》,见止庵编:《关于鲁迅》,第442—443页。
② 《亡友鲁迅印象记·整理古籍和古碑》,人民文学出版社1953年版,第41页。
③ 《后汉书·孔融传》。

其他六子,也与后来的阮籍、嵇康有很大的不同。孔融文化性格中的最大特点是"严气正性",站在正统儒学的立场对社会政治及文化进行批判的。这与曹氏父子所崇尚的"礼法"及阮籍、嵇康的"越名教而任自然"的庄子学的气质有很大不同。鲁迅之所以"以孔融的态度和遭遇自喻",是因为他们不仅在性格、遭遇上有类似的地方,更重要的是他们在"情"与"礼"的冲突中,都站在了"情"的一面,而反对"以礼抑情"的道德说教,尽管他们各自的出发点有很大的差异。

一 孔融与汉末"清流"

孔融(公元153—208年),字文举,东汉鲁国(今山东曲阜)人,孔子20世孙。作为孔圣后裔,孔融早岁显名,受到司徒杨赐、大将军何进的辟召,任虎贲中郎将等职。董卓专权时,因忤董卓出任北海(东汉郡国名,治所在今山东昌乐西)相,故世称"孔北海"。汉献帝时,曹操专权,孔融任少府、太中大夫等职,位列九卿之一。建安十三年(公元208年),孔融被曹操借故杀害,时年56岁。孔融以散文见长,但也能诗,后人辑有《孔北海集》。

孔融所处的时代(公元153—208年)在汉末魏初,他所历经的东汉桓、灵之世到献帝"建安",恰恰是刘汉王朝因腐败而覆亡的历程:党锢之祸、黄巾起义、董卓专权、群雄逐鹿,直至曹操"挟天子以令诸侯"。正如南朝刘宋时代的葛洪所云:"历览前载,逮乎近代,道微俗敝,莫剧于汉末也"①,这是一个从政治到社会再到文化信仰都发生了天崩地坼式的巨变的时代。

这一历史的巨变首先是从外戚、宦官专权开始的。陈寅恪先

---

① 《抱朴子·外篇·汉过篇》。

生在分析东汉后期的社会及士人状况时说：

> 东汉中晚之世，其统治阶级可分为两类人群。一为内廷之阉宦。一为外廷之士大夫。阉宦之出身大抵为非儒家之寒族，所谓"乞丐携养"之类。……主要之士大夫，其出身则大抵为地方豪族，或间以小族。然绝大多数则为儒家之信徒也。职是之故，其为学也，则从师受经，或游学京师，受业于太学之博士。其为人也，则以孝友礼法见称于宗族乡里。然后，州郡牧守京师公卿加以征辟，终致通显。故其学为儒家之学，其行自必合儒家之道德标准，即仁孝廉让等是。质言之，小戴记大学一篇所谓修身齐家治国平天下一贯之学说，实东汉中晚世士大夫自命为其生活实际之表现①。

作为"四民"之首，"士"以其所具备的专业知识及崇高的道德价值被视为当然也是最合适的国家行政的管理者，两汉社会就是以士大夫参政议政为其主要内容的。但是到了东汉后期，尤其是到了桓、灵之世，外戚和宦官交替专权，他们凌逼主上，排陷忠良，卖官鬻爵，贿赂公行。宦官们的恣意妄为，自然损害了被士大夫视为当然权利的行政利益。在他们看来，宦者是一群原无政治资格的卑贱者，他们之攫取权利并放恣地享受由之而来的当前利益，于国于民，都意味着巨大的危害。于是，对宦官的严厉打击，愈来愈演化为东汉后期士大夫有意识的政治行为。他们大造社会舆论，品核公卿、裁量执政，并互相题拂，激扬名声，是为"清议"；他们自然聚拢起来，同声相应、同气相求，与宦官集团对抗，是为"党人"；他们所掀起的社会政治及文化

---

① 陈寅恪：《书世说新语文学类钟会撰四本论始毕条后》，见《金明馆丛稿初编》，三联书店2001年版，第48页。

思潮,是为"清流"。其代表人物主要有陈蕃、李膺、王畅、范滂、郭林宗等。这正如《后汉书·党锢列传》所云:

> 逮桓、灵之间,主荒政缪,国命委于阉寺,士子羞于为伍,故匹夫抗愤,处士横议,遂乃激扬名声,互相题拂,品核公卿,裁量执政,悻直之风,于斯行矣。

其实,"清流"们是一群深受儒家经典熏陶的道德理想主义者。他们以澄清天下为己任来试图挽大汉帝国于不倒,但他们没有看到,他们所维护的大汉帝国,正如"大树将倾,非一绳所维"①,他们的悲剧命运,于斯已定矣!果不其然,他们的"清议",遭到了宦官集团两次残酷的镇压,这就是著名的"党锢之祸"。

两次党禁,几乎浇灭了那些以治国平天下为己任的士人们对东汉王朝的希望,也使他们在心理上对于大一统政权的一丝眷恋显得极其惨淡,也极其悲壮!他们本意是在维护这个政权,但这个政权不但不保护他们,相反却视他们为仇敌,信而见疑,忠而获咎,这是怎样的一种悲哀!当然,朝廷也同样为此付出了代价,那就是信誉和权威的丧失,据《后汉书·李膺传》载,第一次党锢后,"(李)膺归乡里,居阳城山中,天下士大夫皆高尚其道,而污秽朝廷"。宦官们本来想通过这两次对清流们的打击来维护他们的利益,消除人们的不满情绪,但没想到清流们却得到更大的群众支持,对此,赵翼的《廿二史劄记》卷五描述道:

> 其时党人之祸愈酷而名愈高,天下皆以名入党人中为

---

① 《后汉书·徐稚传》。

荣。范滂列出狱归汝南，南阳士大夫迎之者车千两。景毅遣子为李膺门徒，而录牒不及，毅乃慨然曰："本谓府贤，遣子师之，岂可因漏名而幸免哉。"遂自表免归。皇甫规不入党籍、乃上表言，臣曾荐张奂，是阿党也。臣昔坐罪，太学生张凤等上书救臣，是臣为党人所附也。臣宜坐之。张俭亡命困迫，望门投止，莫不重其名行，破家相容。此亦可见其时风气矣。①

"清流"党人之所以拥有如此大的社会支持，当然是东汉士大夫的群体自觉的结果，这正如余英时先生所言："东汉士大夫既具共同之社会经济背景，复受共同之文化熏陶，更抱共同之政治理想，则其平时之交游与一旦有事时之相互声援，亦属意料中事"②。

其实，朝廷信誉和权威的丧失倒还不是最重要的，最要命的是作为东汉朝廷统治的意识形态——儒学，在经过了这两次"党锢之祸"后遭受重创。本来，士与政权的关系，实质上是一种君与臣的关系。孔子曰："臣事君以忠"，随后这种伦理模式就成了儒家最基本的政治哲学。到了汉武帝，采用董仲舒的公羊学定儒学于一尊之后，君权被进一步强化，两汉儒生就是以此为终极信仰积极参与到现实政治之中的。在他们看来，"君"与"天"相通，是"替天行道"的，而"道"则是儒生们至高无上的终极的信仰，所谓"士志于道"，"朝闻道，夕死可矣"（《论语·里仁》）即是。而"党锢之祸"后，"君"在士人中的终极性逐渐丧失。本来，在孔子的意识里，"臣事君以忠"，但同时也需"君使臣以礼"（《论语·八佾》）。如果君行无道，也

---

① 《廿二史劄记》，商务印书馆1987年版，第95页。
② 《汉晋之际士之新自觉与新思潮》，《士与中国文化》，第292页。

就无所谓忠了,"邦有道,则仕;邦无道,则可卷而怀之"(《论语·卫灵公》)。这样,在汉末,曹丕所谓的"户异议,人殊论,论无定检,事无定价"①的价值混乱在士人中遂普遍流行开来。只要我们看一下《三国演义》,汉末士人们各为其主奔忙,而军阀们到处在招降纳叛,在他们的内心深处,已完全没有东汉朝廷的崇高和权威地位了。

孔融系孔子的20世孙,从小受到的是正统的儒家经典教育。"党锢之祸"时,孔融尚在少年,②虽然他没有参与其中,但受当时的社会文化氛围的影响,他对于清流们的忠烈行为也可谓是"高山仰之,景行行止,虽不能至,心向往之",可以说,他就是在清流的文化氛围中成长起来的,据《后汉书·孔融传》:

> 融幼有异才。年十岁,随父诣京师。时河南尹李膺以简重自居,不妄接士宾客,敕外自非当世名人及与通家,皆不得白。融欲观其人,故造膺门。语门者曰:"我是李君通家子弟。"门者言之。膺请融,问曰:"高明(案:即尊称对方之词也)祖父尝与仆有恩旧乎?"融曰:"然。先君孔子与君先人李老君同德比义,而相师友,则融与君累世通家。"众坐莫不叹息。

汉代有地方官察举品题之制,士人为官须交接高官为要。党人李膺系当时的"清流"领袖,据袁宏《后汉纪》卷二十一"延嘉二年"条(案:《世说新语》卷一,《德行》篇同):"李膺风格秀整,高自标持,欲以天下风教是非为己任。后进之士有

---

① 曹丕:《典论》,《意林》引。
② 第一次党锢事起在公元166年,时孔融14岁;第二次党锢狱时在公元169年,时孔融17岁。

升其堂者,皆以为登龙门"。孔融十岁即去拜访李膺,可见他绝不是为了求官,而是慕名而来。这一故事虽说的是孔融的机敏善谈,但他从小即成为李膺的崇拜者,也说明他在内心深处对党人的心仪和景从。

孔融对"清流"们的这种心仪景从心理到了第二次"党锢"时,竟发展为对于党人张俭的营救行为。据《后汉书·党锢列传》:"延熹八年,太守翟超请(张俭)为东部督邮。时中常侍侯览家在防东,残暴百姓,所为不轨。俭举劾览及其母罪恶,请诛之。览遏绝章表,并不得通,由是结仇。乡人朱并,素性佞邪,为俭所弃,并怀怨恚,遂上书告俭与同郡二十四人为党,于是刊章讨捕。俭得亡命,困迫遁走,望门投止,莫不重其名行,破家相容"。当时,"望门投止"并"破家相容"的人家中就包括孔府:

> 山阳张俭为中常侍侯览所怨,览为刊章下州郡,以名捕俭。俭与融兄褒有旧,亡抵于褒,不遇。时融年十六,俭少之而不告。融见其有窘色,谓曰:"兄虽在外,吾独不能为君主邪?"因留舍之。后事泄,国相以下,密就掩捕,俭得脱走,遂并收褒、融送狱。二人未知所坐。融曰:"保纳舍藏者,融也,当坐之。"褒曰:"彼来求我,非弟之过,请甘其罪。"吏问其母,母曰:"家事任长,妾当其辜。"一门争死,郡县疑不能决,乃上谳之。诏书竟坐褒焉。融由是显名,与平原陶丘洪、陈留边让齐声称。①

按:张俭之被追捕是在公元169年,时孔融17岁,但本传云"时融年十六",恐误。第二次"党锢"中,大部分党人如李

---

① 《后汉书·孔融传》。

膺、范滂等均遇难,而张俭经大家舍生营救后得以逃生,后来"党禁"解除才得以还归故里。张俭死后,孔融亲自为他作碑铭,称赞张俭:"君禀乾刚之正性,蹈高世之殊轨,冰洁渊清,介然特立,虽史鱼之励操,叔向之正色,未足比焉"[①]。汝南为党人的故地,许多党人如陈蕃、范滂等均出于此。孔融做《汝颖优劣论》,与当时的名士陈群辩论,并为汝南士人大唱赞歌:

融曰:"汝南胜颖川士。"陈长文难曰:"颇有芜菁唐突人参也!"融答之曰:"汝南戴子高,亲止千乘万骑,与光武皇帝共绁于道中;颖川士虽抗节,未有颉抗天子者也。汝南许子伯,与其友人共说世俗将坏,因夜起,举声号哭;颖川士虽颇忧时,未有能哭世者也。汝南许掾教太守邓晨图开稻陂,灌数万顷,累世获其功,夜有火光之瑞;韩元长虽好地理,未有成功见效如许掾者也。汝南张元伯,身死之后,见梦范巨卿;颖川士虽有奇异,未有鬼神能灵者也。汝南应世叔,读书五行俱下;颖川士虽多聪明,未有能离娄并照者也。……

这里孔融采用对举的写法,以事实为雄辩,列举出汝南士人高于颖川士人之处。其文意排比而下,一气贯注,曹丕称孔融为文"体气高妙,有过人者",真可谓名不虚传。而文中所举人物的优秀品格,如"抗节"、"忧时"、"奇异"、"聪明"、"尚节义"、"疾恶"等,皆为汉末清流名士所标榜,亦是孔融自身所躬行的"士节",所以此文颇能表现孔融本人的精神境界和性格情操。

---

① 《卫尉张俭碑铭》,俞绍初辑校:《建安七子集》,中华书局1989年版,第30页。

综上所述，孔融是在"清流"文化思潮的氛围中长大成人的，他不仅亲眼目睹了汉末"党人"所发动的悲壮的救世护国运动，而且深受这个思潮的激励和影响。"清流"的文化禀性及崇高人格已经深入到了他的幼小的灵魂之中，并对他的思想信仰和立身处世起了根本的熔铸作用。孔融以后的态度和遭遇将证明，他几乎是循着他所"景行行止"的"党人"们的足迹而坚毅地走下去的，但他也为他的信仰和价值付出了生命的代价。

孔融可谓是汉末的最后一个文化清流。

二 "严气正性"："名士"气质之一

"严气正性"是汉末"清流"的人格标识。在他们所标榜的人格风范里，以清德及才学自高，崇尚名节，轻蔑权贵，抗节侯王，甚至发展而为危言危行的"悻直之风"，成为汉末"清流"借以自高的理想价值标准。"党人"领袖李膺是其中的典型，《后汉书·党锢列传》云："李膺振拔污险之中，蕴义生风，以鼓动流俗，激素行以耻威权，立廉尚以振贵执，使天下之士奋迅感慨，波荡而从之。"李膺之所以受到士人社会深深的敬爱，固然来自于他崇高的救世之志以及实现这志向时所表现出的抗直不屈的勇气和傲岸的独立姿态，但更重要的还源自于他的道德品行。在"党人"们看来，"政者，正也"，政治的道德化，或者说道德的政治化，不仅古来如此，而且，天经地义。因此，他们作为社会道德的自觉代表，作为世道人心的中流砥柱，自然要以"澄清"天下为己任。相对于宦官的"浊"，他们是"清"，他们的舆论自然是"清议"，他们的道德是"清德"，他们自身也就成了"清流"。总之，他们是儒学价值的最后坚守者，也是"澄清"浊世的践行者。"严气正性"、"抗节"、"轻贵"、"疾恶"是那个时代的"清流"所表现出来的最基本的名士气质。

"严气正性"的基本品质是"尚节"、"唯理",严守君臣大义,也就是说坚持儒家的基本价值原则,因此在道德显示出了某种特别的优越性,与之相对的是"邪气",即乱臣贼子。范晔在《后汉书·论赞》评价孔融说:

> 昔谏大夫郑昌有言:"山有猛兽者,藜藿为之不采。"是以孔父正色,不容弑虐之谋;平仲立朝,有纾盗齐之望。若夫文举之高志直情,其足以动义慨而忤雄心。故使移鼎之迹,事隔于人存;代终之规,启机于身后也。夫严气正性,覆折而己。岂有员园委屈,可以每其生哉!懔懔焉,皜皜焉,其与琨玉秋霜比质可也。

孔父者,孔子也,所谓"孔子做春秋,乱臣贼子惧"即是;"盗齐"者,谓春秋末期"田氏代齐"的田常。唐李贤《后汉书注》引《公羊传》曰:"孔父正色而立于朝,则人莫敢过而致难于其君者,孔父可谓义行于色矣"。这也就是说,孔融的存在,仿佛是一种道德原则的存在,正是他的一身"正气",才使得曹操这样的"窃国"者为之恐慌,惟求早日除之而后快。孔融是为自己的理想而献身的。

孔融的"严气正性"以及充满战斗气息的文章,与鲁迅为人为文的态度极为相似,这自然引起了鲁迅特别的激赏。他在《魏晋风度及文章与药和酒之关系》的演讲里谈到所谓的"建安七子"时,首先提到的就是那个"专门与曹操捣乱"的孔融,而他在与友人信中发出的"志大才疏,哀北海之终不免也"的浩叹,也是孔融的态度和遭遇所引发的。许寿裳先生所描述的鲁迅身上那种"严气正性,宁愿覆折,憎恶权势,视若蔑如,坚贞如白玉,凛凛焉劲烈如秋霜"的特点,正是孔融身上所体现的汉末"清流"名士们那种"抗节"、"轻贵"、"疾恶"的精神气质。后来，毛泽东在《新民主主义论》中，把鲁迅身上的这股凛然正气概括为"硬骨头"精神，他说：

> 鲁迅的骨头是最硬的，他没有丝毫的奴颜和媚骨，这是殖民地半殖民地人民最可宝贵的性格。鲁迅是在文化战线上，代表全民族的大多数，向着敌人冲锋陷阵的最正确、最勇敢、最坚决、最忠实，最热忱的空前的民族英雄。鲁迅的方向，就是中国民族新文化的方向。[①]

毛泽东当年对于鲁迅精神的概括至今仍然是不刊之论。后来他又把这种精神用鲁迅的两句诗："横眉冷对千夫指，俯首甘为孺子牛"进行阐发，称其中的"千夫"指的是"敌人"，"孺子"说的是"无产阶级和人民大众"。毛泽东显然是站在政治家的立场对鲁迅精神进行总结的。"千夫"固然指的是"敌人"，但"敌人"在鲁迅则不仅仅是政治性的，同时还具有道德意义；"人民大众"固然是鲁迅所爱的对象，但蒙昧的"庸众"则恰恰是鲁迅所深恨的。"无产阶级"是鲁迅寄予了无限希望的阶级，但鲁迅却对于一些"无产阶级"的领导人极为厌恶，称他们为"奴隶总管"和"革命工头"。可见，鲁迅的"正气"绝不仅仅是政治意义的，而来自于一种更高远的精神价值。早在青年时代，鲁迅就确立了建立"人国"的价值理想：

> 外之既不后于世界之思潮，内之仍弗失固有之血脉，取今复古，别立新宗，人生意义，致之深邃，则国人之自觉至，个性张，沙聚之邦，由是转为人国。人国既建，乃始雄

[①]《六十年来鲁迅研究论文选》上册，中国社会科学出版社1982年版。

厉无前,屹然独见于天下,更何有于肤浅凡庸之事物哉?①

这个"人国"既意味着现代民族国家的独立和富强,又意味着一种合乎人性生长的理想状态。而为了建立"人国",须先行"立人",而为了"立人",当应该对人的精神进行启蒙。鲁迅正是满怀着建立这一"人国"的热烈的理想,而投身到新文化的事业之中的。尽管鲁迅后来也认识到了他心目中的这个"人国"的虚妄性——他看到了人类历史发展的某种悖论:人作为灵与肉、个与类的统一体,似乎永远处于不可调和的冲突之中。人是有灵魂的,同时他又是"这一个";但人有活生生的肉体,生存和发展的需要又必须要使它作为"类"凝聚起来,组成种群、团体或国家的形式。人既有生存、发展的需要,又有追求自由的需要,而这两者又是永难和谐,也不可能统一的,人类就是处于这样的历史悖论之中无法自拔②。因此,鲁迅拒绝所谓的"黄金世界"和"终极真理",他所专注的是"现在",对于那永远不圆满的人类社会,他要做的是"捣乱"和"破坏"。但即使是如此,我认为在鲁迅的心目中仍然坚守着早期对于人类发展的理想状态——"人国"的价值关怀。他的"我以我血荐轩辕"的殉道精神,他以改造"国民性"为己任的救世情怀,他以"肩住黑暗闸门"来推进社会改革的勇毅人格,他的"抉心自食,欲知本味"自省意识,以及他毫不妥协地与"无物之阵"作殊死博斗的"韧战"的斗争方式,都与这高远的理想有关。为了这一高远的理想,他选择了文学这一最适合表达丰富的人类灵魂的形式,向着阻碍和破坏他所理想的"人国"的各种观念和人物做着最为坚韧卓绝的反抗和斗争。鲁迅身上的这种道义的

---

① 《坟·文化偏至论》,《鲁迅全集》第1卷,第56页。
② 《集外集拾遗补编·关于知识阶级》,《鲁迅全集》第8卷,第188—189页。

力量和凛然的正气，正是以"人国"这一高远的理想为价值依托的。

鲁迅和孔融"严气正性"精神品质的一致性，其主要表现是"抗节"、"轻贵"和"疾恶"。汉末名士以"清流"自居，以"道德"自高，最后竟发展为轻蔑权贵，抗节侯王的精神气质。孔融如鲁迅所说，"脾气就特别大"，他刚直不阿、任情而行、无所顾忌，因此，他一生好"犯上"，与权势实力人物，向来多生抵牾，不能谐和。孔融桀骜不驯的表现甚多，据《后汉书·孔融传》，他早岁先是"辟司徒杨赐府，时隐核官僚之贪浊者（暗地里考核贪污官僚），将加贬黜，融多举中官（宦官）亲族。尚书畏迫（害怕）内宠，召掾属诘责之。融陈对罪恶，言无阿挠"。在洛阳曾受司徒杨赐委派，奉谒往贺何进由河南尹升任大将军，因未得到及时接见，自觉受了轻视，便夺谒还府，投劾而去。最后竟惹怒了何进，派出剑客去追杀他。董卓执政时期，孔融"后辟司空掾，拜中军候。在职三日，迁虎贲中郎将。会董卓废立，融每因对答，辄有匡正之言。以忤卓旨，转为议郎"。后董卓委派他任北海相，在任上他又与虎踞河北的袁绍交恶，终于兵戎相见，被赶出北海。至于说他后来"冒犯"曹操，则更是不在话下，司马彪《续汉书》云：

太尉杨彪与袁术婚姻，术僭号，太祖与彪有隙，因是执彪，将杀焉。融闻之，不及朝服，往见太祖曰："杨公累世清德，四页重光，《周书》'父子兄弟，罪不相及'，况以袁氏之罪乎？《易》称'积善余庆'，但欺人耳。"太祖曰："国家之意也。"融曰："假使成王欲杀召公，则周公可得言不知邪？今天下缨緌缙绅之士所以瞻仰明公者，以明公听明仁智，辅相汉朝，举直措枉，致之雍熙耳。今横杀无辜，则海内观听，谁不解体？孔融鲁国男子，明日便当褰衣而去，不复朝矣。"太祖意解,遂理出彪。①

你看孔融的脾气有多大!这其中颇有些先秦士人鲁仲连"义不帝秦"的气概。这里的杨彪即是孔融曾投靠的司徒杨赐的儿子,孔融恐是出于故交才挺身相救的。孔融和曹操关系的恶化,其中固然主要是由于政治的因素所致,但也不能忽视孔融个性中"抗节"、"轻贵"、"疾恶"的因素。

孔融对曹操数行"冒犯"不说,后来,他竟然发展为对曹操的"讥嘲"。对此,鲁迅描述道:

> 孔融作文,喜用讥嘲的笔调,曹丕很不满意他。孔融的文章现在传的也很少,就他所有的看起来,我们可以瞧出他并不大对别人讥讽,只对曹操。比方操破袁氏兄弟,曹丕把袁熙的妻甄氏拿来,归了自己,孔融就写信给曹操,说当初武王伐纣,将妲己给了周公了。操问他的出典,他说,以今例古,大概那时也是这样的。又比方曹操要禁酒,说酒可以亡国,非禁不可,孔融又反对他,说也有以女人亡国的,何以不禁婚姻?②

鲁迅在这里表现出了对于孔融的特别的激赏。这是因为,孔融不仅为文的态度与鲁迅类似:"他专喜和曹操捣乱",充满着战斗精神,而且他采用的方式也与鲁迅相同,即"喜用讥嘲的笔调",而且"不大对别人讥讽,只对曹操"。首先,就为文态度而言,我认为孔融"侮慢"曹操的行为,完全是为心中所贯

---

① 《三国志·魏书·崔琰传》裴松之注引《续汉书》。
② 《而已集·魏晋风度及文章与药与酒之关系》,《鲁迅全集》第3卷,第505页。

注的君臣"大义"所驱使而做出的。《后汉书·孔融传》载,孔融"既见操雄诈渐着,数不能堪,故发辞偏宕,多致乖忤",他对于曹操的屡次嘲讽,绝不是来自于二人之间的"私怨"或"党争",而是看到汉王朝将为曹操这样的窃国者所攘夺,但自己又无力阻止,才不得不采用如此嬉笑怒骂的方式去嘲弄对手。他的"捣乱"文辞,完全是出于维护大汉王朝的"公心",激于自己内心那种不平之气而发的。当时曹操已基本统一北方,汉献帝小朝廷已是日薄西山,大势已去。在历史发展的要求和道德原则的二律背反中,孔融选择了后者。他那种"拼我死力以卫道"的行为,平心而论,这确实有点不识时务,自不量力,但另一方面,在孔融身上所体现出的汉末"清流"名士们那种"抗节"、"轻贵"、"疾恶"的精神气质,难道不是人类弥足珍贵的精神价值吗?

其次,就为文方式而言,我认为孔融"喜用讥嘲的笔调"不但不是缺点,反而可谓文章之一体,可以增强论说的兴味,避免刻板枯燥。鲁迅的文章就是以"冷嘲热骂"而见胜的。郁达夫曾针对梁实秋关于鲁迅文章好"骂人"的缺陷反驳道:"难道写散文的时候,一定要穿上大礼服,戴上高帽子,带着白皮头套,去翻出文选锦字上的字面来写作不成?[①]"曹丕是曹操的儿子,子为父隐,孔融的"讥嘲"曹操,这自然会引起他的不满[②]。他在《典论·论文》中评价孔融说:"孔融体气高妙,有过人者。然不能持论,理不胜辞,以至乎杂以嘲戏。及其所善,扬、班俦也"。他肯定孔融"体气高妙",诚是;谓之"理不胜

[①]《中国新文学大系散文二集·导言》,《郁达夫文集·文论》第6卷,花城出版社1983年版,第264页。

[②] 事实上,曹丕对孔融是非常推崇的。他曾赞誉孔融,将他列为"今之文人之首,亦即"建安七子"之首,登极后更募集孔融文章,凡有献纳,赏以金帛。孔融最初文集,即由曹丕编定。

辞",亦然;但说孔融为文"杂以嘲戏",则恐有个人嫌私原因。这是因为孔融曾嘲曹操、曹丕父子:"武王伐纣,以妲己赐周公。"后来刘勰袭曹丕之说,谓"孔融《孝廉》,但谈嘲戏"①,亦欠深辨。

鲁迅不仅在为文的态度和方式与孔融相同,而且他反抗权威的叛逆性格以及不为任何恶势力所屈服的硬骨头精神也跟孔融在精神上有着惊人的一致。鲁迅一生不断地在"碰壁",遭"华盖运",他也同孔融一样,"抗节"、"轻贵"、"疾恶",好"犯上",这构成了鲁迅气质中"严气正性"的一面。据周作人回忆,鲁迅从小就有见义勇为的一面。他在"三味书屋"读书时,因不满附近一个私塾先生"矮癞胡"恶意体罚学生,遂带领小朋友,冲进"矮癞胡"的书房去,把笔筒里的撒尿签撅折,将朱墨砚复在地上,笔墨乱撒一地,以示惩罚②。"科场案"发生后,祖父入狱,父亲去世。有一年,周家族人为重新分配新台门房屋开了一次会议,兴房是鲁迅代表参加的。对于会议上的决议,长辈硬叫鲁迅署名,他说先要问过狱中的祖父才行。但其族叔周玉田就疾言厉色加以逼迫,鲁迅不但没有屈服,而且回来在当日的日记上写了许多遣责的话③。鲁迅长大成人以后,更有多次"抗节"的举动:

1903年4月,在日本弘文学院读书时,为抗议校方的无理苛求,与许寿裳等50余名学生集体退学,以示抗议。

1909年12月,在杭州浙江两极师范学堂任教期间,同当时的多数教员与校长夏震武的发生冲突,是为"木瓜之役"。

1925年8月,因参与女师大风潮而被当时的教育总长章士

---

① 《文心雕龙·论说》。
② 周遐寿:《鲁迅的故家》,人民文学出版社1981年版,第51—52页。
③ 同上书,第64页。

钊非法免除教育部佥事职,随即与章士钊对簿公堂。

1926年3月至5月,因"三·一八"惨案被传名列于北洋政府的通缉名单,被迫离家躲避。

1930年3月,因参加"中国自由大同盟"和"左联"而被国民党浙江省党部作为"堕落文人"通缉,并离寓出逃。

1931年1月,因"左联"五烈士案,风闻自己将遭逮捕,携家人出外躲避。

1936年8月,作《答徐懋庸并关于抗日统一战线问题》一文,对"重得可怕的横暴者"——"左联"领导人周扬之流提出抗议。

"公然与所服务之官署悍然立于反抗地位"①,这是当年的教育总长章士钊引述政府官吏服务令诸条款,给予身为部属官员的周树人的鉴定,也是对鲁迅"抗节"禀性的典型概括。至于说到鲁迅一生的怨敌,真可谓多矣。"从国粹派到现代评论派,从新月派批评家到'四条汉子',更不用说各式的文探与文氓了。他是典型的'牛虻'式人物,以不折的锋芒,狠狠蜇在那些自以为得道的正人君子、政府诤友、以及革命骁将的身上。他是挑战者,也是应战者;他是弱势者,也是强大者。在中国现代的知识界,他是骂人最多的一个,自然也是挨骂最多的一个。然而,鲁迅竟声名说他是'毫无悔祸之心'"②。这是为什么呢?鲁迅回答:"我的杂感集中,《华盖集》及《续编》中文,虽大抵和个人斗争,但实公仇,决非私怨"③。他自己说他的杂文特点是"论时事不留情面,砭锢弊常取类型"④,也就是说,他是把个人

---

① 此为章士钊对鲁迅控告的"答辩书"。转引自孙瑛:《鲁迅在教育部》,天津人民出版社1979年版,第85页。
② 林贤治:《守夜者札记》,青岛出版社1998年版,第105—106页。
③ 《书信·340522·致杨霁云》,《鲁迅全集》第12卷,第423页。
④ 《伪自由书·前记》,《鲁迅全集》第5卷,第4页。

"认作社会上某种典型",他所采取的是"经过私人问题去照耀社会思想和社会现象"的战术[①],因此,鲁迅自感"心底无私天地宽"。

鲁迅的"抗节"和"疾恶",一方面来自先天的遗传的因素,另一方面又是他后天苦痛的生活经历的产物及其文化选择。就前一方面而言,鲁迅在很多方面继承了其祖父周福清的精神气质。周福清是典型的传统士大夫,他性格刚毅,为人耿介,恃才傲物,不畏权贵。早年他以钦点翰林而外放江西金溪县知县,但最后却因他不会巧言令色和曲意逢迎上司而被革去知县职务。"科场案"发生后,他被逮入杭州监狱。出狱后,他回到家里,由被释放的经过谈到庚子事变后的朝政,谈着谈着,他就"'昏太后,呆皇帝'的痛骂起来,大家听了,不由得下了一跳,这不是犯上作乱,要杀头的么?大家都替他捏一把汗",可是他仍"自顾自地痛骂着"。周建人回忆说:"我们全家发觉,这八年的监狱生活没有使他有丝毫的改变。如果说有什么改变的话,他变得更锋利尖锐,更肆无忌惮,更愤世嫉俗了。[②]"周福清的这种传统士人的狂狷人格,无疑是鲁迅"抗节"和"疾恶"的精神气质的遗传性的文化基因。

但对于鲁迅精神气质的形成起到了更主要的铸模作用的,还是其苦痛的生活经历和文化选择。"科场案"后家庭败落,家族内部及S城人们世态炎凉的目光和心态,日本留学期间风起云涌的革命浪潮的冲击,老师章太炎富有叛逆色彩的复古思想以及以尼采为代表的西方"新神思宗"的文化熏染,自己一生不断"碰壁",遭"华盖运"的遭遇等等,或激发或加深或熔铸了鲁迅刚

---

① 瞿秋白:《鲁迅杂感选集·序言》,《六十年来鲁迅研究论文选》,第114、121页。

② 周建人:《鲁迅故家的败落·十六·祖父活下来了》,湖南人民出版社1984年版。

正、峻急的性格和叛逆反抗的精神气质。这里尤其值得一提的是老师章太炎的影响。章太炎是鲁迅一生最为景仰的人物。鲁迅在青年时代即拜他为师,是章太炎先生把他带入了中国传统文化之门的。谈起章太炎先生,鲁迅最佩服的还是他的"革命精神":

> 考其生平,以大勋章作扇坠,临总统府之门,大诟袁世凯的包藏祸心者,并世无第二人;七被追捕,三入牢狱,而革命之志,终不屈挠者,并世亦无第二人:这才是先哲的精神,后生的楷范。①

章太炎性格方正、刚烈、狂狷,好"犯上",颇有汉末"党人"之风,被人称为"民国的祢衡"。而孔融又恰恰与祢衡有"师弟"之谊,他们在个性和精神上基本上又是一致的。鲁迅的青年时代,也就是他文化性格形成的阶段,曾经有一个崇拜章氏阶段。章氏的道德文章,无疑对鲁迅产生了深刻的影响。关于鲁迅与章太炎的关系,我们将有专章予以详细论述。

三 "志大才疏":"名士"气质之二

孔融所代表的汉末"清流"的思想气质的第二个特点是"志大才疏"。他们怀揣着社会理想,持守着道德节操,如是而践履其拯救江山社稷的责任。其所坚守的文化精神和价值固然可嘉,但他们也具有中国传统士人最致命的弱点。这具体表现在:第一,清高和自傲。在传统社会里,士人在社会实际事务中担任具体管理的同时,又是较高的价值生活者产生高自标识的阶层优

---

① 《且介亭杂文末编·关于太炎先生二三事》,《鲁迅全集》第6卷,第547页。

越感，难于在情感、心理上与社会其他阶层产生沟通和理解，并最终容易被社会其他阶层的人所嫌弃，清高、骄傲是"清流"士大夫们的典型心态；第二，"重道轻器"。他们在"志于道"的同时，却"重道轻器"，即不屑于关心形而下层面的问题，对于造作技术、具体事务表现出明显的轻蔑和忽视。虽然他们已经进入了国家行政管理的层面，并对国家机器的运行方式及有关的技术手段有相当的了解和掌握，但是，他们在具体问题上仍然是缺乏"权变"，因时地而制宜、注重社会时效的实用主义意识未曾在他们的观念生活中占据稳固的重要位置。在他们看来，严酷的政治斗争首先并主要是道德原则、精神价值上的冲突和较量。其结果，除了他们落得个道德上的优势之外，就是头破血流、身死族灭的可悲下场。他们不但没有挽救汉王朝覆灭的命运，而且连自身也成了这个腐败王朝的殉葬品。因此，鲁迅在总结汉代清流们失败的教训时说：

"疾恶太严"，"操之过急"，汉的清流和明的东林，却正以这一点倾败，论者也常常这样责备他们。殊不知那一面，何尝不"疾善如仇"呢？人们却不说一句话，假使此后光明和黑暗还不能作彻底的战斗，老实人误将纵恶当作宽容，一味姑息下去，则现在似的混沌状态，是可以无穷无尽的。①

鲁迅指出，"清流"之所以被对手击败，正是由于他们太缺乏痛打"落水狗"的精神。大敌当前，他们还对敌人讲什么"犯而不校"的"恕道"，岂不知对手却是"疾善如仇"的。"清流"的失败是他们太"唯理主义"，是圣人们的教训害了

---

① 《坟·论费厄泼赖应该缓行》，《鲁迅全集》第 1 卷，第 277 页。

他们。

孔融就是这样一个"志大才疏"之士。他担任北海相六年，在那兵荒马乱年代，所做的却是"崇学校，设庠序，举贤才，显儒士"。而他所荐举的所谓"贤才"、"儒士"，实际上都是一些不切实际的"轻剽之才"或"稽古之士"[①]。他不理政治，更不会打仗。他镇压黄巾起义，被起义军打得大败；同袁谭打仗，袁军已兵临城下，他还在书斋里"凭几安坐，读书议论自若"，结果"城坏众亡"，自己只身脱逃，妻子儿女全做了俘虏。孔融晚年，正值曹操掌权，对于曹操的许多政策措施，他常常出来干预和讥讽。官渡之战前，"袁绍率大众以攻许，操与相距。绍甲兵甚盛，议者咸怀惶惧"，孔融表示反对，认为袁绍兵多将广，难以攻克，但结果曹军大胜[②]。建安十二年（公元207年），曹操北征乌桓，他写信加以嘲弄。曹操因连年用兵，粮食短缺，下令禁酒，他又一再反对，等等。孔融的"无权能"，连他的政治对手郗虑也瞧他不起，据虞溥《江表传》云：

  献帝尝特见虑及少府孔融，问融曰："鸿豫（案：郗虑的字）何所优长？"融曰："可与适道，未可与权。"虑举笏曰："融昔宰北海，政散民流，其权安在也！"遂与融互相长短，以至不睦。公（曹操）以书和解之。[③]

由此可见，孔融是只会空言的儒生，而不是一个切实的经世之士。《后汉书》本传说他"融负其高气，志在靖难，而才疏意

---

① 《三国志·魏志·崔琰传》注引司马彪《九州春秋》。
② 《后汉书·荀彧传》。
③ 《三国志·武帝纪》裴注引虞溥《江表传》。

广,迄无成功"。张璠《汉纪》也说"融所建明,不识时务"①。他最后的悲剧结局,即是由他的书生意气所致。自己无经世的才能,却偏偏要干预政治,尤其是去碰曹操的"禁脔",这怎么能不被碰得头破血流呢?

相对而言,鲁迅似乎要比孔融要有"城府"得多。鲁迅生前即被当时的文学青年高长虹骂为"世故老人"②,原因即在于他不像当时的许多激进青年们那样表现得那么极端和新锐。出身于"师爷之乡"的他,对于中国历史尤其是中国政治的黑幕有着深刻的洞悉和理解。耐人寻味的是,对于高长虹给予的绰号,极善于给别人起绰号的鲁迅却似乎乐于接受,并在文章中以此自号③。曹聚仁也说:"鲁迅是一个'世故老人',他年纪不大,但看起来总显得不十分欢喜'世故老人'的称谓,却也只能自己承认的"④。但我们说鲁迅"世故",并不是说鲁迅比之孔融们更具有政治韬略和政治才能。实际上,鲁迅认为自己"天生不是革命家"⑤,原因即在于:"凡做领导的人,一须勇猛,而我看事情太仔细,一仔细,即多疑虑,不易勇往直前;二须不惜用牺牲,而我最不愿使别人做牺牲(这其实还是革命以前的种种事情的刺激的结果),也就不能有大局面。所以,其结果,终于不外乎用空论来发牢骚,印一通书籍杂志"⑥,而从事文学,在鲁迅看来,恰恰是弱者的事业:"文学文学,是最不中用的,没有力量的人讲的;有实力的人并不开口,就杀人,被压迫的人讲几

---

① 《三国志·魏书十二·崔琰传》裴松之注引张璠《汉纪》。
② 高长虹:《走到出版界·1925年北京出版界形势指掌图》,《狂飙》周刊第5期(1925年11月)。
③ 见《〈阿Q正传〉的成因》、《所谓"思想界先驱者"鲁迅启示》、《反"漫谈"》、《新时代的放债法》、《三闲集·我的态度气量和年纪》等文。
④ 曹聚仁:《鲁迅评传》,上海东方出版中心1999年版,第159—160页。
⑤ 《三闲集·通信》,《鲁迅全集》第4卷,第48页。
⑥ 《两地书·八》,《鲁迅全集》第11卷,第32页。

句话，写几个字，就要被杀"①，尤其是在革命的时代，从事思想创造工作的知识分子和作家更显得多余，因此鲁迅才在与友人的信中，由衷地发出了"志大才疏，哀北海之终不免也"这种感同身受的慨叹。

但鲁迅的"世故"之处正在于，他了解自己作为文人的本分。他不像孔融，有做"王者师"的奢望，他对于任何类型的政治家，都保持着必要的距离和警惕。即使是在思想文化领域内的"战斗"，鲁迅也非常注意策略。他认为战斗首先是要保护自己，才能有效地打击敌手，因此，他主张"壕堑战"：

> 对于社会的战斗，我是并不挺身而出的，我不劝别人牺牲什么之类者就为此，欧战的时风最重"壕堑战"，战士伏在壕中，有时吸烟，也唱歌打纸牌喝酒，也在壕内开美术展览会，但有时忽向敌人开他几枪。中国多暗箭，挺身而出的男士容易丧命，这种战法是必要的罢。但恐怕也有时会迫到非短兵相接不可的，这时候，没有法子，就短兵相接。

"壕堑战"并不意味着"卑怯"，而是有效地保存自己的手段。战斗是必须的，但绝不是《三国演义》中许褚式的"公开挑战"，这样做固然是痛快淋漓，但也容易为"暗箭"所伤，这是因为"中国多暗箭"的缘故。鲁迅一贯不赞成青年们的"示威游行"，他认为，在中国，多的是"无物之阵"，改革绝不是一蹴而就的历史行为，而在目前的中国，"即使是挪动一张椅子，都要流血"，"我们穷人唯一的资本就是生命。以生命来投资，为社会做一点事，总得多赚一点利才好；以生命来做利息小的牺牲，是不值得的。所以我从来不叫人去牺牲，但也不要再爬

---

① 《而已集·革命时代的文学》第3卷，第417页。

进象牙之塔和知识阶级里去了,我以为是最稳当的一条路"①。

在现实的战斗中,鲁迅就是这样充满"世故"地开展他的"壕堑战"的。他承认:"我自己也知道,在中国,我的笔算较为尖刻的,说话有时也不留情面。但我又知道人们怎样地用了公理正义的美名,正人君子的徽号,温良敦厚的假脸,流言公论的武器,吞吐曲折的文字,行私利己,使无刀无笔的弱者不得喘息。倘使我没有这笔,也就是被欺侮到赴诉无门的一个;我觉悟了,所以要常用,尤其是用于使麒麟皮下露出马脚"②。这自然引起了"正人君子"们的憎恶,但鲁迅的回应道:

> 说话说到有人厌恶,比起毫无动静来,还是一种幸福。天下不舒服的人们多着,而有些人们却一心一意在造专给自己舒服的世界。这是不能如此便宜的,也给他们放一点可恶的东西在眼前,使他有时小不舒服,知道原来自己的世界也不容易十分美满,苍蝇的飞鸣,是不知道人们在憎恶他的;我却明知道,然而只要能飞鸣就偏要飞鸣。我的可恶有时自己也觉得,即如我的戒酒,吃鱼肝油,以望延长我的生命,到不尽是为了我的爱人,大大半乃是为了我的敌人,——给他们说得体面一点,就是敌人罢——要在他的好世界上多留一些缺陷。君子之徒曰:你何以不骂杀人不眨眼的军阀呢?斯亦卑怯也已!但我是不想上这些诱杀手段的当的。木皮道人说得好,"几年家软刀子割头不觉死",我就要专指斥那些自称"无枪阶级"而其实是拿着软刀子的妖魔。即如上面所引的君子之徒的话,也就是一把软刀子。假如遭了笔祸了,你以为他就尊你为烈士了么?不,那时另有一番风凉

---

① 《集外集拾遗补编·关于知识阶级》,《鲁迅全集》第8卷,第193页。
② 《华盖集续编·我还不能"带住"》,《鲁迅全集》第3卷,第244页。

话。倘不信,可看他们怎样评论那死于三一八惨杀的青年。①

鲁迅上述的话,充满着与正人君子们"捣乱"的恶意:你们不是嫌我的文章讨厌吗?我偏要写;你们不是咒我快死吗?我偏要活;你们不是让我去骂杀人不眨眼的军阀吗?我偏不,我就是要揭破你们这些"无枪阶级"的画皮,"使麒麟皮下露出马脚"。这种近乎"青皮无赖"的"捣乱"姿态,正是鲁迅作为"世故老人"的一面。曹聚仁先生认为鲁迅的"世故","正是从幼年的忧患与壮年的黑暗环境中陶养而成的"②,他强调的是鲁迅现实体验的结果。但我以为,鲁迅的"世故",则是他深谙历史之动势和人性之深微的理性选择:"叛逆的猛士出于人间;他屹立着,洞见一切已改和现有的废墟和荒坟,记得一切深广和久远的苦痛,正视一切已死,方生,将生和未生。他看透了造化的把戏。③"这是鲁迅在《野草》中自我写照,他正是在"看透了造化的把戏"后,才有了他"壕堑战"的斗争策略。

鲁迅的"世故"并不意味着他已经做到了"世事练达",更不是传统意义上的"避祸"心理,而是一种斗争的"策略"和生存的"智慧"。胡风是鲁迅的精神传人,但他解放以后敢于"上书"毛泽东,最后却落得个和汉末清流一样被"党锢"的命运。晚年胡风曾对自己的行为进行了深刻的反思,当他的儿子晓谷问他,毛泽东为什么把他和他的朋友们打成"胡风反革命集团"?胡风回答:"也许他觉得我不尊重他"④。胡风的直感是准确的。他意识到了导致自己人生悲剧的真正原因,但他也许还没有认

---

① 《坟·题记》,《鲁迅全集》第1卷,第4页。
② 曹聚仁:《鲁迅评传》,上海东方出版中心1999年版,第159—160页。
③ 《野草·淡淡的血痕中》,《鲁迅全集》第2卷,第221页。
④ 晓谷:《新文学史料》1996年第1期。

识到,这场共和国历史上的旷世冤情不正是以往历史的重复或惯性的"运作"吗?胡风的遭遇不正是孔融的下场吗?对于"胡风事件",同是"胡风分子"的诗人曾卓有深刻的反省,他说:

> 胡风本质上是一个诗人,也是一个天才的理论家,有很了不起的艺术敏感性。同时,他对党、对共产主义忠心耿耿。但是,他不像鲁迅对中国社会和历史了解得那样深刻,只有诗人的激情,又不懂政治,不懂权术,情绪上有时对某些人过于偏爱。这样,不必要地得罪了一些人。[①]

这里说"他不像鲁迅对中国社会和历史了解得那样深刻",指的就是上述鲁迅作为"世故老人"的性格的一面。

鲁迅也"抗节"、"疾恶",他有峻急的一面,但他不是"唯理主义"者。他有确信,但不固执,他有刚肠疾恶,但有尺度,能权变,他与当时的最高统治者始终都保持着一定的距离。袁世凯及其以后的北洋军阀统治时期,也算是中国历史上最黑暗的时代之一吧,但鲁迅竟在北洋政府的教育部比较平静地当了十几年的文官,[②] 即使他晚年思想"左倾",参加了一些具体的政治斗争,但他还是回避与国民党政府发生直接的正面的冲突。据周建人回忆,一次党的领导人李立三约见鲁迅[③],鲁迅回来后告诉周建人说:

---

① 转引自李辉:《胡风反革命冤案始末》,人民日报出版社 1989 年版,第 437 页。
② 其中惟一的一个例外是 1925 年因鲁迅参与女师大风潮而得罪当时的教育总长章士钊,被章士钊非法免除教育部佥事职。但鲁迅随即向北洋平政院投递控告章士钊的诉状,并于次年初胜诉。
③ 鲁迅李立三约见的时间在 1930 年 5 月 7 日。《鲁迅日记》本日记曰:"晚同雪峰往爵禄饭店"。据冯雪峰回忆,是晚鲁迅应约往上海西藏路汉口路附近的爵禄饭店会见当时党的领导人李立三。详细见《冯雪峰同志关于鲁迅、"左联"等问题的谈话》,《鲁迅研究资料》第二辑,文物出版社 1977 年。

李立三说:"你在社会上是知名人物,有很大影响。我希望你用周树人的真名写篇文章,痛骂一下蒋介石。"我说:"文章是很容易写的。蒋介石干的坏事太多了,我随便拣来几条就可以写出来。不过,我用真名一发表文章,在上海就无法住下去了。"李立三说:"这个问题好办!黄浦江里停泊着很多轮船,其中也有苏联船,你跳上去就可以到莫斯科去了。"我说:"对,这样一来蒋介石是拿我没办法了。但我离开了中国,国内的情况就不容易了解了,我的文章也就很难写了,就是写出来也不知在什么地方发表。我主张还是坚守住阵地,同国民党进行韧性战斗,要讲究策略,用假名字写文章,这样,就能够真正同国民党反动派战斗到底。"李立三没有办法,只好说:"好吧,你自己考虑吧!"我就回来了。①

鲁迅之所以拒绝李立三写骂蒋介石的文章,并不是因为胆怯,而是他认为自己的作用不在政治性的活动,而是思想批判。这其中除了要进行"韧性"的战斗和要讲究"策略"外,更重要的还是他觉得在中国他更能发挥作用。我想,这其中透露的不仅仅是他深谙"世故"的问题,更主要的还是鲁迅对于知识分子自身责任和使命的清醒认识。现代知识分子除了以自己的专业知识谋生之外,还必须深切地关怀着国家、社会,以至世界上一切有关公共利害之事。但知识分子的"介入"社会并不是以彻底放弃自己的专业为代价的,而应该是以一种"超然"的态度为前提的,也就是说,其参与公共事务仍然不失其专业的阵地和人格的独立。在"介入"社会事务的方式上,鲁迅与像孔融那

---

① 周建人:《关于鲁迅的若干史实》,《天津师院学报》1977年第5期。

样的传统中国士人的区别在于,鲁迅的"介入"是建立在自己的专业——思想批判的基础之上的,他是从不随意"越界"的;而传统士人的"介入"则只有一条路——入仕而行道,也就是说,传统的中国士人并不像西方传统的知识分子那样奉行的是"恺撒之事归恺撒,上帝之事归上帝"这种正统与道统二元抗衡的原则,他们一开始就管的是恺撒的事。他们在遇到了以皇权为代表的"势"的强力阻遏和压抑之后,其结果似乎只能是:生存或是毁灭。要生存,就得像鲁迅所说的那样去"帮忙"或"帮闲",否则,就是孔融式的毁灭。鲁迅的深谙"世故",正与他对于中国历史的清醒认识有着深切的关联。

四 "玩世不恭":"名士"气质之三

汉末名士的第三个特点是"玩世不恭",孔融也染上了此风气。"玩世不恭"的行为本是儒家圣人所鄙弃的行为,他们认为士人应该"克己复礼"(《论语·颜渊》)。即通过约束自己的情感、欲念等来合乎"礼"的要求。纵情违礼,就会受到社会舆论的谴责,为社会所不容。在情与礼的关系中,本来传统儒家是不排斥"情"的。孔子即主张要"发乎情,止乎礼",当曾点对孔子说他最美好的意愿是:"暮春者,春服既成,冠者五六人,童子六七人,浴乎沂,风乎舞雩,泳而归",孔子喟然叹曰:"吾与点也"(《论语·先进》)。这里曾点所言的行为应该是比较"纵情"了,但孔子却单单称赞了曾点,这说明孔子是并不主张以礼抑情的,而是强调二者之间的调适和平衡。但汉武帝以后,儒学独尊,董仲舒把"礼"的内容"道"强化到"天"的终极地位,"礼"完全压倒了"情",成为人的心理、行为最根本原则。东汉士人更是规行矩步,克己谦恭、安贫乐道,不敢有任何"纵情违礼"的行为。对于"礼"的极端强调,必然会带来士人们的虚伪矫饰之风。但是，在汉末的社会政治腐败疏离了士人与朝廷之间的亲和关系后，儒家的伦理道德遂失去了约束力。在士人的精神深处，自我便发展起来，他们更喜欢表现自己的感情，表现自己的个性。孔融便是这个时代思潮的思想先驱。

孔融的"玩世不恭"，是通过"偏激"言论和行为表现出来的，而且，他为自己的"偏激"和"玩世不恭"付出了生命的代价。我们已经知道，孔融对曹操是极尽"讥嘲"之能事，曹操心里是恨透了他。先是曹操"以融名重天下，外相容忍而内嫌之"，进而至于"疑融所建渐广，益惮之"①。由"嫌"到"惮"，那就下决心，拔去这个"眼中刺"，搬去这个"绊脚石"。据《资治通鉴》："融与郗虑有隙，虑承操风旨，构成其罪，令丞相军谋祭酒路粹奏"，这就是说，授意的是曹操，诬陷的是郗虑，控告的是路粹。罪状是什么呢？《后汉书·孔融传》就记载了路粹的全文：

少府孔融，昔在北海，见王室不静，而招合徒众，欲规不轨，云"我大圣之后，而见灭于宋，有天下者，何必卯金刀"。及与孙权使语，谤讪朝廷。（第一条）

又融为九列，不遵朝仪，秃巾微行，唐突宫掖。（第二条）

又前与白衣祢衡跌荡于言，云"父之于子，当有何亲？论其本意，实为情欲发耳。子之于母，亦复奚为？譬如寄物缻中，出则离矣"。既而与衡更相赞扬。衡谓融曰："仲尼不死。"融答曰："颜回复生。"（第三条）

大逆不道，宜极重诛。（结论）

---

① 《资治通鉴》汉献帝建安十三年。

这里第一、二条罪状是"不忠",第三条罪状是"不孝",不忠不孝,当然是"大逆不道,宜极重诛",这真是一篇典型的构陷人罪状的判决书!据《典略》:"融诛之后,人睹粹所作,无不嘉其才而忌其笔也",由此可见路粹深文周纳的能力和影响。那么,这几条罪状,到底是真有的呢?还是虚构的呢?我们尝试分析一下:(一)如果是虚构,这些罪状与孔融是不无瓜葛的。比如"招合徒众",就是事实,但却是为了抗击黄巾。"有天下者,何必卯金刀",大类起义军的口号。路粹可能是移花接木,张冠李戴。《三国志》裴注引《文士传》说,"孔融数荐衡于太祖(即曹操)","衡乃当太祖前,以次脱衣,裸身而立","衡著布单衣,疏巾履,坐太祖营门外,以杖捶地,数骂太祖"。弥衡狂放无礼,为曹操所忌,假手别人杀死。那么,杀孔融而联系到弥衡,这罪状是颇能令人相信的。(二)如果罪状是真实的,这可能与孔融的精神反抗是有关系的。曹操"挟天子以令诸侯","有不臣之心",可是表面上却扯起"尽忠汉室"的幌子来美化自己,掩人耳目。曹操并非什么孝子,因陶谦杀了他的父亲,据兵征谦,树起"慈孝"的招牌来欺世盗名,借口杀人。孔融一眼看穿了他"忠"、"孝"的虚伪性,但他"既不能诛之,又不敢远之"[①],就只能作精神反抗了。针对所谓"忠",来了个"有天下者,何必卯金刀",来揭穿曹操的"不忠";针对所谓"孝",来了个"父之于子,当有何亲",来揭穿曹操的"非孝"。其实,孔融才真是汉室忠臣,孔门孝子,他不过从反面立论来剥去曹操所披的面纱,以露出他的本相而已,这就是所谓的"诛心之论"。可是曹操却以此为把柄,反过来以"不忠不孝"的罪名把孔融"诛身""诛家",其虚伪与残忍乃至于此!

[①] 张溥:《汉魏六朝百三家集题辞·孔少府集》,人民文学出版社 1960 年版。

事实上,孔融既是一个真诚的孝子,同时又是一个充满慈爱的父亲。《后汉书》本传载他"年十三,丧父,哀悴过毁,扶而后起,州里归其孝"。他的《杂诗二首》中的"其二",是为追悼他幼殇的小儿子而作的,读罢真是令人柔肠寸断:

远送新行客,岁暮乃来归。入门望爱子,妻妾向人悲。闻子不可见,日已潜光辉。孤坟在西北,常念君来迟。褰裳上墟丘,但见蒿与薇。白骨归黄泉,肌体乘尘飞。生时不识父,死后知我谁。孤魂游穷暮,飘摇安所依。人生图嗣息,尔死我念追。俯仰内伤心,不觉泪沾衣。人生自有命,但恨生日希。

孔融写他送客归家,看到爱子已死,妻妾伤悲,急忙到坟上看望这个早夭的儿子。虽然是"生时不识父",是他外出后生下来死去的,可是还是"尔死我念追"。由此我们"很可以看出(孔融)深厚的天性来,这与路粹所述悖逆的话正是一个好的对照。两者都是真的,可以相得益彰,足以看出理知与情感兼具的哲人,只是俗人不能了解罢了"①。

孔融的心思,在1000多年后得到了鲁迅感同身受的共鸣。"五四"时代,他的许多"反礼教"不是和孔融有着同样的境遇吗?他的诸如"不读中国书"之类"偏激"之论,不是也引起了掌权者"切齿",正人君子们"痛恨"吗?"弄文罹文网,抗世违世情。积毁可销骨,空留纸上声"②,正是这种景况的具体描述。鲁迅的"偏激"同孔融一样,当然是因"愤世"而发,是为了反"礼教"的历史需要而发。但鲁迅的"忧愤"则似乎

---

① 周作人:《孔融的故事》,见《周作人文类编·千百年眼》第2卷,第450页。
② 《集外集拾遗补编·题〈呐喊〉》,《鲁迅全集》第7卷,第442页。

比孔融更为深广：他不仅要进行现实政治和文化的批判，而且还要同内心深处的"毒气"和"鬼气"，同无处不在的"无物之阵"进行"绝望的抗战"，他说：

> 你好像常在看我的作品，但我的作品，太黑暗了，因为我常常觉得惟"黑暗与虚无"乃是"实有"，却偏偏要向这些作绝望的抗战，所以很多着偏激的声音。其实这或者是年龄和经历的关系，也许未必一定的确的，因为我终于不能证实：惟黑暗与虚无乃是实有，所以我想，在青年，须是有不平而不悲观，常抗战而亦自卫，倘荆棘非践不可，固然不得不践，但若无须必践，即不必随便去践，这就是我之所以主张"壕堑战"的原因，其实也无非想多留下几个战士，以得更多的成绩。①

这里，鲁迅把自己的"战法"分为两种：一是"绝望的抗战"，其结果是"偏激的声音"；一是"壕堑战"，其方式是上述的青皮无赖式的与人"捣乱"。有时他又把这两种"战法"总结为自己免除痛苦的办法，并另外表述为"骄傲"和"玩世不恭"②，"时而很随便，时而很峻急"③。由此我们可以看出鲁迅与孔融的区别所在：孔融的"战法"是单一的，他的"玩世不恭"，是通过"偏激"言论和行为表现出来的，或者说他的"偏激"，是通过"玩世不恭"表现出来的，这就为他的"对手"收拾他恰好提供了"材料"；而鲁迅的"战法"则是两种方式并重，这同样可以看出鲁迅深于"世故"的精神风貌。

---

① 《两地书·四》，《鲁迅全集》第11卷，第21页。
② 《两地书·八》，《全集》第11卷，第15页。
③ 《坟·写在〈坟〉后面》，《全集》第1卷，第285页。

但鲁迅对于孔融态度和遭遇的呼应及共鸣,主要还是通过他对于孔融"反礼教"言论和行为的评价来体现的。可以说,鲁迅对于孔融的评价,在某种程度上就是他的"夫子自道"。在《魏晋风度及文章与药和酒之关系》一文里,他在谈到孔融、嵇康和阮籍等人的"反礼教"思想时,对他们的内心世界及人生悲剧进行了深刻的解剖:

> 大凡明于礼义,就一定要陋于知人心的,所以古代有许多人受了很大的冤枉。例如嵇、阮的罪名,一向说他们毁坏礼教。但据我个人的意见,这判断是错的。魏、晋时代,崇奉礼教的看来似乎很不错,而实在是毁坏礼教,不信礼教的。表面上毁坏礼教者,实则倒是承认礼教,太相信礼教。因为魏、晋时所谓崇奉礼教,是用以自利,那崇奉也不过偶然崇奉,如曹操杀孔融,司马懿(案:应为司马昭)杀嵇康,都是因为他们和不孝有关,但实在曹操、司马懿何尝是著名的孝子,不过将这个名义,加罪于反对自己的人罢了。于是老实人以为如此利用,亵渎了礼教,不平之极,无计可施,激而变成不谈礼教,不信礼教,甚至于反对礼教。——但其实不过是态度,至于他们的本心,恐怕倒是相信礼教,当作宝贝,比曹操、司马懿们要迂执得多。①

这里,鲁迅引用春秋时楚国人温伯雪子的话"中国之君子,明乎礼仪而陋于知人心"②来评价孔融,其中隐含着鲁迅对于革命时代知识分子的命运的思考。他认为曹操之所以杀孔融,是因

---

① 《而已集·魏晋风度及文章与药和酒之关系》,《鲁迅全集》第3卷,第513页。
② 这段话出之于《庄子·田子方》中楚国温伯雪子,鲁迅在讲演中误记为吴国公子季札。

为他们社会分工的不同,"因曹操是个办事人,所以不得不这样做;孔融是旁观的人,所以容易说些自由话。曹操见他屡屡反对自己,后来借故把他杀了"(同上)。同样的思想,鲁迅在同一时期《关于知识阶级》的讲演中也有特别说明。"明乎礼仪"是传统士人的特殊责任,这当然不错,但对于政治家来说,礼仪中的教条并不意味着非得顽固地执守不可,必要时还是可以"权变"的。但孔融却不,他是个言行合一的人,他不但以儒家的教条来律己,还以之律人。因此,鲁迅说,"他们倒是迂夫子,将礼教当作宝贝看待的",他太"陋于知人心"了。对此,周作人也有深刻的"体道"之言:"他(孔融)可以说是一个唯理主义的人,因为一切以情理为准,对于古今权威便不免多有冲突,很容易被社会目为非圣无法或大逆不道,构成思想狱,明季的李卓吾也正是同样的一例"[1]。因此,面对孔融的悲剧,鲁迅既热烈地赞扬孔融严气正性的殉道精神,又对他们"陋于知人心"的迂执和书生意气表示了惋惜和批评。

但无论如何,鲁迅还是在历史范畴内肯定了孔融"非孝"理论的历史"合理性"——"嵇、阮的罪名,一向说他们毁坏礼教。但据我个人的意见,这判断是错的",这里虽说的是"嵇阮",但也是指孔融。汉代以"孝"治天下,在士人行事中最重要的品质就是"孝"。"汉制使天下诵《孝经》,选吏举孝廉"[2],中央政府不仅以"孝行"教育、选拔士人,而且还要求士大夫在行政任职中恪守孝道。文帝二年十一月诏举贤良方正,能直言极谏的人。选举的科目,即是求才的标准,大别为贤良方正与孝廉,再加上直言极谏、和茂材异等。贤良重材学,孝廉重"行

---

[1] 周作人:《孔融的故事》,见《周作人文类编·千百年眼》第2卷,第447页。
[2] 《后汉书·荀爽传》。

义"。到了后汉,除贤良、孝廉两科外,又增设有敦朴,有道,贤能,直言,独行,高节,质直,清白,等等,但主要的还是贤良、孝廉两科。"孝廉"一科的专门开设和常规化,使得士人们在对通常所谓的"父慈子孝"作单方面接受的同时,又进而将"孝"从社会普通的伦理中分离出来,而成为他们立身行世的最重要品质,即"百行之首"。士人可以因为孝行而在社会上获得声誉,得官任职;同样,孝行的缺失也成为罢官去职的理由。这样,"孝行"遂成为风行汉代的社会文化思潮,一切行为,只要在"孝"的名义下,就统统获得了宽宥和辩护。本来,善事父母,发乎人情,合于天性,可它一旦被强化到超乎法律之上,尤其是与升官发财联系在一起,则不但会背离礼仪精神,而且会立刻变成获得功名利禄的工具。有人为母亲守孝20年,但却在墓道里偷偷生了五个儿子,却成了著名的孝子[1]。有人亲手杀死了在母亲坟墓上盗树的窃贼[2],更有人因父母离世而哀恸绝命[3]。当时一首民谣曾生动地形容过这种"伪孝"的社会现象:"举秀才,不知书;察孝廉,父别居;寒素清白油如泥,高第良将怯如鸡"[4]。孔融正是绝望于这种虚伪且残忍盛行的社会风气,尤其当他看到像曹操这样的"不忠不孝"的流氓政客,竟然还要以"忠孝节义"的大旗来掩盖自己篡权窃国的真实目的时,"于是老实人以为如此利用,亵渎了礼教,不平之极,无计可施,激而变成不谈礼教,不信礼教,甚至于反对礼教——但其实不过是态度,至于他们的本心,恐怕倒是相信礼教,当作宝贝,比曹操、司马懿们要迂执得多"[5]。

---

[1] 《后汉书·陈蕃传》。
[2] 《后汉书·独行列传·李充》。
[3] 《后汉书·独行列传·张武》。
[4] 《抱朴子》外篇卷15《审举》。
[5] 《而已集·魏晋风度及文章与药和酒之关系》,《鲁迅全集》第3卷,第513页。

即使是鲁迅对孔融"反礼教"思想及行为有呼应和共鸣,也并不意味着他在理论上完全赞同孔融的偏激言论。比如他对于孔融的"非孝"理论就颇有微辞:

> 独有爱是真的。路粹引孔融说,"父之于子,当有何亲?论其本意,实为情欲发耳。子之于母,亦复奚为,譬如寄物瓶中,出则离矣。"(汉末的孔府上,很出过几个有特色的奇人,不象现在这般冷落,这话也许确是北海先生所说只是攻击他的偏是路粹和曹操,教人发笑罢了)。虽然也是一种对于旧说的打击,但实于事理不合。因为父母生了子女,同时又有天性的爱,这爱又很深广很长久,不会即离。现在世界没有大同,相爱还有差等,子女对于父母,也便最爱,最关切,不会即离。①

这里,尽管鲁迅在历史范畴内肯定了孔融"非孝"理论:"也是一种对于旧说的打击",曹操杀他的理由是荒诞的。但他同时也理智地认识到孔融的"非孝"论在事实上的"于事理不合"。这是"因为父母生了子女,同时又有天性的爱,这爱又很深广很长久,不会即离"。"便在中国,只要心思纯白,未曾经过'圣人之徒'作践的人,也都自然而然的能发现这一种天性。例如一个村妇哺乳婴儿的时候,绝不想到自己正在施恩;一个农夫取妻的时候,也绝不以为将要放债。只是有了子女,即天然相爱,愿他生存;更进一步的,便还要愿他比自己更好,就是进化。这离绝了交换关系利害关系的爱,便是人伦的索子,便是所谓'纲'"(同上)。人伦纲常本是以自然为基础的,这出之于魏晋玄学所云的"名教出于自然"说。但鲁迅的"越名教而任自

---

① 《坟·我们现在怎样做父亲》,《鲁迅全集》第1卷,第137、133页。

然",并没有把"自然"理解成一种机械关系或动物状态,而是一个充满着"人道"精神的道德原则。在他看来,从人类的血亲关系中生发出的"天性的爱"应当是一个普遍的人类"道德原则","所以觉醒的人,此后应将这天性的爱,更加扩大,更加淳化;用无我的爱,自己牺牲于后起新人"(同上)。"名教"与"自然"的关系,也就是"礼"与"情"的关系,是魏晋玄学所主要讨论,当然也是人类社会不可回避的重要问题。人的自然天性往往是横行无忌的,它的"动物法则"是人类处于一种弱肉强食的生存竞争中,这就对人类的生存和人种的延续产生了极大的威胁。因此,以"道德原则"来节制人的"动物法则"就成了人类生活中不可缺少的一面,儒家所倡导的"礼"就是人类"道德原则"的具体表现形式。本来,"礼"与"情"应该处于一种互相调适和平衡的关系之中,但由于汉代的儒教把"礼"及其表现方式"孝"抬到了至高无上的地位,致使社会上出现了诸多欺世盗名的"伪孝"现象。孔融的"非孝"论即是激于此而发的。但矫枉则往往过正,当孔融"非孝"论把父母关系理解成一种机械关系或者"动物法则"的时候,这同样也违背了"人道"原则,因此鲁迅才说它"于事理不合"。尽管孔融在内心深处也如周作人所说,是"一切以情理为准"的,但他上述的极端之词却是极为荒谬的。这或许就是鲁迅在《文化偏至论》中所说的那种"历史的偏至"吧。

第 六 章
鲁 迅 与 嵇 康

嵇康（公元 223—262 年），三国时期魏国的著名思想家、文学家和音乐家。他是"竹林七贤"之首，魏晋名士中的旷世天才。嵇康是著名的玄学清谈名士，年轻时他便参加了由何晏主持的清谈辩论，以《声无哀乐论》震动朝野；他是诗人，他的"手挥五弦，目送归鸿"的诗句至今也是难以企及的崇高境界；他是位音乐大师，所作琴曲有《嵇氏四弄》及《风如松》等，所演奏之《广陵散》已成绝响；嵇康还是一个书画家，唐人张怀瓘于《书断》中列其草书为妙品，据载，唐代尚存其两幅作品《巢由洗耳图》和《狮子击象图》。但嵇康更重要的还在于其高洁的人格力量和战士的精神气质。山涛谓"稽叔夜之为人也，岩岩若孤松之独立"，此非仅形容其外表，实亦概括其品格：高洁，正直，孤傲，独立特行。孤松独立，作为理想品格象征，在刘桢等文士笔下，早有歌咏赞颂，其所体现的孤高精神，向来为汉魏以来名士所崇仰追求，并成为汉末以来的人物品鉴中最受推重的品格。同孔融一样，嵇康也生活于一个"易代"之时。魏晋之际，司马氏坐大，企图阴谋实施禅代。嵇康因为是曹家女婿，当然反对司马氏，最后被司马昭以"不孝"和"谋反"罪名杀害。

嵇康的遭遇深深地震撼了鲁迅。在魏晋士人中，与孔融相比，鲁迅在心灵深处与嵇康则更为相契。他的《魏晋风度及文章与药及酒之关系》，是把嵇康当作"魏晋风度及文章"的精神代表来谈的。自1913年至1931年，鲁迅断断续续校勘《嵇康集》长达20年，他对于嵇康的阅读和研究已经成了他精神生活的一部分。嵇康的"魏晋文章"，既是鲁迅心灵的归宿，也是他借以战斗的思想库。如果说孔融开了"魏晋风度"之先的话，那么，嵇康则是这"魏晋风度"发扬光大的人物。鲁迅的精神气质受到孔嵇二人的深刻影响，但相对而言，孔融趋于"冷"，嵇康偏于"热"；孔融更具理性，嵇康则充满浪漫色彩，富有诗人的气质。孔融属于汉末名士，"汉之名士讲名教，其精神为儒家的；嵇阮等反名教，其精神为道家的"①。鲁迅是冷热兼济，儒道并重，他虽然有孔融儒家式的"兼济天下"的进取精神和"严气正性"的道德品行，但在内在的精神气质上，他还有诗人的气质、热烈的情怀和反叛的思想，因此，嵇康赢得了鲁迅更多的青睐，或者如曹聚仁先生所言："鲁迅可说是千百年来嵇康阮籍的第一个知己"②。

一 嵇康的"魏晋风度及文章"

嵇康，字叔夜，谯郡铚（今安徽宿县）人。说起来，鲁迅与嵇康还有地域上的共同渊源呢。据《晋书·嵇康传》载，嵇康"其先姓奚，会稽上虞人，以避怨，徙焉。铚有嵇山，家于其侧，因而命氏"。浙江会稽有稽山，"稽"与"嵇"同音，这既暗示着嵇家与原籍会稽的历史联系，同时又使仇人无从查找。

---

① 汤用彤：《贵无之学》，《魏晋玄学论稿》，上海古籍出版社2001年版，第146页。
② 曹聚仁：《鲁迅评传》，东方出版中心1999年版，第158页。

嵇康幼年丧父,由其父兄抚育成人。他身材高大,各类记载都异口同声地称他身高"七尺八丈"①。魏晋时一尺相当于现在的24.12厘米②,除却古尺的误差和古人的夸张,嵇康的身高很可能在1.85左右。但嵇康并不是那种高大粗壮型的巨人,而是属于清秀型的,体态匀称。《晋书·嵇康传》称其"土木形骸",是说他属土木型的体质。汉魏时期人才学认为金、木、水、火、土五行之气形成了人体的骨、筋、气、肌、血生理素质。其中木气决定骨骼,土气决定肌肤,土木型人指人体对五行之气的禀受中,土木二气最完美,指骨骼笔直而柔软,体态端正均衡而且结实③。当时的各种史书都对嵇康的仪表风度进行过形象的描述:《世说新语·容止》说他"风姿特秀"、《晋书·嵇康传》说他是"龙章凤姿",而时人多用"孤松"、"玉山"形容之,以至于他在人群中出现时,"卓卓然如野鹤之在鸡群"④。

嵇康的青年时期是在齐王曹芳在位的正始年间(公元240—249年)度过的。他"少有俊才"⑤,"学不师受,博览无不该通"⑥,而且"不涉经学","又读老庄,重增其放",表现出了某种离经叛道的色彩。嵇康成年后即娶当朝的长乐亭公主为妻,长乐亭公主系曹操的儿子沛王曹林的女儿⑦。按照当时的惯例,与公主结婚者都要被朝廷加官晋爵,这样,"康以魏长乐亭主

---

① 《世说新语·容止》及刘孝标注引《嵇康别传》、《晋书·嵇康传》、《北堂书钞》五十六引《晋书》。
② 吴承洛:《中国度量衡史》,中国书店1984年版,第25页。
③ 刘劭:《人物志·九征》。
④ 《世说新语·容止》。
⑤ 《三国志·魏志·王粲传》注引《嵇康传》。
⑥ 《北堂书钞》卷五六,《太平御览》卷三七九引《晋书》)。
⑦ 关于长乐亭公主与曹林的关系,历来有两种说法:一说为曹林的孙女,一说为曹林的女儿,本文采用王晓毅先生的说法,见王晓毅:《嵇康传》,第23页。

婿，迁郎中，拜中散大夫"①。因此，后人往往称其为"嵇中散"或"中散大夫"。

嵇康所生活的曹魏正始年间，正是中国历史上一个重要的思想解放时期。政治上，曹氏政权与司马氏集团之间，则正围绕着社稷江山展开了激烈的争夺，一场生死的决战即将开始。思想上，自汉武帝以来施行了几百年的名教之治在许多士大夫心目中失去了效用，而曹魏政府的刑名法术，仅仅能应付社会政治法律方面的实际问题，而精神世界的深层，却是一片空白。各种思想都在萌动，中国文化正处在新的"百家争鸣"的前夜。在这样的形势下，以道家人性自然与儒家社会伦理相融合为特征的魏晋玄学诞生了："魏之初霸，术兼名法，傅嘏王粲，校练名理。迄至正始，务欲守文，何晏之徒，始盛玄论，于是聃周当路，与尼父争涂矣"②。魏晋玄学的精神导师是老、庄。在先秦时代，其所倡导的"道法自然"学说就与孔、孟的"纲常名教"相颉颃。到了魏晋易代之时，其思想则成了名士们对抗"名教之治"的有力武器。自正始初年起，以何晏、王弼为代表的正始名士发动的思想革命浪潮即在当时的政治文化中心首都洛阳形成。他们经常举办一些大型清谈聚会，围绕着汉魏之际一些重大理论课题，如圣人有情与无情问题、才性之有无离合问题、音乐之有无哀乐问题、人情之公私问题等等，进行了热烈的辩论。一时间，"清谈"蔚然成一风尚，并逐渐波及到全国各地。

嵇康无疑也被这一时代的风尚所吸引并加入到了当时在洛阳举行的清谈辩论之中。据《文选》卷二十一颜延年《五君咏》李善注引孙绰《嵇中散传》载："嵇康作《养生论》，入洛，京师谓之神人。向子期难之，不得屈"。《晋书·嵇康传》也认为

---

① 《世说新语·德行》注引《文章叙录》。
② 《文心雕龙·论说》。

他"美词气,有风仪",由此可见他在清谈场中的气质风度和博学雄辩。在清谈场上,嵇康发表了自己的《养生论》、《答难〈养生论〉》、《声无哀乐论》、《明胆论》、《释私论》等文章,锋芒初试即声名大震,从而成为遐迩闻名的名士。据《世说新语·文学》载:"钟会撰《四本论》始毕,甚欲使嵇公一见。置怀中,既定,畏其难,怀不敢出,于户外遥掷,便回急走。"钟会当时也是清谈圈中的人物,其所著《四本论》,是当时有关"才性论"的汇编与述评:"会论才性同异,传于世。四本者,言才性同,才性异,才性合,才性离也。尚书傅嘏论同,中书令李丰论异,侍郎钟会论合,屯骑校尉王广论离。文多不载"①。他怀着如此忐忑不安的心情去求见嵇康,可见嵇康在当时清谈场中的声望。

俗话说:"物以类聚,人以群分。"嵇康成名后,在他的周围遂形成了一个以饮酒、清谈为主要内容的文人小集团。当时嵇康家住河内山阳(今河南修武县),据《世说新语·任诞》载:"陈留阮籍,谯国嵇康,河内山涛,三人年皆相比,康年少亚之,预此契者,沛国刘伶、陈留阮咸、河内向秀,琅邪王戎,七人常集于竹林之下,肆意酣畅,故世谓竹林七贤"。豫其流者,还有嵇康的好朋友吕安。"七贤"们在当时大都高扬起"越名教任自然"的大旗,把庄子哲学自然任性的一面发挥到了极致,并以此与儒教名法对抗。他们啸傲山林,摈弃礼俗,弹筝抚琴,饮酒咏诗,清谈玄远,高倡自然,"或率尔相携,观原野,极游浪之势,亦不计远近;或经日乃归,复修常业"②。"于时风誉扇于海内,至于今咏之"③,东晋秘书监孙盛上距魏末已近百年,

---

① 《世说新语》刘孝标注引《魏志》。
② 《太平御览》卷409引《向秀别传》。
③ 《世说新语·任诞》注引孙盛《晋阳秋》。

犹能感受到"七贤"之风,可见"竹林七贤"的活动,在当时的思想界、文化界,影响非常之大,声誉非常之高。

当时以大将军曹爽为首的曹魏政权与以司马懿为首的司马氏集团的权力斗争已经到了白热化的程度,嵇康等人的"竹林之游",在某种实际程度上也是逃避政治的韬晦之法。果不其然,到了正始十年(公元249年)正月初六,司马懿趁曹爽陪同皇帝曹芳离开洛阳去祭扫魏明帝墓——高平陵之机,以迅雷不及掩耳之势发动了政变,诛杀了曹爽及其党羽,史称"高平陵政变"。从此,曹魏政权落入司马氏手中。

"高平陵政变"后,司马懿去世。司马师、司马昭兄弟先后专权,对"正始名士"采取的"格杀勿论"的肉体消灭政策。在这样的情势下,"竹林七贤"开始分化。山涛、王戎随波逐流,他们追随司马氏,做了司马氏的高官;阮籍在司马氏的威逼利诱之下,也违心地进入司马氏的幕府中,为他们起草公文;刘伶和阮咸在一阵犹豫之后,也先后出仕。追随嵇康的名士朋友,只剩下向秀一人,还有那位未列入七贤名单中的吕安。我们知道,嵇康是曹家的女婿,与司马氏政权之间自然没有亲和感。但他是当时的大名士,他之何去何从却是关系到朝廷的政治大事。是违心事敌,还是飘然远举?是随遇而安,还是奋起抗争?嵇康陷入到了两难的内心痛苦之中。而《卜疑》一文,就是嵇康此事心态的真实写照:

> 吾宁发愤陈诚,谠言帝庭,不屈王公乎?将卑懦委随,承旨倚靡,为面从乎?宁恺悌弘覆,施而不德乎?将进趣世利,苟容偷合乎?宁隐居行义,推至诚乎?将崇饰矫诬,养虚名乎?宁斥逐凶佞,守正不倾,明否臧乎?将傲谐滑稽,挟智佯迷,为智囊乎?宁与王乔、赤松为侣乎?将追伊挚而友尚父乎?宁隐鳞藏彩,若渊中之龙乎?宁舒翼扬声,若云

间之鸿乎？宁外化其形，内隐其情，屈身随时，陆沉无名，虽若人间，实处冥冥乎？将激昂为清，锐思为精，行与世异，心与俗并，所在必闻，恒荧荧乎？宁寥落闲放，无所矜尚，彼我为一，不争不让，游心皓素，忽然坐忘，追羲农而不及，行中路而惆怅乎？将慷慨为壮，感慨为亮，上干万乘，下凌将相，尊严其容，高自度抗，常如失职，怀恨怏怏乎？宁聚货千亿、击钟鼎食，枕藉芬芳，婉娈美色乎？将苦身竭力，剪除荆棘，山居谷饮，倚嵩（岩）而息乎？宁如伯奋、仲堪，二八为偶，排摈共鲧、令失所乎？将如箕山之夫，（白）水之女，轻贱唐虞，而笑大禹乎？宁如泰伯之隐德，潜让而不扬乎？将如季札之显节义，慕为子臧乎？宁如老聃之清净微妙，守玄抱一乎？将如庄周之齐物变化，洞达而放逸乎？宁如夷吾之不吝束缚而终立霸功乎？将如鲁连之轻世肆志，高谈从容乎？宁如市南子之神勇内固，山泉其志乎？将如毛公蔺生之龙骧虎步，慕为壮士乎？

这里，嵇康以"宏达先生"的名义，向文中虚构的大占卜士"太史贞父"一连提出十四对矛盾的生存方式，请问何去何从。但太史贞父却拒绝为宏达先生占卜，他认为"至人不相，达人不卜。若先生者，文明在中，见素表璞；内不愧心，外不负俗，交不为利，仕不谋禄；鉴乎古今，涤情荡欲。夫如是，吕梁可以游，阳谷可以浴，方将观大鹏于南冥，又何忧于人间之委曲？"实际上，太史贞父是解决不了嵇康在现实中的问题的，他只能以空大无边的精神超越来"超度"嵇康，使他从现实世界的困惑中解脱出来。

但宗教却真如鲁迅所说的是"抚慰劳人的圣药"。太史贞父的精神鼓励，仿佛一针强心剂，使嵇康更加坚定了自己的信念。他不能像自己的朋友那样去委身事敌，从而泯灭自己的良知。据

《三国志·魏书·王粲传》注引《魏氏春秋》云，大将军司马昭对嵇康有"欲辟"之意，嵇康却答以"绝世之言"，明确予以拒绝，并且就连司马昭亲信钟会的慕名造访，嵇康也表现出极端的冷漠态度：

> 钟会为大将军所昵，闻康名而造之。会，名公子，以才能贵幸，乘肥衣轻，宾从如云。康方箕踞而锻，会至，不为之礼。康问会曰："何所闻而来，何所见而去？"会曰："有所闻而来，有所见而去"。会深衔之。

嵇康这样做，等于公开表明了与司马氏不合作的态度。看来，嵇康在山阳是无法安静地呆下去了。公元256年，嵇康不得不离家出走①。关于嵇康避世隐居的地点，史书有不同的传说。有的说他去了与家乡河内郡相邻的河东郡②，有的说他追随道士孙登在离家不远的苏门山住了三年③，还有的说他与道士王烈同游于太行山，并去过河东郡的抱犊山。总之，嵇康在避世隐居期间，可能并未定居一处，而是在距离山阳东北一百多里处的太行山一带活动，与道士孙登、王烈相处并关系密切。

嵇康虽逃到了深山，但并未忘怀世事。他有着一颗炽热的正义之心，有着一腔忧国忧民的热烈情怀，有着一种不畏强暴的刚烈禀性。他着眼的是"现世"，是眼前生灵涂炭、人们敢怒而不敢言的地狱般的"人间世"。这种过多执着于"现世"的人间情怀，使嵇康终于无法成为一个真正的道士。据《晋书·隐逸·

---

① 关于嵇康"避地河东"约有三年之久。在公元261年《与山巨源绝交书》也有"前年自河东还"的句子，这说明他是在公元259年由河东郡返回山阳。若再向前推三年，嵇康当是在公元256年离家出走。
② 《三国志·魏书·王粲传》注引《魏氏春秋》。
③ 《晋书·孙登传》。

孙登传》云：

> 孙登字公和，汲郡共人也，无家属，于郡北山为土窑居之。嵇康从之游，三年，问其所图，终不答，康每叹息，将别，谓曰："先生竟无言乎？"登乃曰："子识火乎？火生而有光，而不用其光，果在于用光，人生而有才，而不用其才，而果在于用才，故用光在乎得薪，所以保其耀，用才在乎识真，所以全其年。今子才多识寡，难乎免于今之世矣。子无求乎？"康不能用，果遭非命，乃作《幽愤诗》曰："昔惭柳下，今愧孙登"……

孙登这里所谓"才多识寡"，并不说嵇康没有见识，而是说他不能做到审时度势、和光同尘、随波逐流、无可无不可，没有苟全生命于乱世的"全身"之道。孙登是从道家人生哲学的视角来批评嵇康的，他是一个真正履践了道家精神的人。而嵇康毕竟是嵇康，"真的猛士，敢于直面惨淡的人生，敢于正视淋漓的鲜血"，其过于执着的道德情怀和理想主义气质决定了他最终的人生选择，那就是揭露强权者的虚伪的本质和卑鄙伎俩，"怒向刀丛觅小诗"。《管蔡论》、《难自然好学论》、《太师箴》、《与山巨源绝交书》等文，就是嵇康投向敌人的"刀枪与匕首"，是他充满战斗气息的篇章。《管蔡论》为周朝的叛臣管叔和蔡叔公开翻案，给反对司马氏的叛乱作辩护；《难自然好学论》借批判儒家传统的"自然好学论"，把矛头直接指向借儒学"名教"以营私的司马氏集团；而《太师箴》一文，除对以儒家文明为主体的封建文明价值进行整体否定外，还借"太师"之口，对恣意妄为的司马氏集团发出严正警告："阻兵擅全，矜威纵虐……刑本惩暴，今以胁贤"，"初安若山，后败如崩，临刃振锋，悔何所增！"；而《与山巨源绝交书》更是口无遮拦，把自己"刚肠疾恶，轻肆直言，遇事便发"的性格展现得淋漓尽致：

> 人伦有体，朝廷有法。自惟至熟，有必不堪者七，甚不可者二：卧喜晚起，而当关呼之不置，一不堪也；抱琴行吟，弋钓草野，而吏卒守之，不得妄动，二不堪也；危坐一时，痹不得摇，性复多虱，把搔无已，而当裹以章服，揖拜上官，三不堪也；素不便书，又不喜作书，而人间多事，堆案盈几，不相酬答，则犯教伤义，欲自勉强，则不能久，四不堪也；不喜吊丧，而人道以此为重，已为未见恕者所怨，至欲见中伤者，虽瞿然自责，然性不可化，欲降心顺俗，则诡故不情，亦终不能获无咎无誉，如此，五不堪也；不喜俗人，而当与之共事，或宾客盈坐，鸣声聒耳，嚣尘臭处，千变百伎，在人目前，六不堪也；心不耐烦，而官事鞅掌，机务缠其心，世故繁其虑，七不堪也。每非汤武而薄周、孔，在人间不止此事。会显世教所不容，此甚不可一也；刚肠疾恶，轻肆直言，遇事便发，此甚不可二也。以促中小心之性，统此九患，不有外难，当有内病，宁可久处人间邪？

"山巨源"即山涛，"竹林七贤"之一，嵇康的朋友。"高平陵政变"后山涛委身司马氏，任吏部选曹郎。景元二年（公元261年），山涛又高升为司马昭大将军从事中郎一职。山涛自然想到了自己的老朋友，于是向朝廷推荐嵇康继任吏部选曹郎。按照三国魏的官制，吏部选曹郎官阶六品，级别不算高，但是负责全国县级以上官员的选拔任用，权力极大。多少人打破头想争得这个"肥缺"，但嵇康却视若粪土，曰："间闻足下迁，惕然不喜，恐足下羞庖人之独割，引尸祝以自助，手荐鸾刀，漫（案：抹也）之膻腥"。最后，嵇康宣布："其意如此，既以解足下，并以为别"，公开与山涛"绝交"。

嵇康这封指桑骂槐的《绝交书》，自然触动了司马昭的痛处。据《三国志·魏书·王粲传》注引《魏氏春秋》载："康答书拒绝，因自说不堪流俗，而菲薄汤、武，大将军闻而怒焉"，于是暗动杀机。恰逢不久嵇康好友吕安之兄吕巽奸污其妻，兄弟阋墙，嵇康从中调停。不料吕巽反咬一口，告吕安"不孝"。嵇康为营救朋友，挺身为吕安辩诬。这时，曾经受过嵇康冷遇的小人钟会乘机进谗于司马昭，说："今皇道开明，四海风靡，边鄙无诡随之民，街巷无异口之议。而康上不臣天子，下不事王侯，轻时傲世，不为物用，无益于今，有败于俗。昔太公诛华世，孔子戮少正卯，以其负才乱群惑众也。今不诛康，无以清洁王道。①"其实，司马昭早有除掉嵇康之心，这时有了钟会的借口，遂同意将前往监狱为吕安申冤的嵇康一并收监。理由是：吕安有"不孝"罪，而嵇康却为之做伪证，结果是与吕安同罪②。魏晋以来，"不孝"罪与"谋反"、"谋大逆"、"谋叛"、"恶逆"、"不道"、"大不敬"、"不睦"、"不义"和"内乱"同为"十恶"。犯"十恶"者，"虽会赦，犹除名"③。即通俗的说法，"十恶不赦"。司马氏"以孝治天下"，处罚将更为严厉。于是嵇康与吕安最终被判死刑，于景元三年，也就是公元262年在洛阳东市被处决，时年39岁。

据说，嵇康在被处决前，"太学生三千人请以为师，弗许"，而他死后，"海内之士，莫不痛之"④。由此可见当时人心的向背。即使是在司马昭后代当政的西、东两晋，也不断地有悼念和赞颂嵇康的诗文，这其中有向秀的《思旧赋》，李充的《嵇中散颂》、《吊嵇中散文》、袁宏的《七贤序》，袁宏妻李氏的《吊嵇

---

① 《世说新语·雅量》注引《文士传》。
② 《世说新语·雅量》注引《文士传》："于是录康闭狱"。
③ 《隋书·刑法志》卷25。
④ 《晋书·嵇康传》。

中散文》,谢万的《嵇康颂》,孙绰的《道贤论》,谢道韫《拟嵇中散咏松诗》等。谢万《嵇康颂》曰:"邈矣先生,英标秀上。希巢洗心,拟庄托相。乃放乃逸,迈兹俗网。钟期不存,奇音谁赏?"总之,嵇康已成为当时士子偶像式的人物。东晋之后,更有颜延年、沈约、江淹、庾肩吾、王绩、李清照等,作各种文字,颂美嵇康。嵇康,已成了"魏晋风度及文章"的象征。

嵇康的主要作品,在西晋时期即被编成《嵇康集》一书并被当世士子所爱重。据传,东晋丞相王导过江左,"止道《声无哀乐》(嵇康著)、《养生》(嵇康著)、《言尽意》(欧阳建著),三理而已"①,三理之中,嵇康居其二,由此可见嵇康作品的影响。《嵇康集》在梁时有十五卷。隋存十三卷,佚两卷;又有《春秋左氏传音》三卷,《圣贤高士传赞》三卷,共十九卷,皆见于《隋书·经籍志》中。唐代《嵇康集》复出,两《唐书》均著录为十五卷。宋以来《嵇康集》均为十卷,又佚五卷。明代《嵇康集》改为《嵇中散集》,有嘉靖四年(公元1525年)的黄省曾刻本,薛应旗《六朝诗集》所收《嵇中散集》一卷,张溥《汉魏六朝百三家集》所收《嵇中散集》一卷。另外还有明代成化、弘治年间藏书家吴宽(公元1435—1504年)的丛书堂钞本,此本题名《嵇康集》,据云钞自宋本,为世所重。其书历经吴门汪伯子(念贻)、张燕昌(芑堂)、鲍廷博(渌饮)、黄丕烈(荛圃)、王雨溇诸家收藏。王雨溇所藏正本后归清学部图书馆,缪荃荪《学部图书馆善本目录》著录。民国初归京师图书馆,鲁迅校勘之《嵇康集》就是借得此本加以抄录而开始的。

---

① 《世说新语·文学》。

二 《嵇康集》:"苦闷的象征"

鲁迅最初与《嵇康集》的接触乃是出于他搜求、抄写"古书"的"复古"热情。民国初年,鲁迅在教育部任职,当时在袁世凯的专制统治下,特务到处监视教育部同事的一举一动。为了避免怀疑,大多数官员则不得不培养起自己的业余爱好以消极度日。鲁迅的同事中,如许寿裳爱打牌,有的爱听京戏等等,鲁迅无此嗜好,乃以读古书、钞古碑为事。从鲁迅这一时期购书的"书帐"可知,他所购书籍,均为"古书"。现在我们所能见到的鲁迅接触《嵇康集》的最早记录是1913年。据本年9月23日《日记》云:"下午往留黎厂搜《嵇中散集》不得,遂以托本立堂"①。这里"留黎厂"为琉璃厂,是当时北京书铺及文化用品的集散地,"本立堂"乃琉璃厂书铺名。鲁迅专门往"搜"《嵇中散集》,并托书店代购,可见他得书心情之急。一周后,也即是1913年10月1日,鲁迅到京师图书馆借到明代吴宽丛书堂钞本《嵇康集》一册,立即赶抄一份,抄作底本。但在翻阅中他发现,虽然"原钞颇多讹敚,经二三旧校,已可籀读",但"校者一用墨笔,补阙及改字最多。然删易任心,每每涂去佳字。二以朱校,一校新,颇谨慎不苟。第所是正,反据俗本"②,于是鲁迅决定对照其他刻本进行校勘,是为鲁迅校勘《嵇康集》的开始。从此以后,一直到他1936年去世为止,鲁迅即断断续续地沉浸在《嵇康集》的整理之中,并乐此不疲。

关于鲁迅校勘《嵇康集》的情况,他的好友许寿裳先生曾

---

① 《癸丑日记》,《鲁迅全集》第14卷,人民文学出版社1981年版(下同),第74页。案:以下未注明出处的校录记载,均据《鲁迅日记》。
② 《古籍序跋集·〈嵇康集〉跋》,《鲁迅全集》第10卷,第18页。

回忆说:"自民二(公元1913年)以来,我常常见鲁迅伏案校书,单是一部《嵇康集》,不知校过多少遍,参照诸本,不厌精详,所以成为校勘最善之书"①。许文在此并没有指明鲁迅具体校勘《嵇康集》的情况,于是遂引起各家对鲁迅校勘《嵇康集》的研究热情。在这些研究成果中,其中潘德延、赵英和顾农这三家的研究最为详备②,但在具体的描述上,这三家仍有诸多歧异乃至不当之处。现在笔者尝试综合各家优长,并根据《鲁迅日记》和上海古籍出版社1986年出版的《鲁迅辑校古籍手稿》第五函中见诸文字的记载,对鲁迅校勘《嵇康集》的过程及其具体情况进行分析和介绍:

一校:

1913年10月1日:"午后往图书馆……借《嵇康集》一册,是明吴匏庵丛书堂写本。……写书时头眩手战,似神经又病矣,无日不处忧患中,可哀也"。

1913年10月15日:"夜以(吴宽)丛书堂本《嵇康集》校《全三国文》,摘出佳字,将于暇日写之。"

1913年10月19日:"夜续校《嵇康集》。"

1913年10月20日:"夜校《嵇康集》毕,作短跋系之。"

1913年12月19日:"续写《嵇中散集》。"

1913年12月30日:"夜写《嵇康集》毕,计十卷,约十万字左右。"

---

① 许寿裳:《亡友鲁迅印象记》,人民文学出版社1953年版,第41页。
② 潘德延:《鲁迅校勘〈嵇康集〉的经过及其原因》,见《鲁迅研究》第7辑,上海文艺出版社1983年版;赵英:《籍海探珍——鲁迅整理祖国文化遗产撷华》,中国文史出版社1991年版;顾农:《关于鲁迅校本〈嵇康集〉手稿》,见《鲁迅研究月刊》1994年第8期。

按：鲁迅所借之《嵇康集》系明代藏书家吴宽的丛书堂抄本，借到后他立即抄录，并以此本与其他刻本互校，如10月15日到20日曾以严可均辑《全三国文》进行校勘，最后作短跋一篇，附于抄本之后，是为《〈嵇康集〉跋》，收于《古籍序跋集》。从这年的12月19日鲁迅又"续写《嵇康集》"，至12月30日"夜写《嵇康集》毕，计十卷，约四万字左右"，仍是第一次抄写本。吴宽（公元1435—1504年），字原博、号匏庵，长州（今江苏苏州）人，明代藏书家。丛书堂，是吴宽的书室名。校勘中鲁迅发现，丛书堂抄本的原钞是很好的，而其上的校改却不佳，恐怕未必出于吴宽之手。正是基于这一认识，鲁迅后来即以丛书堂抄本为底本，并对底本文字采取"排摈旧校，力存原文"的基本方针。

二校：

1915年6月5日："下午得蒋抑卮并钞文澜阁本《嵇中散集》一部二册。"

1915年7月15日："下午得蒋抑卮信并明刻《嵇中散集》一卷，由蒋孟频持来，便校一过。"

1915年7月16日："上午复（蒋）抑卮信并还《嵇中散集》，仍托蒋孟频。"

按：文澜阁本《嵇中散集》，据明黄省曾本校刻。黄省曾（公元1490—1540年），字勉之，吴县（今属江苏）人，明代藏书家。著有《五岳山人集》。所刻《嵇中散集》十卷，前有黄氏自序，末署"嘉靖乙酉"即明代嘉靖四年（公元1525年）。黄刻《嵇中散集》是现存嵇康刻本中最早也是最重要的一部，鲁迅收到蒋钞黄本后，非常高兴，并把它留作底本之用。明刻

《嵇中散集》出自明代张溥（公元1602—1641年）编印的《汉魏六朝百三名家集》。文澜阁本《嵇中散集》至今仍存，在这份手稿中，有多处鲁迅校勘的墨迹，并有几则校勘后的简短按语。其中在卷一的题目下，鲁迅写有："明刻本《嵇中散集》一卷，半页十行二十八字，首《琴赋》，次诗，并与此本同。有季振宣藏书印，朱文长印。蒋抑卮寄来，乙卯七月十五日校"[1]。据鲁迅日记，鲁迅曾于1915年7月15日，以蒋抑卮寄来的明刻《嵇中散集》一卷，对照五日收到的文澜阁本校过一次，第二天即将此本掷还蒋。顾农先生认为鲁迅的"题记"写在张溥的明刻本上，恐误。潘德延先生认为是以张溥的四库本校吴宽的丛书堂本，也误。

三校：

1916年2月："以程荣刻本《嵇中散集》校文澜阁黄省曾刻本"（见《鲁迅辑校古籍手稿》第五函，第三册）。

按：还是在1915年6月5日蒋抑卮钞的文澜阁本《嵇中散集》稿本上，鲁迅用朱笔写下："丙辰二月，用程荣刻本校"（见《鲁迅辑校古籍手稿》第五函，第三册），"丙辰"，即1916年，由此可证此次即是用程荣刻印的《嵇中散集》十卷本校勘文澜阁黄省曾刻本。程荣，字伯仁，明歙县（今属安徽省）人。

四校：

1921年2月12日："校《嵇康集》一过。"

1921年3月2日："以明刻六卷本《嵇中散集》校文澜阁本。"

---

[1] 《鲁迅辑校古籍手稿》第五函，上海古籍出版社1986年版（下同）。

1921年3月8日:"下午校《嵇中散集》一过。"

按:还是在蒋抑卮所抄的文澜阁本上,鲁迅在卷首下面写有一段题记:"十年一月以明闽漳张燮绍和纂六卷本校"(《鲁迅辑校古籍手稿》第五函)。"十年"即民国10年,即1921年,可见。赵英认为是本年3月2日,恐误。张燮,字绍和,明龙溪(今福建漳州市)人,万历年间举人。这一次,鲁迅用他编刻汉魏六朝作家著作《七十二名家集》中《嵇中散集》六卷本校文澜阁黄省曾刻本。潘德延认为校的是丛书堂本,也误。

五校:
1921年3月20日:"夜校《嵇康集》,用赵味沧校本。"

按:1913年鲁迅所抄吴宽丛书堂本《嵇康集》的第十卷终,有其朱笔写下的两行文字:"贵阳赵味沧(桢)又就原钞校一过,以朱笔移录之。十年三月廿日"(见《鲁迅辑校古籍手稿》第五函),这就十分清楚,鲁迅先将贵阳赵味沧校文移录在自己所钞吴宽丛书堂本上,然后以二书相校。

六校:
1922年1月27日:"从季芾处借《嵇中散集》一本,石印南星精舍本。
1922年2月16日:"以南星精舍本《嵇康集》校任(案:应为"汪")刻本,次日校讫"(《鲁迅辑校古籍手稿》第五函)。
1922年2月17日:夜校《嵇康集》讫。

按:本年鲁迅日记佚失。在许寿裳摘录的本年鲁迅日记里,

307

1、2、8月均有校勘《嵇康集》的记载。① 南星精舍本《嵇中散集》即明嘉靖已酉黄省曾刻仿宋本，版心有书斋名"南星精舍"四字。汪刻本即汪士贤所刻《二十一名家集》中的《嵇中散集》。汪士贤，明代歙县（今属安徽）人。《二十一名家集》即《汉魏诸名家集》，内收《嵇中散集》十卷，两册，现存鲁迅博物馆。汪刻本为鲁迅第三个校勘底本。

　　七校：
1922年8月7日："午后校《嵇康集》起"。

　　按：本年《日记》佚失。仍用许寿裳的摘录。还是在蒋抑卮所抄的文澜阁本上，鲁迅题曰："十一年八月又用张溥百三家集中一卷本校"，"十一年"是1922年，可见此次校勘系用张溥《汉魏六朝百三名家集》校文澜阁黄省曾刻本。

　　八校：
1924年5月31日："往商务印书馆买《新语》、《新书》、《嵇中散集》、《谢宣城诗集》、《元次山集》各一部"。
1924年6月1日："夜校《嵇康集》一卷"。
1924年6月3日："夜校《嵇康集》一卷"。
1924年6月6日："终日校《嵇康集》"。
1924年6月7日："校《嵇康集》至第九卷之半"。
1924年6月8日："夜校《嵇康集》了"。
1924年6月10日："夜撰校正《嵇康集》序。
1924年6月11日：作《嵇康集》序。
1924年本月：作《嵇康集逸文考》，《嵇康集著录考》。

---

① 《鲁迅日记·附录·1922年日记断片》，人民文学出版社1959年版。

按：从1913年至1924年，鲁迅校勘《嵇康集》已历10年。1924年，他决定在上述工作的基础上，对各家进行综合，以整理出一个较为完美的本子。他先到京师图书馆，借来吴宽丛书堂本重新抄录一过，又从商务印书馆买来四部丛刊影印黄省曾南星精舍本《嵇中散集》作为主要对校本，又参照自己的三个工作底本，于本年夏天集中精力进行会校，并于6月8日完成。

1926年11月14日，作《嵇康集考》。此文原为厦门大学《国学季刊》而作，后因该刊未出，亦未发表。手稿载1954年《历史研究》第二期。鲁迅说："尝写得吴匏庵丛书堂本《嵇康集》，颇胜众本，深惧湮昧，因稍加校雠，并考其历来卷数名称之异同及然否，以备省览云"。本文列举大量材料，引证几十部古籍，分"卷数及名称"、"目录及阙失"、"逸文然否"三项，进行了详细考证研究。

九校：

1931年11月13日："校《嵇康集》以涵芬楼影印宋本《六臣注文选》。"

按：1931年，鲁迅同许广平合作，将草定本经过整理钞成定稿本，并于1931年11月13日，用涵芬楼影印宋本《六臣注文选》校勘丛书堂钞本《嵇康集》。这样，这部书日臻完美，但却生不逢时，始终未能问世。1932年3月2日，鲁迅在致许寿裳的信中无限感慨地说："数年以来，绝无成绩，所辑书籍，迄未印行，近方图自印《嵇康集》，清本略就，而又突陷兵火之内，存佚盖不可知"。这里所云"突陷兵火之内"，指当年的"一二·八"战事，当时鲁迅的寓所陷于火线之下。他遂"挈妇将雏"，出去避难。虽然他于1932年3月19日回到寓所后发现原稿竟一无所失,但由于他忙于更急迫的事情,出版之事遂被搁置下来。1932年,鲁迅在编《鲁迅译著书目》时,仍然将"魏中散大夫《嵇康集》十卷"当作自己所校勘但"未印"的书目①,可见鲁迅对于此书的重视。

1935年初,台静农到上海拜访鲁迅,告诉他有一个朋友也在整理《嵇康集》。稍后台静农从厦门给鲁迅寄去一册商务印书馆影印的南星精舍本《嵇中散集》。其中以朱笔过录了其友人戴荔生(戴名扬)的校记,供鲁迅参考。鲁迅于1935年9月20日回信台静农,信中说:

> 校嵇康集也收到。此书佳处在旧钞;旧校却劣,往往据刻本抹杀旧钞,而不知刻本实误。戴君今校,亦常为旧校所蔽,弃原钞佳字不录,然则我的校本,固仍当校印耳。

鲁迅在这里比较、评述了《嵇康集》的版本的优劣。他还是坚持1913年校《嵇康集》时的结论,认为"此书佳处在旧钞;旧校却劣","旧钞"即是吴宽丛书堂钞本。鲁迅同时也批评戴名扬以黄省曾本校勘《嵇康集》的弊病在于"常为旧校所蔽",这是对的。后来戴名扬校注《嵇康集》就为此费去了许多功夫,为此,他在后来的《嵇康集校注》一书中就有所说明②。不过,鲁迅这里所谓的"校嵇康集",并非指戴名扬先生1962年出版的《嵇康集校注》,而是商务印书馆影印的南星精舍本《嵇中散集》,由戴名扬校勘。但是当时的形势使鲁迅无法将自己所校勘的《嵇康集》清本付诸出版,直到他去世以后的1938年,鲁迅全集出版社才将1931年的写定本《嵇康集》排印进入

---

① 《三闲集·鲁迅译著书目》,《鲁迅全集》第4卷,第180页。
② 戴名扬:《嵇康集校注》,人民文学出版社1962年版,第481页。

《鲁迅全集》第九卷中。

现在可以对于鲁迅校勘《嵇康集》的总题概貌进行总结了。对此,曾参与过鲁迅手稿整理工作的赵英女士介绍说:"鲁迅自1913年至1935年,陆续校勘《嵇康集》长达23年,校勘十余次,抄本三种,亲笔校勘本五种。另有《嵇康集》校文12页,即以《全三国文》摘出的佳字。另有《〈嵇康集〉考》、《〈嵇中散集〉考》、《〈嵇康集〉逸文》等手稿。在鲁迅整理的众多古籍中,《嵇康集》可算是校勘时间最长,次数最多,花费心力最大的一种"①。这一结论目前已为绝大多数鲁迅研究学者所采信,成为鲁迅校勘《嵇康集》的权威描述。但从以上对于鲁迅校勘《嵇康集》情况的描述来看,我认为从时间和次数上还是有出入的。实际上,从现存的资料来看,鲁迅的校勘时间仅止于1931年,校勘的次数也只有9次,并不是上述的"十余次"。校勘底本三种:一是1913年所鲁迅亲手所抄的吴宽丛书堂钞本,二为蒋抑卮所抄的文澜阁本,三是1924年的黄省曾南星精舍本《嵇中散集》。1931年鲁迅和许广平的合抄本为《嵇康集》校勘定本。

由以上分析可知,鲁迅对于《嵇康集》的阅读与校勘,贯穿了他的大半生,而且几乎是他文学写作生涯的全部时间。《嵇康集》可谓是鲁迅生命的某种表征,是他心灵的某种隐喻和文字化的影像。海德格尔有一个重要的哲学命题——"理解是人存在的方式"。理解作为人的存在方式,有两个层次的含义:其一是指人存在于世界中是人类存在一个最基本的特征,这种状态不由个人理解或意愿进行选择,它是已成的存在事实;其二是指人能在理解中选择人的将来,并有实现的可能。前一种意义上的人的存在是指人已有的存在状态,或可称作人的现实存在状态,

---

① 赵英:《籍海探珍》,中国文史出版社1991年版,第38—39页。

后一种意义上的人的存在是理解的存在，是人通过理解赋予世界以意义。文学阅读是理解的存在的一种主要方式。如果我们不仅仅把鲁迅校勘《嵇康集》的行为看作是一个单纯的学术行为，而是把它视为一种阅读和理解行为——不！是一种生存方式，那么，《嵇康集》之于鲁迅已经不是一部陈旧、僵硬的典籍，而是一个鲜活的生命存在。就历史与阐释者的关系而言，"历史不能再直接解释自己，而历史却在我们对历史的理解中再次解释自己。这种解释的方式不同于两人之间的言谈对话。历史的一方总是沉默着。解释历史的人又总是历史之一部分。历史与理解者之间的对话，是在解释者的文化背景上开展起来的，这个文化背景由历史来提供。这样，历史解释自身，表现为解释者理解与解释历史"①。这也就是说，《嵇康集》作为一种历史化的文本，是在被鲁迅的整理和阅读中获得自身的生命的，而鲁迅也在《嵇康集》的阅读和理解中宣泄着自己的生命的苦闷，寄寓着自己的人生感慨。《嵇康集》可谓是鲁迅"苦闷的象征"。

三 《广陵散》:政治性的"托讽"

鲁迅至死也没有来得及出版他一生精心校理的《嵇康集》，这让我们想起了嵇康那首千古绝唱——《广陵散》的命运。据《晋书·嵇康传》记载：

> 康将刑东市，太学生三千人请以为师，弗许。康顾视日影，索琴弹之，曰："昔袁孝尼尝从吾学《广陵散》，吾每靳固之（按：'靳'为'吝惜'之意；'固'，独得自秘也），《广陵散》于今绝矣。"时年四十。海内之士，莫不

---

① 殷鼎：《理解的命运》，三联书店1988年版，第162页。

痛之。

这就是嵇康临死之际留给人们的永恒记忆。从那种"顾视日影,索琴弹之"的从容镇定里,我们看到的是那种视死如归的殉道精神,还有那种壮志难酬的千古遗恨!这曾经让多少仁人志士为之怀想,为之动容啊!

那么,《广陵散》到底是什么样的曲子?嵇康为什么临死要弹奏它并为它成为"绝响"而深深遗憾呢?

《广陵散》又名《广陵止息》,是一首表现力相当丰富的大型古琴曲,因其最初可能是产生于广陵地区的民间乐曲,故名《广陵散》。关于《广陵散》所表达的内容,各家说法不尽相同,但都与战国侠士聂政行刺复仇的故事有关。一种说法是"聂政刺韩王说":聂政的父亲被韩王杀害,他混入宫中报仇未遂,于是到太山向仙人学琴七年,成一代琴师。最后他利用到宫中为韩王演奏之机,从琴中抽刀刺杀了韩王。为不连累母亲,毁形自杀。其母抚尸向众人哭诉聂政报仇之义举后,亦悲愤而死。另一种说法为"聂政刺韩相"说:聂政为严仲子刺杀韩国宰相侠累,然后毁形自杀,其姐为披露弟弟的义举,哭尸于刑场,悲愤而死[1]。近人杨宗稷按古谱指法演奏该曲后,谈自己的体验时说:"今按谱弹之,觉指下一片金革杀伐之声,令人惊心动魄,忘其为琴曲"[2]。对此,现代音乐史家描述道:

> 《广陵散》的旋律显得非常丰富多变,感情起伏也较大。正如北宋《琴苑要录·止息序》所说,它在表达"怨

---

[1] 详见戴名扬:《嵇康集校注·附录·广陵散考》,人民文学出版社1962年版。

[2] 《琴镜续·广陵散谱后记》,转引自夏野《中国古代音乐史简编》,第54页。

恨凄感"的地方，曲调幽怨悲凉；在表达"怫郁慷慨"的地方，又有雷霆风雨、"戈矛纵横"的气势，例如"正许"部分的"徇物第八"、"冲冠第九"、"长虹第十"，就集中显示了这一特色。《徇物》段以清越徐缓的旋律，反复吟叹，并伴以离调手法，传达出一种沉思而略带激动的情绪，描写聂政决心为父报仇的内心活动。接下去的《冲冠》，由前段的C宫调转入同宫系统的羽调式，曲调保持在高音区，速度较快，情绪悲愤激越，预示出一场搏斗即将来临。自《长虹》而下，速度越来越快，并运用"拔刺锁"的特殊技法，以强烈的节奏进行，造成戈矛杀伐的气势，突出表现了聂政的英勇斗争精神。[①]

嵇康酷爱这首琴曲，并特别于临刑之际"顾视日影，索琴弹之"，除它能综合各种技巧，可表现复杂情感之外，还有的就是《广陵散》中所表现出的反抗复仇的思想主题与嵇康内心的悲愤绝望之情更相契和的原因。

关于嵇康在《广陵散》中所寄托的深意和幽情，历来众说纷纭。其中以唐代韩皋的说法最具代表性，《旧唐书·韩滉传》云：

> （韩）皋生知音律。尝观弹琴，至《止息》，叹曰："妙哉，嵇生之为是曲也，其当魏晋之际乎！其音主商，商为秋声，秋也者，天将摇落肃杀，其岁之宴乎！又晋乘金运，商金声；此所以知魏之季而晋将代也。慢其商弦，与宫同音，是臣夺君之义也；所以知司马氏之将篡也。王凌都督扬州谋立荆王彪。毋丘俭、文钦、诸葛诞相继为扬州都督，

---

① 夏野：《中国古代音乐史简编》，第54页。

咸有匡复魏室之谋。皆为（司马）懿父子所杀。叔夜以扬州故广陵之地，彼四人者皆魏室文武大臣，咸败散于广陵，故名其曲说《广陵散》；言魏散亡自广陵始也。《止息》者，晋虽暴兴，终止息于此也。其哀愤躁蹙潜痛迫胁之意，尽在于是矣。

这里，韩皋以具体的历史事实把嵇康的"寄托"一一对应起来，这就难免于有意曲解的嫌疑，对此，戴名扬先生以大量的史实和材料进行了有力的辩驳。他认为，第一，《广陵散》并非嵇康所作，而是其所习之曲，"叔夜之前已有《广陵散》"；第二，"散"为曲名，而非"败散"之义；第三，魏之扬州治所在安徽寿春，非故广陵（今扬州）之地；第四，《广陵》与《止息》本为两曲，所谓《止息》为晋朝终将"止息"之意，纯属望文生义。但即使如此，嵇康所奏《广陵散》有着深重的"寄托"则是毫无疑问的。就连戴名扬先生也不得不承认："叔夜之于此曲，但托其忧愤之怀，虽（袁）孝尼亦不令闻，更何从以悟时君耶？……叔夜之弹此调，当有'以臣夺君'之见存焉。韩皋此说，独未可非也"①。况且，即便是汉魏时的扬州并非是广陵故地，但广陵是个大城，而且是名城，即使是广陵的附近，也是可以假托广陵的。而且，从历史事实来看，嵇康也确实是有反司马氏之心。高平陵政变后，嵇康著《管蔡论》，为历史上的管叔、蔡叔辩诬。据历史记载，周武王死后，成王年少，周公摄政，管蔡谋反。周公承成王命，杀管叔而放蔡叔。但嵇康却一反传统的说法，认为管蔡"故为淑善"，其之所以称兵叛乱，是由于"愚诚愤发"、"不达圣权"，即他们的主观动机是好的，只是不了解周公的真正用心，遂致产生误解和内乱。如果联系到当时

---

① 详见戴名扬：《嵇康集校注·附录·广陵散考》。

司马氏父子藉伊尹、周公之名专制朝政,王凌、毋丘俭、文钦、诸葛诞等人在淮南连年反叛,嵇康的《管蔡论》便有着含沙射影之嫌,"周公摄政,管蔡流言;司马执权,淮南三叛。其事正对"①。事实上,当毋丘俭兵变的消息传到河内山阳时,嵇康一度为之振奋,一说他企图在当地组织暴动,与毋丘俭遥相呼应,当征求山涛的意见时,被山涛劝阻,不久兵变失败,嵇康的计划也随之流产。《三国志·魏书·王粲传》注引《世语》云:"毋丘俭反,康有力,且欲起兵应之。以问山涛,涛曰:'不可'。俭亦失败"。一说他企图去帮助毋丘俭,被山涛劝住。《晋书》卷四十九《嵇康传》:"康欲助毋丘俭,赖山涛不听"。嵇康乃一介书生,组织武装暴动的可能性很小,思想上同情或准备只身参加则是比较合乎逻辑的,因此,他在临终之际以充满着"杀伐之声"的《广陵散》来寄托自己对于司马氏的深仇大恨则是完全可能的。中国文学自屈原开始,就有以文学来"托讽"的传统,后来又经过汉儒的强化,这一传统愈益强大起来。如此看来,嵇康之弹奏《广陵散》,正是这一"托讽"传统的继续。

同《广陵散》一样,《嵇康集》对于鲁迅来说在某种程度上也隐含着政治性的寄托。鲁迅所经历的中华民国时期,也是一个"易代之世":辛亥革命、二次革命、袁世凯称帝、张勋复辟,然后是北伐战争以及国共两党为争夺江山而展开的一系列残酷的阶级斗争,社会的遽变和频繁的改朝换代是这一时代的最大特点。当权者走马灯似地替换着,但每一次替换的结果都是残酷的杀戮和恐怖的统治,这和魏晋之际的政治形势何其相似乃尔!嵇康作为魏晋之际的名士,他那非凡的气度和才华,那同恶势力作坚决斗争的战斗精神,还有那高远而壮烈的人格境界,自然引起了鲁迅强烈的同情和思想共鸣。但以鲁迅在政治上的沉稳和

---

① 明人张采语,见戴名扬:《嵇康集校注》,第248页。

"世故",他不可能像嵇康那样去招惹刽子手们的屠刀,他之校勘和阅读《嵇康集》,一方面固然是因为学术的需要,但更主要的还是为了寄托自己的政治情怀,抒发内心的愤懑之情。这比较明显和强烈地表现在以下三个"特别"时期:

第一个时期是 1913 年。鲁迅开始以《嵇康集》作为自己的校阅对象,这本身就是一个"有意味的形式"。现在我们所能见到的鲁迅接触《嵇康集》的最早记录是 1913 年 9 月 23 日。这一天下午他到厂甸"搜"《嵇中散集》不得,遂以之托本立堂书铺代购,可见鲁迅的"搜求"之急。购书不成,鲁迅遂到京师图书馆借阅,随后又把本书全部抄录一遍。我认为,鲁迅之关注《嵇康集》,肯定是受到了现实政治的强烈触动。当时,孙中山发动的"二次革命"刚刚失败,袁世凯为了加强独裁统治,并为进一步恢复帝制做准备,一方面疯狂捕杀反对党,另一方面又以"祭孔"为名而大肆倡导纲常名教。本月 28 日,也就是鲁迅到京师图书馆借到《嵇康集》的前二天,鲁迅即参加了当时的"祭孔"活动,他在当日的《日记》中记道:

> 昨汪总长令部员往国子监,且须跪拜,众已哗然。晨七时往视之,则至者仅三四十人,或跪或立,或旁立而笑,钱念劬又从旁大声而骂,顷刻间便草率了事,真一笑话。闻此举由夏穗卿主动,阴鸷可畏也。

我们从语气中的轻蔑和戏谑态度可知鲁迅对于袁世凯政治的敌对和厌恶。1913 年 10 月 6 日,袁世凯胁迫国会议员一致选举他正式就任大总统,其篡权阴谋终于得逞。"狐狸方去穴,桃偶已登场"①,辛亥革命只是革去了一条辫子,一切都还是照旧,

---

① 《集外集拾遗补编·哀范君三首》,《鲁迅全集》第 7 卷,第 425 页。

"黑暗在公开的掠夺"。嵇康"越名教而任自然"的反礼教思想以及"非汤武而薄周孔"的战斗的文章正好与鲁迅此时此际的思想相契合。鲁迅选择《嵇康集》作为自己的阅读和研究的对象,这本身就有着以《嵇康集》以"托讽"时事的意味。

第二个时期是1927年。鲁迅在广州讲演《魏晋风度及文章与药及酒之关系》,综论包括嵇康在内的魏晋时代的士人生活、作品和思想,并为嵇康、阮籍等"反礼教"的思想家翻案。鲁迅这次演讲的时间为1927年7月23日和26日,当时正值国民党取代北洋军阀统治中国并为此大肆"清党"之际。继1927年上海"四·一二"政变之后,广州也发生了"四·一五"大屠杀,国民党蒋介石集团为了窃取北伐的胜利果实而大肆围捕和杀戮共产党员。鲁迅当时任中山大学文学院的院长,他为了营救被捕的学生,愤然辞去已沦入国民党手中的中山大学的一切职务,以表示对大屠杀的严重抗议。国民党屠杀共产党,与司马氏的屠杀异己又有什么区别?这又是一个"易代之世"。鲁迅的这次演讲,显然是有感而发。尔后他在与友人的信中吐露心声说:"弟在广州之谈魏晋事,盖实有慨而言。'志大才疏,哀北海之终不免也'。迩来南朔奔波,所阅颇众,聚感积虑,发为狂言"①。这显然是拿魏晋之"酒"来浇自己的"块垒"!

第三个时期1931年。国民党对于共产党的疯狂镇压和恐怖统治又一次勾起了鲁迅的"嵇康情结"。这一年1月17日,五个"左联"成员李伟森、柔石、胡也频、冯铿、殷夫等被国民党秘密杀害于上海龙华。随即鲁迅在《前哨》(纪念战死者专号)发表《中国无产阶级革命文学和前驱的血》,谴责"统治者也知道走狗的文人不能抵挡无产阶级革命文学,于是一面禁止书报,封闭书店,颁布出版法,通缉著作家,一面用最末的手段,

---

① 《书信·281230·致陈濬》,《鲁迅全集》第11卷,第646页。

将左翼作家逮捕，拘禁，秘密处以死刑，至今并未宣布"[1]。两年以后，鲁迅又写有《为了忘却的纪念》，文中以嵇康之死来比拟"五烈士"的被害：

> 要写下去，在中国的现在，还是没有写处的。年青时读向子期《思旧赋》，很怪他为什么只有寥寥的几行，刚开头却又煞了尾。然而，现在我懂得了。
>
> 不是年青的为年老的写记念，而在这三十年中，却使我目睹许多青年的血，层层淤积起来，将我埋得不能呼吸，我只能用这样的笔墨，写几句文章，算是从泥土中挖一个小孔，自己延口残喘，这是怎样的世界呢。夜正长，路也正长，我不如忘却，不说的好罢。但我知道，即使不是我，将来总会有记起他们，再说他们的时候的。

这里鲁迅所说的"向子期"即向秀，字子期，是嵇康的好友，"竹林七贤"之一。同嵇康一样，向秀在政治上也不满于司马氏，《晋书·嵇康传》曾记载：

> （嵇）康尝与向秀共锻于大树之下，以自赡给。颖川钟会，贵公子也，精练有才辩，故往造焉。康不为之礼，而锻不辍。良久会去，康谓曰："何所闻而来？何所见而去？"会曰："闻所闻而来，见所见而去。"

这个与嵇康一起趁热打铁的小伙计就是向秀向子期。嵇康死后，向秀顿时有兔死狐悲之感。景元三年（公元262年），也就是嵇康和吕安被害数月后，由最高当局授意，向秀被地方政府

---

[1] 《鲁迅全集》第4卷，第282页。

"推荐"入仕,以本郡计吏身份来到京师洛阳。在正式上任之前,向秀度过黄河,绕道山阳,去了一趟山阳嵇康的故居。在那里,向秀睹物思人,感慨悲歌,写下了这篇长歌当哭的《思旧赋》:

> 余与嵇康、吕安,居止接近,其人并有不羁之才。然嵇志远而疏,吕心旷而放,其后各以事见法。嵇博综技艺,于丝竹特妙,临当就命,顾视日影,索琴而弹之。余逝将西迈,经其旧庐。于时日薄虞渊,寒冰凄然。邻人有吹笛者,发声嘹亮,追思曩昔游宴之妙,感音而叹,故作赋云:将命适于远京兮,遂旋返而北徂;济黄河以泛舟兮,经山阳之旧居;瞻旷野之萧条兮,息余驾乎城隅;践二子之遗迹兮,历穷巷之空庐。叹黍离之愍周兮,悲麦秀于殷墟;惟古昔以怀今兮,心徘徊以踌躇,栋宇存而弗毁兮,形神逝其焉如。昔李斯之受罪兮,叹黄犬而长吟;悼嵇生之永辞兮,顾日影而弹琴;托运遇于领会兮,寄余命于寸阴;听鸣笛之慷慨兮,妙声绝而复寻;停驾言其将迈兮,遂援翰而写心。

这里,深深的悲愍发自肺腑,表明他对挚友的深长思念;故国的"黍离"、"麦秀"之思,又暗寓对司马氏篡政的不满。《思旧赋》写得较为含蓄,且甚是短小,未予发挥,这正如鲁迅所说,"刚开头却又煞了尾"[①],似乎意犹未尽。这是因为,此赋的写作,是在严重政治恐怖气氛之下进行的。向秀在即将晋见司马昭前夕,特地"经其旧庐",作此"思旧"之赋,本身便是一件颇冒险的行动,表现出相当的勇气。须知当初嵇康被诬下狱,当作口实的也就是吕安的一封稍含不满之词的书信。欲加之罪,何

---

① 《南腔北调集·为了忘却的纪念》,《鲁迅全集》第4卷,第488页。

患无词？况有此"思旧"之赋乎！"摇落深知宋玉悲，萧条异代不同时"，是"民国"的子弹让鲁迅"读"懂了《思旧赋》，也"读"懂了向秀深埋在内心深处的绝望。《思旧赋》不仅使鲁迅回到了向秀所伫立的那个血色的黄昏，也让他听到了那曲充满"杀伐金革之声"的《广陵散》的回响。但鲁迅跟向秀不一样，向秀最终屈服了司马氏，鲁迅是"忍看朋辈成新鬼，怒向刀丛觅小诗"，抽笔而起，控诉那些鬼蜮魍魉们的罪恶，这和嵇康弹奏的《广陵散》，不是有异曲同工之妙吗？

《嵇康集》，是鲁迅的一曲《广陵散》。

四 《忧愤诗》："兄弟失和"的哀鸣

鲁迅校勘《嵇康集》期间，在他个人生活中发生的最大的一件事就是与其胞弟周作人的决裂乃至永不相见，这就是所谓的"兄弟失和"事件。

周氏兄弟在"失和"以前的关系可以用"兄弟怡怡"来形容。他们不仅情同手足，而且思想也比较接近，一起在"五四"新文化运动中并肩战斗，向封建旧"礼教"勇猛的进击，各自都发挥了不可替代的作用[①]。周氏兄弟关系的"破裂"比较突然，事先似乎并没有任何预兆，从现在看来，这仍然是一个谜。就在他们失和的前几天，也就是1923年7月3日，他们兄弟二人还一起逛了东安市场和东交民巷书店，丝毫看不出有什么不愉快的痕迹。但是7月14日，他们的关系陡然急转，这天鲁迅日记中记道："是夜始改在自室吃饭，自具一肴，此可记也"，这

[①] 详见许寿裳：《我所知道的鲁迅·关于〈弟兄〉》，舒芜：《鲁迅、周作人失和以前的兄弟关系》，见《周作人的是非功过》，人民文学出版社1993年版，第291页。

可能是他们兄弟产生裂痕的最早记录。7月18日夜,周作人作《与鲁迅绝交书》,信中写道:

> 鲁迅先生:我昨日才知道,——但过去的事不必再说了。我不是基督徒,却幸而尚能担受得起,也不想责难,——大家都是可怜的人间,我以前的蔷薇的梦原来都是虚幻,现在所见的或者才是真的人生。我想订正我的思想,重新入新的生活。以后请不要再到后边院子里来,没有别的话。愿你安心,自重。七月十八日,作人。

内容云山雾罩,难以索解。第二天上午,他把这封信交给鲁迅,鲁迅感到颇为蹊跷。当日(7月19日)的鲁迅日记记道:"上午启孟自持信来,后邀欲问之,不至"。鲁迅这种节制的简劲的叙述背后,似乎隐藏着巨大的情感风暴。8月2日,鲁迅搬离他们一家聚居的八道湾,当天的鲁迅日记记道:"下午携妇迁居砖塔胡同六十一号。"

也就是周氏兄弟失和近一年后,鲁迅开始动念头对《嵇康集》进行综合性的校勘和研究,以整理出一个完美的《嵇康集》校本。1924年6月整整一个月,他几乎都沉浸在对于《嵇康集》的校读和研究之中,最后以黄省曾刻本为基础整理出一个初步的校勘本,并连续写出《〈嵇康集〉序》、《〈嵇康集〉逸文考》,《〈嵇康集〉著录考》三篇考证文章。这个月鲁迅对于《嵇康集》的校读似乎特别集中和专心,如1924年6月6日就是"终日校《嵇康集》"不辍。而也就是在鲁迅的校勘工作基本结束,并写出了《〈嵇康集〉序》的第二天,即1924年6月11日,兄弟俩沉默了一年的火山般的愤怒和猜忌终于爆发。这一天的鲁迅日记描述道:

> 下午往八道湾取书及什器，比进西厢，启孟及其妻突出骂詈殴打，又以电话招重久及张凤举、徐耀辰来，其妻向之述我罪状，多秽语，凡捏造未圆处，则启孟救正之。然终取书、器而出。

这里的"重久"即羽太重久，周作人的日本小舅子，张凤举和徐耀辰也是周作人的朋友。周作人夫妇招人助殴，可见对鲁迅仇恨之深。周氏兄弟由原来的冷战发展到如今公开的"武斗"，真是"冰冻三尺非一日之寒"。这是周氏兄弟的最后一次接触，从此以后，兄弟二人咫尺天涯，陌如路人，一直到死，也没有见过面。二人的关系，说来也确实具有某种神秘色彩。鲁迅一生下来，因是周家长子，比较金贵，被抱到长庆寺里，拜龙师父为师[①]。据许钦文的四妹许羡苏回忆，鲁迅的母亲曾对她说："龙师父给鲁迅取了个法名——长庚，原是星名，绍兴叫'黄昏肖'。周作人叫启明。启明也是星名，叫'五更肖'，两星永远不相见"[②]。老杜诗云："人生不相见，动如参与商"，周氏兄弟的命运轨迹似乎就真的应和了这个民间的迷信说法，咫尺天涯，永不相见，就连思想性格和命运结局也产生了如此大的分别和落差！

关于周氏兄弟失和的原因，几乎所有有关周氏兄弟的传记中都有详细论述和分析，其基本结论是与周作人的妻子羽太信子的挑拨有关。这牵涉到鲁迅的家庭矛盾及其个人隐私问题，限于篇幅，笔者对此不想过多予以叙述。而本文所关注的倒是这次"兄弟失和"事件对于鲁迅思想和创作的影响。鲁迅在"被八道

---

① 《且介亭杂文末编·我的第一个师父》，《鲁迅全集》第6卷，第575页。
② 见陈漱渝：《东有长庚，西有启明——鲁迅周作人失和前后》，《鲁迅研究动态》1985年第5期。

湾赶出后"（鲁迅语），即大病一场，前后达一个半月之久。而且，从1923年至1927年长达四年时间里，鲁迅一些文章的字里行间都透露出鲁迅对"失和"一事不能忘怀的心绪，而且是每有触及，即引起揪心的苦痛与难忍的愤怒。折磨着鲁迅的，是一种"被利用"的感觉：他为他的所爱者作了最大限度的自我牺牲，在失去了利用价值之后，就被所爱者无情地放逐，这是鲁迅绝难忍受的。一时间，"眷念与决绝，爱抚与复仇，养育与歼除，祝福与咒诅"①，交织于心，悲愤难平。1924年9月21日，鲁迅作《俟堂专文杂集·题记》，又一次提到了这次冲突：

  迁徙以后，忽遭寇劫，孑身迁（huan）逭，止携大同（案：梁朝梁武帝年号）十一年者一枚出，余悉委窟中。日月除矣，意兴亦尽，纂述之事，渺焉何期？聊集赘余，以为永念哉！甲子八月廿三日，宴之敖者手记。②

值得注意的是，鲁迅此处署名为"宴之敖"与其1927年4月所作《铸剑》中的复仇者"黑的人"为同一人。据许广平回忆，鲁迅对这笔名有过一个解释："先生说：'宴从门（家），从日，从女；敖从出，从放（《说文》作放，游也，从出从放）'；我是被家里的日本女人逐出的"③。由此看来，鲁迅是将兄弟失和责任归之于周作人夫人的。鲁迅的这种心绪，也以隐秘曲折的方式倾泄在这一时期的其他创作中，如散文诗《风筝》、《复仇》其二，《颓败线的颤抖》（见《野草》），小说《弟兄》（见《彷徨》）、《奔月》、《铸剑》（见《故事新编》），杂感《牺牲谟》

---

① 《野草·颓败线的颤抖》，《鲁迅全集》第2卷，第206页。
② 《鲁迅全集》第10卷，第63页。
③ 《欣慰的纪念·略谈鲁迅先生的笔名》，《许广平文集》，江苏人民出版社1998年版，第46页。

（见《华盖集》）等，都能见出兄弟失和给鲁迅带来的心灵创伤。①

鲁迅的悲愤之情也一定倾注到了《嵇康集》之中。翻开《嵇康集》，首先映入眼帘的就是嵇康与其兄嵇喜20多首的赠答诗，联想到鲁迅与周作人之间早年的多次以诗唱和的情景，真难以想象鲁迅读到这段情真意切的诗句时又是怎样的一种感受：

> 鸳鸯于飞，肃肃其羽。
> 朝游高原，夕宿兰渚。
> 邕邕和鸣，顾眄俦侣。
> 俛仰慷慨，优游容与。
>
> （《四言十八首赠兄秀才入军》其一）
>
> 携我好仇，载我轻车。
> 南凌长阜，北厉清渠。
> 仰落惊鸿，俯引渊鱼。
> 槃游于田，其乐只且。
>
> （同上，其十）
>
> 泳彼长川，言息其浒。
> 陟彼高冈，言刈其楚。
> 嗟我征迈，独行踽踽。
> 仰彼凯风，涕泣如雨。
>
> （同上，其三）
>
> 所亲安在？舍我远迈。
> 弃此荪芷，袭彼萧艾。
> 虽曰幽深，岂无颠沛？

---

① 详述见钱理群：《心灵的探寻，北京大学出版社1999年版》，第114—115页。

言念君子,不遐有害。

(同上,其六)

这四首诗,前两首写的是"兄弟怡怡"的浓厚亲情,后两首写的是兄弟间离别时的凄伤。这些描写,与鲁迅和周作人早年的感受又是何其相似!1898年,鲁迅赴南京求学,乍一离开故乡及亲人,感情上自然是难分难舍,所以他刚一到南京,便寄回他写的《戛剑生杂记》,周作人一收到即录入他的日记中,其第一则云:

行人于斜日将堕之时,暝色逼人,四顾满目非故乡之人,细聆满耳皆异乡之语,一念及家乡万里,老亲弱弟必时时相语,谓今当至某处矣。此时真觉柔肠欲断,涕不可抑。故予有句云:日暮客愁集,烟深人语喧。皆所身历,非托空言也。①

这里所谓弱弟,包括14岁的作人,11岁的建人,6岁的椿寿;椿寿不必说了,11岁的建人恐怕也还不够年龄,所以此所说的弱弟,能与老亲时时相语,计算离家远路的长兄行程的,主要自是指作人而言,尽管当时实际上周作人并不在绍兴,而是在杭州随祖父的妾居住,陪侍狱中的祖父。这是鲁迅现存的最早的文字,幸赖周作人的日记的抄录,才得以保存下来。值得注意的是,此后鲁迅寄来的诗文,多有浓厚的思家念弟之情,周作人都抄录在他的日记中,由此可见出周氏兄弟间的深情厚谊。

到了1900年初,鲁迅回家度假,那时周作人已经在绍兴家

---

① 见周作人:《关于鲁迅》,《瓜豆集》,上海宇宙风社1937年3月版,收入《集外集拾遗补编》,见《鲁迅全集》第8卷,第467页。

中。鲁迅假满重去南京的那一天,庚子正月二十日(1900年2月19日),周作人在日记中记道:"下午大哥收拾行李,傍晚,送庆公公、地叔,大哥下舟往宁,执手言别,中心黯然"①。而且周作人3月15日(公历4月14日),又抄录了当天收到的鲁迅从南京寄来的《别诸弟三首》(庚子二月),这是现存的鲁迅最早的诗。诗中写道:

> 谋生无奈日奔驰,有弟偏教各别离。
> 最是令人凄绝处,孤檠长夜雨来时。
>
> 还家未久又离家,日暮新愁分外加。
> 夹道万株杨柳树,望中都化断肠花。
>
> 从来一别又经年,万里长风送客船。
> 我有一言应记取,文章得失不由天。②

虽然充满别离的忧伤,但还是写得意气风发。庚子年腊月初一(1901年1月20日),鲁迅又回家度假,周作人这天的日记特地记道:"黎明忽闻扣门声,急起视之,是大哥自江南回家,喜出过望"③。到了辛丑正月廿五日(1901年3月15日),鲁迅又去南京,周作人在日记中记道:"上午,大哥收拾行李,傍晚,同十八公公、子恒叔启行往秣陵。余送大哥至舟,执手言别,中心黯然,作一词以送其行,稿存后,夜作七绝诗三首,拟二月中寄宁,稿亦列如左。(予见太白送崔度诗,有'去影忽不

---

① 《周作人日记(庚子)》,《鲁迅研究资料》第9辑,第137页。
② 同上书,第144页。
③ 同上书,第171页。

见,踌躇日将曛'二语,于此时恰似之)"①。鲁迅回到南京十余日,又写《别诸弟三首》(辛丑二月)寄给周作人:

> 梦魂常向故乡驰,始信人间苦别离。
> 夜半倚床忆诸弟,残灯如豆月明时。
>
> 日暮舟停老圃家,棘篱绕屋树交加。
> 怅然回忆家乡乐,抱瓮何时共养花?
>
> 春风容易送韶年,一棹烟波夜驶船。
> 何事脊令偏傲我,时随帆顶过长天。

诗后鲁迅还做有"跋"曰:"仲弟次予去春留别元韵三章,即以送别,并索和。予每把笔,辄黯然而止。越十余日,客窗偶暇,潦草成句,即邮寄之。嗟乎!登楼陨涕,英雄未必忘家;执手消魂,兄弟竟居异地!深秋明月,照游子而更明;寒夜怨笛,遇羁人而增怨。此情此景,盖未有不悄然以悲者矣"②。其中的留别伤感之情,溢于言表。

1902年2月,鲁迅赴日本留学,兄弟二人在南京下关码头依依惜别。3月16日,周作人即接到鲁迅初六日自日本来函,内有《扶桑纪行》一卷,系其路上日记,周作人认为"颇可观览",遂抄入别册中,因日记甚长,他一直抄到晚上9点后方毕。但鲁迅的这本《扶桑纪行》后来不幸佚失,否则,我们会看到更多的有关兄弟亲情的记载。这一年5月11日下午,周作

---

① 转引自舒芜:《鲁迅、周作人失和以前的兄弟关系》,见《周作人的是非功过》,人民文学出版社1993年版,第291页。
② 《集外集拾遗补编》,《鲁迅全集》第8卷,第474页。

人"接大哥初三日自日本来函,又摄影三纸呈叔祖及堂上,以一贻予,披图视之,宛然东瀛人也"。鲁迅特别在赠二弟的照片上"上缀数语",曰:

> 会稽山下之平民,日出国中之游子,弘文学院之制服,铃木真一之摄影,二十余龄之青年,四月中旬之吉日,走五千余里之邮筒,达星杓仲弟之英盼。兄树人顿首。①

这里"星杓仲弟",即指周作人。因为周作人字"櫆寿","星杓"即北斗柄部的三颗星,也称"斗柄"。在北斗七星中,"斗第一星至第四为魁,第五至第七为杓"。1903年2月28日,周作人"作诗一章,合三首,步预兄留别诸弟韵",题曰《春日坐雨有怀予季并柬豫才大兄》,以表达对于兄长鲁迅的殷切思念之情。②

但是,这一切美好的记忆都随着兄弟间的失和远去了,远去了。留给鲁迅的,是那"欲取鸣琴弹,恨无知音赏"的寂寥和惆怅:

> 闲夜肃清,朗月照轩。
> 微风动祛,组帐高褰。
> 旨酒盈尊,莫与交欢。
> 琴瑟在御,谁与鼓弹?
> 仰慕同趣,其馨若兰。
> 佳人不存,能不永叹?
>
> (《四言十八首赠兄秀才入军》其十五)

---

① 《周作人日记(清光绪壬寅)》,《鲁迅研究资料》第11辑,第62页。
② 《周作人日记(1903—1904)》,《鲁迅研究资料》第12辑,第117页。

可以想象，周氏兄弟失和后鲁迅在浓黑的夜晚校读《嵇康集》时的萧瑟心绪。但我觉得，以上所引的嵇康兄弟之间的酬唱诗的理想气息似乎还太浓厚，不足以表达鲁迅心中那无限的忧愤和绝望。嵇康的诗歌中，还是那长歌当哭的《思亲诗》和激愤热烈的《忧愤诗》更适合鲁迅在兄弟失和后的复杂感情。"嗟我愤叹，曾莫能俦。事与愿违，遘此淹留。穷达有命，亦又何求"？《忧愤诗》表达的虽是嵇康深陷囹圄后悲愤、沮丧、绝望的心情，但与鲁迅在兄弟失和后的复杂心绪似乎更有深在的契合。《思亲诗》是一首哀思亡亲的七言骚体诗，此诗一开始便写道："奈何愁兮愁无聊，恒恻恻兮心若抽。愁奈何兮悲思多，情郁结兮不可化"。结末又道："诉苍天兮远不闻，泪如雨兮叹成云。欲弃忧兮寻复来，痛殷殷兮不可裁"，全诗在沉郁的忧愁范围中，亦悲亦叹，如泣如诉，言辞凄切，哀情浓烈，尽抒新失母爱的极度悲恸和悼念亡亲的一片真情。联想到鲁迅曾在这一时期的创作里，如散文诗《风筝》、《复仇》、《颓败线的颤抖》，小说《弟兄》、《奔月》、《铸剑》等，以如此隐秘曲折的方式，来表达"兄弟失和"的感受，我们也可以推测鲁迅在校读这首长歌当哭的《思亲诗》时内心所激起的悲愤和绝望之情。

五 《与山巨源绝交书》:战斗的篇章

然而在《嵇康集》中，最使鲁迅倾心的，还是嵇康那些充满着战斗性的文章。翻开《嵇康集》，除了几十首抒情写意的诗歌和辞赋外，其余的大多是与人来回"论难"的论文。如《声无哀乐论》是与"秦客"论辨"声无哀乐"的问题，《养生论》与《答难养生论》是与向子期讨论"养生"问题的，与阮德如争论"宅无吉凶摄生论"总共四篇，更是你来我往，煞是激烈，其中的《释私论》、《管蔡论》、《明胆论》、《难自然好学论》等更是有着明显的针对性。《管蔡论》为历史上的管叔、蔡叔翻案，也有一定的政治寓意，这在"广陵散"一节已有详述；《明胆论》是嵇康与好友吕安辩论才性之辨的记录，可视为魏晋之际关于才性之辨的又一种表现形式，因是朋友之间的辩论，也不多叙。这其中值得一提的还是《嵇康集》中最富有战斗气息的文章：《释私论》和《难自然好学论》。《释私论》系缘曹羲《至公论》所言公私之辨而发。所不同者，曹羲之文是针对曹爽听信何晏、邓飏等人"骄淫盈溢"将招大祸，劝喻曹爽分清善恶审清友朋，以"至公"为重；而嵇康的《释私论》则以心中是否隐匿是非私情作为衡量公私的标准。作者将"匿情矜吝"的小人与"虚心无措"的君子加以对比，阐释剖析，抑恶扬善，其矛头显然指的是心怀隐私的司马氏父子及其追随者。《难自然好学论》是嵇康的一篇战斗的檄文，他批驳的虽是张叔辽"好学是人的自然天性"的观点，但激烈抨击的是名教，否定的是儒家文化的价值。作者基于道家的学说，认为"人之真性无为"，"从欲则得自然"，"苟计而后动，则非自然之应也"。行文中，嵇康使用尖刻、辛辣的语言，猛烈抨击了正统儒学的虚伪和卑劣，其矛头直接指向借儒学"名教"行己私利的司马氏集团。因此，嵇康的文章，得到了鲁迅特别的激赏，他说："嵇康的论文，比阮籍更好，思想新颖，往往与古时旧说反对"[①]，这指的主要就是《管蔡论》和《难自然好学论》。

鲁迅不仅喜欢嵇康这些战斗性极强的文章，也喜欢《嵇康集》这样的编排方式，他说：

[①]《而已集·魏晋风度及文章与药及酒之关系》，《鲁迅全集》第3卷，第510—512页。

现在还在流传的古人文集,汉人的已经没有略存原状的了,魏的嵇康,所存的集子里还有别人的赠答和论难,晋的阮籍,集里也有伏义的来信,大约都是很古的残本,由后人重编的。《谢宣城集》虽然只剩了前半部,但有他的同僚一同赋咏的诗。我以为这样的集子最好,因为一面看作者的文章,一面又可以见他和别人的关系,他的作品,比之同咏者,高下如何,他为什么要说那些话。……现在采取这样的编法的,据我所知道,则《独秀文存》,也附有和所存的"文"相关的别人的文字。[①]

鲁迅上述的话,是针对当时风行文坛的"选本热"而说的。他认为倘要研究文学或某一作家,所谓的"知人论世",仅仅用"选本"是不够的。因为"选本所显示的,往往并非作者的特色,倒是选者的眼光",所以他主张阅读作家的"全集",并举了《嵇康集》为例。同嵇康一样,鲁迅的文章多是"针锋相对"的思想论战的结果,具有强烈的战斗气息。他说:"战斗一定有倾向。……作者的任务,是对于有害的事物,立刻给以反响或抗争,是感应的神经,是攻守的手足"[②]。他在编辑自己的文集时,显然也受到了《嵇康集》的启发。我们看他的《伪自由书》、《准风月谈》等文集,一般都把论敌的文章也附录在内。鲁迅说,这样的编排更能够反映出当时战斗的情形,透露出的是"时代的眉目"。我们读他的杂文,仿佛读的就是那个时代的"诗史"。这里有锋利的社会批评和文明批评,有生动的历史记事,有形象的历史人物,也有深刻的历史经验的总结。正像杜甫将全部思想感情寓于他的诗中一样,鲁迅也把全部思想感情都倾

---

① 《且介亭杂文二集・题未定草(八)》,《鲁迅全集》第6卷,第430页。
② 《且介亭杂文・序言》,《鲁迅全集》第6卷,第3页。

注在他的杂文中，针砭时弊，论证古今，释愤抒情，嬉笑怒骂，内容之丰富，笔法之多样，都是前所未有的。这一切，都与鲁迅那种"略存原状"的编书方针有关。

嵇康的文章能引动鲁迅的，还有的就是其作文的态度："师心"和"使气"。在《魏晋风度及文章与药及酒之关系》的演讲里，鲁迅采用刘师培的观点，把"汉末魏初"文章的特点概括为"清峻"与"通脱"[①]。"清峻"就是文章要"简约严明"的意思，"通脱"即"随便"之意，或者就是想说什么就说什么，鲁迅说："更因思想通脱之后，废除固执，遂能充分容纳异端和外来的思想，故孔教以外的思想源源引入。"到了"魏末晋初"的阮籍和嵇康，魏晋文章的特点就演化为"师心"与"使气"，刘勰《文心雕龙·才略》云："嵇康师心以遣论，阮籍使气以命诗，殊声而合响，异翮而同飞。"刘师培认为，"此节以论推嵇，以诗推阮，实则嵇亦工诗，阮亦工论，彦和特互言见异耳"，这也就是说，"师心"和"使气"既是阮籍，更是嵇康写作的最基本特征，这其中是兼指作家的为人处世和文章风格两方面而言的。所谓"师心"，台湾李曰刚先生注曰："谓依循心灵之妙用，神明而变化之，不拘泥于成法也；[②]"所谓"使气"，就是"任其志气"，刘禹锡《效阮公体》："昔贤多使气，忧国不谋身"。"师心"和"使气"，说白了，就是冲破一切拘束，师心自用，使气爱奇，无拘无束的表达自己的个性。

对于嵇康"师心使气"的"魏晋文章及风度"，鲁迅表现出了由衷的赞叹，并为这种战斗精神到后来的丧失而深自惋惜：

[①] 刘师培：《中国中古文学史讲义》，见《刘师培中古文学论集》，中国社会科学出版社1997年版，第8页。
[②] 《文心雕龙斠诠》，转引自詹瑛撰：《文心雕龙义证》，上海古籍出版社1989年版，第1807页。

> 阮籍作文章和诗都很好，他的诗文虽然也慷慨激昂，但许多意思都是隐而不显的。……嵇康的论文，比阮籍更好，思想新颖，往往与古时旧说反对。孔子说："学而时习之，不亦说乎？"嵇康做的《难自然好学论》，却道，人是并不好学的，假如一个人可以不做事而又有饭吃，就随便闲游不喜欢读书了，所以现在人之好学，是由于习惯和不得已。还有管叔蔡叔，是疑心周公，率殷民叛，因而被诛，一向公认为坏人的。而嵇康做的《管蔡论》，就也反对历代传下来的意思，说这两个人是忠臣，他们的怀疑周公，是因为地方相距太远，消息不灵通。
>
> 在文学上也这样，嵇康、阮籍的纵酒，是也能做文章的，后来到东晋，空谈和饮酒的遗风还在，而万言的大文如嵇、阮之作，却没有了；刘勰说："嵇康师心以遣论，阮籍使气以命诗，"这"师心"和"使气"，便是魏末晋初的文章的特色。正始名士和竹林名士的精神灭后，敢于师心使气的作家也没有了。①

对于嵇康的"师心"和"使气"，鲁迅这里虽说的是其在为文上的"思想新颖"，能发前人之未发，但主要的还是强调他在为人上的叛逆和反抗精神。这种精神具体到嵇康身上，指的就是嵇康那"师心"、"使气"的"狂人"人格。《嵇康集》中那些充满着战斗气息的文章，表现出的是嵇康具有叛逆色彩的"狂人"人格。这是鲁迅最为心仪的人格范型，他不仅从嵇康那里汲取了反对虚伪礼教的思想资源和精神动力，而且更使他心驰神往的，还是嵇康愤世嫉俗、反抗邪恶的人格力量和精神气质。

---

① 《而已集·魏晋风度及文章与药及酒之关系》，《鲁迅全集》第3卷，第512、515页。

阮籍和嵇康，都是当时魏晋名士的精神代表，但二者在为人和行事上，有着重大差别。对此，连嵇康自己也有所体察。在其《与山巨源绝交书》中，他说：

> 阮嗣宗口不论人过，吾每师之，而未能及。至性过人，与物无伤，唯饮酒过差耳。至为礼法之士所绳，疾之如仇，幸赖大将军保持之耳。吾（以）不如嗣宗之资，而有漫弛之阙；又不识人情，暗于机宜；无万石之慎，而有好尽之累；久与事接，疵衅日兴，虽欲无患，其可得乎？

这里虽说自己"有漫弛之阙"、"不识人情，暗于机宜"、"无万石之慎"，其实是在与阮籍相对而言的。也就是说，表面上说的是自己，实际上说的是阮籍。而鲁迅说阮籍的"诗文虽然也慷慨激昂，但许多意思都是隐而不显的"，"嵇康的论文，比阮籍更好，思想新颖，往往与古时旧说反对"，这其中是有着明显的褒贬的。对此，钱钟书先生发挥道："嵇阮皆号狂士，然阮乃避世之狂，所以免祸；嵇则忤世之狂，故以招祸。……避世佯狂，即属机变，迹似任真，心实饰伪，甘遭诽笑，求免疑猜；忤世之狂则狂狷、狂傲，称心而言，率性而行"[1]。阮籍的"佯狂"，实际上是一种"机变"的手段，目的还是为了"免祸"，因此钱先生说他是"诈作"，是一种老谋深算的行为。嵇康则不，他从为人到为文似乎是磊落坦荡、毫无遮拦的。他的《释私论》言公私之辨，就把是否隐匿是非作为衡量公私的标准："是故言君子，则以无措为阙，以通物为美；言小人，则以匿情为非，以违道为阙，何者？匿情矜吝，小人之至恶，虚心无措，君子之笃行也"。在《与山巨源绝交书》中，嵇康说他自己的性

---

[1] 《管锥编》，中华书局（北京）1979年版，第1088页。

格是"刚肠疾恶，轻肆直言，遇事便发"，"吾直性狭中，多所不堪"。他的朋友山涛因与司马氏合作，他就公开宣称与其"绝交"，并说山涛推荐他"入仕"，是"恐足下羞庖人之独割，引尸祝以自助，手荐鸾刀，漫之膻腥"，就是说你自己手染血腥也就够了，还要亲手递来鸾刀，污我以膻腥秽垢。你看，嵇康战斗的意气有多高涨！颜延之《五君咏》称嵇康："立俗忤流议，……龙性谁能驯？"《文选》李善注引《竹林七贤论》："嵇康非扬武、薄周孔，所以忤世。"陈祚明《采菽堂古诗选》的评论则更为详切："叔夜悻直，所触即形，集中诸篇，多抒感愤，召祸之故，乃亦缘兹"，又说"叔夜衷怀既然，文笔亦尔，径遂直陈，有言必尽，无复含吐之致，故知诗诚关乎性情，悻直之人必不能为婉转之调"，这里所说的"悻直"就是因性情直率就容易得罪人、伤害人。嵇康后来从入狱到被害，就是与他因琐事开罪了钟会、吕巽这样的小人有直接的关系。

嵇康有两个响亮的口号，一是"越名教而任自然"，一是"非汤武而薄周孔"。"越名教而任自然"，是在哲学思想范畴内的叛逆和狂悖，"竹林七贤"中，阮籍、刘伶和阮咸都有"悖礼违俗"的狂放举动，但阮籍都能做到"口不臧否人物"，"不大说关于伦理上的话"，就是说了，也是发言玄远，言不及义，如《达庄论》、《通老论》、《大人先生传》、《答伏义书》等，这并不妨碍司马氏的篡党夺权的大政方针，都不大要紧。嵇康却不。鲁迅说他的害处是在"发议论"，他要"非汤武而薄周孔"，这就颇有些"反动"的倾向了。上面所引的《难自然好学论》和《管蔡论》就是如此，《难张辽叔自然好学论》谓"《六经》未必其为太阳"，"何求于《六经》"；《管蔡论》谓管、蔡蒙"顽凶"之诬陷，周公诛二人，乃行"权事"，无当"实理"。这显然是触犯了司马昭的禁忌，"非薄了汤、武、周、孔，在现时代是不要紧的，但在当时却关系不小。汤、武是以武定天下的，周公是辅成王的；孔子是祖述尧、舜，而尧、舜是禅让天下的。嵇康都说不好，那么，教司马懿（按：应为司马昭）篡位的时候，怎么办才是好呢？"①嵇康的结果，只能是被杀，他是因"忤世"而招祸的。

嵇康的"师心使气"的魏晋文章，自然是鲁迅极为倾慕的。鲁迅的作品，常给人以强烈的自由感，表现了他思想、艺术上无羁的创造活力。所谓无羁，就是对一切祖先成法、清规戒律的藐视与摆脱。鲁迅总结自己的创造体会时说："我是大概以自己为主的"②，这与"嵇康师心以遣论"是如出一辙的。鲁迅既是思想家，具有高瞻远瞩的历史的社会的批判眼光，又是小说家，对社会人生、人的心灵有着特殊的观察力、感受力与表现力，还是诗人，具有烈火一般的巨大激情，自由奔放的想象力和对于美的敏锐感受力；鲁迅同时又是一个学问家，站在人类文化的高峰，具有时代文化巨人的胆力与学识——鲁迅正是把他的气质、才能的这一切方面都熔铸在艺术创作之中，熔小说、杂文、政论、诗歌以至散文、戏剧为一炉。当初鲁迅的《呐喊》一出版，茅盾就称"在中国新文坛上，鲁迅君常常是创造'新形式'的先锋；《呐喊》里的十多篇小说几乎一篇有一篇新形式，而这些新形式又莫不给青年作者以极大的影响"③。鲁迅自己也非常欣赏人们称他为"Stylist（文体家）"。在他的小说中有杂文，政论，有诗，也有散文，甚至戏剧；他的杂文里有小说、诗，诗里有小说、杂文，散文里也有诗与小说。在鲁迅创造的艺术殿堂里，小说、诗、杂文、散文、戏剧，这些不同文学体裁，文学、哲学、

---

① 《而已集·魏晋风度及文章与药及酒之关系》，《鲁迅全集》第3卷，第512页。
② 《华盖集·新的蔷薇》，《鲁迅全集》第3卷，第291页。
③ 原载1923年10月8日《时事新报》副刊（文学）第91期，见《六十年来鲁迅研究论文选》上册，中国社会科学出版社1982年版，第16页。

历史、伦理学、心理学，这些社会科学的不同部类，都在互相融合渗透，传统的文学艺术观念、形式在鲁迅的笔下发生着深刻的变革。我想，鲁迅这种天马行空般的艺术创造力和想象力，即和嵇康式的"师心自用"的写作方式有关。

鲁迅欣赏嵇康还有一个重要的原因，那就是他的——"魏晋文章"。鲁迅心灵深处浓厚的"魏晋情结"以及他的"魏晋文章"，人所皆知。据其学生孙伏园回忆，从前刘半农先生赠给鲁迅先生一副联语，是"托尼学说，魏晋文章"。当时的朋友都认为这副联语很恰当，鲁迅先生自己也不加反对①。嵇康是"魏晋文章"的经典作家，这自然会引起鲁迅对其"为文"经验的重视。关于嵇康的"魏晋文章"，曾对鲁迅的"魏晋文学观"产生过极大影响的刘师培是这样评价的：

> 魏代自太和以迄正始，文士辈出。其文约分两派：一为王弼、何晏之文，清峻简约，文质兼备，虽阐发道家之绪，实与名、法家言为近者也。一为嵇康、阮籍之文，文章壮丽，摠采逞辞，虽阐发道家之绪，实与纵横家言为近者也。此派之文，盛于竹林诸贤。溯其远源，则阮瑀、陈琳已开其始。惟阮、陈不善持论，孔、王虽善持论，而不能藻以玄思，故世之论魏晋文学者，昧厥远源之所出。②

刘氏在这里指出了嵇康为文的两个特点：一是"文章壮丽，摠采逞辞"，一是"善于持论，藻以玄思"，这是极为准确的。关于嵇康的"文章壮丽"，《文心雕龙·体性篇》云："嗣宗俶

---

① 原载1923年10月8日《时事新报》副刊（文学）第91期，见《六十年来鲁迅研究论文选》上册，中国社会科学出版社1982年版，第16页。
② 刘师培：《中国中古文学史讲义》，见《刘师培中古文学论集》，第30页。

傥，故响逸而调远；叔夜俊侠，故兴高而采烈也"，刘师培按："彦和以'响逸调远'评籍文，与《魏志》'才藻艳逸'合；盖阮文之丽，丽而清者也。以兴高采烈评康文，亦与《魏志》'文辞壮丽'说合。盖嵇文之丽，丽而壮者也，与徒事藻采之文不同①"，这对于嵇文与阮文进行了明确的区分。关于嵇康的"善于持论"，刘师培在同书中有多处强调，如嵇文"析理绵密，亦为汉人所不及也"，"嵇文长于辩难，文如剥茧，无不尽之意，亦阮氏所不及也"等等。

但相对而言，鲁迅更强调的还是嵇康文章的"持论"和"言理"，他说："康文长于言理，藻艳盖非所措意；唐宋类书，因亦甚少征引"②。他在讲演中也屡次说嵇康"思想新颖"、"好发议论"，也指的是嵇康文章善于"持论"的优点。《声无哀乐论》是嵇康论辨文章的典范之作，记载了嵇康与秦客围绕音乐中是否有哀乐情感而展开的八个回合的激烈争辩，充分展示了嵇康析理论辨、反驳诘难的卓异才华。文章说理透彻，层次井然，富有逻辑性，其中一些段落也颇符合现代逻辑学归纳的矛盾律、同一律、充足理由律等基本定理，但那表述方式又多半是通过"据事以类义，援古以证今"而推进的。刘勰在《文心雕龙·论说篇》中说"嵇康之辩声，师心独见，锋颖精密，盖人伦之英也"，可谓知音。鲁迅欣赏嵇康的为文，也正是由于嵇康文章中说理透彻、善于攻伐的特点吸引了他。我们知道，鲁迅喜好"魏晋文"，师承的是其老师章太炎。对于魏晋文章"守己有度，伐人有序"的辩驳力量，章太炎是称赞有加："魏晋之文，大体皆坤于汉，独持论仿佛晚周，气体虽异，要其守己有度，伐人有

---

① 原载 1923 年 10 月 8 日《时事新报》副刊（文学）第 91 期，见《六十年来鲁迅研究论文选》上册，中国社会科学出版社 1982 年版，第 16 页。
② 《古籍序跋集·〈嵇康集〉考》，《鲁迅全集》第 10 卷，第 76 页。

序,和理在中,孚尹旁达,可以为百世师矣。"又谓:"效唐、宋之持论者,利其齿牙,效汉之持论者,多其记诵,斯已给矣;效魏、晋之持论者,上不徒守文,下不可御人以口,必先豫之以学"①。而鲁迅自己的文章,如《估〈学衡〉》、《论辩的灵魂》、《"丧家的""资本家的乏走狗"》、《拿来主义》等,其中运用逻辑的力量而产生的那种特别的辩驳力和战斗力,更是名闻遐迩。鉴于此一方面的情况人们已大多耳熟能详,此处不再赘言。但需要特别说明的是,我们虽不能说鲁迅文章的辩驳力和战斗力就一定来自《嵇康集》,但其中潜移默化的影响的效果则是没有疑问的。

---

① 《论式》,《国故论衡》,上海古籍出版社2003年版,第84—85页。

第 七 章
鲁 迅 与 章 太 炎

在清末民初的历史上，章太炎（公元1869—1936年）无疑是一个宗师级的文化人物。尽管他生前往往以革命家和政治家自任，他的弟子鲁迅也特别强调他是一个"有学问的革命家"，但作为政治家，他的韬略和事功却大为逊色，相反，他作为思想家和学术大师的成就和影响格外卓著。别的不说，单是"五四"新文化运动中新、旧两派的代表人物，几乎每一个人都和章太炎脱离不了干系。鲁迅、周作人、钱玄同、沈兼士、沈尹默、刘叔雅、朱希祖、朱宗莱、马裕藻、黄侃等是章早年的及门弟子，[①]蔡元培、陈独秀、刘师培、章士钊、吴稚晖、马叙伦等是章昔日的战友，就是和他早年没有什么师友之谊的晚辈如胡适、刘半农、顾颉刚、傅斯年、毛子水等，后来也和他之间有学术师承或交往。但问题在于，同是章门弟子或战友，可在他们的政治和文化主张上却势同水火：陈独秀、鲁迅、周作人、钱玄同等是新文化的代表人物，但刘师培、黄侃等却提倡"国故"，反对白话文。正是这些章氏同门之间的分裂和对峙，在学术思想层面上为

[①] 沈尹默并没有直接受教于章太炎，但因其弟沈兼士系章门弟子，故也常被视为"章太炎派"的人。沈尹默：《我和北大》，见钟叔和编：《过去的学校》，湖南教育出版社1982年版，第30页。

"五四"新文化运动的发生积蓄了内在的趋动力。可以说,章太炎实在是在旧文化及旧文学内部,从思想和精神的深处促动中国文学乃至中国文化现代转型的一个关键人物。

鲁迅作为"五四"新文化的最杰出的精神代表,是"五四"一代先驱者中受到章太炎思想和人格浸染最深的人物。他不仅曾亲炙于章氏之门,而且一生对乃师推崇有加。即使后来两人有了思想分歧,鲁迅仍然盛赞章氏的学问和人品,以至于在他临终之际,还充满深情地写下了两篇怀念和评价乃师的"绝笔"之作——《关于太炎先生二三事》及《因太炎先生而想起的二三事》。可以说,章太炎不仅是鲁迅一生思想和精神上的导师,而且更为重要的也是接通鲁迅与中国"传统文化"尤其是源远流长的中国士人精神文化的重要桥梁。我们前面所论列的对鲁迅的精神气质产生了深刻影响的这几个历史文化人物,都是通过章氏的最初介绍才进入鲁迅的精神世界里的。正是章氏在《民报》时期的"复古"思想,使鲁迅潜入了中国文化的深处,从此打上了深刻的"传统"的烙印。但与章氏不同,鲁迅终于从这些典籍中走出,并且还向这个"传统"打了回马枪。章太炎也许是旧中国最后一位士大夫,而鲁迅则是现代中国的第一位最富有独立精神的知识分子。

一 章太炎"七被追捕,三入牢狱"考述

章太炎(公元 1869—1936 年),名炳麟,字枚叔,浙江余杭人。因倾慕明末清初大学者顾绛(炎武)之行事和志向,改名绛,号太炎。门人称其为余杭先生、莉汉先生。

提起章太炎,人们会自然想到其弟子鲁迅在《关于太炎先生二三事》一文中给乃师"盖棺论定"的称号——"有学问的革命家"。但学界对于太炎先生作为"革命家"的理解,往往着

重在其"思想家"或"宣传家"上。例如,李泽厚就是这样来理解章太炎作为"革命家"的历史作用和价值的。他说:"章太炎在中国近代历史上新起的作用和他在当时社会上所占的地位,很明显是担任了一个思想家、宣传家的角色。他始终不像孙中山、黄兴、陶成章、宋教仁以及袁世凯、黎元洪、张謇……等人那样,在政治活动、军事活动、组织活动中起过多大的领导作用或实际作用。他主要是凭一枝笔进行斗争,在思想领域内起了重要作用。"李泽厚以历史的眼光来看章太炎作为"革命家"意义,其结论是没有什么问题的。但这却与鲁迅心目中章太炎作为"革命家"的价值和意义不相符合。鲁迅更多地是从精神价值的层面来看章太炎在革命史上的作用的:

> 我以为先生的业绩,留在革命史上的,实在比在学术史上还要大。……考其生平,以大勋章作扇坠,临总统府之门,大诟袁世凯的包藏祸心者,并世无第二人;七被追捕,三入牢狱,而革命之志,终不屈挠者,并世亦无第二人:这才是先哲的精神,后生的楷范。

这里,鲁迅既不是从"思想家"的视角,也不是从"学问家"的尺度来评价乃师的,而是从"革命家"的视角,特别是太炎先生作为"革命家"所表现出的道德力量和人格魅力来理解乃师的历史价值和作用的。而与袁世凯斗争所表现出的大无畏精神以及"七被追捕,三入牢狱"的传奇经历,既惊心动魄,又让人有"高山仰止"之想。这怎么能不是"先哲的精神,后生的楷范"?!

关于章太炎的"七被追捕,三入牢狱",1981年版的《鲁迅全集》第六卷是这样注释的:

章太炎在1906年5月出狱后,东渡日本,在旅日的革命者为他举行的欢迎会上说:"算来自戊戌年(公元1898年)以后,已有其次查拿,六次都拿不到,到第七次方才拿到;以前三次,或因别事株连,或是扑拿新党,不专为我一日,后来四次,却都是为逐满独立的事。"(载《民报》第六号)至于"三入牢狱",据《太炎先生自定年谱》可考者为两次:1903年5月因《苏报》案被捕,监禁三年,期满获释;1913年8月因反对袁世凯被软禁,袁死后始得自由。①

这个注释只提到了"七被追捕"的出处,但对于"七被追捕"的具体情况,并未进一步介绍。另外,注释中对于"三入牢狱"也仅仅提到了两次。实际上,上面鲁迅所说的"七被追捕,三入牢狱",是有其历史依据的。下面,本文就对这一历史史实予以考查和描述。

第一次被追捕:

章太炎平生第一次被追捕是因他积极参与"戊戌变法"而引起的。

早在1895年,章太炎在杭州诂经精舍从小学大师俞樾读书时,就参加了由康有为在上海组织旨在维新变法的"强学会"。到了1897年春,他又应汪康年之邀,正式离开自己学习了8年(公元1890—1897年)的诂经精舍,到上海参与由梁启超主持的《时务报》的编纂工作。《时务报》创刊于1896年8月,时为宣传维新变法旗帜最鲜明、影响最大的阵地。在《时务报》工作期间,章太炎发表了《论亚洲应自为唇齿》、《论学会有大益于黄人亟宜保护》等文,猛烈抨击清政府的腐败内政和卖国

---

① 《鲁迅全集》第6卷,第550页。

外交。但不久，章太炎与梁启超却因为经今、古文的"门派之争"而大打出手，随即离开了《时务报》，回杭州与很早就要求维新变法的宋恕、陈虬等人联名发起成立兴浙会，并创办了《经世报》，任总撰述。他发表《兴浙会序》、《变法箴言》等，首次表露了他企图组织政党和以武力反清的革命思想。随后，他又组织了译书公会，创办了《译书公会报》，为维新变法寻找西学资源。1898年3月，章太炎受张之洞之邀，赴武昌担任《正学报》主笔，但不到一个月又因政见不同愤然回到上海。不久，戊戌新政开始实施，梁启超赴京，《时务报》改名为《昌言报》，章太炎复任主笔。1898年9月，戊戌变法失败，"六君子"被杀。章太炎满腔悲愤，奋笔撰写了《祭维新六贤文》，又在《昌言报》上发表《书汉以来革政之狱》一文，对汉、唐间多次改革失败的原因进行了总结，并对维新运动中一些投机者如张之洞、梁鼎芬之流给予愤怒地谴责。接着，清廷下"勾党令"，章太炎因积极参加维新运动，被列名通缉。1898年12月4日，章太炎不得不携家南渡，避居台湾，随后又于1899年6月留寓日本。

第二次被追捕：

章太炎第二次被追捕乃起因于己亥年（公元1900年）的"立储事件"。

1900年1月，慈禧太后宣布立端王载漪的儿子溥儁为"大阿哥"，阴谋废黜光绪皇帝。消息传出，举国振动。上海电报局总办经元善偕各省寓沪绅商1231人急电北京，表示坚决反对溥儁为"大阿哥"。这年8月，章太炎已经秘密回到上海，他的大名在没有征得本人同意的情况下竟然亦被列于其中。

西太后闻讯后极为恼怒，下令缉捕经元善和其他列名者。经元善在英国传教士李提摩太保护下逃亡澳门，章太炎的处境非常危险。这时，章太炎的老朋友汤寿潜建议章太炎致书梁鼎芬，

"冀为藩援"。为此，汤寿潜还亲自给梁鼎芬写了信，说明经元善通电中章太炎之名为别人妄署，致狱为无名。章太炎最初听到汤寿潜的建议时，就明确表示："经氏妄署有之。昔顾宁人（顾炎武）在狱中，犹不欲虞山为解脱，况未入狱邪？若事触天下不韪，亦令后世留遗议，虽体解不为也。"在得知汤寿潜自行驰书梁氏以后，章太炎"错愕变色"，直率地责备汤氏"体曲为朋友谋，诚谊士，抑远离乎爱人以德者矣"。为了表明自己的心迹，他特地写了一封与梁鼎芬"绝交"的公开信，说明自己"囊者以经氏之狱，絓陷文网，同时逮捕者数人，固委身以待缧绁，不欲处复壁为苟活计也"，现在，更不愿"违志忍诟，以求免祸"。自己宁可入狱亦决不向梁鼎芬这样的无耻文人乞怜。章太炎疾恶如仇的倔强性格和"宁为玉碎，不为瓦全"献身精神由此可见一斑。这封公开信，在沪上名士中间广为传诵，乍闻者无不为之动容。

第三次被追捕：

章太炎第三次被追捕，是他参与了唐才常组织的"中国议会"。

1900年6月，义和团运动爆发。6月21日，以慈禧太后为主的满清政府向列强宣战。而以洋务派官僚为主的南方长江流域各省的督抚，为安定列强之心，确保自身权位，则于6月26日与列强签定了《东南保护约款》，宣布"上海租界归各国公同保护，长江及苏、巷内地均归各督抚保护，两不相扰，以保全中外商民人命财产为主"。在此形势下，维新人士唐才常在康有为的支持下，公开打出"自立"旗号，自行组织"自立军"，企图建立自立的南方政府，同时还联络沪上知名人士，发起成立"中国议会"，企图拥戴光绪皇帝，另立"中央"。

1900年7月26日，"中国议会"在上海愚园南新厅召开成立大会。章太炎出席了会议，但对会议"迎銮"、"勤王"的宗旨不愿苟同。他明确表示:"诚欲光复汉绩,不宜首鼠两端,自失名义。果欲勤王,则余与诸君异趣也"①。他写了一份说帖给"中国议会"全体成员,要求"严拒满蒙人入国会",公开竖起反清排满的义旗。在劝说无效后,章太炎异常失望,遂"宣言脱社,割辫与绝"②。1900年8月3日,章太炎毅然剪掉作为忠顺满清标志的辫子,并作《解辫发》一文以明志:

……共和二千七百四十一年,秋七月,余年三十三矣。是时满洲政府不道,戎虐朝士,横挑强邻,戮使略贾,四维交攻。愤东胡之无状,汉族之不得职,陨涕涔涔曰,余年已立,而犹被戎狄之服,不违咫尺,弗能剪除,余之罪也。将荐绅束发,以复近古,日既不给,衣又不可得。于是曰,昔祁班孙,释隐玄,皆以明氏遗老,断发以殁。《春秋谷梁传》曰:"吴祝发"《汉书》《严助传》曰:"越劗发",(晋灼曰:"劗,张揖以为古剪字也")余故吴越间民,去之亦犹行古之道也。……③

按:"共和二千七百四十一年",即1900年。公元前841年周厉王被逐,由共伯和代行王政,号共和元年,这时我国历史上有正确纪年的开始。章太炎采用共和纪元,含有不承认清朝统治的意思。章太炎的《解辫发》,是一篇公开的反清革命的宣言书。从此,章太炎梳着短发,穿着西服,大摇大摆地走在上海的马路上,许多人见之,目瞪口呆。章太炎的好友,当时与谭嗣同、陈三立、吴君遂并称为清末"四公子"的丁惠康听说后,

---

① 《章太炎自定年谱·光绪二十六年(1900年)》,上海书店1986年版。
② 朱希祖:《本师章太炎先生口授少年事迹笔记》,《制言》第25期。
③ 《章太炎全集》第3卷,第347页。

大发雷霆，专门写了一首诗，对章太炎严加斥责：

> 申徒非其世，发愤意如何？
> 逢掖讵不贵，断发理则那？
> 中兴未得见，狂狙遂滋多，
> 远悼李都尉，近伤毛西河。
> 嗟哉章子者，冥往竟同科。
> 去矣非吾徒，因风泪滂沱。①

但章太炎并没有因此而有丝毫的退缩。他随即将《请严拒满蒙人入国会状》与《解辫发》寄给侨居海外的孙中山，要求孙在香港刊行的《中国旬报》上公开发表，并随文给孙写了一封充满仰慕之情和自己已坚定革命信念的信。接着，《中国旬报》第十九期首篇发表了章太炎致孙中山的信以及这两篇文章，并以中国旬报馆的名义写了一篇后记，说："章君炳麟，余杭人也，蕴结孤愤，发为罪言，霹雳半天，壮者失色，长枪大戟一往无前。有清以来，文字之痛，当推此次为第一"②。

果不其然，唐才常首鼠两端的政治态度，最终遭到了清政府的镇压。1900年8月22日，一心"讨贼勤王"的唐才常在汉口发动自立军起事时，因贻误战机，被湖广总督张之洞勾结英国领事所逮捕，结果，唐才常和其他20多名志士被杀害，自立会的"勤王"运动失败。清廷悬赏通缉列名于自立会和中国议会的成员，章太炎继戊戌政变与己亥立储事件之后，第三次成为清廷指名通缉的要犯。

---

① 丁惠康：《余杭章君枚叔弃其冠服，易以西装，仆未之许也，而重哀其志，作一诗喻之》，《庸言》第1卷第19号。
② 《中国旬报》第19期。

第四次被追捕：

章太炎第四次被追捕乃是第三次被追捕的余绪，不过这一次已经不像前几次那样属于列名通缉，而是专门查拿了。

唐才常的"自立军"失败后，章太炎遭到朝廷通缉。但他却自以为"素非同谋。不甚悝惧"，但是又不敢在上海久留，就回到余杭家乡避难去了。相隔数月，一切似乎是相安无事了。不料就在夏历1901年的正月初一早晨，章太炎正在家中与家人欢度春节，他上海的好友吴君遂（又名吴保初）派人赶来登门紧急通知："踪迹者且至矣，亟行。"章太炎闻讯，急忙跑到一座寺庙里躲避起来，过了10天，见风平浪静，才走出寺庙，重新来到上海。章太炎刚到上海，找到旧日的朋友胡惟志。胡给他找了一份工作，在广智书局润色译搞，却不敢收留居住家中。章太炎无处安身，无奈就给另一个朋友吴君遂写了一封信，请求"借住尊邸数旬"。吴君遂慨然允诺，借房给他。这样，章太炎才在上海安顿下来。

章太炎重返上海，几个老友遂前来看望。他在《自定年谱》写道："（宋）平子及诸友皆相见慰问，（吴）君遂终以明哲保身相勉。余曰：'辫发断矣，复何言！'平子笑曰：'君以一儒生，欲覆满洲三百年帝业，云何不量力至此，得非明室遗老魂魄冯身耶？①'"章太炎的非凡的革命意志由此可见一斑。

第五次被追捕：

章太炎第五次被追捕乃是因其批判保皇主义的檄文《正仇满论》而起。

1901年4月至7月，流亡海外的梁启超总结"戊戌变法"失败的教训，在自己主编的《清议报》上连续发表了一篇长文《中国近十年史论》的长文（又名《中国积弱溯源论》）。该文

---

① 《章太炎自订年谱·光绪二十七（1901年）》。

认为中国积弱不振的总根源在于全体国民素质差、有奴性、愚昧、为我、好伪、怯懦、无动六大弱点。因此，国家衰败责任在于国民。"国之亡也，非当局诸人遂能亡之也，国民亡之而已"。梁启超认为中国积弱不振的原因在那拉氏一人。柄政三十年，把持大权。光绪皇帝代表国民利益，"忘身舍位，毅然为中国开数千年未有之民权，非徒为民权，抑亦为国权也。"梁启超主张支持光绪皇帝重新执政，夺回西太后手中的权利，继续走君主立宪的道路。

针对梁启超的保皇主义立场，章太炎写出《正仇满论》，寄到东京出版的《国民报》发表，对梁启超的文章予以指名批驳。《正仇满论》批判了梁启超对光绪皇帝复辟可使中国转弱为强的幻想。说：

> 夫其所谓圣明之主者，果能走国是、厚民生、修内政、御外侮，如梁子私意所料者耶？彼自乙未以后，长虑却顾，坐席不暇者，独太后之废置我耳？殷忧内结，智计外发，知非变法无以交通外人，得其欢心；非交通外人，得其欢心，无以挟持重势而排沮太后之权力。故戊戌百日之新政，足以书于盘盂，勒于钟鼎，其迹则公，而其心则只以保吾权位也。

光绪皇帝只关心保存自己的权势，不能盲目吹捧，寄以厚望。"今其所谓圣明之主者，其聪明文思果有以愈于尧耶？其雄桀独断果有以济于俄之大彼得者耶？由是言之，彼其为私，则不欲变法矣；彼其为公，则亦不能变法矣。进退无所处，而犹隐爱于此一人，何也？"因此，把希望寄托此人显然是错误的。

章太炎揭露梁启超害怕革命，幻想君主立宪，是无法实现的骗局。他指出："梁子所悲痛者革命耳，所悲痛于革命而思以建立宪法易之者，为其圣明之主耳！"他强调说明革命并非杀掉所有满人。"夫所谓革命者，固非溷淆清浊，而一概诛夷之也。自榆关而外，东三省者，为满洲之分地，自榆关而内，十九行省者，为汉人之分地，满洲尝盗吾汉土以为已有，而吾汉人于满洲之土未尝有所侵攘焉。今日逐满，亦犹田园居宅为他人所割据，而据旧时之契约界碑，以收复吾所故有而已，而彼东三省者，犹得为满洲自治之地，故曰逐满而不曰歼杀满人"。章太炎进一步指出："今之革命而不废保皇者，曰保生命而不保权位。"革命并不可怕。

《正仇满论》是一篇为排满革命张目的宣言书。它把矛头直指到光绪皇帝头上，揭去了他神圣的面纱，把保皇派立宪变法的最后幻想击得粉碎，同时它又在理论上为排满革命廓清了诸多令人困惑的迷雾。因此，《正仇满论》一问世就引起了清廷的震怒，再一次指名追捕章太炎。章太炎在上海没法呆了。后经吴君遂的推荐，他于1901年8月20日离开上海，到苏州东吴大学任教。

第六次被追捕：

章太炎第六次被追捕发生在1902年。

章太炎到达苏州后，特地去拜见已经离开诂经精舍，移居到苏州的业师俞樾。甫一见面，老人就劈头盖脸给了章太炎一顿臭骂："今入异域，背父母陵墓，不孝；讼言索虏之祸毒敷诸夏，与人书指斥乘御，不忠。不孝不忠，非人类也。小子鸣鼓而攻之可也"[①]。对此，章太炎也毫不示弱，他反驳道："弟子以治经侍先生。今之经学，渊源在顾宁人。顾公为此，正欲使人推寻国性，识汉、虏之别耳。岂以刘殷、崔浩期后生也"[②]。结果，师

---

① 《谢本师》，《民报》第9号，见《章太炎选集》，第122页。
② 《谢本师》，《民报》第9号，见《章太炎选集》第122页。

弟二人不欢而散。接着,俞樾宣布把章太炎逐出教门。章太炎则答以《谢本师》,拒绝老师对自己的无理责难。章太炎的毅然行动,得到了一些正直学者的支持,与俞樾齐名,同是经学大师的孙贻让,便立即表示接受章太炎做学生。这就是本世纪初在江南学界轰动一时的"谢本师事件"。

章太炎在东吴大学任教时,仍然不改"言论恣肆"的性格,竟在课堂内外公开抨击清朝统治,宣传革命。他曾出了《李自成胡林翼论》这样的题目让学生作文。他的言行,惊动了远在武汉的湖广总督张之洞、在南京的两江总督刘坤一。张之洞特遣人到宁与刘坤一密商,转赴苏州,嘱江苏巡抚恩寿设法拘捕章太炎。这时恰好已放寒假,章太炎回余杭过年,恩寿扑了个空。但当张之洞所遣人员到达南京时,章太炎的知交张伯纯获悉张之洞与刘坤一的密谋,立即发电余杭。电文云:"枚急赴沪"①。这天恰好又是阴历大年初一。章太炎接到电报后,见电文末尾未曾署名,不知究竟,十分怪愕。他赶紧发一信函去沪,托吴君遂代为查明原委。吴君遂了解得情况后,嫌函告太慢,又一次遣人赴余杭家中,催章太炎"亟往日本避之"②。于是,章太炎乃匆匆离家,于阴历正月十四日即1902年2月21日抵沪,住宿一夜后,次日乘船东渡日本。

第七次被追捕:

章太炎第七次被追捕乃是因"《苏报》案"而起,因为该报发表了章太炎等人一系列的反满文章。

章太炎来到日本后,与孙中山订交,并一同发起"支那亡国二百四十二年纪念会",大张了革命之气。三个月后,他又潜行回国,"旋返乡里",着手修改他一生中最重要的思想、学术

---

① 同上。
② 《章太炎自订年谱·光绪二十八(1902年)》。

论著《訄书》。《訄书》初刻本出版于1900年,这一次修改,章太炎删去了原版中带有改良主义色彩的《客帝》等篇,增加了宣传反清革命的论文。半年之后,章太炎离开家乡余杭,于1903年初应蔡元培、蒋智由之邀,到他们组织的革命组织——中国教育会附设的爱国学社任国文教员。

关于章太炎在中国教育会的革命活动以及第七次被逮捕的经过,当时也在爱国学社任教的蒋维乔先生曾在《章太炎佚事》一文中有生动的记载,现转录于此:

"中国教育会每周至张园,公开讲演革命,讲稿在《苏报》发表,遂为清廷所忌。太炎持排满革命之论尤激烈。会蜀人邹容,留学日本,以陆军学生监督姚某,有奸私事,偕五人闯入其室,痛殴之,持利翦翦去其辫。事觉,遁至上海。与太炎会于爱国学社,一见心钦,互相期许,容称太炎为'东帝',而自称为'西帝'。容箧中有小册《革命军》稿,太炎为之作序。宗仰出资刊行之,复将太炎之《驳康有为论革命书》同时刊出。不及一月,数千册销行殆尽。

"《苏报》为爱国学社言论机关,持论过激,清廷乃有拿办上海爱国党之密谕。上海道商诸总领事,总领事已签字矣。而工部局以政治犯例应保护,不肯执行。被拿者六人:蔡元培、章炳麟、邹容、宗仰、吴稚晖、陈梦坡。工部局屡传吴、蔡前去,告以尽力保护之意,实则暗示被拿诸人,从速离开上海也。既而两江总督魏光焘,派道员俞明震来沪查办。蔡赴青岛,吴赴欧洲,陈梦坡赴日本,宗仰避居哈同花园,独太炎不肯去,并令邹容亦不可去,曰:'革命必流血。吾之被清政府查拿,今为第七次矣!'清政府严谕魏光焘,有'上海爱国党倡言革命,该督形同聋瞆'之语。魏惶恐,以工部局不肯拘人,乃问计法律顾问担文律师。担文以为只有诉诸法律,于是魏光焘代表清政府为原告,控诉章炳麟等六人于会审公堂。工部局乃于是年闰五月初六日(按:公历1903年6月30日),出票拘人。西捕至爱国学社,进客室,问谁为章炳麟?太炎正在室中,自指其鼻曰:'我乃为章炳麟。'欣然随之去。邹容胆怯,则自后门逃逸。太炎自狱中作函告诫之,令自行投到。翌日,邹容乃自首。当时《申》、《新》各报,多持反对论调,《新闻报》尤讥笑太炎之不去为愚。太炎自狱作书答之,有'志在流血,性分所定。'……'休矣《新闻报》记者,请看数百年后,铜像巍巍高出云表者,为我为尔,无待预决'等语,惜余不能全忆矣"①。

以上就是章太炎"七被追捕"的经过。另外,章太炎除了"七被追捕"这样惊心动魄的革命业绩外,他还经历了"三入牢狱"的炼狱之苦:

第一次入狱:

清廷对章太炎的第七次追捕得手后,试图把他"引渡"过来,以行"正法"。但租界当局却认为"引渡"会损害租界的"治外法权",决定将章太炎、邹容移送会审公廨。对于章太炎的入狱经过及狱中生活,我们继续引用蒋维乔先生的生动描述予以介绍:

> 五月十四日(按:公历1903年7月1日)第一次开审,原告为清政府,律师为英国人,被告章炳麟等六人,而裁判官则为会审委员、英国领事,不伦不类,至为可笑。所控罪状,则摘取《苏报》中之论说,及《革命

---

① 蒋竹庄:《章太炎佚事》,1936年9月《制言》半月刊,第25期。

军》、《驳原有为论革命书》中语句。顾此类语句，在中国视为大逆不道，译成英文，亦平淡无奇。27日，第二次开审后，案遂搁置。盖清政府欲用外交手段，在京与英国公使交涉，引渡二人，予以正法也。二人初系于福州路工部局，禁令尚宽，每周可容亲友前去探视一次。中国教育会在沪同人，约定以二人轮值，前往探问送食物。太炎索阅《瑜加师地论》，是书当时上海尚无处可购，惟蒋智由寄存于会中书箧内有之，乃设法取出，送与太炎。翌年4月，此案判决，章炳麟监禁三年，邹容监禁二年，均罚作苦工，监禁期满，逐出租界。移禁西牢，即不许接见亲友。闻狱中所作之工，以太炎为文人，故免其力役，令作裁缝。所缝者，类皆巡捕之制服。作工偶不力，印度巡捕辄持棍殴击。迨太炎出狱后，言及印捕，犹觉可畏。邹容年少性急，不胜压迫，未及一年，即病毙狱中。而太炎素有涵养，又研究佛学，及丙午五月初八日期满出狱时，容颜反见丰润。当太炎将出狱前，中国教育会留沪会员，已为购定船票，预备送往日本。届期，余与蔡子民、叶浩吾等共十余人，于上午集于福州路工部局门前守候。盖自西牢释出后，仍须经工部局执行逐出租界之罪也。11时，太炎出，诸人鼓掌欢迎，一一与之握手。即由浩吾陪乘马车，至吴淞中国公学，即晚登日本邮船赴日本[①]。

第二次入狱：

章太炎的第二次入狱起因于"《民报》封禁案"。

章太炎于1903年6月出狱后，即到日本东京，接管当时同盟会的会刊《民报》。主编《民报》期间，是章太炎革命事业以

---

① 蒋竹庄：《章太炎佚事》，1936年9月《制言》半月刊，第25期。

及学术思想最为辉煌的时期。当时正值《民报》与梁启超主持的《新民丛报》在有关革命与保皇问题上进行大论战,"其中胡汉民、汪兆铭等诘难康、梁诸作,文笔非不锋利,然还不免有近于诟啐之处。惟有先生持论平允,读者益为叹服"[①]。《民报》的影响日益广泛深入。清朝政府极为恐慌,遂派遣奉天巡抚唐绍仪为赴美特使,途经日本,以出卖所谓间岛(即中国延吉一带的领土)和抚顺、烟台的煤矿、新法铁路(新奉到法库门)的权益为条件,要求日本政府封禁《民报》、《四川》、《云南》等革命刊物。

1908年10月19日,日本东京警视总监龟井英三郎,向《民报》编辑人兼发行人章太炎通知,说《民报》第24号《革命之心理》一文,违背了《新闻纸条例》第33条,禁止发卖,并禁止在以后《民报》上再刊登推翻清朝专制政府、建立共和政体等六大主义"同一主旨"的文章。实际上是永远禁止《民报》出版。

日本政府非法封禁《民报》,而且对章太炎进行了"公审"。1908年11月25日、26日,共三次审讯。关于审讯的具体情景,章太炎在1912年回答访问记中回忆道:

> 我语裁判长,扰乱治安,必有实证,我买手枪,我蓄刺客,或可谓扰乱治安,一笔一墨,几句文字,如何扰乱?厅长无言。我语裁判长,我之文字,或扇动人、或摇惑人,使生事端,害及地方,或可谓扰乱治安。若二三文人,假一题目,互相研究,满纸空言。何以谓之扰乱治安?厅长无言。我语裁判长,我言革命,我革中国之命,非革贵国之命,我之文字,即鼓动人,即扇惑

[①] 许寿裳:《章炳麟》,重庆出版社1986年版,第37页。

人，扇惑中国人，非扇惑日本人，鼓动中国人，非鼓动日本人，于贵国之秩序何与？于贵国之治安何与？厅长无言。我语裁判长，言论自由，出版自由，文明国法律皆然，贵国亦然，我何罪？厅长无言。我语裁判长，我言革命，我本国不讳言革命，汤、武革命，应天顺人，我国圣人之言也。故我国法律，造反有罪，革命无罪，我何罪。厅长无言。①

但日本东京地方法院不顾章太炎和辩护律师日人花井卓藏等的严正辩护，抓住《民报》编辑人、发行人及发行所变更未作呈报的枝节小事，于12月12日判决《民报》115元罚金。到1909年3月3日，章太炎因未交纳罚金，被小石川警署检查官命令拘留于劳役场115天。当天，章太炎的弟子龚未生、周豫才（鲁迅）、许寿裳等将《支那经济全书》译本的印费挪用一部分代缴罚金，才获释②。是为章太炎第二次入狱。

第三次入狱：

章太炎的第三次入狱乃是因反对袁世凯而起。

辛亥革命后，章太炎被袁世凯任命为东三省筹边使职务。他一度曾把民族统一、国家共和的期望寄托在袁世凯身上，拥袁反孙（中山），组建"统一党"，与袁世凯遥相呼应。但随着袁世凯"独裁专制"野心一天天地暴露出来，章太炎如梦方醒。1913年8月21日，为抑制袁世凯的骄横之心，章太炎以入京主持共和党"党务"为名，③"时危挺剑入长安"。但章太炎一到北京，即处在袁世凯所派巡警和特务的包围之中。他屡次要求出

---

① 《章太炎答问》，《章太炎政论选集》，中华书局1977年版，第258页。
② 《苦茶——周作人回忆录》，敦煌文艺出版社1995年版，第178页。
③ 共和党系原统一党的一批"少壮派"与原民社的一些成员，因不满进步党变成袁世凯的御用工具，而重新组织的，章太炎称之为"新共和党"。

京南下,均被阻挡。情急之下,章太炎挺身而出,于1914年1月7日早晨只身前往总统府,要求面见"袁大总统"。关于章太炎大闹总统府的具体情景,民国三年出版的署名"沪隐"的小说《纪念碑》有精彩的描述:

>……民国三年的新年节,……正月初七日下午傍晚的时候,总统府新华门内,忽听见吵嚷的声音,随后数十兵士,即拥着一人出来,将那一人推至马车中,前后左右,皆有兵士团团的围着,押至宪兵教练所去了。……及细细询问起来,才知道获住的,……是个疯子。……他老先生这一天忽然高兴起来,于清晨八时径赴总统府,请谒见总统。他身穿一领油烘烘的羊毛皮袄,脚踏着土埋了似的一对破缎靴,手擎着一把白羽扇,不住的挥来挥去;又有光华华的一件东西,叫做什么勋章,不在胸襟上悬着,却在拿扇子那一只手大指上提着,……歪歪斜斜的坐在总统府招待室里头一张大椅子上,那一种倨傲的样子,无论什么人他都看不到眼里。列位想一想,总统府是何等尊严的地方,凡请见总统的人,是何等礼服礼帽,毕恭毕敬的样子,尝看见那些进总统府的官吏们,皆是蹑手蹑脚的,连鼻子气儿也不敢出,往来为人虽多,一种肃静无哗的光景,就像没有一个人一样,那见过这个疯子,这个样儿怪物呢!不消说传事的人一回报,袁总统自然是拒而不见的了。这个疯子真是有点古怪,越说不见他,他是偏要请见。直等到天色已晚,他不但不去,还要搬铺盖进来,在此处值宿。适听见传事的人报大总统延见向次长瑞琨,他发起怒来道:"向瑞琨一个小孩子,可以见得,难道我见不得么?"他自言自语,越说越有气,索兴大骂起来。卫兵请他低声些,他即怒卫兵无礼,摔碎茶碗,即向卫兵投去。其初卫兵见他提着一个光华华的东

358

西，思量着他许有些来历，不知道他究竟能吃几碗干饭，也不敢较量，只得由他去闹。随后不知道从什么地方来了一个命令，如此如此，卫兵们就把他拿小鸡子似的从招待室里头拿出来，并拿进马车里去，一溜烟就送到一个地方，把他入了囚笼了。他姓章号太炎，浙江余杭人，讲起旧学来，无人不佩服他，不过因他举动离奇，一般人又叫他章疯子。①

这就是鲁迅在前面所称道的"壮举"："以大勋章作扇坠，临总统府之门，大诟袁世凯的包藏祸心者，并世无第二人。"当然，小说描写不比历史，自然有刻意渲染之处，但其大端仍是可以征信的。

"大闹总统府"之后，章太炎被宪兵警察簇拥着押往石虎胡同军事教练处拘禁起来。1914年2月20日，他又被移送南下洼龙泉寺长期监禁。袁世凯手书12条令改善章太炎的饮食起居条件，准许他讲经学的文字被传抄，容许一些"与彼最善，而不妨碍政府者"前往看望及与彼交谈。章太炎初入龙泉寺，"愤恚异常，拒绝官厅供给，惟以来京时旅费所余治餐，所以深绝袁氏，示义不食袁粟之意也"②。不久，旅费用罄，开始绝食。"其时弟子环吁床前，请进食，先生始尝梨一片"③。袁世凯知道后，不欲蒙逼死国学大师"读书种子绝矣"之咎，遂准其迁入东四牌楼钱粮胡同一家条件较好的民房里继续关押。章太炎眼看袁世凯称帝日渐显露，他所为之拼死奋斗的"中华民国"名存实亡，遂用七尺宣纸篆书"速死"二字，高悬于壁，表达了他宁可一

---

① 转引自徐一士：《章炳麟被羁北京轶事》，1936年8月《逸经》第11期。
② 徐一士：《章炳麟被羁北京轶事》，1936年8月《逸经》第11期。
③ 同上。

死,亦不与帝制共存的决心①。章太炎被软禁在钱粮胡同,直到1916年6月袁世凯"称帝"失败后死去才恢复自由。可以说,袁世凯的"称帝"失败,与章太炎的狱中抗争也是密切相关的。正是章太炎等大义凛然的壮举和道德力量,影响了当时的民心所向。袁世凯的最终失败,章太炎的第三次入狱也是功不可没的。

以上就是对于章太炎"七被追捕,三入牢狱"具体史实的考查。通过具体的描述我们可以看出,章太炎留给我们的,不仅仅是他在辛亥革命中的赫赫战功,也不仅仅是他博大精深的煌煌学术,而是他为革命理想百折不挠、勇毅果敢的献身精神以及他傲岸不屈、爱憎分明的伟大气节。这种道德人格在辛亥革命中发挥的作用,却是当时许多革命家、思想家或宣传家无法取代的。而这,才是鲁迅所张扬的"先哲的精神,后生的楷模"。

二 章太炎与鲁迅交游考

鲁迅对章太炎的最初接触大概是在1900年以后。对此,鲁迅在《关于太炎先生二三事》一文中回忆道:

> 回忆三十余年之前,木板的《訄书》已经出版了,我读不断,当然也看不懂,恐怕那时的青年,这样的多得很。②

关于《訄书》,1981年版的《鲁迅全集》是这样注释的:

---

① 直到后来,鲁迅还称"速死"条幅"实为贵重文献"。见鲁迅《致许寿裳·360925》,《鲁迅全集》第13卷,第431页。
② 《鲁迅全集》第6卷,第545页。

"章太炎早期的一部学术论著,木刻本印行于1899年。1902年改订出版时,作者删去了带有改良主义色彩的《客帝》等篇,增加了宣传反清革命的论文,共收《原学》、《原人》、《序种姓》、《原教》、《哀清史》、《解辫发》等文共63篇,卷首有'前录'二篇:《客帝匡谬》和《分镇匡谬》。并在《客帝匡谬》文末说:'余自戊己违难,与尊清者游,而作《客帝》,饰苟且之心,弃本崇教,其违于形势远矣……著之以自劾,录而删是篇。'1914年作者重行增删时,删去'前录'二篇及《解辫发》等文。并将书名改为《检论》"[①]。但事实上,1899年并不是《訄书》印行之年,只是章太炎辑订《訄书》的年份。《訄书》的初刻本真正的出版时间应在1900年,朱维铮先生已在《章太炎全集》第三卷的"前言"有详细辨正[②]。另外,1902年章太炎改订《訄书》的时间,而《訄书》重订本的真正出版时间则是在1904年6月。当时,正值章太炎为作《驳康有为论革命书》而与《革命军》作者邹容同在上海西牢内受难一周年,经过重订的《訄书》在日本铅印出版。当时鲁迅正在日本留学,章太炎在后来的"《苏报》案"中所表现出的大无畏的革命精神和凛然正气,使鲁迅极为仰慕。他后来回忆道:"我的知道中国有太炎先生,并非因为他的经学和小学,是为了他驳斥康有为和作邹容的《革命军》序,竟被监禁于上海的西牢。那时留日本的浙籍学生,正办杂志《浙江潮》,其中即载有先生狱中所作诗,却并不难懂。这使我感动,也至今并没有忘记,……[③]"与此同时,鲁迅可能又重读了《訄书》。因为重订本所增加的《解辫发》一文,尤其为青年鲁迅所喜爱。这篇文章写于1900年,

---

① 《鲁迅全集》第6卷,第193页。
② 《章太炎全集》第3卷,第3—8页。
③ 《鲁迅全集》第6卷,第545页。

是一篇革命檄文。鲁迅在其临终之际所写的《因太炎先生而想起的二三事》一文中，还特别大段摘引《解辫发》的内容并亲切地回忆到他最初读到《解辫发》时的激动心情。① 但鲁迅在文中说是《解辫发》"文见于木刻出版和排印再版的《訄书》中"是不确的。实际上，《解辫发》一文写作时，木刻初版本已经印行，其只能出现在 1904 年《訄书》重订本中。

而鲁迅与章太炎的真正接触，是 1908 年在东京从事文艺活动之时。1906 年 3 月，鲁迅从仙台医学专科学校退学来到东京，准备从事旨在改造国民精神的文艺活动。这一年章太炎也从上海来到东京。对此，鲁迅追忆道：

（章太炎）1906 年 6 月出狱，即日东渡，到了东京，不久就主持《民报》。我爱看这《民报》，但并非为了先生的文笔古奥，索解为难，或说佛法，谈"俱分进化"，是为了他和主张保皇的梁启超斗争，和"××"的×××斗争，和"以《红楼梦》为成佛之要道"的×××斗争，真是所向披靡，令人神旺。②

这里，"××"的×××疑为"献策"的"吴稚晖"，后一个×××可能指的是"蓝公武"。1906 年和 1908 年，章太炎分别与此二人展开大论战，向人们展示了他那"所向披靡"的文笔，这足以让鲁迅为之"神旺"。可以想见，鲁迅肯定是《民报》——当然是章太炎文章的热心读者。

作为"有学问的革命家"，章太炎在编报之余，"提奖光复，未

---

① 同上书，第 556 页。
② 《且介亭杂文末编·关于太炎先生二三事》，《鲁迅全集》第 6 卷，第 545 页。

尝废学"①，主张"以宗教发起信心，增进国民的道德"，"用国粹激动种性，增进爱国的热肠"②。1906年8月，他曾应国学讲习会之邀，主讲的内容有三：第一，中国语言文字制作之原；第二，典章制度所以设施之旨趣；第三，古来人物事迹之可为法式者③。据查，鲁迅这次未曾与课。据现存北京图书馆的《朱希祖日记》载，1908年3月，章太炎的国学讲习会再次开讲。地点先是在社会主义讲习会经常借用开会的地方牛赤城元町清风亭，旋即改在日本帝国教育会，从4月11日起，固定在神田地区的大成中学讲堂，每周两次。前往听讲的人非常踊跃，在东京的留学生中极有影响。鲁迅和许寿裳早就神往于太炎先生的道德文章，因此也极愿意往听。但苦于自己的学课时间相冲突，因托龚未生（名宝铨，章太炎的女婿）转达，希望另设一班，蒙先生慨然允许，遂在太炎先生的寓所——牛込区二丁目八番地《民报》社，另开一小班。受业者共八人，计有：许季茀（寿裳）、朱遏先（希祖）、钱均甫（家治）、钱德潜（玄同）、朱蓬仙（宗莱））龚未生（宝铨）、周启明（作人）等。从此，鲁迅开始登堂入室，正式拜太炎先生为师。二人之间的关系，也进入一个新的阶段。对此，许寿裳后来回忆道：

> 每星期日清晨，我们前往受业，在一间陋室之内，师生环绕一张矮矮的小桌，席地而坐。先生讲段氏《说文解字注》，郝氏《尔雅义疏》等，神解聪察，精力过人，逐字讲

---

① 《章太炎先生自订年谱·宣统二年（1910年）》。
② 章太炎：《东京留学生欢迎会演说辞》，《章太炎政论选集》，第272页。
③ 参见《国学讲习会序》，《民报》第七号，1906年9月。后来，日本秀光社印行的《国学讲习会略说》即是太炎先生讲学的内容汇编，其中包括《论语言文字之学》、《论文学》和《论诸子学》三文，据汤志钧先生考订，三文均刊于同年的《国粹学报》上，只不过后两者的题目略有变动，即改为《文学论略》和《诸子学略说》。见汤志钧《章太炙年谱长编》，第216—217、239页。

363

释,滔滔不绝,或则阐明语原,或则推见本字,或则旁证以各处方言。自八时至正午,历四小时毫无休息,真所谓"诲人不倦"①。

据说鲁迅当年听课时,"自始至终,一笔不苟,认真笔记,全部记录的,只有二人,即鲁迅和朱希祖"②。鲁迅的听课笔记题曰《说文解字札记》,现存绍兴鲁迅博物馆。③

关于鲁迅的听讲内容,许寿裳只提到了《说文》和《尔雅》,没涉及其他。周作人的回忆则比较模糊,他说:"《说文解字》讲完之后,似乎还讲过《庄子》,不过这不太记得了。大概我只听讲过《说文》,以后就没有去吧"④。但根据今存的《朱希祖日记》及《钱玄同日记》,从4月4日至7月25日,章太炎讲授《说文解字》共25次,8月1日讲了一次音韵,8月5日至20日讲了6次《庄子》,8月26日至9月5日讲了4次《楚辞》,9月9日至10月28日讲了6次《尔雅疏证义疏》,10月31日开始讲授《广雅疏证》。这其中既包括在大成中学的大班讲课,也包括在《民报社》太炎先生寓所的小班讲授,估计太炎先生是在两个班之间穿插讲授的。现在比较肯定的是鲁迅在《民报社》听太炎先生讲授过《说文》,但鲁迅是否真的听过《庄子》、《楚辞》,朱希祖、钱玄同的日记中没有提及,周作人的记忆模糊,因此学术界目前还不敢对此持确定的态度。我以为,鲁迅是听过太炎先生讲《庄子》和《楚辞》的。其证据有三:第一,钱玄同和朱希祖的日记,同时都有听《庄子》和

---

① 《亡友鲁迅印象记》,人民文学出版社1953年版,第24—25页。
② 《沈延国同志谈鲁迅在日本》,《鲁迅研究资料》第四辑,天津人民出版社1980年版。
③ 方行:《鲁迅的未刊遗篇及所藏刻石》,《中华文史论丛》1985年第2辑。
④ 《苦茶——周作人回忆录》,敦煌文艺出版社1995年3月版,第169页。

《离骚》的记录,这说明他们是在一起听课的,且很可能是在《民报》社内。第二,鲁迅的晚年的《"出关"的"关"》一文中曾提到:

> 老子的西出函谷,为了孔子的几句话,并非我的发见或创造,是三十年前,在东京从太炎先生口头听来的,后来他写在《诸子学略说》中。但我也并不信为一定的事实①。

这里是对于《出关》这篇小说材料来源的说明,鲁迅明确说明了小说中有关"老子的西出函谷"的故事出之于太炎先生30年前的课程。而太炎先生所据来源于《庄子》中的"天运"篇。这就明确告诉我们,鲁迅是听过章太炎有关《庄子》的课程的。第三,许寿裳在《亡友鲁迅印象记》中,曾生动地记述了一段鲁迅与章师在课堂上辩论的情境:

> 鲁迅听讲,极少发言,只有一次,因为章先生问及文学的定义如何,鲁迅答道:"文学和学说,学说所以启人思,文学所以增人感。"先生听了说:这样分法虽较胜于前人,然仍有不当。郭璞的《江赋》,木华的《海赋》,何尝能动人哀乐呢。鲁迅默然不服,退而和我说:先生诠释文学,范围过于宽泛,把有句读的和无句读的悉数归入文学。其实文字与文学固当有分别的,《江赋》、《海赋》之类,辞虽奥博,而其文学价值就很难说。这可见鲁迅治学"爱吾师尤爱真理"的态度。②

---

① 《且介亭杂文末编·"出关"的"关"》,《鲁迅全集》第6卷,第520页。
② 《亡友鲁迅印象记》,第27页。

太炎先生和鲁迅他们谈论文学，一定是有所触媒才引起的。从材料来看，他们谈文学大略不出辞赋，看来他们的争论很可能是由《楚辞》或《庄子》所引发的。

　　关于鲁迅受业太炎先生门下的时间，《朱希祖日记》1908年7月11日记有："八时起，至太炎先生处听讲音韵之学，同学者七人。""太炎先生处"，即《民报》社太炎先生住地。《朱希祖日记》中记载至"太炎先生处听讲"，这是第一次出现。看来鲁迅是在1908年7月开始从师于章太炎是没有什么问题的。但有关听课的截止日期，目前学术界有两种不同的看法。一是"一年"说。作为当事人之一，周作人认为鲁迅"往民报社听讲，听章太炎先生讲《说文》，是1908至1909年的事，大约继续了有一年多的光景"①。二是"半年"说。陈漱渝认为："鲁迅从太炎先生学的时间大约起于1908年7月，终于同年11月，只有不到半年的时间，并非周作人说的'大约继续了有一年多的光景'。"②陈漱渝的根据是：朱希祖和许寿裳分别于1908年12月和1909年春从日本回国，这样，那个著名的八人小班就自动解散了。但我认为，鲁迅是在1909年6月才回国的，虽然《民报社》的八人小班解散了，但这并不意味着鲁迅就不去聆听太炎先生的教诲了。在这大半年内，他是极有可能去听过太炎先生讲学的。实际上，从1908年10月《民报》被禁止发行以后，章太炎遂把主要精力都用在讲学上。《太炎先生自订年谱》的"1909"条下，就记有"《民报》既被禁，余闲处与诸子讲学"，"焕卿自南洋归，余方讲学"，"余讲学如故"的话③。可见1909年，太炎先生的讲学活动反

---

① 周作人：《苦茶——周作人回想录》，第169页。
② 《鲁迅史实新探》，湖南人民出版社1980年版，第243页。
③ 《章太炎自订年谱·宣统元年（1910年）》，上海书店1986年版。

而是更加频繁了。任鸿隽是1908年后才到日本留学的，他是在大成中学听先生讲学的。据他回忆："小学讲毕后，我们请先生讲诸子学，于是先生讲了《庄子》。记得讲《庄子》时，我们觉得先生关于《庄子》文字的解释极富新义，希望先生把它写出来。次日先生就拿了一部批好的《庄子》来给学生看。他这样精勤不懈，实在令人惊佩，后来就成了他的《庄子解故》一书。讲过了这些古籍之后，先生还作了一次系统的中国文学史讲解。记得此次是在小石川区先生自己的住宅内讲的。先生手中不拿一本书，一张纸，端坐在日本的榻塌密（地席）上，一口气两三个钟头，娓娓而谈。这样大约讲了四个上午，把一部中国文学史讲完了"[1]。而我们知道，鲁迅曾明确说过，他是听过太炎先生讲《庄子》的。因此，我认为，鲁迅在1909年的大半年内，继续听课、受业的可能性是完全存在的，听课地点除了太炎先生寓所外，还可能有大成中学。

更为重要的是，自《民报》社被禁后，章太炎同鲁迅之间更加强了政治和思想上的联系。1908年，就是在鲁迅拜师章太炎期间，他秘密参加了由章太炎任过会长的反清组织——光复会[2]。鲁迅之参加光复会，肯定是受到了章太炎的革命精神的感召。鲁迅兄弟俩当时翻译"域外小说"的工作得到过章太炎的大力帮助。他们翻译的俄国斯谛普虐克（Stepniak）的《一文钱》曾"请太炎先生看过，改定好些地方"，后来登载在1908年6月出版的《民报》上[3]。章太炎有事也常找鲁迅等人商量。

---

[1] 任鸿隽：《回忆章太炎先生》，《文史资料选辑》第8辑，政协上海市文史资料工作组1961年8月。

[2] 许寿裳的《鲁迅先生年谱·1908年》载："是年从章太炎先生炳麟学，为'光复会'会员。"见《我所认识的鲁迅》，第118页。

[3] 周作人：《关于鲁迅之二》，止庵编《关于鲁迅》，新疆人民出版社1997年版，第528页。

1908年10月,日本政府应清政府之请,勒令《民报》停刊,为对付日本当局对《民报》的无理罚款,章太炎曾与许寿裳、鲁迅等商量用《支那经济全书》译本印费垫付①。另外,周作人的《知堂回想录》中,还记载了章太炎写信约请周氏兄弟翻译印度僧侣邬波泥沙托的著作以及共同学习梵文的事情。这封信写于1909年春夏之间,②信的开头写有"数日未晤"的话,这说明1909年后,鲁迅仍然常往太炎先生处,他们之间的"师弟之谊"更加亲密了。

章太炎、鲁迅师弟之间的第二次密切交往是在辛亥革命前后。辛亥革命后,有近两年时间,章太炎和立宪派混在一起,拥袁反孙,在政治上走了一段弯路。鲁迅对此很不以为然,表示沉默。1912年5月,章太炎领导的"统一党"和其他小党合并改名为"共和党",作为支持袁的与党。共和党为扩充实力、发展组织,到处追踪久远关系。当时正在北京教育部任职的鲁迅也在被拉之列。1912年6月21日,《鲁迅日记》记曰:"收共和党事务所信",次日又"收共和党证及徽识"。共和党此举显系强加于人,但鲁迅对此未置可否,恐怕正是不愿苟同而又碍于师情的一种表示。但到了1914年春,章太炎因反对袁世凯称帝,被袁软禁于总统府,后转押到龙泉寺,因绝食被移到东城钱粮胡同期间。在龙泉寺绝食期间,太炎弟子们忧心如焚,纷纷到太炎床前劝其进食。对此,许广平回忆说:

> 鲁迅先生对于章先生是极尊崇的,每逢提起,总严肃地称他太炎先生。当章先生反对袁世凯称帝的野心时,曾经被逮绝食,大家没法子敢去相劝,还是推先生(按:指鲁迅)

---

① 周作人:《鲁迅的故家·民报社听讲》,上海出版公司1952年版,第348页。
② 周作人:《知堂回想录》,敦煌文艺出版社1995年版,第174—176页。

亲自到监狱婉转陈词才进食的。①

　　许广平的这一说法，影响极大，孙伏园《鲁迅先生二三事》和王冶秋的《民元前的鲁迅先生》均采用许说。章太炎在龙泉寺绝食的时间是1914年6月上旬，但查这一时期的《鲁迅日记》，鲁迅前后总共去钱粮胡同探望章师7次，但并无见到鲁迅有去龙泉寺的记录。从《鲁迅日记》的记载中可以知道：从时间看，鲁迅前去探望，最早的一次已在这年的8月下旬，已经是这一次绝食中止以后的两个多月了；从地点看，第一次去就已经是钱粮胡同了，而从来没有去过龙泉寺。总而言之，地点、时间，无一相合，可知章太炎6月间至他绝食的中止，完全与鲁迅无关。而且鲁迅即使到钱粮胡同章寓探望章师，每次都是同许寿裳或其他人一同去的，从未见到有鲁迅单独探望章师的记录，因此可以断定许广平的所记有误②。

　　值得一提的是，就在章太炎被幽禁于北京东城钱粮胡同期间，为感谢鲁迅的殷勤探望，特别为鲁迅书一条幅。查《鲁迅日记》，1915年6月17日有这样的记述："下午许季市来，并持章师书一幅，自所写与，又《齐物论释》一册，是新刻本，龚未生赠也。""许季市"即许寿裳，"章师"即章太炎。此条幅内容为：

　　　　变化齐一，不主故常，
　　　　在谷满谷，在阬消阬；
　　　　涂郤守神，以物为量。

------

　　① 《民元前的鲁迅先生》，《许广平文集》第2卷，江苏文艺出版社1998年版，第444页。
　　② 详情请参看朱正：《鲁迅回忆录正误》，人民文学出版社1986年版，第12页。

书赠豫才　章炳麟

　　此条幅现存鲁迅博物馆,其中的六句话,出自《庄子》中的《天运》篇。这是北门成(按:北门成,复姓北门,名成,黄帝的臣子)与黄帝谈论"至乐之道"时黄帝说的话。这里,庄子是通过谈论"至乐之道"而宣传他的"道"的观点的,庄子认为一切要顺乎自然,要恬淡无为而无不为。其表达了章太炎在被拘禁中一种特别的人生感受。

　　"五四"新文化运动后,章太炎和鲁迅师徒人生道路的选择迥然有别:鲁迅顺应时代的潮流,投身到新文化运动中去,大胆向旧的礼教开火,并进而成为新文化的精神领袖和时代的先锋;而章太炎正如鲁迅所说,"但革命之后,先生亦渐为昭示后世计,自藏其锋铓。先生遂身衣学术的华衮,粹然成为儒宗,……既离民众,渐入颓唐,后来的参与投壶,接收馈赠,遂每为论者所不满"①。对于"五四"新文化运动,章太炎更是有所针砭。他攻击过白话文,讽刺过新诗,主张"国粹",甚至反对国民革命,真可谓有点"反动"了。鲁迅说:"太炎先生曾教我小学,后来因为我主张白话,不敢再去见他了"②,从此,章太炎和鲁迅之间的"交游"就此中断。不仅如此,而且他们师徒之间还发生过几次"磨擦",而这几次"磨擦",则都是"弟子"鲁迅惹起的:

　　第一次是在1924年。这年7月5日,章太炎在南京东南大学召开的"中华教育改进社"第三次会上,作《劝治史学及论史学利病》的讲演,其中说:"生为一国之民,不治本国史学,

---

　　① 《且介亭杂文末编·关于太炎先生二三事》,《鲁迅全集》第6卷,第547页。

　　② 《书信·330618·致曹聚仁》,《鲁迅全集》第12卷,第185页。

直谓之无国家无国民之人可也,聚几万万无国民性之人以立国,则国魂已失"。对此,鲁迅不以为然。他以"某生者"为名,在1924年9月28日北京《晨报副刊》发表《又是"古已有之"》,回敬道:自己倒是从史学中知道了许多"古已有之"的事,那就是:"我在十三年之前,确乎是一个他族的奴隶,国性还保存着,所以'今尚有之',而且因为我是不甚相信历史的进化的,所以还怕未免'后仍有之'"①。

第二次是在1926年。当年8月间,章太炎在南京任北洋军阀孙传芳设立的婚丧祭礼制会会长,孙传芳曾邀请章参加投壶仪式,但章未去。尽管如此,但鲁迅听说后,仍然"心窃非之"②,并在《上海通信》一文中讽刺道:"一到(南京)下关,记起这是投壶的礼义之邦的事来,总不免有些滑稽之感"③。

第三次是在1934年。鲁迅先是发表《趋时与复古》,把太炎先生称之为复古的"活的纯正的先贤",并生动比喻道:"原是拉车前进的好身手,腿肚大,胳膊也粗,这回还是请他拉,拉还是拉,然而是拉车屁股向后,这里只好用古文,'呜呼哀哉,尚飨'了"④。后来又在《门外文谈》中分析中国文字为什么如此之"难"时,认为这是"因为这可以使他特别的尊严,超出别的一切平常的士大夫之上",并且特别举出了"钱玄同先生的照《说文》字样给太炎先生抄《小学答问》"的例子。⑤

第四次是在1935年。当年4月,章太炎在章氏星期讲演会上发表演讲《白话与文言文之关系》,提出"非深通小学就难做

---

① 《鲁迅全集·集外集拾遗》第7卷,第230页。
② 《致曹聚仁·330618》《鲁迅全集》第12卷,第185页。
③ 《华盖集续编》,《鲁迅全集》第3卷,第362页。
④ 《花边文学·趋时与复古》,《鲁迅全集》第5卷,第536页。
⑤ 《且介亭杂文·门外文谈》,《鲁迅全集》第6卷,第93页。

白话"一类的陈见,鲁迅在《名人和名言》一文中驳斥说:"如果做白话的人,要每时都到《说文解字》里去找本字,那的确比做任何借字的文言要难到不知多少倍。……因为白话是写给现代的人们看,并非写给商、周、秦、汉的鬼看的,起古人于地下,看了不懂,我们也毫不畏缩。……太炎先生是革命的先觉,小学的大师,倘谈文献,讲《说文》,当然娓娓可听,但一到攻击现在的白话,便牛头不对马嘴"[1]。这对于乃师,算是极不客气了。

面对自己昔日门生的频频"攻击",章太炎却表现出了特有的沉默。对于自己昔日弟子如此的"离经叛道"乃至"攻击"自己,章太炎虽有不快,但他还是表现出了自己"哲人"的大度。他没有像自己的业师俞樾那样令"弟子鸣鼓攻之可矣",而仍然对鲁迅爱护有加。据鲁迅的学生孙伏园回忆:

> 太炎先生最后一次到北平去,门徒们公宴席上,问起鲁迅先生,说"豫才现在如何?"答说现在上海,颇被一般人疑为左倾分子。太炎先生点头说,"他一向研究俄文学,这误会一定从俄国文学而起"[2]。

查章太炎最后一次到北平是在1932年上半年,而鲁迅此时已经是公认的左翼文学大师。如此勉强地为自己昔日的弟子辩护,这既表现出了太炎先生的长者风范,也与周作人先生所说的"太炎对于阔人要发脾气,可是对青年学生却是很好"的一贯性格相符合[3]。而对于鲁迅那些颇得乃师文章之神理的"魏晋文

---

[1] 《鲁迅全集·且介亭杂文二集》第6卷,第361页。
[2] 孙伏园:《惜别》,《鲁迅先生二三事》,湖南人民出版社1980年版,第30页。
[3] 周作人:《苦茶——周作人回想录》,第169页。

章",他也曾予以赞许。①

但章太炎对于自己昔日弟子周豫才的特别关爱,并不能掩饰他因鲁迅后来的"离经叛道",尤其是在政治上的明显"左倾"而心存的原则性的分歧。实际上,对于自己弟子周树人,我认为他是有腹诽之心的,只是碍于师弟之谊,不便明说罢了。最明显的例子就是1933年制作的《同门录》中,竟然没有"周树人"的大名,而曾写过"不免有点大不敬"的《谢本师》,要与乃师决裂的鲁迅胞弟周作人的大名却赫然在列。钱玄同曾专为此事致信周作人,称吴承仕当面问过太炎先生,为何《同门录》里没有鲁迅、许寿裳、钱家治(均甫)、朱宗莱(蓬仙)等人的名字,去取是否有义。太炎先生的回答很妙:"绝无,但凭记忆所及耳"②。以鲁迅当时的成就和盛名,章太炎是不会轻易忘记和忽略他的。但《同门录》却偏偏漏掉了大名鼎鼎的鲁迅,这似乎不是老先生的记忆问题,它实际上意味着,章太炎在内心深处,是把鲁迅排除在"入室弟子"之外的。

同样的佐证也出现在成稿于1928年的《太炎先生自定年谱》中。在这部被他自己视为"秘本",生前不愿意示人,死后才得以发表的《年谱》中,"宣统二年",也就是"1910年"条下,太炎先生写到自己的"东京讲学"的情况:

> 余学虽有师友讲习,然得于忧患者多。自三十九岁亡命日本,提奖光复,未尝废学。东国佛藏易致,购得读之,其思益深。始治小学音韵,遍览清世大师著撰,犹谓未至。久乃专读大徐原本,日翻数页,至十余周,以说解正文比校。疑义冰释。先后成《小学答问》、《新方言》、《文始》三

---

① 曹聚仁:《我与鲁迅》,《我与我的世界》,人民文学出版社1983年3月版。
② 周作人:《苦茶——周作人回想录》,第430页。

书,又为《国故论衡》、《齐物论释》,《訄书》亦多修治矣。弟子成就者,蕲春黄侃季刚,归安钱夏季中,海盐朱希祖逖先。季刚季中皆命小学,季刚尤善音韵文辞,逖先博览,能知条理。其他修士甚众,不备书也。恨岁月短浅,他学未尽宣耳。①

尽管章太炎在这里谈的是自己学问的承传情况,但仍然只字未提鲁迅。这也就是说,章太炎是不把鲁迅视为继承自己学问、思想的传人的。

章太炎之所以把鲁迅排除在弟子之外,绝不仅仅是学术承传的问题。我认为这其中除了他们在晚期学术思想的分歧之外,更主要的还是师徒二人在文化价值观念以及政治倾向的截然相反而导致的。在政治倾向上,章太炎一度与北洋军阀孙传芳套近乎,被其利用,为其"讨赤反共"摇旗呐喊。晚年自号"中华民国遗民","既离民众,渐入颓唐"。而鲁迅则是公认的左翼文学宗师,与时俱进,走在了历史和时代的前列。在文化价值观念上,师徒二人的分歧更大。章太炎晚年一改自己在《民报》时期的反孔倾向,高扬"国粹",为传统文化张目,并为自己以前"妄疑圣哲"的"狂妄逆诈之论"而深自忏悔,把《诸子学略说》从《章氏丛书》中刊削②。而鲁迅则完全与乃师背道而驰。他一生致力于反孔、反传统,主张白话,倡导新文学,是新文学乃至新文化的代表之一。可以说,相对于自己的业师章太炎,鲁迅可以说是彻头彻尾的"离经叛道"。因此,我们不仅见到了上述对于章太炎的指责、讽刺,而且还有在《关于太炎先生二三事》

---

① 《章太炎先生自订年谱·宣统二年(1910年)》,上海书店1986年版。
② 《致柳翼谋书》,汤志均编《章太炎政论选集》下册,中华书局1977年版,第763页。

中对于乃师晚年"颓唐"生活的"盖棺论定"式的批评：

> 但革命之后，先生亦渐为昭示后世计，自藏其锋铓。浙江所刻的《章氏丛书》，是出于手定的，大约以为驳难攻讦，至于忿詈，有违古之儒风，足以贻讥多士的罢，先前的见于期刊的斗争的文章，竟多被刊落，上文所引的诗两首，亦不见于《诗录》中。1933年刻《章氏丛书续编》于北平，所收不多，而更纯谨，且不取旧作，当然也无斗争之作，先生遂身衣学术的华衮，粹然成为儒宗，执贽愿为弟子者綦众，至于仓皇制《同门录》成册。

值得注意的是，鲁迅这里提到了《同门录》，可见他是知道自己没有被纳入章门弟子名录的。但鲁迅似乎并不是很在意自己不被章师所接纳的个人恩怨，他之评价太炎先生，是从他"既离民众，渐入颓唐"，消磨了战士本色的角度而出发的。他所看重的，是太炎先生作为"有学问的革命家"的价值，而不是他作为"国学大师"的意义。

鲁迅上述对于乃师这种近乎不讲情面的态度，并不是他悖理违情，而是建立在他一贯坚持的"对事不对人"的为人原则上的。尽管他对于太炎先生"慕古必不免于退婴"[1]的思想和行为有所批评，但在鲁迅的内心深处，对于乃师的人品和学问，还是推崇有加的。

首先，鲁迅非常推崇章的学问，对他的学术著作极为爱重。1910年，朱逖先等人倡仪太炎弟子集资刻印乃师的学术著作《小学答问》，鲁迅积极响应，并寄刊资十五圆[2]。1916年，鲁

---

[1] 《集外集拾遗·〈新俄画选〉小引》，《鲁迅全集》第7卷，第343页。
[2] 《鲁迅全集》第11卷，第333、335页。

迅在给许寿裳的信中，为《章氏丛书》的出版事宜两遭当时的议会质问并被迫停版而大有"遗珠"之遗[1]。1932年，鲁迅又在与许寿裳信中，云："归途过大马路，见文明书局方廉价出售旧书，进而一观，则见太炎先生手写影印之《文始》四本，黯淡垢污，在无聊之群书中，定价每本三角，为之慨然，得二本而出，兄不知有此书否，否则当以一部奉呈，亦一纪念也"[2]。1936年，太炎先生去世，鲁迅即致信许寿裳，希望将太炎遗物及著作妥善包管和整理，并"汇印成册，以示天下，以遗将来"[3]。

其次，鲁迅还在多处文章中为乃师辩解，为乃师说话。在1925年的《补白》中，鲁迅揭露了民元时那些因被章太炎贬责而给他起绰号曰"章疯子"的人们的卑劣的讼师式的手段，为乃师辩诬[4]。1925年，陈西滢在《现代评论》第二卷第四十期（1925年9月12日）发表的《闲话》里，为了掩饰自己散布流言，就诬蔑别人造谣，并乘机向吴稚晖献媚。云："高风亮节如吴稚晖先生尚且有章炳麟诬蔑他报密清廷，其他不如吴先生的人，污辱之来，当然更不能免"。对此鲁迅《并非闲话》（二）一文中予以猛烈地回击："更可悲的是现在'造谣者的卑鄙龌龊更远过于章炳麟'。……即如女师大风潮，西滢先生就听到关于我们的'流言'，而我竟不知道是怎样的'流言'，是那几个'卑鄙龌龊更远过于章炳麟'者所造"[5]。鲁迅对乃师的名誉的捍卫，尤其是对乃师革命精神的捍卫，到了他临终前对章师"盖棺论定"的评价里达到了高潮。针对一些小报记者对章太炎不

---

[1] 《鲁迅全集》第11卷，第341页。
[2] 《鲁迅全集》第12卷，第101页。
[3] 《鲁迅全集》第13卷，第431页。
[4] 《鲁迅全集·华盖集》第3卷，第103页。
[5] 《鲁迅全集》第3卷，第124页。

怀好意的攻击，鲁迅在批评章太炎"既离民众，渐入颓唐"之余，对乃师的"先哲的精神"进行了极力地阐扬和高度的评价：

> 考其生平，以大勋章作扇坠，临总统府之门，大垢袁世凯的包藏祸心者，并世无第二人；七被迫捕，三入牢狱，而革命之志，终不屈挠者，并世亦无第二人：这才是先哲的精神，后生的楷范。近有文痞，勾结小报，竟也作文奚落先生以自鸣得意，真可谓"小人不欲成人之美"，而且"蚍蜉撼大树，可笑不自量"了。①

这里字里行间都透露出了鲁迅对章太炎人格尤其是其革命精神的无比崇敬之情。由此我们也可以看出鲁迅性格中那种"严气正性"的一面——即使是对于自己最为尊崇的导师，他也抱着一种"吾爱吾师，吾更爱真理"的原则性。对于自己的这种为人上的"原则性"，鲁迅在给曹聚仁的信中披露了心迹：

> 古之师道，实在也太尊，我对此颇有反感。我以为师如荒谬，不妨叛之，但师如非罪而遭冤，却不可乘机下石，以图快敌人之意而自救。太炎先生曾教我小学，后来因为我主张白话，不敢再去见他了，后来他主张投壶，心窃非之，但当国民党要没收他的几间破屋，我实不能向当局作媚笑。以后如相见，仍当执礼甚恭（而太炎先生对于弟子，向来也绝无傲态，和蔼若朋友然），自以为师弟之道，为此已可矣。②

---

① 《鲁迅全集》第6卷，第547页。
② 《鲁迅全集·330618 致曹聚仁》第12卷，第185页。

鲁迅的上述自白，实际上在阐述一种新的士人的道德观。传统的士人，尤其是儒家的理想主义者，其主体价值是"士志于道"，并且"道"尊于"势"。他们也许不会屈尊于"势"的面前，在"势"的面前甚至会表现出一种"不畏强权"的独立的抗争的精神，但他们却会异常自觉地匍匐在另一个"势"——儒家之"道统"的脚下。而作为"道"的载体，"道统"的实现者，"师"在传统中国就具有了特别尊贵的意义。鲁迅的"古之师道，实在也太尊"，我想大概正是由此而发。而他标出"师如荒谬，不妨叛之"的观点，实际上是一种新的士人的价值观。这种价值观是建立在对理性判断和对真理的信仰的基础之上的，但同时又不失"传统"的对乃师"执礼甚恭"的美德。而我们从鲁迅与章太炎一生的"交游"中，看到的是"吾爱吾师，吾更爱真理"的现代的师生关系。

三 章太炎与鲁迅早期思想

日本留学时期（公元1902—1909年），是鲁迅一生中最为重要的阶段。在8年的留学生涯中，鲁迅通过日本这个"桥梁"，接触了来自西方的"新神思宗"，从而完成了一个传统士大夫到现代知识分子的转变。他一生所从事的"文学启蒙"的职业选择以及以改造"国民性"为目的的"立人"的思想建构，都是在这一时期铸定的。

早期鲁迅思想建构奉行的"取今复古，别立新宗"的原则。"取今"自不必说，值得注意的是他的"复古"观念，则带有明显的章太炎思想的印痕。鲁迅与章氏接触之前，他在思想上更多的还是秉承着维新时期救亡与维新的遗绪，内容大都是以科学启蒙激发起国人的救亡图存之心，还没有鲜明的个人思想特点。而1908年，鲁迅投师章太炎之后，他的思想和文字却发生了巨大的转变。在思想上，也表现出了与此前的近代理性精神有着明显异质的"不和谐音"：如反对"代议制"的现代民主政治形式；反对现代科学的成果——物质文明；为宗教迷信辩护，认为"伪士当去，迷信可存"是"今日之急也"，并把"破迷信、崇侵略、尽义务"与"同文字、弃祖国、尽义务"等斥为"恶声"而加以批驳……在文字上，鲁迅的文章自称早年曾受严又陵的影响，"以后又受了章太炎先生的影响，古了起来"[1]。对于鲁迅早期写作所受的章太炎的影响，早年与鲁迅相知甚深的周作人和许寿裳都有证实[2]。

《民报》时期是章太炎一生思想最辉煌的创造时期，也是他思想发生重大变化的时期。1903年，章太炎因"《苏报》案"而被囚系于上海西牢。为了排遣漫长而苦闷的岁月，他开始潜心研究佛学，尤其是华严宗与法相唯识宗的理论，思想遂开始发生根本性的转变。"《苏报》案"前，章太炎在政治上主张排满革命，但在思想上仍然是机械唯物论与社会进化论的信奉者。"《苏报》案"后，他开始对自己以往的思想进行了全面的反省和调整。1906年，章氏刑满出狱，被孙中山派人迎至日本东京主持《民报》工作。在东京留学生为他举行的欢迎会上，章太炎慷慨陈词，道出了他近日所要做的两件事情："第一是用宗教发起信心，增进国民的道德；第二是用国粹激动种性，增进爱国的热肠"[3]。因此，在他主持《民报》期间发表的大量文章，大

---

[1] 《集外集·序》，《鲁迅全集》第9卷，第4页。
[2] 许寿裳：《亡友鲁迅印象记》第9页，人民文学出版社1953年版；周作人：《关于鲁迅之三》，见钟叔和编：《周作人文类编》，湖南文艺出版社1998年版，第125页。
[3] 《章太炎政论选集》上册第272页，中华书局1977年版。

体上就是以这两点作为要领的。

《民报》时期的章太炎,非常热心于哲学的研读与探讨。他以佛教唯识宗的理论为基础,附会、吸收西方的唯心论哲学揉合而成了具有自己独特风格的完整的哲学思想体系。除了西方古典唯心哲学、无政府主义思想及唯意志哲学等对他有着重要的影响外,《庄子》和佛学是他注目的思想中心。在这一时期的学术著作《庄子解故》(公元1909年)、《齐物论释》和《国故论衡》(公元1910年)中,章太炎以佛解庄,熔佛、庄于一炉。他说:"若夫九流繁会,各于其党,命世哲人,莫若庄氏。《逍遥》任万物之各适,《齐物》得彼是之环枢,以视孔墨,犹尘垢也"[1];"余既解《齐物》,于老氏亦能推明。佛法虽高,不应用于政治社会,此则惟待老庄也。儒家比之,邈焉不相逮矣";[2]"释氏应之,故出世之法多,而详于内圣。……孔老应之,则世间之法多,而详于外王,兼是二者,厥为庄生"[3]。这也就是说,在章氏的心目中,释氏强调出世,详于内圣而略于外王,理论虽然高妙却不能应用于政治社会。孔、老注重入世,详于外王而略于内圣,可以应用于政治社会,但理论却远远不如佛法。兼备内圣外王之道者,则只有庄子。

也就是在这一时期,鲁迅开始投师于章氏并如饥似渴地阅读他在《民报》上发表的文章。在鲁迅与章太炎接触时,值得注意的是下列两件事情:一是章在给鲁迅他们授课时对于《庄子》的介绍。讲课内容后来结集为《庄子解故》和《齐物论释》等。章太炎对《庄子》的见解,对青年鲁迅影响至深,以至于他到了晚年还据此创作了历史小说《出关》。二是章与无政府主义的

---

[1] 《章太炎全集》第6卷,上海人民出版社1985年版,第127页。
[2] 《自述学术次第》,见《章太炎学术史论集》,中国社会科学出版社1997年版,第392页。
[3] 《菿汉微言》,《菿汉三言》,辽宁教育出版社2000年版,第23页。

东京派的接触对鲁迅的影响。这一时期,章太炎一度与无政府主义的东京派的代表人物刘师培、张继等过从甚密。他不但积极支持并参与张继、刘师培等创建的带有无政府主义性质的"社会主义讲习会",而且还亲自为张继的《无政府主义》一书作序,同时还在自己主编的《民报》上发表介绍无政府主义思想和人物的文章,而他的《五无论》、《四惑论》等,为无政府主义思想作了哲学上的说明。而这一时期,正是鲁迅在东京从事文学活动的时期,很可能参加过"社会主义讲习会"的活动。据周作人回忆,鲁迅很早的时候就同日本的社会主义运动的活跃人物宫崎寅藏、堺枯川等有过多次接触,并曾嘱咐周作人把巴枯宁的《一个革命家的自叙传》节译出来送给刘师培,登在他的《天议报》上。①

而在章太炎、刘师培等人的心目中,庄子的精神是与无政府主义思想可以互相贯通的。章氏认为:"中国言无政府主义者,前有庄子,后有鲍生(案:即鲍敬远),为其最著②";刘师培则试图用儒家、道家思想阐释近代西方的无政府主义:"儒、道二家之学说主于放任,故中国之政治主张放任而不主干涉。……名曰有政府,实与无政府无异"③。这就将近代西方无政府主义思想融解于传统中国思想文化之中,在哲学上给了无政府主义思想以深刻的说明。而章太炎以庄、佛思想会通无政府主义及唯意志哲学,复活了庄子古老的自然放任的幽灵和个人主义精神,并以此为武器,展开了对于当时许多流行的观念和世俗的执迷的批判。而他这种对庄子精神的唤醒,解构的正是以儒家意识形态为

---

① 周遐寿:《鲁迅与日本社会主义者》,《鲁迅研究资料》1979 年 2 月。
② 章太炎:《五无论》,《章太炎全集》第 4 卷,上海人民出版社 1985 年版,第 434 页。
③ 何震、刘师培:《论种族革命与无政府革命之得失》,《天议报》(东京)第 6 卷。

核心的封建文化秩序。萧公权先生从"抗议"两个字,点出章氏政治思想的一贯宗旨:"抗议异族的压迫,所以倡言革命;抗议苛政之食人,所以倡言五无四惑的虚无主义;其他一切解放个人,鼓吹平等,讥弹风俗,诋斥人类的议论,几乎没有不含抗议的意味①";日本学者河田悌一先生则以"否定"两个字贯穿章太炎《民报》时期的思想,他认为章太炎反满共和的思想,在否定清朝及立宪君主制;反帝国主义思想是在否定帝国主义;反近代的思想,是在否定西欧的近代;而反封建思想即在否定封建制度②。但无论是"抗议",还是"否定",都与庄子学的精神——对现存秩序的否定和批判一致的。因此,贺麟先生才认为"其勇于怀疑,与康有为之破除九界,谭嗣同之冲决网罗,有同等甚或较大的解放思想,超出束缚的效力"③。

实际上,章太炎当时的辩驳对象主要是以康有为和梁启超为代表的"维新派"的文化价值观念。"维新派"的文化价值观是当时主导中国思想界的现代化范式,其思想的根基是西方近代唯理主义的文化价值观。西方自文艺复兴后渐次发展起来的民主与科学的文明,经过启蒙运动、工业革命便如虎添翼,到了19世纪下半叶,遂借助西方列强的帝国主义侵略政策来到东方,猛烈地冲击着古老中国的门户。它一方面伤害着中国人的自尊心,激起他们强烈的救国保种的救亡之情,另一方面它也促动许多仁人志士的理性反思。在洋务派"中体西用"的现代化范式破产之后,弥漫于中国思想界的是维新派以进化论为根基的"西体西用"的现代化范式。在这样的思想范式下,社会进化论成了历史的"公理",物质的发达成了历史进步的目标,民主与科学成

---

① 《中国政治思想史》,台北联经出版公司1982年,第932页。
② 《否定的思想家——章炳麟》,见章念驰编:《章太炎生平与学术》,三联书店1988年版。
③ 《五十年来的中国哲学》,辽宁教育出版社1989年版,第5页。

为人们尊奉的精神之旗,而其在哲学上的表现则是近代唯理主义思想。作为19世纪西方文化扩张主义下的受害者,作为那一代的敏感的中国知识分子,章太炎的正义的愤怒使他不能惬意或默然于当时的西潮,因此,他开始对这些流行思潮所造成的"时弊"进行深刻地反省与批判。而他所使用的武器之一,就是以西方无政府主义所包装的庄、佛思想。

鲁迅对章太炎《民报》时期的"反抗哲学"的回应,是在以下两个层面上进行的:一是在章氏"俱分进化论"与鲁迅"文化偏至论"之间;二是在章氏"依自不依他"与鲁迅"任个人而排众数"之间。

(一)"俱分进化论"与"文化偏至论"

达尔文的生物进化论与斯宾塞的社会进化论,在19世纪末经由严复等人的介绍进入中国后,遂发展成为20世纪初期在中国思想界占主导地位的世界观与方法论。以康有为和梁启超为代表的维新派人士所发动的戊戌维新及新启蒙运动,就是以进化论为理论根据的。章太炎曾经一度也是进化论的信奉者,他早期的《菌说》、《原变》、《儒术真论》等文就是以进化论来解说自然界与人类历史的重要文献。但在《民报》期间,章氏又提出"俱分进化论",对之加以修正。

《俱分进化论》是章太炎出狱东渡以后发表的第一篇哲学专文,刊登于1906年9月5日出版的《民报》第七号。此文发表后,蓝公武即在自己发行的《教育》第一年一号上撰文批评。章太炎遂于同年12月20日出版的《民报》第十号上发表《与人书》进行反驳,为俱分进化论辩解。蓝公武又于《教育》第一年二号"附言"辩难。此后,章太炎在《五无论》(公元1907年)、《四惑论》(公元1908年)、《国故论衡》(公元1910年)等著作中继续阐发"俱分进化论"。章氏的"俱分进化论",对鲁迅有着深刻的影响,以至于30年后他仍然对之记忆犹新。

尽管他后来说"我爱看这《民报》,但并非为了先生的文笔古奥,索解为难,或说佛法,谈'俱分进化',是为了他和主张保皇的梁启超斗争,和'××'的×××斗争;和'以《红楼梦》为成佛之要道'的×××斗争,真是所向披靡,令人神旺"①,这其中"和'以《红楼梦》为成佛之要道'的×××斗争"中的"×××"就指的是蓝公武。两人之间关于"俱分进化论"的论争,鲁迅当时是十分关注的。

所谓"俱分进化论",简言之,就是说人类历史的发展在道德方面是善与恶同时并进,在生活方面是苦与乐同时并进。他说:"进化之所以为进化者,非由一方直进,而必由双方并进。专举一方,惟言智识进化可尔。若以道德言,则善亦进化,恶亦进化;若以生计言,则乐亦进化,苦亦进化。双方并进,如影之随形,如罔两之逐景。非有他也,智识愈高,虽欲举一废一,而不可得。曩时之善恶为小,而今之善恶为大;曩时之苦乐为小。而今之苦乐为大"②。正因为善恶、苦乐、智愚双方并进,所以章太炎认为进化的事实不可否认,而进化的作用却不足取。他反对斯宾塞把生物进化原理推之于人类社会的社会进化论观点,认为进化只是自然规律,而非社会原理,斯宾塞用生理、生物观点而不以心理、意识观点来解释社会,是错误的。他强调社会另有不同于自然进化的社会意识和人道规则:"且黠者之必能诈愚,勇者之必能凌弱,此自然规则也。循乎自然规则,则人道将穷。……今夫进化者,亦自然规则也……以进化者,本严饰地球之事,于人道初无与尔"③。因此,他称达尔文的进化论为"进化教",并在《四惑论》中把其当作"四惑"之一加以批驳,认

---

① 《鲁迅全集》第6卷,第546页。
② 《俱分进化论》,《章太炎全集》第4卷,第386—387页。
③ 《四惑论》,《章太炎全集》第4卷,第456页。

为"望进化者,其迷与求神仙无异"①。

章太炎的"俱分进化论"的历史观,表明了他对于资本主义文化矛盾与现代社会的悖论的深刻认识,他看到了以科学理性为代表的物质主义在高歌猛进之余,给人类的神性和道德带来的缺失和遮蔽,这是独具慧眼的。很显然,章太炎已抛弃了其早期对于人类历史的乐观主义认识,而浸染上了叔本华意志主义和佛教人生观中的悲剧意识。

从俱分进化论出发,章太炎提出反对物质文明、生活幸福的主张。他认为,既然进化的结果是善恶并进、苦乐并进,对人类实无好处,那么,发展科学技术,提高生产力,促进物质文明,追求幸福生活等等,都是不必要、不应该的。他说:"欲乘汽船,必先凿煤,乘轮之乐,不偿开坑之苦也。欲孳稼穑,耕以机器,开坑之苦,更甚于力农矣。……然则小艇可乘,何必轮舰?躬耕足食,安取引机?……此则今日所有文明,尚当有裁损者,何得复求增进"②,"人求进化,必事气机。欲事气机,必先穿求石炭。而人之所需,本不在此,与其自苦于地窟之中,以求后乐,曷若樵苏耕获,鼓腹而游矣!夫乐不与苦相偿,谁有白痴,甘为此者③!"这就是说,改革技术,使用机器,就必须挖煤来作燃料,而在地底下挖煤是异常艰苦的劳动。两相比较,使用机器的好处还补偿不了挖煤的艰苦。因此,人类只要能够维持最低限度的生活水准就可以了,不必致力于发展生产,改善生活。追求幸福,就是充当物质的奴隶,比充当他人的奴隶还要猥贱。要获得快乐,只需向心灵追求即可。对于以物质文明追求幸福的

---

① 《五无论》,《章太炎全集》第4卷,第442页。
② 《无政府主义序》,《章太炎政论选集》上册,中华书局1977年版,第384页。
③ 《四惑论》,《章太炎全集》第4卷,第450页。

人，章太炎痛诋为"厚颜之甚"①。进而，他把幸福与道德对立起来，认为追求物质文明、生活幸福，道德就会堕落。他按照职业与知识的差别，把社会人群划分为农人、工人、稗贩、坐贾、学究、艺士、通人、行伍、胥徒、幕客、职商、京朝官、方面官、军官、差除官、雇驿人16个等级，认为农人道德最高，工人次之，依次递减，"自艺士以下，率在道德之域，而通人以上则多不道德者。……要之知识愈进，相位愈申，则离于道德也愈远"②，这就说明，道德的堕落，是与一个人知识的进步、生活的豪华有关的。

章太炎的"俱分进化论"在青年鲁迅那里引起了强烈的共鸣。他们都认识到了人类社会人类历史在物质与精神、科学与人文、知识与道德等方面的难于同步所形成的悖论状况，这在鲁迅那里被改造成了"文化偏至论"。

首先，鲁迅对于西方以科学、理性为根基的物质主义泛滥表达了自己的深切忧虑：

> 递夫19世纪中叶，而其弊果益昭，诸凡事物，无不质化，灵明日益亏蚀，旨趣流于平庸，人惟客观之物质是趋，而主观之内面精神，乃舍置不之一省。重其外，放其内，取其质，遗其神，林林众生，物欲来蔽，社会憔悴，进步以停，于是一切诈伪罪恶，蔑弗乘之而萌，使性灵之光，愈益就于黯淡；19世纪文明一面之通弊，盖如此矣。③

但是，鲁迅却并没有像乃师章太炎那样彻底反对人的物质追

---

① 《四惑论》，《章太炎全集》第4卷，第454页。
② 《革命之道德》，《章太炎政论选集》上册，中华书局1977年版，第318页。
③ 《坟·文化偏至论》，《鲁迅全集》第1卷，第53页。

求,他只是觉得"人惟客观之物质是趋"是一种文化的"偏至",这势必会导致灵明的丧失,文明的窒息和停顿,因此,他极力主张"掊物质而张灵明",并认为这是力矫物质主义之"偏至"的必要手段。

其次,鲁迅之"张灵明"尽管也像章氏那样具有鲜明的"道德救赎"色彩,但鲁迅没有章氏那样强烈的"尚德"意识。在鲁迅心目中,与物质主义相对的"灵明"不尽指的是道德,它还包括情感、意志、欲望及创造力等。因此,鲁迅的"文化偏至论"充满着乐观主义色彩。在他看来,人类历史的发展就是物质与精神、科学与人文、知识与道德等互为"偏至"的历史:"甲长则乙弛,乙盛则甲衰,迭代往来,无有纪极,如希腊罗马之科学,以极盛称,待亚拉伯学者兴,则一归于学古;景教诸国则建至严之教,为德育本根,知识之不绝者如线"。知识与道德此消彼长的关系其实是人类文明史的一般规律:"所谓世界不直进,常曲折如螺旋,大波小波,起伏万状,进退久之而达水裔"[①]。人类文明化的进程的确深含着这一历史的辩证法。

虽然鲁迅也认识到了近代理性主义思想而导致的"沉于物、溺于德"恶果,但鲁迅仍然坚信通过"尊个性而张精神"还是可以力矫此弊以达成"人国"的实现的,这就与乃师章太炎对人类前途的悲观预见不同。章氏断定人性之恶是不可改变的,而且社会愈进化恶性愈发展,道德愈堕落,人与人之间的争夺和残杀也愈演愈烈。为了根本消灭人与人之间的争夺和残杀,使人类达到尽善尽美的境地,他提出了"五无之制"这一最高理想。所谓"五无",就是无政府、无聚落、无人类、无众生、无世界。章太炎认为,人生有限,想一下子飞跃到五无,是不可能的,还得从当前实际情况出发,先实行民族主义,后实行无政府

[①] 《坟·科学史教篇》,《鲁迅全集》第1卷,第28页。

主义,最后才实现无生主义,即五无之制①。章氏的思想,充满着空想和虚无色彩,青年鲁迅虽然也愤世嫉俗,但从他对于"人国"建立的期待来看,还是比较乐观的。

但无论如何,我们从章太炎与鲁迅反对物质文明的言论中仍然看出了古代老庄若隐若现的幽灵。老庄都主张"退朴归真,复于自然",是基于对于人类社会发展中物质进步与道德退化的悖论性的基本认识。老子主张小国寡民,不用器物,不行舟车,不动甲兵,结绳纪事,鸡犬之声相闻,民至老死不相往来。而庄子也认为,技术进步就意味着人类智慧的发达,产生机巧的心思,失去纯朴的本性,连使用桔槔这点小小的技术革新,也遭到他的非议。(《庄子·天地》)他理想中的"至德之世",就是"山无蹊隧,泽无舟梁,万物群生,连属其乡,禽兽成群,草木遂长";"同与禽兽居,族与万物并"(《庄子·马蹄》),这样一种人兽同居,没有文明,不用器具的浑沌社会。在启蒙主义者的话语里,老子的理想是要倒退到"小国寡民"的原始社会,庄子的理想是要倒退到人兽同居的动物世界,其倾向无疑是反文明,也是反人类的。但笔者以为,问题不在于这些描述本身,而在于这些批判所凸显出的人类社会发展中的异化状态对人类自身的警策作用。套用康德为卢梭辩护的话,就是:"完全没有理由把卢梭对那些胆敢放弃自然状态的人类的申斥,看作一种对返回森林之原始状态的赞许。他的著作……其实并没有提出人们应该返回自然状态去,而只认为人们应该从他们目前所达到的水准去回顾它"②。对于章太炎和鲁迅的反知主义,也应该作如是说。

---

① 《五无论》,《章太炎全集》第4卷,第429—443页。
② 康德:《人类学》,转引自卡西尔:《卢梭、康德、歌德》中译本,三联书店2002年版,第12页。

（二）"依自不依他"与"任个人而排众数"

章太炎对于近代唯理主义、物质主义的反思与批判，是与他"依自不依他"的思想深切关联着的。"依自不依他"的观念来自佛教的禅宗，但在章太炎的运用中，其至少包括三个层次的内容：第一，"依自不依他"的"自"指主体，"他"是异己的力量，"依他"不但指对上帝、鬼神之类超自然力量的崇拜，而且指对天理、公理、规则等的盲从。第二，"依自不依他"的"自"是主体，但不是人的肉身、功利或感官享受，而是指"心"，是自由意志、独立人格。第三，"依自不依他"所要求的自由意志、人格尊严包括了意志的另一重要品格——专一，即对业经选择的目标，以意志的坚韧性一以贯之地实行①。章氏的"依自不依他"观念，其目的在于倡导人们从利己之心中解放出来，保持独立自尊的人格与自由意志，并且充分论证了自由选择与自主专一统一的原则，这在当时社会动荡、价值迷失的状况下，有着特殊的意义。西方近代唯理主义思想所带来的"沉于物，溺于德"的严峻现实，促使章太炎从民族本位主义的立场来反省其流弊。而他对于人的自性及意志品格的强调则使近代唯理主义对于人作为"灵"的一面的淤塞及遮蔽豁然开朗和澄明贯通。

而最能鲜明体现章氏"依自不依他"思想的，还是他的富于个人主义气息的政治哲学。

章太炎曾经是"合群以进化"热烈的倡导者，在群己关系上，他特别强调群是竞争、进化的重要因素，力主"合群明分"，并批判"山林之士避世离俗以为亢者，其侜张不群，与夫贪墨庸驽之役夫，诚相去远矣。然而其弊，将挈生民以为动物。

---

① 高瑞泉主编：《中国近代社会思潮》，华东师大出版社1996年版，第198—199页。

故曰：鸟兽不可与同群"①。但是，《民报》时期的章太炎，却一改其"合群以进化"的思想，开始大肆宣传其个人至上的思想。首先，从本体论来讲，"个体为真，团体为幻，一切皆然"，"如是村落、军旅、牧群、国家，亦一切虚伪，惟人是真"②，这样，个人本身，就是其生活的目的，一切社会关系，"皆缘于个人之自择以产生"，一切的社会制度，"皆为个人之自利而敷设"，"小我之于大我，本无内在之义务。若强迫个人为社会而服务牺牲，且名此为义无所逃之责任，斯诚本末倒置，非文明世界所为有也"③。其次，他反对以群体之名干扰个人的意志自由，极力抨击、反对所谓社会抑制个人，要求绝对自由，个性解放："盖人者……非为世界而生，非为社会而生，非为国家而生，非互为他人而生，故人对于世界、社会、国家，与其对于他人，本无责任"④，"人类不能相害而生，故恶非人所当为，则可以遮之使止；人类不为相助而生，故善亦非人之责任，则不迫之使行"⑤。他对于以世界、人类、社会、国家、公理等名义"以凌藉个人之自主"、"张大社会以抑制个人"的时弊痛加贬斥："言公理者，以社会抑制个人，则无所逃于宙合。然则以众暴寡，甚于以强凌弱。而公理之惨刻少恩，尤有过于天理"⑥。再次，在个人与国家关系上，他虽然认为个体是自性、是实有，而国家只是人民的组合，是非有自性。但在目前情况下，国家乃是"势不得已而设之者，非理所当然而设之者"。这是因为国家最初的作用是抵御外患："然则国家初设，本以御外为期。是故古文国字作

---

① 《訄书·原变》，《章太炎全集》第3卷，第192页。
② 《国家论》，《章太炎全集》第4卷，第457页。
③ 萧公权：《中国政治思想史》，台北联经出版公司1982年版，第932页。
④ 《四惑论》，《章太炎全集》第4卷，第444页。
⑤ 同上书，第449页。
⑥ 同上。

或,从戈守一",而在当前世界弱肉强食的现状下,其存在势在难免。但"倘无外患,亦安用国家为"?由此,章太炎对于西方列强对于弱小民族侵凌异常愤懑,称他们"言爱国者悉是迷妄",而极力为弱小民族的抵抗运动辩护:"乃若支那、印度、交趾、朝鲜诸国,特以他人之蓊灭蹂躏我,而思还其所故有者,过此以外,未尝有所加害于人,其言爱国,则何反对之有"?最后他说:"爱国之念,强国之民不可有,弱国之民不可无"①。这真是理直气壮,义正词严!

萧公权先生认为,章氏的个人主义之政治哲学,则出入于道家、释氏,而熏染于西洋之无政府主义②。联系到章太炎这一时期与无政府主义者刘师培等人的密切交往,可以看出其与无政府主义绝对自由的个体观的深刻联系。但在章太炎的心目中,无政府主义的精神是与庄、佛思想相通的,他说:"中国言无政府主义者,前有庄子,后有鲍生(按:即鲍敬远),为其最著"③,并援佛学思想以说无政府主义之大义。庄子认为观念起于"自心",自心认识世界并不受因果关系制约,恰如佛教所说的"真如",不受因果律制约的"无待"或"真如",实际上就是绝对自由的境界。要达到这种理想,只有回复到天然的状态,而不应有什么国家或政府。其张扬个人,反对国家就是从此逻辑出发的。

青年鲁迅"任个人而排众数"的个体观,则是章太炎个人主义政治哲学的强烈回响。第一,鲁迅对于个人之自性与意志及精神力量的强调,带有章太炎"依自不依他"的思想明显痕迹。在鲁迅看来,救国的法术"首在立人",即把民族复兴的希望首

---

① 《国家论》,《章太炎全集》第4卷,第443—457页。
② 萧公权:《中国政治思想史》,台北联经出版公司1982年版,第932页。
③ 《五无论》,《章太炎全集》第4卷,第434页。

先寄托在人的主体精神的改造上。"立人"是个纲,纲举目张,"人立而凡事举"。那么,如何实现"立人"呢?鲁迅认为,"立人"的首要手段是"尊个性而张精神"①。"尊个性"就意味着对"个人之尊严"的维护。"个人"的主要内涵有两个侧面:一是"极端之自我"。这是鲁迅采纳的德国无政府主义者斯蒂纳的极端个人主义的见解,即"凡一个人,其思想行为,必以己为中枢,亦以己为终极:即立我性为绝对之自由者也。一是强调个体的主观意志(精神力量),以"张大个人之人格",为"人生第一义"。第二,鲁迅对于"灭裂个性"的"恶声"的驳斥于章太炎有异曲同工之效。鲁迅认为,人本来是个与类的统一体,但他对个人之自性的强调,也就是对人之作为"个"的存在的重视并不意味对人之作为"类"的存在的丧失。人之作为"类"的存在,仍然具有"国民"、乃至"世界人"的责任。但是鉴于当前风靡于世界的"众治"即民主政治,对于作为个体的人的意志及精神因素的强烈挤压,因此鲁迅主张"任个人而排众数"。"见异己者兴,必借众以凌寡,托言众制,压制尤烈于暴君"②,"以独制众者古,而众或反离,以众虐独者今,而不许其抵拒"③。第三,鲁迅的"兽性爱国"观是章太炎的国家学说的直接回应。在《破恶声论》中,他斥"破迷信、崇侵略、尽义务与同文字、弃祖国、尚齐一"这些当时盛行于世的学说为"恶声",并一一加以辩驳,正是基于同章太炎一样的对于国家主义的"兽性之爱国"现象的反感。"嗜杀戮攻夺,思廓其国威于天下者,兽性之爱国也","盖兽性爱国之士,必生于强大之邦,势力盛强,威足以凌天下,则孤尊自国,蔑视异方,执进化

---

① 《坟·文化偏至论》,《鲁迅全集》第1卷,第57页。
② 《坟·文化偏至论》,《鲁迅全集》第1卷,第45页。
③ 《集外集拾遗补编·破恶声论》,《鲁迅全集》第8卷,第26页。

留良之言,攻小弱以逞欲,非混一寰宇,异种悉为其臣仆不慊也"①,这其间的民族义愤真是溢于言表!

但也应该看到,章太炎和鲁迅师徒二人,一为政论家,一是浪漫诗人,由于他们思考问题的角度不同,虽然他们二人反对"众治"的立场是一致的,但出发点却不一样。章太炎在本体论上是个体论,但在经验论上却是群体论,在政治哲学上是差别原则,但在政治学上却是平等原则。他认为国家及民主政体是人类不得已的选择,因此,他虽然在哲学上反对以社会抑制个人,主张个性解放,但一进入具体的政治设计和评论,他就难以使其无政府主义的个体观贯彻其中。他反对"众治"所持的基本理由就是人民在代议制下不但不能得到真正的平等,反而会被"豪民"所利用,导致"名曰国会,实为奸府"的恶果。为了否定"代议制",他甚至不惜去肯定"专制":"要之,代议政体必不如专制为善"。"不如王者一人秉权于上,规模廓落则苛察不遍行,民犹得以纾其死"②。但这并不意味着章太炎主张君主专制,纵观章太炎在《代议然否论》等文章中所提出的政改方案,概括起来,一是要"抑官吏,伸齐民",二是要"抑富贵,振贫弱"。他所理想的政体既非"代议制",又非"专制",其实是一个大民主的、彻底平等的道德理想王国,具有鲜明的民粹主义色彩。这个王国"能够把每个自身都是一个完整而孤立的个人转化为一个更大的整体的一部分,个人以一定的方式从整体里获得自己的生命与存在,以作为全体一部分的有道德的生命代替我们得之于自然界的生理上的独立的生命"③。而到了这时,章太炎心目中那个有着自由意志和

---

① 《集外集拾遗补编·破恶声论》,《鲁迅全集》第8卷,第32页。
② 《代议然否论》,《章太炎全集》第4卷,第300页。
③ 卢梭:《社会契约论》中译本第54页,商务印书馆1982年版。

独立人格的个体也就不存在了。

与章太炎不同，鲁迅更着重的主要还是文化批判，他能够把其绝对自由的个体原则贯穿于他的政治哲学，进而由主张"任个人而排众数"转化到对"众数"的社会政治形态——"众治"的批判中。"众治"是近代维新人士和革命党人的政治理想，其作为代议制政体是西方近代经验理性的产物，是西方现代化国家普遍的价值理想，但鲁迅却对其断然否定："托言众制，压制尤烈于暴君"①。这时，许多人往往会得出一个鲁迅反对民主政体的结论，其实不然。他是从个人自由的立场对于现代民主制度进行了深刻的反省和批判的。"众治"的社会基础是多数原则，约翰·穆勒那句被近代中国知识分子反复强调的"以最大多数人为最大幸福"的名言，便是这多数原则的具体表述。但是，"政府的所作所为应得到多数人的同意，这项原则并不意味着，多数人从道德角度看有权利为所欲为。如果多数人通过制定歧视他人、有利于自己的规则而使自己的成员拥有特权，则没有任何理由说明这样做的正当性②"，"众治"在政体形式上给予了人们参与政治的权利，但其以多数原则为基础，可能带来对个性意志扼杀的合法化。因此，"众治"必须以个人自由的保障作为前提，否则，其必然会带来"以众凌寡"、"党同伐异"的思想锢蔽局面，更为任何暴政和恶行假"众意"和"人民"名义留下思想滋长的空间。应该说，鲁迅对于现代民主制度的反省和批判，使得现代民主制度中自由与民主的矛盾凸显出来，这无疑向当时仍执迷于民主理想的人们敲响了警钟。

---

① 《坟·文化偏至论》，《鲁迅全集》第1卷，第45页。
② 弗雷德里希·哈耶克：《自由宪章》中译本，第153页，中国社会科学出版社1998年版。

四　章太炎与鲁迅文学创作

我们已经知道,"五四"新文化运动后,尽管鲁迅与乃师章太炎因为"道不同不相与谋",基本上断绝了交往。但在鲁迅那里,在东京时的少年激情,尤其是与太炎先生在一起的日子,却成了他一个永恒的美好的回忆。鲁迅对于太炎先生的这份情愫,到了其临终之际则表现得更为动人。1936年6月14日,章太炎在苏州病逝。当时鲁迅正处于大病垂危之时,但他仍然在几乎无力执笔的情况下,拖着病体,于去世前两天(1936年10月17日)连续写了两篇怀念太炎先生的文章。这就是鲁迅的临终"绝笔"之作:《关于太炎先生二三事》和《因太炎先生而想起的二三事》(未完成)。前一篇文章峻急而热烈,重在为乃师做"盖棺论定"的结论,并极力捍卫先生的革命精神;后一篇文章叙写的则是因太炎先生而想起的中国人"辫子"和"剪辫"的历史,情调疏缓而温馨。在两篇作品,仿佛一首刚柔相济的交响曲,奏响的是鲁迅最后的"绝唱"。在这里,太炎之于鲁迅,已不仅仅是和蔼可亲的"师"的形象,而是一个傲然独立的叛逆者;已不仅仅是一个"退居现实"的学者,而是一个叱咤风云的文化英雄;也不仅仅是现实中的存在,而是象征着他的某种生命意志,蕴含着他已经失去的激情岁月。这也就是说,太炎先生已经融入了鲁迅的生命之中,成为他创作的某种"源泉"和"灵感"。

而实际上,太炎先生早就是鲁迅要试图写入小说的文学"原型"了。据冯雪峰回忆,鲁迅在晚年曾经几次与他谈到,想写一部关于中国四代知识分子的长篇小说。所谓四代,一代是章太炎先生他们;其次是鲁迅先生自己的一代;第三,是相当于例如瞿秋白等人的一代;最后就是像冯雪峰这一年龄段的青年。他当时说,"倘要写,关于知识分子我是可以写的,……而且我不写,关于前两代恐怕将来也没有人能写了"[①]。我们从鲁迅那种"舍我其谁"的态度中可以看出,他对于描写章太炎这一代知识分子形象的小说构思大概是酝酿已久了。对此,王瑶先生分析说:关于"章太炎先生他们"的一代,《狂人日记》中的狂人和《长明灯》中的疯子的构思和人物刻画,是属于这一类的。而鲁迅小说中"第二代"知识分子的形象,则以《孤独者》中的魏连殳和《在酒楼上》的吕纬甫为代表。那都是早期的社会改革者的形象,是初步觉醒起来的进步知识分子的挣扎和斗争的面貌的描绘[②]。但我以为,这两代知识分子之间的精神联系,除了他们在社会身份上都是"社会改革者"以外,还有的就是他们性格上共有的"狂人"禀性。我们知道,章太炎历史上曾因热烈地鼓吹和参与革命,被人们冠以"章疯子"的绰号,但他不以为"耻",反以为荣。1906年,还在东京留学生欢迎他的集会上大唱了一通"狂人颂"。章太炎这种狂放不羁的革命精神,鲁迅曾为之深深敬服。他一生不但以之为楷模,而且还在他的《关于太炎先生二三事》中把这种个性礼赞为"先哲的精神,后生的楷范"。他的小说,以《狂人日记》为开首,塑造了一个个"狂人"或"疯子"的人物形象,从而形成了一个庞大的"狂人家族"。我想,"章疯子"的形象,一定给了鲁迅以深刻的印象并最终化入到了他塑造的"狂人"或"疯子"的形象中。

在鲁迅对于章太炎"狂人"或"疯子"形象的记忆里,附带而来的还有一个有关太炎先生"解辫发"的往事,这同样也

[①] 冯雪峰:《鲁迅先生计划而未完成的著作——回忆片断》,《雪峰文集》第4卷,人民文学出版社1985年版,第19—20页。

[②] 王瑶:《论鲁迅作品与中国古典文学的历史联系》,《中国现代文学史论集》,北京大学出版社1998年版,第16—19页。

给了鲁迅以刻骨铭心的印象。在《因太炎先生想起的二三事》中，重病中的鲁迅首先就想到了章太炎的剪辫，并特别引了章氏《解辫发》文中的一段。章氏剪辫早在1900年，当时唐才常乘义和团起义事件谋独立，但仍以勤王为名，章太炎坚决主张"光复"，反对首鼠两端式的改良主义路线，遂断发以示决绝，并做《解辫发说》以明志。据说剪辫后，"太炎行动奇诡，鬋发分梳，垂于额际、恒著长袍，外面裹以和服，不衫不履，不中不西。人见之，皆匿笑，而太炎自若也"①。章太炎在"解辫发"中所表现出的大无畏的革命精神，鲁迅是极为景仰的，他的小说《头发的故事》、《风波》以及杂文《随感录三十五》、《病后杂谈之余》中，对于发辫和革命者的关系，他都有充满感情的叙述和描写。

但实际上，我们知道，"狂人"之狂并非专指生理性的精神分裂，用荣格的话说，它仅仅"指代一种气质或倾向"，是一种长期压抑，紧张，郁闷之后产生的"严重的心理骚乱"②。"狂人"一词完全是那个所谓的"理性社会"命名的结果，他实质上隐含的是一个"非理性"的世界对于一种"清醒的理性"的褫夺和扼杀。而这种"清醒的理性"就来自"狂人""在一切眼中看见无所有"的超前的思想。章太炎之所以被目为"章疯子"，不仅仅是由于他的狂放不羁的个性，而主要乃在于他在经学研究中对于统治了中国几千年的道统观念——儒学以致命的一击。而这同样对鲁迅产生了影响。

鲁迅在日本留学时期，曾经是章太炎的热烈追随者。章太炎对于中国传统的解释，尤其是对于以孔子为代表的封建意识形

---

① 蒋竹庄：《章太炎先生佚事》，《追忆章太炎》，中国广播电视出版社1997年版，第503页。

② 荣格：《心理学与文学》，三联书店1987年版，第177页。

态——儒教伦理纲常解构式的解释,则给予了鲁迅这一代青年知识分子以深刻的思想启蒙。而这其中,康有为和章太炎在经学内部有关今古文的论战则是这思想启蒙的核心内容。中国传统的儒家经学有汉学与宋学之分,汉学有经今文学与经古文学之分,宋学则有理学与心学之分。到了清末,深刻的社会文化危机使得沉寂了有近两千年的今古文之争在经学内部展开。而代表这两派的领军人物就是康有为和章太炎。清朝末年,康有为著《新学伪经考》、《孔子改制考》二书,前者谓《周礼》、《逸礼》、《左传》及《诗》之毛传,为西汉末刘歆所伪造的"新学",即"新莽之学",非汉代之学。后者认为《春秋》及六经皆为孔子"托古改制"之作。康有为这种大胆"疑古"的精神,虽然其原初目的在于推挹孔子,但最终却适得其反,反而把孔子一向的至高至尊的地位给拉了下来,因此,梁启超把此二书比做思想界一大"飓风"和"地震"[①]。章太炎与康有为的分歧不仅表现在学术上的古今文之争,在政治上他们也有革命与保皇的冲突,针对康氏的"非常可怪之论",章太炎力矫其弊。而鲁迅作为章太炎的学生,虽然我们不能说鲁迅属于传统的古文学派,但其在政治、思想及学术倾向上,无疑是站在章太炎这一边的。这种倾向,不仅在鲁迅的治学中体现了出来,而且在其创作中也留有明显的古文学派的痕迹。关于章氏与康氏在政治与学术上的争议,涉及范围极广,本书也不能一一备述,但就其对于传统经学的解构,尤其是对于鲁迅后来创作的影响而言,主要表现在以下两个方面:

(一)章太炎"六经皆史"的认识,把"经"纳入"史"的范畴,使之接受"历史时间"的淘洗和检验。"六经皆史"之说,出自章学诚的《文史通义》,但由于章学诚一生身世卑微,

---

[①] 《清代学术概论》,上海古籍出版社1998年,第80页。

其远见卓识难以产生影响。章太炎继承了章学诚的"六经皆史"说并使之发扬光大。他认为,被崇奉为万古不刊的典谟圣训的儒家经典,其实本不神秘,他们原先只不过是由孔子整理了的一批历史文献。"《尚书》、《春秋》,左右史所记录,学者治之,宜与《史记》、《汉书》等视,稽其典礼,明其行事,令后生得以讨类知原,无忘国故,斯其要也"①。经学研究的使命,在于了解中国上古发展的历史实际状况,决不是要按照一套经学教条来规定今日的现实生活。"抑自周、孔以逮今兹,载祀数千,政俗迭变,凡诸法式,岂可施于輓近?故说经者,所以存古,非以是适今也"②。也只有彻底从对这些经典的迷信中解放出来,才有可能从中探寻古代社会发展变化的本来面目:"孰与断之人道,夷六艺于古史,徒料简事类,不曰吐言为律,则上世社会汙隆之迹,犹大略可知。以此综贯,则可以明进化,以此裂分,则可以审因革"③。章太炎的"六经皆史"说,显然是针对康有为奉孔子为"教主"的新宗教企图而发,但其对于传统经典的神圣权威地位的冲击却是致命的。这是因为,"如果经在现代社会不能充当道德评判的最高仲裁者,那说明它们已经过时。换言之,既然经的永恒性是假的,经即史也就不是肯定经的永恒价值,相反,它将经的适用范围限定在产生它的年代内,把它们作为处于变化过程中的某一历史阶段的文献记录,而非产生于古代,并存在于一切历史事件中的终极真理加以阅读,依据这种终极真理,那种变动过程的历史观念根本就不存在"④。因此,"六经皆史"说,就"大胆地把中国封建社会所崇拜的六

---

① 《与简竹居书》,《章太炎全集》第4卷,第166页。
② 《与人论朴学报书》,《章太炎全集》第4卷,第153页。
③ 《訄书·清儒》,《章太炎全集》第3卷,第159页。
④ 列文森:《儒教中国及其现代命运》中译本第78页,中国社会科学出版社2000年版。

经教条,从神圣的宝座拉下来,依据历史观点,作为古代的典章制度的源流演进来处理,并把它们规定为'时会使然'的趋向"①。

章太炎的"六经皆史"论,本身就与鲁迅早已浸染其中的"浙东史学"传统有着深刻的历史联系,因此,这自然会在鲁迅内心引起深在的响应。鲁迅虽然对经学不太感兴趣,但他还是奉行"治经先治史"的古文家法的。他晚年给许寿裳的儿子许世瑛开书目,其中尤其强调史书"知人论世"的特别作用。梁启超是鲁迅的前辈,早年对他的思想启蒙起到了重要的作用,但因为梁是今文经学的重要人物,一向好"以经术作政论",所以鲁迅对梁素无好感,多次在文中讥刺②。王元化先生曾论及,鲁迅对顾颉刚的忿戾诋祺,不能仅归于性格作风。二人交恶除萌发于"以俟开审"之类的具体事件外,也夹杂着学术观点的分歧,而且后者往往是更主要的③。"五四"时期,顾颉刚主办的《古史辨》是疑古派史学的大本营。疑古派史学以怀疑精神破经书之神化,这固然有一定道理,但往往流为破伪而成新伪。疑古派固不可简单地说成就是今文派,但其基本精神可说是近于经今文派的。章太炎就认为这股"疑古"思潮与经今文派是一脉相承的:"清世公羊之学,初不过人一二之好奇,康有为倡改制,虽不经,犹无大害,其最谬者,在依据纬书,视《春秋经》如预言,则流弊非至掩史实逞妄说不止。民国以来,其学虽衰,而疑古之说代之,谓尧、舜、禹、汤皆儒家伪托,如此惑失本原,必将维系民族之国史全部推翻,国亡而后,人人忘其本来,永无复

---

① 侯外庐:《中国思想通史》第5卷,人民出版社1956年版,第509—510页。
② 见《华盖集·导师》,《华盖集·补白》等,《鲁迅全集》第3卷,第57、105页。
③ 王元化:《鲁迅与太炎》,《清园论学集》,上海古籍出版社1994年版,第583页。

兴之望"①。经今文学派这种乱疑群经的特点，尤为章太炎所厌恶，故他特别告诫弟子"宜守家法，不可自乱途辙，杂糅古今"②。孙思昉曾记述了太炎曾指斥奇衺怪迂之谈，其中就有"以大禹为非人类，以尧舜为无其人"的话③，而持这种观点的学者就是顾颉刚。顾曾在《古史辨》中据《说文解字》训"鲧"为鱼，训"禹"为蜥蜴之类的虫④。这辫子被鲁迅所抓住，在其小说《理水》对顾大加嘲讽。《理水》中那个"鼻尖胀得通红"，并大嚷着"鲧是一条鱼，禹是一条虫"这一最新理论的"鸟头先生"，暗喻的就是顾颉刚。而"鸟头先生"之名，鲁迅也是照顾颉刚的做法如法炮制的。据《说文解字》，顧字从页雇声，雇是鸟名，页本义是头，显然，这"鸟头先生"即暗指顾颉刚。而更令人忍俊不禁的是，鲁迅对顾颉刚的讽刺，不但渊源于乃师章太炎，连他以《说文》给人命名的本事，也是从章太炎那儿学到的。

（二）章太炎对孔子及其所代表的儒家思想的批判，不仅首开了后来"打倒孔家店"的先河，更动摇了孔子在中国封建文化之的神圣地位。章太炎对孔子的评价完全是对康有为而来，他认为，六经非孔子自作而是由他整理。他说："有商订历史之孔子，则删定六经是也。有从事教育之孔子，则《论语》、《孝经》是也。由前之道，其流为经师；由后之道，其流为儒家"⑤。他

---

① 诸祖耿：《记本师章公自述治学之功夫及志向》1936年9月《制言半月刊》第25期。
② 徐一士：《太炎弟子论述师说》引姜亮夫语，1936年9月《国闻周报》第13卷第36期。
③ 孙至诚（思昉）：《谒余杭章先生纪语》，1936年9月《制言半月刊》第25期。
④ 《古史辨》，中华书局1982年第1版，第63、118页。
⑤ 《诸子学略说》，汤志均编《章太炎政论选集》上册第289页，中华书局1977年版。

对两者的评价绝然不同。他肯定孔子整理古籍之功,"追惟仲尼闻望之隆,则在六籍"①。但他严厉批评作为儒者的孔子,"儒家之病,在以富贵利禄为心"。"孔子之教,惟在趋时,其行从时而变"。"故道德不必求其是,理想亦不必求其是,惟其便于行事则可矣。……故宗旨多在可否之间,论议止于函胡之地。彼耶酥教、天方教崇奉一尊,其害在堵塞人之思想;而儒术之害,则在淆乱人之思想"②。这里,章太炎严厉批评作为儒家宗师的孔子的言论,显然是偏激、不实之词。他后来也承认这是因为"深恶长素孔教之说,遂至激而诋孔",不是他的真正见解,对自己以前"妄疑圣哲"的"狂妄逆诈之论"而深自忏悔,并把《诸子学略说》从《章氏丛书》中刊削③。但也应该看到,章氏的"诋孔",不完全是针对孔子本人,而是抨击后来的统治者利用儒生的富贵利禄之心而钳制思想的文化专制主义,尤其是奉孔子为至尊以建立"孔教"的康有为之流。

章太炎的"诋孔"思想,颇类似于后来鲁迅的"刨祖坟"的思想,其矛头直指的是中国几千年的封建专制社会的意识形态——儒教。但更让他没有想到的是,他与康有为的今古文之争,最终的结果却是双方同归于尽,从而使儒教从内部开始分裂和崩溃。这正像朱维铮先生所言:"从此以后,由于进化论、天赋人权论和资产阶级共和国等学说的流行,康有为的什么《春秋》董氏学,章太炎的什么刘歆继孔子说,在新青年中统统成为已陈之刍狗"④。而后来以鲁迅为代表的一代"五四"先驱之

---

① 《检论·订孔上》,《章太炎全集》第3卷,第423页。
② 《诸子学略说》,汤志均编《章太炎政论选集》上册第289—290页,中华书局1977年版。
③ 《致柳翼谋书》,汤志均编《章太炎政论选集》下册,中华书局1977年版,第763页。
④ 朱维铮:《十八世纪的汉学与西学》,《走出中世纪》第156页,上海人民出版社1987年版。

所以能在旧文化的基础上实现"哲学的突破",我想,康有为和章太炎也是功不可没的。而章太炎《民报》时期的诋孔反儒思想,为鲁迅后来彻底的反传统思想奠定了最初的基础,也影响了鲁迅一生对待孔子和儒教的反感和批判态度,以致于几十年后,鲁迅还对章太炎在《诸子学略说》中对于孔子本事的叙述记忆犹新,并据此创作了历史小说《出关》①。

但鲁迅对于传统文化批判最烈的,还是作为儒学政教化的产物——礼教。作为鲁迅"五四"时期创作总主题的"礼教吃人"说,鲁迅自己说是"偶阅《通鉴》,乃悟中国人尚是食人民族,因成此篇"②,周作人认为是鲁迅读"杂书"和"野史"的结果③,但我以为章太炎在《东京留学生欢迎会演说辞》以及《悲先戴》等文中,对于戴震关于程朱理学"以理杀人"说的激活和发挥也可能对鲁迅小说中有关礼教"吃人"的认识有着重要的影响。他说:

> 近代还有一人,这便是徽州休宁县人,姓戴名震,称为东原先生,他虽讲儒教,却是不服宋儒,常说"法律杀人,还是可救;理学杀人,便无可救"。因这位东原先生,生在满洲雍正之末。那满洲雍正所作朱批上谕,责备臣下,并不用法律上的说话,总说"你的天良何在?你自己问心可以无愧吗?"只这几句宋儒理学的话,就可以任意杀人。世人总说雍正待人最为酷虐,却不晓是理学助成的。④

---

① 《且介亭杂文末编·〈出关〉的"出"》,《鲁迅全集》第6卷,第520页。
② 《书信·180820·致许寿裳》,《鲁迅全集》第11卷,第353页。
③ 周作人:《鲁迅的青年时代·鲁迅读古书》,止庵编:《关于鲁迅》,新疆人民出版社1997年版,第444页。
④ 见汤志均编《章太炎政论选集》上册,中华书局1977年版,第279页。

这里所引戴震的话，见于其《孟子字义疏证》一书。在本书中，戴震极力把孔孟的真"理"和程朱的假"理"区别开来。古代圣贤是"体民之情，遂民之欲"，孔子所谓"发乎情，止乎礼"即是。但后儒，尤其是宋明理学，试图用理、气、心、性等范畴使经学哲学化，以致于把代表着人的超越意识的"理"当作人的理性本体发挥到无以复加的程度。"存天理，灭人欲"所体现出的超现实的道德追求和泯灭人生欲求的道德观念即确立于此。明清两代，程朱理学都是作为官方主流意识形态而加以政教化的。《民报》时期的章太炎，为了推翻清政府的需要，曾对代表着封建社会主流意识形态的程朱理学进行了彻底的批判。他复活起戴震的"以理杀人"说的目的也在于此。而章氏对于程朱理学的态度，尤其是他对于戴震"以理杀人"说的复活，肯定在青年鲁迅的心中留下了深刻的印象。他一生对于"理学"先生的讽刺和挖苦，更是不胜枚举。鲁迅的小说《祝福》，被有的学者论为"儒道释'吃人'的寓言"[1]，它以祥林嫂的遭遇为结构中心，令人信服地展示了以儒道释三教构成的"鲁镇社会"将她逐渐吞噬的清晰过程和思想图景，并通过祥林嫂的"被吃"，宣判了中国传统文化的死刑。而这个"鲁镇社会之魂"，就是那个"讲理学的老监生"——鲁四老爷。鲁迅对宋明理学的反感，在其小说《肥皂》中更是被表现得淋漓尽致。在小说里，那位理学家被命名为"何道统"，四铭之子为"学程"，而那个念念不忘用肥皂把丐女"咯支咯支洗一下"的伪道学四铭，则更是作者最为着力讽刺的对象。我想，这其中都与章太炎《民报》时期的反理学思想有着一定的关联。

---

[1] 高远东：《〈祝福〉，儒道释"吃人"的寓言》，见汪晖编：《鲁迅研究的历史批判》，河北教育出版社 2000 年版。

除了思想上的启蒙之外,章太炎学术思想对于鲁迅创作上的影响还表现在其对于"魏晋文章"的提倡上。在《自叙学术次第》中,章太炎称他早年也曾推崇以韩愈为代表的唐宋文,但"三十三岁(1901年)以后,欲以清和流美自化,读三国、两晋文辞,以为至美,由是体裁初变"。因此,在章太炎的心目中,魏晋文章才是为文的"正则":"吴、魏之文,仪容穆若,气自卷舒,未有辞不逮意、窘于步伐之内也"①。为什么章太炎如此推崇魏晋文呢?其原因大概有三:一是魏晋文章"守己有度,伐人有序"的辩驳力量:"魏晋之文,大体皆埤于汉,独持论仿佛晚周,气体虽异,要其守己有度,伐人有序,和理在中,孚尹旁达,可以为百世师矣"②。二是魏晋文章"必先豫之以学"的深厚学养:"效唐宋之持论者,利其齿牙,效汉之持论者,多其记诵,斯已给矣;效魏晋之持论者,上不徒守文,下不可御人以口,必先豫之以学"③。三是魏晋文章"修辞安雅"、从容有序的文章气度:"彼其修辞安雅,则异于唐。持论精审,则异于汉。起止自在,无首尾呼应之式,则异于宋以后之制科策论。而气息调利,意度冲速,又无迫窄蹇吃之病,斯信美也"④。上述所论,多是从文章学的角度而言的,但究其根本,我以为章太炎之提倡魏晋文章,主要还是针对桐城派的"文以载道"而来。桐城派虽然标举"义理、考据、辞章",但根本还在于"文以载道"即"载"孔、孟、程、朱的"义理"。而魏晋文学中王弼、阮籍、嵇康、裴頠的文辞,不牵章句,大畅老庄自然之道,这本身就有对抗儒学正统的意味,其思想解放的气息异常浓厚。至于章氏自

---

① 《自叙学术次第》,《章太炎学术史论集》,中国社会科学出版社1997年版,第396页。
② 《国故论衡·论式》,《章太炎学术史论集》第53—54页。
③ 《国故论衡·论式》,《章太炎学术史论集》第54页。
④ 《菿汉微言》,《菿汉三言》第56页,辽宁教育出版社2000年版。

己的文章,他自称是"博而有约,文不奄质"①,鲁迅称其为"战斗的文章",可谓是"魏晋文章"的再生。

章太炎对于鲁迅文章的影响,主要表现在鲁迅的早期写作中。谈起自己在日本留学期间的几篇文化论文,鲁迅描述道:

> 我的文章里,也有受着严又陵的影响的,例如"涅夫"就是"神经"的腊丁语的音译,就是现在恐怕只有我自己懂得的了。以后又受了章太炎先生的影响,古了起来。②

> 因为那编辑先生有一个怪脾气,文章要长,愈长,稿费便愈多。所以如《摩罗诗力说》那样,简直是生凑。倘在这几年,大概不至于那么做了。又喜欢做怪句子,这时受了当时的《民报》的影响。③

这里鲁迅说的"《民报》的影响"主要还是指的章太炎的影响,因为他既是主编,又是该报的主笔。许寿裳后来也证实,鲁迅是在章太炎的影响下扬弃桐城派古文的。他早年最崇拜的文人是严复和林纾。鲁迅对严复用桐城派古文翻译的《天演论》十分佩服,能背出其中好几篇,非常称道严复"一名之立,旬月踟蹰"的严谨的译述精神。但章太炎对严、林的猛烈批评使鲁迅破除了对他们的迷信。1907 年 3 月,章太炎在《民报》发表《社会通诠商兑》,在批判严复反对民主革命的政治主张之余,复指责其文章为桐城末流:"就实论之,严氏固略知小学,而于周秦、两汉、唐、宋儒先之文史,能得其句读矣,然相其文质,于声音节奏之间,犹未离于帖括。申夭之态,回复之词,载飞载

---

① 《致邓实书》,《章太炎全集》第 4 卷,第 170 页。
② 《集外集·序言》,《鲁迅全集》第 7 卷,第 4 页。
③ 《坟·题记》,《鲁迅全集》第 1 卷,第 3 页。

鸣，情状可见。盖俯仰于桐城之道左，而未趋其庭庑者也"①。这些切中要害的批评，使鲁迅豁然开朗，思想解放。从此，他对严复不再以含有敬意的"不佞"称之，而改称以含有讥意的"载飞载鸣"，而且连桐城派所仰宗的韩愈也不佩服了②。另外，鲁迅这里所说的"古了起来"，正是章氏文章的特质。章氏为文喜作古奥艰涩，造句好用古字僻句，甚至可以说是有点嗜痂成癖了。但在青年鲁迅的心目中，那则是文章的"正则"，因此，文章长，句子怪，文风古，就成了鲁迅早期写作的主要文体特征。周作人也证实，鲁迅自从太炎先生问学以来，鲁迅"表面上看得出来的是文章用字的古雅和认真，最明显的表现在《域外小说集》初版的两册上面，翻印本已多改得通俗些了，后来又改用白话，古雅已用不着，但认真还是仍旧，他写稿写信用俗字简字，却决不写别字，以及重复矛盾的字，例如桥樑，又写鸟字也改下边四点为两点，这恐怕到他晚年还是如此吧"③？这一点，后来曾经帮鲁迅校印过《彷徨》稿子的许钦文也证实：鲁迅的小说稿子里，"因为他早年受章太炎的影响，'喫'字不印'吃'，'裏'字不印'里'也不印'裡'"④。

　　鲁迅"五四"以后成为白话文学的大师，表面看来，"魏晋文章"似乎已经不见痕迹，但在内在神韵上，鲁迅的文章，尤其是他的战斗的杂文，却深得章太炎文章的遗风。太炎弟子中，继承乃师"魏晋文章"的，一为鲁迅，一为黄侃。鲁迅的魏晋文章，一般为人们所熟知。他得之于章太炎的，正在于神理，这

---

① 《〈社会通诠〉商兑》，《章太炎全集》第4卷，第323页。
② 《亡友鲁迅印象记》，人民文学出版社1953年版，第9页。
③ 周作人：《鲁迅的国学与西学》，见《关于鲁迅》，新疆人民出版社1997年版，第430页。
④ 许钦文：《祝福书》，《〈鲁迅日记〉中的我》，浙江人民出版社1979年版，第67页。

一点章太炎和鲁迅师徒都予以默认①。对此，宋云彬先生分析道："即以文章技术而论，能够学到章太炎那样廉利劲焊、辞无枝叶、而用辞精确、善于刻画、起止自在的，怕也只有鲁迅，虽然有文言和白话之别"②。而黄侃的骈散文，偏重于六朝，但那"战斗的意气"却大为降低，故只能得其师的"形似"。

总之，不管从学术思想上，还是从文章风格上，章太炎对于鲁迅的后来文学创作都有滋养和灌溉之功。鲁迅能成为中国新文学的开山祖师，与其深得乃师章太炎的神髓大有关联。但章太炎毕竟是传统的古文经学家，也许由于经历和学养的关系，章太炎这种热衷"复古"但拙于"取今"的文化态度，也使得他的思想和文学观在破坏旧秩序时显得格外有力，但在新文化及新文学的建设上却捉襟见肘。这是因为，章太炎的文化理想是意大利的"文艺复兴"，他自信在"国粹"中蕴含着熔铸"国魂"的精神力量，必须加以阐释使之发扬光大，这种"阐释"和融化传统的过程，本身就是对"传统"的现代性的创造和转化，也是为建立民族的新文化不可或缺的精神资源。但是，中国现代历史发展的悖论性同样也决定了文化选择的单向度和实用色彩。章太炎所代表的"国粹"派没有看到，意大利人的"述古"，意在"兴今"，而不是他们的"文艺复古"。"国粹"中尽管蕴含着熔铸"国魂"的精神力量和文化要素，但中国现代社会、政治、文化在20世纪激烈冲突显然没有给章太炎所代表的趋于守成的文化主张提供正常发育的土壤。这样，他们的夭折和被"误读"也就在所难免了。而鲁迅则不同，他既能"取今复古"，又能在"取今复古"的基础上实现中国新文学的"哲学的突破"，最终

---

① 曹聚仁：《我与鲁迅》，《我与我的世界》，人民文学出版社1983年3月版。
② 云彬：《章太炎与鲁迅》，《国民公论》（上海）第1卷第2号，1938年9月21日。

而"别立新宗"。他之所以最终能成为中国新文学的"开山祖师",其缘由大概就在于此吧。

结　　语

以上是我们对于曾经给予鲁迅以深刻影响的几个代表性传统中国士人的匆匆检阅。通过论述，我们发现，这几个曾对于中国传统文化有着至深影响的人物，同样也给予了鲁迅以精神性的滋养和培育。鲁迅与他们之间，已经连接成了一个源远流长的精神谱系——"狂人谱系"。这具体表现在：

第一，他们都是中国历史上的"乱世人物"。先秦、魏晋和近代，不仅是中国历史上社会动荡、生灵涂炭的"悲惨世界"，更是中华民族的精神文化面临剧烈蜕变或转型的特别时期。巨大的精神苦痛造就了这三个时代富于创造性的思想成果。我们所论列的"庄屈"、"孔嵇"，以及章太炎和鲁迅师徒，就是中国历史上这三个辉煌的思想解放时期的最杰出的精神代表。

第二，他们都是对自己的信仰"过于认真"的人物。不管是"庄屈"、"孔嵇"，还是"章鲁"师徒，他们都有高远的理想和执着的精神追求。一般来讲，树立理想易，恪守和履践理想难。但我们所论列的这几个中国知识分子，却对自己的信仰抱着"太过认真"的态度。他们不但认真地信守它，而且还认真地"实现"它，其中没有任何所谓的"变通"。他们是中国士人中最缺乏生存"智慧"的人物。他们最终的悲剧性命运，也是历史的某种"必然"吧。

第三，他们都有"叛逆性"的文化性格，背叛和反抗正统的思想文化秩序,是他们共同的特点。正是他们对于自己的信仰有着"太过认真"的态度,但他们偏偏生存在一个"乱世"。人性的险恶、理想的坠毁,尤其是礼教的虚伪,本来也是大势所趋。但对于理想太过"认真"的态度,却最终把他们放到了虚伪礼教的对立面,尽管他们的"叛逆"和"反抗",都是为了一种理想的社会文化秩序的实现。

第四,他们都是历史上特立独行的"狂态"人物。高远的理想和叛逆的性格,必然使他们走向他们所依存的社会文化秩序的对立面。于是,那种被福柯称之为一种"眩惑的理性"——"疯狂"就在他们身上诞生了。"疯狂"是一个扭曲的"理性社会"对他们予以命名的结果,实际上在他们身上却体现了某种人类良知和道德的存在。"疯狂"铸就了他们在历史中的悲剧命运,但"疯狂"也最终把他们推托出历史,使他们成为一代文化英雄。人类历史就是在这样一种历史的二律背反中生长和蔓延下去的。

鲁迅的思想和艺术,是深深植根于中国文化,尤其是传统的士人文化土壤之中的。而鲁迅之所以能成为中国新文化的旗手,成为中华民族的"民族魂",正在于他有能够在他所深深浸淫其中的中国文化传统的基础上给予"反戈一击"并加以重构的力量和勇气。在20世纪中国文化和文学的现代性转型中,鲁迅扮演的是一个Charisma人物的角色。他以超凡的人格和精神魅力,为中国新文化和新文学实现其"哲学的突破",创造了最为卓越的战绩。而鲁迅的这种人格和精神力量,是与他所承传的传统中国士人的精神血脉,尤其是我们上文所论列的那些带有某种"狂人"气息的精神血脉紧密地联系在一起的。研究鲁迅,离开了中国文化,特别是传统的中国士人文化的精神的灌溉和滋养,将是一件不可思议的事情。

主 要 参 考 文 献

一　西文译著

中共中央马克思恩格斯列宁斯大林著作编译局编：《马克思恩格斯选集》4卷本，人民出版社（北京）1995年第2版。

[德] 费希特著，梁志学、沈真译：《论学者的使命》，商务印书馆（北京）1980年版。

[法] 卢梭著，李常山译：《论人类不平等的起源和基础》，商务印书馆1962年版。

[法] 卢梭著，何兆武译：《论科学与艺术》，商务印书馆1963年版。

[法] 卢梭著，何兆武译：《社会契约论》，商务印书馆1982年版。

[美] 弗雷德里希·哈耶克著，杨玉生、冯兴元、陈茅译：《自由宪章》，中国社会科学出版社（北京）1998年版。

[英] 史蒂文·卢克斯著，阎克文译：《个人主义》，江苏人民出版社（南京）2001年版。

[奥] 弗洛伊德著，高觉溥译：《精神分析引论》，商务印书馆1984年版。

[瑞士] 荣格著，冯川、苏克译：《心理学与文学》，三联书店（北京）1987年版。

[瑞士] 荣格著，成穷、王作虹译：《分析心理学的理论与

实践》，三联书店 1991 年版。

［瑞士］索绪尔著，高名凯译：《普通语言学教程》，商务印书馆 1980 年版。

［德］雅斯贝斯著，魏楚雄、俞新天译：《历史的起源与目标》，华夏出版社（北京）1989 年版。

［德］卡西尔著，刘东译：《卢梭、康德、歌德》，三联书店 2002 年版。

［德］汉斯—格奥尔格·加达默尔著，夏镇平、宋建平译：《哲学解释学》，上海译文出版社 1994 年版。

［法］米歇尔·福柯著，刘北成、杨远婴译：《疯癫与文明》，三联书店 1999 年版。

［美］E.希尔斯著，傅铿、吕乐译：《论传统》，上海人民出版社，1991 年版。

［美］林毓生著，穆善培译：《中国意识的危机》，贵州人民出版社（贵阳）1986 年版。

［美］勒文森著，刘伟译：《梁启超与中国近代思想》，四川人民出版社 1986 年版。

［美］列文森著，郑大华、任菁译：《儒教中国及其现代命运》，中国社会科学出版社 2000 年版。

［美］李欧梵著，尹慧珉译：《铁屋中的呐喊》，岳麓书社（长沙）1999 年版。

［日］增田涉著，钟敬文译：《鲁迅的印象》，湖南人民出版社 1980 年版。

二 古籍

《十三经注疏》，中华书局 1980 年影印本。

（南宋）朱熹撰：《四书章句集注》，中华书局（北京）1983 年版。

钱穆撰：《论语新解》，巴蜀书社（成都）1985年版。

杨伯峻撰：《论语译注》，中华书局1980年版。

杨伯峻撰：《孟子译注》，中华书局1960年版。

（清）孙希旦撰：《礼记集解》，中华书局1989年版。

杨伯峻撰：《春秋左传注》，中华书局1990年第2版。

（西汉）司马迁撰：《史记》全10册，中华书局1982年第2版。

（东汉）班固撰：《汉书》全12册，中华书局1962年版。

（南朝宋）范晔撰：《后汉书》全12册，中华书局1965年第1版。

（晋）陈寿撰：《三国志》全5册，中华书局1959年版、1982年第2版。

（唐）房玄龄等撰：《晋书》（全10册），中华书局1974年版。

《诸子集成》，中华书局1986年据民国世界书局原版重印本。

严灵峰撰：《先秦诸子知见书目》全6册，台湾正中书局1964—1968年版。

罗根泽著：《诸子考索》，人民出版社1958年版。

郭庆藩撰：《庄子集释》，中华书局1961年版。

马叙伦撰：《庄子天下篇述义》，上海龙门联合书局1958年版。

刘文典撰：《庄子补正》上、下册，云南人民出版社（昆明）1991年版。

蒋锡昌著：《庄子哲学》，上海书店1992年版。

钟泰著：《庄子发微》，上海古籍出版社2002年版。

陈鼓应撰：《庄子今注今译》，中华书局1988年版。

（南宋）朱熹撰：《楚辞集注》，上海古籍出版社1979年版。

（清）蒋骥撰：《山带阁注楚辞》，上海古籍出版社 1958 年版。

汤炳正等撰：《楚辞今注》，上海古籍出版社 1996 年版。

陈其猷撰：《吕氏春秋集释》，学林出版社（上海）1984 年版。

刘文典撰：《淮南鸿烈集解》，中华书局 1989 年版。

楼宇烈撰：《王弼集校释》，中华书局 1980 年版。

杨伯峻撰：《列子集释》，中华书局 1979 年版。

杨明照撰：《抱朴子外篇校笺》上、下册，中华书局 1991 年版。

（清）严可均辑：《全上古三代秦汉三国六朝文》全 4 册，中华书局 1958 年版。

（南朝宋）刘义庆著，余嘉锡笺疏：《世说新语笺疏》，上海古籍出版社 1993 年版。

詹瑛撰：《文心雕龙义证》上、中、下 3 册，上海古籍出版社 1989 年版。

戴名扬撰：《嵇康集校注》，人民文学出版社（北京）1962 年版。

陈伯君撰：《阮籍集校注》中华书局 1987 年版。

韩格平撰：《竹林七贤诗文全集译注》，吉林文史出版社（长春）1997 年版。

（明）张溥撰：《汉魏六朝百三家集题辞》，人民文学出版社 1960 年版。

（清）赵翼著：《廿二史劄记》，商务印书馆 1987 年版。

俞绍初辑校：《建安七子集》，中华书局 1989 年版。

（清）顾炎武著：《日知录集释》，上海古籍出版社 1985 年版。

（清）章学诚著、叶瑛撰：《文史通义校注》，中华书局

1994年版。

（东汉）许慎著，（清）段玉裁撰：《说文解字注》，上海古籍出版社1981年版。

三　近人论著

毛泽东著：《毛泽东选集》4卷本，人民出版社1991年版。
范文澜著：《中国通史简编》，人民出版社1965年版。
侯外庐等著：《中国思想通史》6卷本，人民出版社1956、1957、1959年版。
梁启超著：《清代学术概论》，上海古籍出版社1998年版。
姜义华主编：《胡适学术文集·中国哲学史》上、下册，中华书局1991年版。
闻一多先生遗著委员会编：《闻一多全集》4卷本，三联书店1982年版。
冯友兰著：《中国哲学史》上、下册，中华书局1961年版。
任继愈著：《中国哲学发展史》（先秦卷），人民出版社1983年版。
张岱年著：《中国哲学大纲》，中国社会科学出版社1982年版。
汤用彤著：《汤应彤学术论文集》，中华书局1983年版。
余英时著：《中国思想传统的现代诠释》，江苏人民出版社1995年版。
林毓生著：《中国传统的创造性转化》，三联书店1988年版。
李泽厚著：《中国古代思想史论》，人民出版社1985年版。
贺麟著：《五十年来的中国哲学》，辽宁教育出版社（沈阳）1989年版。
贺麟著：《文化与人生》，商务印书馆1988年版。

许纪霖编：《二十世纪中国思想史论》上、下卷，东方出版中心（上海）2000年版。

高瑞泉主编：《中国近代社会思潮》，华东师大出版社（上海）1996年版。

殷鼎著：《理解的命运》，三联书店1988年版。

李泽厚著：《华夏美学》，中外文化出版公司（北京）1989年版。

钱钟书著：《管锥编》5卷本，中华书局1979年版。

王瑶著：《中国现代文学史论集》，北京大学出版社1998年版。

姜义华主编：《胡适学术文集·新文学运动》，中华书局1993年版。

孔范今著：《悖论与选择》，明天出版社（济南）1992年版。

孔范今著：《走出历史的峡谷》，山东文艺出版社（济南）1997年版。

《中国新文学大系导言集》（内部资料），香港文学研究社出版部1986年版。

《鲁迅全集》16卷本，人民文学出版社1981年版。

《鲁迅译文集》10卷本，人民文学出版社1958年版。

《鲁迅辑录古籍丛编》4卷本，人民文学出版社1999年版。

《鲁迅辑校古籍手稿》第5函，上海古籍出版社1986年版。

刘运峰编：《鲁迅佚文全集》上、下册，群众出版社（北京）2001年版。

中国社会科学院鲁迅研究室编：《鲁迅研究学术论著资料汇编》（1913—1983）全5卷及索引分册，中国文联出版公司（北京）1985年版。

鲁迅博物馆，鲁迅研究室选编：《鲁迅回忆录》（散篇）上、中、下三册，北京出版社 1999 年版。

鲁迅博物馆，鲁迅研究室选编：《鲁迅回忆录》（专著）上、中、下三册，北京出版社 1999 年版。

鲁迅博物馆，鲁迅研究室编：《鲁迅年谱》4 卷本，人民文学出版社 1981 年版。

《鲁迅研究资料》第 1—23 辑，鲁迅博物馆，鲁迅研究室编，文物出版社、天津人民出版社、中国文联出版公司等 1976—1989 年版。

鲁迅博物馆，鲁迅研究室编：历年来的《鲁迅研究》、《鲁迅研究动态》、《鲁迅研究月刊》。

西北大学鲁迅研究室编：《鲁迅研究年刊》（1974 年、1979 年、1980 年、1981 年）。

钟叔和编：《周作人文类编》全 10 册，湖南文艺出版社（长沙）1998 年版。

张菊香主编：《周作人年谱》，南开大学出版社（天津）1985 年版。

舒芜著：《周作人的是非功过》，人民文学出版社 1993 年版。

萧南编：《在家和尚周作人》，四川文艺出版社（成都）1995 年版。

钱理群著：《周作人传》，中国华侨出版社（北京）1996 年版。

孙郁编：《被侮辱的鲁迅》，群言出版社（北京）1994 年版。

曹聚仁著：《鲁迅评传》，上海东方出版中心 1999 年版。

冯雪峰著：《雪峰文集》第 4 卷，人民文学出版社 1985 年版。

马蹄疾辑：《许广平忆鲁迅》，广东人民出版社（广州）

1979年版。

周海婴编：《许广平文集》4卷本，江苏文艺出版社（南京）1998年版。

许寿裳著：《亡友鲁迅印象记》，人民文学出版社1953年版。

许寿裳著：《我所认识的鲁迅》，人民文学出版社1978年版。

周建人口述，周晔整理：《鲁迅故家的败落》，福建教育出版社（福州）2001年版。

张能耿、张款著：《鲁迅家世》，党建读物出版社（北京）2000年版。

段国超著：《鲁迅家世》，书目文献出版社（北京）1998年版。

钱理群著：《心灵的探寻》，北京大学出版社1999年版。

周海婴编：《鲁迅景宋通信集》，湖南人民出版社1984年版。

汪晖编：《鲁迅研究的历史批判》，河北人民出版社2000年版。

李宗英、张梦阳编：《六十年来鲁迅研究论文集》上、下册，中国社会科学出版社1982年版。

孙瑛著：《鲁迅在教育部》，天津人民出版社1979年版。

薛绥之主编：《鲁迅生平史料汇编》1—4辑，天津人民出版社1981—1983年版。

周作人著，止庵编：《关于鲁迅》，新疆人民出版社（乌鲁木齐）1997年版。

周作人著：《知堂回想录》，三育出版有限公司（香港）1980年版。

周作人著：《苦茶——知堂回想录》，敦煌文艺出版社（兰州）1995年版。

巴人著：《论鲁迅的杂文》，远东书局（上海）1940年版。

安徽阜阳师院编：《鲁迅诗歌研究》上、下册（内部资料）。

罗慧生著：《鲁迅与许寿裳》，浙江人民出版社（杭州）1982年9月版。

乐黛云编：《国外鲁迅研究论集》（1960—1980），北京大学出版社1981年版。

周振甫著：《鲁迅诗歌注》，浙江人民出版社1980年版。

俞芳著：《我记忆中的鲁迅先生》，浙江人民出版社1981年版。

朱正著：《鲁迅回忆录正误》，人民文学出版社1986年版。

孙伏园著：《鲁迅先生二三事》，湖南人民出版社1980年版。

赵英著：《籍海探珍》，中国文史出版社（北京）1991年版。

陈方竟著：《鲁迅与浙东文化》，吉林大学出版社（长春）1999年版。

张福贵著：《惯性的终结：鲁迅文化选择的历史价值》，吉林大学出版社1999年版。

汪晖著：《反抗绝望》，河北教育出版社2000年版。

孟广来、韩日新编：《故事新编研究资料》，山东文艺出版社1984年版。

李允经著：《鲁迅的婚姻和家庭》，北京十月文艺出版社1990年版。

陈漱渝著：《鲁迅史实新探》，湖南人民出版社1980年版。

倪墨炎著：《鲁迅后期思想研究》，人民文学出版社1984年版。

吴俊著：《鲁迅个性心理研究》，华东师大出版社1992年版。

王乾坤著：《鲁迅的生命哲学》，人民文学出版社 1999 年版。

钱穆著：《孔子传》，三联书店 2002 年版。

余英时著：《士与中国文化》，上海人民出版社 1987 年版。

阎步克著：《士大夫政治演生史稿》，北京大学出版社 1996 年版。

刘泽华主编：《士人与社会》，天津人民出版社 1988 年版。

顾颉刚著：《史林杂识初编》，中华书局 1963 年版。

于迎春著：《秦汉士史》，北京大学出版社 2000 年版。

金诤著：《科举与中国文化》，上海人民出版社 1990 年版。

杨齐福著：《科举制度与近代文化》，人民出版社 2003 年版。

李春青著：《乌托邦与诗——中国古代士人文化与文学价值观》，北京师大出版社 1995 年版。

费孝通著：《费孝通文集·皇权与绅权》第 5 卷，群言出版社（北京）1999 年版。

汤学智、杨匡汉编：《台港及海外学界论中国知识分子》，河南人民出版社 1994 年版。

张仲礼著：《中国绅士——关于其在十九世纪中国社会中作用的研究》，上海社会科学院出版社 1991 年版。

许纪霖著：《许纪霖自选集》，广西师范大学出版社（桂林）1999 年版。

王先明著：《近代绅士》，天津人民出版社 1997 年版。

皮锡瑞著：《经学历史》，中华书局 1959 年版。

詹剑峰著：《老子其人其书及其道论》，湖北人民出版社（武汉）1982 年版。

崔大华著：《庄学研究》，人民出版社 1992 年版。

《复旦学报》编辑部编：《庄子研究》，复旦大学出版社（上海）1986年版。

刘笑敢著：《庄子哲学及其演变》，中国社会科学出版社1988年版。

王栻主编：《严复集》1—5卷，中华书局1986年版。

陈鼓应等著：《老庄论集》，齐鲁书社（济南）1987年版。

汤炳正著：《屈赋新探》，齐鲁书社1984年版。

游国恩著：《楚辞论文选》，古典文学出版社（北京）1957年版。

作家出版社编辑部编：《楚辞研究论文集》，作家出版社（北京）1957年版。

杨金鼎主编：《楚辞研究论文集》，湖北人民出版社1985年版。

杨金鼎主编：《楚辞评论资料选》，湖北人民出版社1985年版。

尹锡康、周发祥编：《楚辞资料海外编》，湖北人民出版社1986年版。

钱钟书著：《旧文四编》，上海古籍出版社1979年版。

郭沫若著：《郭沫若古典文学论文集》，上海古籍出版社1985年版。

《艺潭》编辑部编：《建安文学研究文集》，黄山书社（合肥）1984年版。

陈寅恪著：《金明馆丛稿初编》，三联书店2001年版。

唐长儒著：《魏晋南北朝史论丛》，河北教育出版社2000年版。

汤一介编：《汤应彤学术论文集》，中华书局1983年版。

吴承洛著：《中国度量衡史》，中国书店（北京）1984年版。

汤用彤著：《魏晋玄学论稿》，上海古籍出版社 2001 年版。

夏野著：《中国古代音乐史简编》，上海音乐出版社 1989 年版。

陈引驰编：《刘师培中古文学论集》，中国社会科学出版社 1997 年版。

王晓毅著：《嵇康评传》，广西教育出版社（南宁）1994 年版。

王晓毅著：《王弼评传》，南京大学出版社 1996 年版。

徐公持著：《魏晋文学史》，人民文学出版社 1999 年版。

汤志均编：《章太炎政论选集》上、下册，中华书局 1977 年版。

傅杰编：《章太炎学术史论集》，中国社会科学出版社 1997 年版。

章太炎著：《訄汉三言》，辽宁教育出版社（沈阳）2000 年版。

朱维铮、姜义华编注：《章太炎选集》，上海人民出版社 1981 年版。

章太炎著：《国学演讲录》，华东师大出版社 1995 年版。

章太炎著：《国故论衡》，上海古籍出版社 2003 年版。

章太炎撰：《章太炎自订年谱》，上海书店 1986 年版。

许寿裳著：《章炳麟》，重庆出版社 1987 年版。

侯外庐著：《中国近代启蒙思想史》，人民出版社 1993 年版。

陈平原编：《追忆章太炎先生》，中国广播电视出版社（北京）1997 年版。

曹聚仁著：《我与我的世界》，人民文学出版社 1983 年 3 月版。

萧公权著：《中国政治思想史》，台北联经出版公司 1982

年版。

章念驰编:《章太炎生平与学术》,三联书店1988年版。

章念驰编:《章太炎生平与思想研究文选》,浙江人民出版社1986年版。

姜义华著:《章太炎思想研究》,上海人民出版社1985年版。

汤志均编:《章太炎年谱长编》上、下册,中华书局1979年版。

姚奠中、董国炎著:《章太炎学术年谱》,山西古籍出版社(太原)1996年版。

章太炎著:《章太炎全集》1—6卷,上海人民出版社1984—1986年版。

王元化著:《清园论学集》,上海古籍出版社1994年版。

朱维铮著:《走出中世纪》,上海人民出版社1987年版。

朱维铮著:《求索真文明:晚清学术史论》,上海古籍出版社1996年版。

后　记

　　本书是在我的博士论文的基础上扩充而成的。三年以前我做博士论文的开题报告时，并不是现在这个题目，而是"鲁迅与庄子"。当时之所以选择了这个题目，最早受到了老一辈鲁迅研究专家，陕西师范大学卫俊秀先生的启发。卫先生是我国第一部研究鲁迅《野草》的专著——《鲁迅〈野草〉探索》一书的作者。他从20世纪40年代起，就着力于"庄子与鲁迅"这一课题的研究，并为此收集了大量的资料。但解放后，因受"胡风事件"的牵连，这些他集腋成裘汇集的资料却毁于一旦。无奈，卫先生只得放弃学术，改练书法，其书艺深得"庄、鲁"之神韵，并最终卓然成家。但即使如此，"庄子与鲁迅"的情结在卫先生身上并没有丝毫减弱。20世纪90年代，我每次造访先生，他总要谈起这一话题，并为自己垂垂老矣而不能完成这一任务而痛心疾首。当时我也曾暗自发力，想冲击一下这一课题，但总因功力不济而最终败下阵来。

　　2000年，我有幸赶上"考研"的末班车，回到我的母校山东大学，师从著名的文学史家孔范今先生研究20世纪中国文学。孔老师是孔圣后裔，言谈举止、精神风貌都有乃祖之风，我从他身上深切地体味到了传统文化的内在底蕴和活力。而他对20世纪中国文学精神的价值重构，尤其是对以鲁迅为代表的"五四"启蒙主义话语的质疑和反思，更是打破了我以前对于理性、人道等启蒙主义价值的偏执和迷信。而作为"五四"新文化运动的旗手或精神代表，鲁迅与传统中国文化的关系，就成了学术界必须进行反思的重要课题。当时我曾受到侯外庐先生的启发，以为鲁迅对于传统文化的彻底否定和猛烈攻击，除了来自于西方启蒙主义的价值理想外，可能还有中国传统内部的那些非正统的思想资源，主要是以庄周为鼻祖的异端思想。这样，"鲁迅与庄子"的课题又一次呼之欲出地回荡在我的脑海之中，成为我思考鲁迅与中国传统文化关系的一个主要切入点。我想从庄子为原点，中经嵇康为代表的魏晋时代，最终结穴于鲁迅的老师章太炎，形成一个"庄周—嵇康—章太炎—鲁迅"的异端思想和精神的谱系。这样，博士论文的开题报告就以"鲁迅与庄子"的题目确定了下来。

但随着研究的深入，我发现当初以庄周作为鲁迅反叛思想原点的设想并不能如愿进行下去了。因为鲁迅思想视野中的庄子并不是反正统的激烈派，而是一个从精神上逃避现实的逍遥派。不管从思想上还是在情感上，庄子都是鲁迅主要批判的对象。鲁迅身上那种"我以我血荐轩辕"的"求道"精神，那种"狂"与"韧"相结合的"奇骨侠胆"，那种自觉进入历史的主动姿态等等，传承的更多的还是中国传统士人的精神血脉。无奈，论文的题目遂变为现在的"鲁迅与中国士人传统"，其内容则成了为鲁迅的精神世界开拓出一个以"狂"为主旋律的精神乐章和以"奇"为人格标识的精神谱系。书中所选择的人物自然是中国文化史的五个"奇士"，且都与鲁迅有着很深的思想和精神联系。他们自然是中国思想史上的异端人物或边缘人物，是不能代表整个"士"这个阶层的。而以"鲁迅与中国士人传统"作为本书的题目，笔者心中是有点心虚的。但又想到，上述"奇士"或"狂士"身上所具有的"求道"精神又何尝不是中国士人理想的精神气质？只不过他们把这种普泛性的精神推至到极端甚至到变态的程度罢了。这样,笔者就用"鲁迅与中国士人传统"这个题目,将这一精神谱系括起来。

"鲁迅与中国士人传统"实际上是一个比本书所述大得多、复杂得多的课题,本书只能算是对这一课题某一侧面的扫描或开掘;同样,"鲁迅与中国士人传统"也是研究者较少涉猎的课题,本书可以说是一个抛砖引玉式的尝试,其目的是想激起研究者对鲁迅与祖国文化遗产这一更大课题的深入开掘和探讨。说实话,本来凭作者的学养和才力,是不能胜任这一课题的工作的,从某种意义上讲,我敢于选择这个课题来做博士论文,正好应验了古人所谓的"无知者无畏"这句话的。在写作过程中,我曾多次因写不下去而动过辍笔的念头,但又想到,既然开头了,就断无中止之理,因此最终还是咬着牙硬是坚持了下来,遂成了现在这样散乱不成章的样子。说是学术著作,实则是随笔杂感,不成体系的。但不管怎么说,这些文字都是用自己的生命浸泡过的,许多地方,都是自己创痛剧烈和悲凉落寞的情感体验的结果。俗话讲:"老婆是别人的好,孩子是自己的好",孩子再丑,是自己的就觉得好。就这个意义上讲,本书仍是作者分外珍重的,因为它毕竟是作者出版的第一本书。

本书从选题到成书,曾得到了我的导师,山东大学文学院教授孔范今先生的悉心指导。在本书正式出版之际,又蒙先生赐序,这是我感激不尽的。回想起三年来问学于先生的情景,那种庄子所谓的"鼹鼠过河,不过满腹"的感觉总会油然而生。孔先生不仅引我进入了治学的门径,更重要的是还使我体会到了一种深厚博大的人文精神和生命境界。"夫子循循然善诱人,博我以文,约我以礼,欲罢不能。既竭吾才,如有所卓尔。虽欲从之,末由也已!"先生之于我,可作如是说。

本书的出版,还得到了陕西师大文学院李西建教授、傅功振教授、阎庆生教授、李继凯教授的大力帮助,在此谨申谢意。

我在十多年前，曾向自己的女友——现在的妻子夸下海口："我要写一本书献给你！"但随着时间的流逝，这个为讨好她而吹下的牛皮不但没有兑现，反而日益渺茫，竟至于要变成一句空言了。但尽管如此，妻子仍在无望的期待中隐忍着我的懒惰和浮夸，用她的默默奉献和牺牲给我营造了一个良好的读书和写作的环境。这本书的写作，是与她不断的鼓励和鞭策分不开的。现在，这本书就要问世了，我自己也终于有机会向她兑现当年的诺言了。尽管这笔债务还得如此之迟，但自己心中的那份轻松感却是无法形容的。

田　刚

于青岛浮山南麓

2004 年 7 月 20 日

CONTENTS

Preface by Kong Fanjin

Introduction

Chapter 1　The Spirit Tradition of Chinese Literati
    1. The Generation of Chinese Literati.
    2. The Values of the Chinese Literati.
    3. The Way of Life of Chinese Literati.
    4. The Types of Personalities of Chinese Literati
    5. The Dissolution of Chinese Literati

Chapter 2　Lu Xun and Chinese Intellectual Class
    1. From Zhou Shuren to Lu Xun
    2. The Criticism to Literati Culture
    3. The Resurgence of Chinese Literati Spirit
    4. The Deny of the personality of Hermit
    5. The Continuity of Bedlamite Pedigree

Chapter 3　Lu Xun and Zhuangzi
    1. Zhuangzi and Hermit Culture

  2. "Revive the Old and Take the West": Lu Xun in Youth

  3. "Anatomize My Own Heart": Lu Xun in Middle Age

  4. "Back in Marshes Rice and Rushes Have Gone": Lu Xun in Old Age

Chapter 4 Lu Xun and Qu Yuan

  1. Lu Xun and Lisao

  2. Lament of the past: A Crossbreed of Autobiography and Irony

  3. Wild Grass: A Lisao without Rhymes

  4. Classical Poetry: When Orchid – Ladden Breezes Soothed The Sober – Headed

Chapter 5 Lu Xun and Kong Rong

  1. Kong Rong and the Liberal Current in the Late Han Dynasty

  2. Straightness and Integrity: The First Feature of Celebrated Literati

  3. Strong Will and Weak Talent: The Second Feature of Celebrated Literati

  4. Cynicism and Satire: The Third Feature of Celebrated Literati

Chapter 6 Lu Xun and JI Kang

  1. Ji Kang's "Wei – jin Manner and Compositions"

  2. Anthology of Ji kang: "Symbols of Depression"

  3. GuangLing San: Political Satire

4. Poem of Apprehension and Resentment: The Lament of Estrangedness of Brothers
   5. Courage Demonstration: A Composition of Fight

Chapter 7 Lu Xun and Zhang Taiyan
   1. Zhang Taiyan's "Seven Arrests and Three Imprisonments"
   2. The Contacts Between Zhang Taiyan and Lu Xun
   3. Zhang Taiyan and Lu Xun's Early Thoughts
   4. Zhang Taiyan and Lu Xun's Literary Creation

Conclusion

Reference

Postscript